［宋］朱熹　撰
朱傑人　嚴佐之　劉永翔　主編

新訂 朱子全書

附外編

30

上海古籍出版社

本册書目

程氏遺書

程氏外書

〔宋〕程顥　程頤　撰　〔宋〕李籲　吕大臨等輯録
〔宋〕朱熹　編定　嚴佐之　校點

校點説明

程氏遺書二十五卷附録一卷程氏外書十二卷，宋朱熹編。

程氏遺書、外書是北宋理學宗師程顥、程頤的言行録，也是二程理學思想的代表作，與程氏經説、文集，并稱「程氏四書」。朱子治學，尊宗二程，「以二先生唱明道學於孔孟既没千載不傳之後，可謂盛矣」，故于二程傳世文獻，尤多致意。宋孝宗乾道四年，朱子據二程門人各自所記傳本，選訂編次，先成遺書二十五篇，并輯録傳記文獻一卷附後，繼而又於乾道九年，輯得二先生語之遺落者，續爲外書十有二篇。其編纂緣起始末，詳見朱子所撰三篇後序。

朱子編定程氏遺書、外書的意義，錢穆先生嘗作精研之論：「程氏遺書之編集，在乾道四年戊子，朱子三十九歲。二程之學，既爲當時學者群所尊仰，而其遺書之匯集編校，序次有倫，去取精審，使學者有定從，則爲朱子對當時理學界一大功績所在。」「外書編於乾道九年癸巳，朱子年四十四歲，距遺書成編又五年。又與劉共父、張敬甫兩人辨程集胡本錯誤，當詳朱子校勘學篇。蓋亦因此而使程集有可信可傳之本，此亦出於朱子之業績。二程遺言，至時網羅大備。若使當時學術界，一如程門所傳，於古經籍既少著意研尋之功，於古人文史大業，尤不以厝懷。雖其本師之説，亦復散亂不加編次，而竟拈單辭孤文，各騁高談，以爲義理精微在此，學問之道盡此而已，則一二傳後，誠將不識其頽波之所届爾。」由此言來，作爲程氏遺書、外書整理者的朱子，其有功於二程學術思想之傳承播揚，蓋莫大焉。不僅如此，程氏遺書、外書的文獻整理過程，也是朱子對二程學術思想的一種梳理、思辨過程。具體反映的一個方面，就是他能十分理性、客觀地看待遺書、外書的學術價值、思想意義，認爲語録一類文獻，雖門弟子所記，但若「學者未知心傳之要，而滯于言語之間，或者失之毫釐，則其謬將有不可勝言者」；「又況後此且數十年，區區掇拾于殘編墜簡之餘，傳誦道説，玉石不分，而謂真足以盡得其精微嚴密之旨，其亦誤矣」。認爲「兩書皆非一手所記，其淺深工拙之未可以一概論。其曰外書云者，特以取之之雜，或不能審其所自來，其視前書，學者尤當精擇而審取之耳」。由此而言，朱子在乾道年間役事遺書、外書之編，實際上也是他在批判繼承二程思想的同時，不斷發展并完善自身思想體系的一個重要學術環節。

程氏遺書、外書甫成，遂屢經刊印，廣爲傳布。據朱子答吕伯恭書云：「嚴州遺書本子，初校未精，而欽夫去郡，今潘叔玠在彼，可以改正，并刻外書，以補其遺。」又答程允夫書云：「近泉州刊行程氏遺書及二先生語録，此間所録。」答宋深之書云：「今倉司所印遺書，即程氏説。」可知朱子生前，就至少有嚴州和泉州倉司二個版本。其中泉州本在端平二年因倉司失火，書板被燬，淳祐六年，由新任市舶司提舉趙師耕，「將故本易以大字，與文集爲一體，刻之後圃明教堂」。此本又被後世藏家稱作「麻沙本」。同年，別有春陵郡守李襲之，據「長沙本」、「五羊本」參互，刻置郡庠，世稱「春陵本」。淳祐八年，又有天台張玘合「程氏四書」爲程氏全書，刻諸台州學宫。及至元代，則有至治二年臨川譚善心刻河南程氏全書本行世。明、清以降，傳刻紛紜，而其源皆在宋槧元刊。惜乎流傳至今，宋、元舊刊大多散失，僅存宋殘卷者二：一本名程氏遺書，殘存卷十五、二十二下、附録三卷；一本名河南程氏遺書，殘存附録一卷，今均爲國家圖書館珍藏。明、清刊本，則存世頗多。明早期有成化十二年知南陽府段堅刻本、弘治十一年知河南府陳宣刻本、嘉靖三年廣西按察副使李中刻本，後期有隆慶四年金立敬刻本、萬曆二十年蔣春芳刻本、萬曆三十四年徐必達刻本，及年號不明的明刻多種。清代則先后有康熙石門吕氏寶誥堂刻本、乾隆四庫全書本、光緒賀瑞麟傳經堂刻西京清麓叢書本、洪氏唐石經館叢書本等。明、清刊程氏遺書、外書，大多與文集、經説、易傳、粹言等合爲全書行世，其名又曰河南程氏遺書、外書，或二程遺書、外書。

在現存明早期的幾個版本中，成化本刊印最早，海内孤藏，彌足珍貴，獲覩尤難。弘治本源自成化而「嘗爲校正」，惟改遺書二十五卷爲二十八卷（實即析卷二、二十一、二十二上下篇爲二卷），已與朱子原編有違。嘉靖本刊印稍晚，然持與宋刻殘本相較，文字異同卻最爲接近。故此次校點整理，乃取上海圖書館藏明嘉靖本爲底本，并以該館所藏明弘治本（校記簡稱弘治本）、清吕氏本（校記簡稱康熙本），及國圖藏殘宋本（校記簡稱宋本）對校。間或校而有疑，則别取相關經典之通行版本，參酌他校。又底本書名原作「河南程氏遺書」「河南程氏外書」，今據宋刻殘三卷本及朱子原序改爲「程氏遺書」「程氏外書」。點校既畢，兹以爲記。

二〇一〇年五月　嚴佐之

目録

程氏外書

程氏遺書目録

第一　　二先生語一

端伯傳師説　李籲，字端伯，洛人。伊川先生曰：「語録只有李籲得其意，不拘言語，無錯編者。」故今以爲首篇。

第二上　　二先生語二上

元豐己未吕與叔東見二先生語　吕大臨，字與叔，藍田人，學於横渠張先生之門，先生卒，乃入洛。己未，元豐二年，然亦有己未後事。

第二下　二先生語二下

東見録後　別本云亦與叔所記，故附其後。〔一〕

第三　二先生語三

謝顯道記憶平日語〔二〕　謝良佐，字顯道，上蔡人，元豐中從學。謝嘗言昔在二先生之門，學者皆有語録，惟良佐未嘗録。然則此書蓋追記云。

第四　二先生語四

游定夫所録　游酢，字定夫，建州人，元豐中從學。

第五　　二先生語五

此四篇本無篇名，不知何人所記，以其不分二先生語，故附於此。

第六　　二先生語六

同上篇。此與下一篇間有疑誤不可曉處，今悉存之，不敢删去，以俟知者。

第七　　二先生語七

同上篇。

第八　二先生語八

本自爲一篇，專説論孟，似諸別録，然不與諸篇相雜，故附于此。

第九　二先生語九

少日所聞諸師友説　元本在端伯傳師説之後，不知何人所記，以其不分二先生語，故附于此。

第十　二先生語十

洛陽議論　熙寧十年，横渠先生過洛，與二先生議論。此最在諸録之前，以雜有横渠議論，故附于此。

蘇昞季明録　關中人，張氏門人也。

第十四　明道先生語四

亥九月過汝所聞　時先生監汝州酒稅。

劉絢質夫録

第十五　伊川先生語一　或云明道先生語。

入關語録　關中學者所記。按集，先生元豐庚申、元祐辛未皆嘗至關中，但辛未年吕與叔已卒，此篇尚有與叔名字，疑庚申年也。

第十六　伊川先生語二

己巳冬所聞　不知何人所記。己巳，元祐四年也。本在少日所聞諸師友説後。

第十七　伊川先生語三

本無篇名，不知何人所記，或曰永嘉周行己恭叔，或云永嘉劉安節元承，或云關中學者所記，皆不能明也，故存其篇而闕其目。案元祐三年劉質夫卒，此篇有質夫名字，則三年前語也。〔四〕

第十八　伊川先生語四

劉元承手編　劉安節，字元承，永嘉人。所記有元祐五年遭喪後，紹聖四年遷謫前事。延平陳淵幾叟得之於元承之子，有題誌在後。

第十九　伊川先生語五

楊遵道録　楊迪，字遵道，延平人，文靖公之長子也。所記有元符末歸自涪陵後事。

第二十　伊川先生語六

周伯忱録　周孚先，字伯忱，毗陵人，建中靖國初從學。

第二十一上　伊川先生語七

師説　門人張繹録　張繹，字思叔，壽安人。

第二十一下　伊川先生語七下

附師説後　胡文定公家本，除複重，得此數章。以其辭意類師説，故以附其後。

第二十二上

伊川雜録　唐棣彦思　伊川先生語八上

第二十二下

附雜録後　延平陳氏本自爲一篇，無名氏，間與雜録相出入，故以附之。　伊川先生語八下

第二十三

鮑若雨録　永嘉人，字汝霖，一云商霖。　伊川先生語九

第二十四

伊川先生語十

鄒德久本　毗陵鄒柄道鄉公之子，未嘗親見先生，不知其所傳授。舊附東見録後。

第二十五

伊川先生語十一

暢潛道録　暢大隱，字潛道，名見東見録。此篇見晁氏客語中，不云何人之言，亦不云何人所記，獨間見於延平羅氏别録，則注云暢本。然則潛道所記與胡氏本亦有之，而題其上云張杲暘叔所傳，〔五〕識者疑其問多非先生語。今考之信然，故附於此。

右程氏遺書二十五篇，二先生門人記其所見聞答問之書也。始諸公各自爲書，先生没而其傳寖廣。然散出並行，無所統一，傳者頗以己意私竊竄易，歷時既久，殆無全篇。熹家有先人舊藏數篇，皆著當時記録主名，語意相承，首尾通貫，蓋未更後人之手，故其書最爲精善。後益以類訪，求得凡二十五篇，因稍以所聞歲月先後第爲此書，篇目皆因其舊，而又別爲之録，如此以見分別次序之所以然者。然嘗竊聞之，伊川先生無恙時，門人尹焞得朱光庭所抄先生語，奉而質諸先生。先生曰：「某在，何必讀此書，若不得某之心，所記者徒彼意耳。」尹公自是不敢復讀。夫以二先生唱明道學於孔孟既没千載不傳之後，可謂盛矣，而當時從游之士，蓋亦莫非天下之英材，其於先生之嘉言善行，又皆耳聞目見而手記之，宜其親切不差，可以行遠，而先生之戒，猶且丁寧若是，豈不以學者未知心傳之要，而滯於言語之間，或者失之豪釐，則其謬將有不可勝言者乎！又況後此且數十年，區區掇拾於殘編墜簡之餘，傳誦道說，玉石不分，而謂真足以盡得其精微嚴密之旨，其亦誤矣。雖然，先生之學，其大要則可知已。讀是書者，誠能主敬以立其本，窮理以進其知，使本立而知益明，知道而本益固，則日用之間，且將有以得乎先生之心，而於疑信之傳可坐判矣。此外諸家所抄尚衆，率皆割裂補綴，非復本篇。異時得其所自來，當復出之，以附今録，無則亦將去其重複，別爲外書，以待後之君子云爾。

附録

明道先生行狀 伊川先生作。〔六〕

門人朋友叙述 劉立之、邢恕、朱光庭、范祖禹。

書行狀後 游酢。

哀詞 吕大臨。

墓表 伊川先生作。

伊川先生年譜

祭文 張繹。

奏狀 胡安國。

右附録一卷，明道先生行狀之屬，凡八篇，伊川先生祭文一篇、奏狀一篇，皆其本文無可議者。獨伊川行事本末，當時無所論著，熹嘗竊取實録所書，文集内外書所載，與凡它書之可證者，次其後先，以爲年譜。既不敢以意形容，又不能保無謬誤，故於每事之下，各系其所從得者。今亦輒取以著于篇，合爲一卷，以附于二十五篇之後。嗚呼！學者察言以求其心，考跡以觀其用，而有以自得之，則斯道之傳也，其庶幾乎！乾道四年歲在著雍困敦夏四月壬子，新安朱熹謹記。

校勘記

〔一〕故附其後　「其」，弘治本同，康熙本作「於」。

〔二〕謝顯道記憶平日語　「顯道」原作「良佐」，據弘治本、康熙本改。

〔三〕劉絢質夫録緱氏人　「氏」字原無，弘治本、康熙本無此大字小字。案緱氏爲河南古縣名，河南通志云「劉絢，字質夫，緱氏人」，今據補。

〔四〕則三年前語也　「前語也」三字原脱，據弘治本、康熙本補。

〔五〕而題其上云張杲暘叔所傳　「杲」原誤「果」，據弘治本、康熙本改。

〔六〕伊川先生作　弘治本同，康熙本作「見伊川先生文集」。下同。

程氏遺書第一

二先生語一

端伯傳師説

伯淳先生嘗語韓持國曰：如説妄説幻爲不好底性，則請别尋一箇好底性來换了此不好底性著。道即性也，若道外尋性，性外尋道，便不是。聖賢論天德，蓋謂自家元是天然完全自足之物，若無所污壞，即當直而行之，若小有污壞，即敬以治之，使復如舊。所以能使如舊者，蓋爲自家本質元是完足之物，若合脩治而脩治之，是義也，若不消脩治而不脩治，亦是義也，故常簡易明白而易行。禪學者總是强生事，至如「山河大地」之説，是他山河大地，又干你何事。至如孔子，道如日星之明，猶患門人未能盡曉，故曰「予欲無言」。如顔子則便默識，其他未免疑問，故曰「小子何述」，又曰「天何言哉，四時行焉，百物生焉」，可謂明白矣。若能於此言上看得破，便信是會禪也，非是未尋得，蓋實是無去處説，此理本無二故也。

王彦霖問：立德、進德先後。曰：此有二，有立而後進，有進而至于立。立而後進，則是卓然一作「立」。定後有所進，立則是「三十而立」，進則是「吾見其進」也。有進而至于立，則進而至于立道處也，此進是「可與適道」者也，立是「可與立」者也。

王彦霖以爲人之爲善，須是他自肯爲時方有所得，亦難强。曰：此言雖是，人須是自爲善，然又不可爲如此却都不管他，蓋有教焉。「脩道之謂教」，豈可不脩？

王彦霖問：道者一心也，有曰「仁者不憂」，有曰「知者不惑」，有曰「勇者不懼」，何也？曰：此只是名其德爾，其理一也。得此道而不憂者，仁者之事也。因其不憂，故曰此仁也。知、勇亦然，不成却以不憂謂之智，不惑謂之仁也。凡名其德，千百皆然，但此三者，達道之大也。

蘇季明嘗以治經爲傳道居業之實，居常講習只是空言無益，質之兩先生。伯淳先生曰：「脩辭立其誠。」不可不子細理會。言能脩省言辭便是要立誠，若只是修飾言辭爲心，只是爲僞也。若修其言辭正爲立己之誠意，乃是體當自家「敬以直内，義以方外」之實事。道之浩浩，何處下手？惟立誠才一作「方」。有可居之處，有可居之處則可以修業也。「終日乾乾」，大小大事却只是「忠信所以進德」爲實下手處，「脩辭立其誠」爲實脩業處。正叔先生曰：治經，實學也，譬諸草木，區以别矣。道之在經，大小遠近，高下精粗，森列於其中。

譬諸日月在上，〔一〕有人不見者，一人指之，不如衆人指之自見也。如中庸一卷書，自至理便推之於事，如「國家有九經」，及歷代聖人之迹，莫非實學也。如登九層之臺，自下而上者爲是。人患居常講習空言無實者，蓋不自得也。爲學，治經最好，苟不自得，則盡治五經亦是空言。今有人心得識達，所得多矣，有雖好讀書却患在空虚者，未免此敝。

天地生一世人，自足了一世事。但恨人不能盡用天下之才，此其不能大治。

天地生物，各無不足之理。常思天下君臣、父子、兄弟、夫婦，有多少不盡分處。

先生常論「克己復禮」，韓持國曰：道上更有甚克，莫錯否？曰：如公之言，只是説道也。「克己復禮」乃所以爲道也，更無別處。「克己復禮」之爲道，亦何傷乎公之所謂道也。如公之言，即是一人自指其前一物曰此道也。他本無可克者，若知道與己未嘗相離，則若不「克己復禮」，何以體道？道在己不是與己各爲一物，可跳身而入者也。「克己復禮」非道，而何至如公言克不是道。亦是道也，實未嘗離得，故曰「可離非道也」，理甚分明。又曰：道無真無假。曰：既無真又無假，却是都無物也。到底須是是者爲真，不是者爲假，便是道，大小大分明。

古人見道分明，故曰「吾斯之未能信」，「從事於斯」，「無是餒也」，「立之斯立」。

佛學一作「氏」。只是以生死恐動人，可怪二千年來無一人覺此是被他恐動也。聖賢以生死爲本分事，無可懼，故不論死生。佛之學爲怕死生，故只管説不休。下俗之人固多懼，易以利動。至如禪學者，雖自曰異此，然要之只是此箇意見，皆利心也。籲曰：此學不知是本來以公心求之，後有此蔽，或本只以利心上得之？曰：本是利心上得來，故學者亦以利心信之。莊生云不「怛化」者，意亦如此也。如楊、墨之害，在今世則已無之。如道家之説，其害終小。惟佛學，今則人人談之，瀰漫滔天，其害無涯。舊嘗問學佛者傳燈録幾人，云千七百人。某曰：「敢道此千七百人無一人達者。果有一人見得聖人『朝聞道夕死可矣』，與曾子易簀之理，臨死須尋一尺布帛裹頭而死，必不肯削髮胡服而終。是誠無一人達者。」禪者曰：「此迹也，何不論其心？」曰：「心迹一也，豈有迹非而心是者也！正如兩脚方行，指其心曰：我本不欲行，它兩脚自行。豈有此理？蓋上下、本末、内外都是一理也，方是道。莊子曰『遊方之内』、『遊方之外』者，方何嘗有内外？如此則是道有隔斷，内面是一處，外面又别是一處。豈有此理？」學禪者曰：「草木鳥獸之生，亦皆是幻。」曰：「子以爲生息於春夏，及至秋冬便却變壞，便以爲幻，故亦以人生爲幻。何不付與他物，生死成壞自有此理，何者爲幻？」

天地之間，非獨人爲至靈，自家心便是草木鳥獸之心也，但人受天地之中以生爾。一本此下云：〔二〕人與物，但氣有偏正耳。獨陰不成，獨陽不生。得陰陽之偏者，爲鳥獸、草木、夷狄，受正氣者，人也。

後漢人之名節成於風俗，未必自得也。然一變可以至道。

先王之世以道治天下，後世只是以法把持天下。

語仁而曰「可謂仁之方也已」者，何也？蓋若便以爲仁，則反使不識仁，只以所言爲仁也。故但曰「仁之方」，則使自得之以爲仁也。

「忠信所以進德」，「終日乾乾」，君子當終日「對越在天」也。蓋「上天之載，無聲無臭」，其體則謂之易，其理則謂之道，其用則謂之神，其命于人則謂之性，率性則謂之道，脩道則謂之教。孟子去其中又發揮出「浩然之氣」，可謂盡矣。一作「性」。故説神「如在其上，如在其左右」，大小大事而只曰「誠之不可揜如此夫」。徹上徹下，不過如此。形而上爲道，形而下爲器。須著如此説，器亦道，道亦器，但得道在，不繫今與後，己與人。

富貴驕人固不善，學問驕人，害亦不細。

義理與客氣常相勝，又看消長分數多少，爲君子小人之别。義理所得漸多，則自然知得客氣消散得漸少，消盡者是大賢。

「興於詩，立於禮」，自然見有著力處，至「成於樂」，自然見無所用力。一本云：「興於詩」便須見有著力處，「立於禮」便須見有得力處，「成於樂」便須見有無所用力處。

若不能存養，只是說話。

韓愈亦近世豪傑之士。如原道中言語雖有病，然自孟子而後，能將許大見識尋求者，才見此人。至如斷曰：「孟氏醇乎醇。」又曰：「荀與楊，擇焉而不精，語焉而不詳。」若不是他見得，豈千餘年後便能斷得如此分明也。如楊子看老子則謂：「言道德則有取，至如搥提仁義，絶滅禮學，則無取。」若以老子「剖斗折衡，聖人不死，大盗不止」，爲救時反本之言爲可取，却尚可恕。如老子言「失道而後德，失德而後仁，失仁而後義，失義而後禮」，則自不識道，已不成言語，却言其「言道德則有取」，蓋自是楊子已不見道，豈得如愈也。

「予天民之先覺者」，謂我乃天生此民中，盡得民道而先覺者也。既爲先覺之民，豈可不覺未覺者？及彼之覺，亦非分我之所有以予之，皆彼自有此義理，我但能覺之而已。

聖賢千言萬語，只是欲人將已放之心，約之使反，復入身來，自能尋向上去，「下學而上達」也。

先生嘗語王介甫曰：「公之談道，正如說十三級塔上相輪，對望而談，曰相輪者如此如此，極是分明。如某則戇直不能如此，直入塔中，上尋相輪，辛勤登攀，邐迤而上，直至十三級時，〔三〕雖猶未見相輪，能如公之言，然某却實在塔中，去相輪漸近，要之須可以至也。至相輪中坐時，依舊見公對塔談說此相輪如此如此。」介甫只是說道，云我知有箇道如此如此。只他説道時已與道離，他不知道，只説道時便不是道也。有道者亦一作「言」。自分明，只作尋常本分事説了。孟子言「堯、舜性之」，「舜由仁義行」，豈不是尋常説話？至於易，只道箇「立人之道曰仁與義」，則和性字由字也不消道，自已分明。陰陽、剛柔、仁義，只是此一箇道理。

嘉禮不野合，野合則秕稗也。故生不野合，則死不墓祭。蓋燕饗祭祀乃宮室中事，後世習俗廢禮，有踏青籍草飲食，故墓亦有祭。如禮望墓爲壇，并墓人爲墓祭之尸，亦有時爲之，非經禮也。後世在上者未能制禮，則隨俗未免墓祭。既有墓祭，則祠堂之類亦且爲之可也。

禮經中既不説墓祭，即是無墓祭之文也。

張橫渠於墓祭合一，分食而祭之，故告墓之文，有曰「奔走荆棘，殽亂桮盤之列」之語。此亦未盡也。如獻尸則可合而爲一，鬼神如何可合而爲一？

墓人墓祭則爲尸，舊説爲祭后土則爲尸者，非也。蓋古人祭社之外，更無所在有祭后土之禮。如今城隍神之類，皆不當祭。

家祭凡拜皆當以兩拜爲禮，今人事生以四拜爲再拜之禮者，蓋中間有問安之事故也。「事死如事生」，誠意則當如此，至如死而問安，却是瀆神。若祭祀有祝、有告、謝神等事，則自當有四拜六拜之禮。

古人祭祀用尸，極有深意，不可不深思。蓋人之魂氣既散，孝子求神而祭，無尸則不饗，無主則不依。故易於渙、萃，皆言「王假有廟」，即渙散之時事也。魂氣必求其類而依之，人與人既爲類，骨肉又爲一家之類，己與尸各既已潔齊，至誠相通，以此求神，宜其饗之。後世不知此，一本有「道」字。直以尊卑之勢，遂不肯行爾。古人爲尸者亦自處如何，三代之末已是不得已而廢。

「宗子繼別爲宗」，言別則非一也。如別子五人，五人各爲大宗。所謂「兄弟宗之」者，謂別子之子、繼禰者之兄弟，宗其小宗子也。

凡人家法，須令每有族人遠來，則爲一會以合族，雖無事亦當每月一爲之。古人有花樹韋家宗會法，可取也。然族人每有吉凶嫁娶之類，更須相與爲禮，使骨肉之意常相通。骨肉日疏者，只爲不相見，情不相接爾。

世人多慎於擇壻，而忽於擇婦。其實壻易見，婦難知。所繫甚重，豈可忽哉！

籲問：每常遇事即能知操存之意，無事時如何存養得熟？曰：古之人，耳之於樂，目之於禮，左右起居，盤盂几杖，〔四〕有銘有戒，動息皆有所養。今皆廢此，獨有理義之養心耳，但存此涵養意久則自熟矣。「敬以直內」是涵養意。言不莊不敬則鄙詐之心生矣，貌不莊不敬則怠慢之心生矣。

漢儒如毛萇、董仲舒，最得聖賢之意，然見道不甚分明。下此即至楊雄，規模窄狹。道即性也，言性已錯，更何所得？

漢策賢良，猶是人舉之。如公孫弘者，猶強起之，乃就對。至如後世賢良，乃自求舉耳。若果有曰「我心只望廷對，欲直言天下事」，則亦可尚矣。若志在富貴，則得志便驕縱，失志則便放曠與悲愁而已。

周官醫以「十全爲上」，非爲十人皆愈爲上。若十人不幸皆死病則奈何？但知可治不可治者十人皆中即爲上。

有人勞正叔先生曰：先生謹於禮四五十年，應其勞苦。先生曰：吾日履安地，何勞何苦？他人日踐危地，此乃勞苦也。

憂子弟之輕俊者，只教以經學念書，不得令作文字。

子弟凡百玩好皆奪志。至於書札，於儒者事最近，然一向好著，亦自喪志。如王、虞、顏、柳輩，誠爲好人則有之，曾見有善書者知道否？平生精力一用於此，非惟徒廢時日，於道便有妨處，足知喪志也。

王弼注易元不見道，但却以老莊之意解説而已。

呂與叔嘗言：患思慮多，不能驅除。曰：此正如破屋中禦寇，東面一人來未逐得，西面又一人至矣，左右前後，驅逐不暇。蓋其四面空疎，盜固易入，無緣作得主定。又如虚器入水，水自然入。若以一器實之以水，置之水中，水何能入來？蓋中有主則實，實則外患不能入，自然無事。

孔子曰：「其如示諸斯乎！」指其掌。中庸便曰：「明乎郊社之禮、禘嘗之義，治國其如示諸掌乎！」蓋人有疑孔子之語，中庸又直指郊禘之義以發之。曾子曰：「夫子之道，忠恕而已矣。」中庸以曾子之言雖是如此，又恐人尚疑忠恕未可便爲道，故曰：「忠恕違道不遠，施諸己而不願，亦勿施於人。」此又掠下教人。

堯夫嘗言：「能物物則我爲物之人也，不能物物則我爲物之物也。」亦不消如此。人自人，物自物，道理甚分明。

伯淳近與吴師禮談介甫之學錯處，謂師禮曰：爲我盡達諸介甫，我亦未敢自以爲是。如有説，願往復。此天下公理，無彼我。果能明辨，不有益于介甫，則必有益于我。

人以料事爲明，便駸駸入「逆詐」、「億不信」去也。

射中鵠，舞中節，御中度，皆誠也。古人教人以射御、象勺，所養之意如此。

凡物之名字，自與音義氣理相通，除其他有體質可以指論而得名者之外。如天之所以爲天，〔五〕天未名時本亦無名，只是蒼蒼然也，何以便有此名？蓋出自然之理，音聲發於其氣，遂有此名此字。如今之聽聲之精者便知人性，善卜者知人姓名，理由此也。

籲言：趙澤嘗云「臨政事不合著心，〔六〕惟恕上合著心」，是否？曰：彼謂著心勉而行恕則可，謂著心求恕則不可。蓋恕自有之理，舉斯心加諸彼而已，不待求而後得。然此人之論，有心爲恕，終必恕矣。

誠者合内外之道，不誠無物。

持國曰：凡人志能使氣者，能定其志則氣爲吾使，志壹則動氣矣。先生曰：誠然矣，志壹則動氣，然亦不可不思氣壹則動志。非獨趨蹶，藥也，酒也，亦是也。然志動氣者多，氣動志者少。雖氣亦能動志，然亦在持其志而已。

持國曰：道家有三住，心住則氣住，氣住則神住，此所謂「存三守一」。伯淳先生曰：此三者，人終食之頃未有不離者，其要只在收放心。

持國常患在下者多欺。伯淳先生曰：欺有三：有爲利而欺則固可罪，有畏罪而欺者在所恕，事有類欺者在所察。

人於外物奉身者，事事要好，只有自家一箇身與心却不要好。苟得外面物好時，却不知道自家身與心却已先不好了也。

先生曰：范景仁論性，曰「豈有生爲此，死又却爲彼」，儘似見得。後却云「自有鬼神」，又却迷也。

少年時見物大，食物美，後不能然者，物自爾也，乃人與氣有盛衰爾。

「生之謂性」，性即氣，氣即性生之謂也。人生氣禀，理有善惡，然不是性中元有此兩物相對而生也。有自幼而善，有自幼而惡，后稷之克岐克嶷，子越椒始生，人知其必滅若敖氏之類。是氣禀有然也。善固性也，然惡亦不可不謂之性也。蓋「生之謂性」「人生而静」以上不容説，才説性時便已不是性也。凡人説性，只是説「繼之者善」也，孟子言人性善是也。夫所謂「繼之者善」也者，猶水流而就下也。皆水也，有流而至海，終無所污，此何煩人力之爲也；有流而未遠，固已漸濁，有出而甚遠，方有所濁，有濁之多者，有濁之少者，清濁雖不同，然不可以濁者不爲水也。如此則人不可以不加澄治之功，故用力敏勇則疾清，用力緩怠則遲清。及其清也，則却只是元初水也，亦不是將清來换却濁，亦不是取出濁來置在一隅也。水之清，則性善之謂也。故不是善與惡在性中爲兩物相對，各自出來。此理，天命也。順而循之，則道也。循此而修之，各得其分，則教也。自「天命」以至於「教」，我無加損焉，此舜「有天下而不與焉」者也。

邢和叔言：「吾曹常須愛養精力，精力稍不足則倦，所臨事皆勉強而無誠意。」接賓客語言尚可見，況臨大事乎！

嘗與趙汝霖論爲政切忌臨事著心，〔七〕曰：此誠是也，然唯恕上合著心。

拾遺

「浩然之氣」，天地之正氣，大則無所不在，剛則無所屈，以直道順理而養，則充塞於天地之間。「配義與道」，氣皆主於義而無不在道，一置私意則餒矣。「是集義所生」，事事有理而在義也，非自外襲而取之也。告子外之者，蓋不知義也。楊遵道所録伊川語中，辨此一段非明道語。

「壹」與「一」字同。一動氣則動志，一動志則動氣，爲養氣者而言也。若成德者，志已堅定，則氣不能動志。

北宮黝之勇，在於必爲；孟施舍之勇，能於無懼。子夏，篤志力行者也；曾子，明理守約者也。

「必有事」者，主養氣而言，故必主於敬。「勿正」，勿作爲也。「心勿忘」，必有事也。「助長」，乃正也。

「北方之強」，血氣也。「南方之強」乃理強，故聖人貴之。人患乎懾怯者，蓋氣不充，不素養故也。

忿懥，怒也。治怒爲難，治懼亦難。克己可以治怒，明理可以治懼。

侯世與云：某年十五六時，明道先生與某講孟子，至「勿正心勿忘勿助長」處云：「二哥以『必有事焉而勿正』爲一句，『心勿忘，勿助長』爲一句，亦得。」因舉禪語爲況云：「事則不無，擬心則差。」某當時言下有省。

校勘記

〔一〕譬諸日月在上　「諸」原作「如」，據弘治本、康熙本改。

〔二〕一本此下云　「一」字原脱，據弘治本、康熙本補。

〔三〕直至十三級時　「三」原誤「二」，據弘治本、康熙本改。

〔四〕盤盂几杖　「几」原誤「凡」，據弘治本、康熙本改。

〔五〕如天之所以爲天　「如」，弘治本、康熙本作「則」。

〔六〕臨政事不合著心　「政」下原衍「是」字，據弘治本、康熙本删。

〔七〕嘗與趙汝霖論爲政切忌臨主著心　「主」，弘治本、康熙本作「事」。

程氏遺書第二上

二先生語二上

元豐己未吕與叔東見二先生語

古不必驗，今之所患，止患不得爲，不患不能爲。正

「居處恭，執事敬，與人忠」，此是徹上徹下語，聖人元無二語。明

一人之心即天地之心，「心」一作「體」。一物之理即萬物之理，一日之運即一歲之運。正

志道懇切固是誠意，若迫切不中理則反爲不誠。蓋實理中自有緩急，不容如是之迫，觀天地之化乃可知。正

聖人用意深處全在繫辭，詩、書乃格言。明

古之學者皆有傳授，如聖人作經，本欲明道。今人若不先明義理，不可治經，蓋不得傳授之意云爾。如繫辭本欲明易，若不先求卦義，則看繫辭不得。

觀易須看時，然後觀逐爻之才。一爻之間常包涵數意，〔一〕聖人常取其重者爲之辭。

亦有易中言之已多，取其未嘗言者，亦不必重事。又有且言其時，不及其爻之才，皆臨時參考。須先看卦，乃看得繫辭。

有德者得天理而用之，既「有諸已」，所用莫非中理。知巧之士雖不自得，然才知稍高，亦能窺測見其一二，得而用之，乃自謂泄天機，若平心用之，亦莫不中理。但不「有諸已」，須用知巧，亦有元本無「有」字。反失之，如蘇、張之類。

教人之術，若童牛之牿，當其未能觸時已先制之，善之大者。其次則豶豕之牙。豕之有牙，既已難制，以百方制之，終不能使之改，惟豶其勢，則性自調伏，雖有牙亦不能爲害。如有不率教之人，却須置其檟楚，别以道格其心，則不須檟楚，將自化矣。

事君須體「納約自牖」之意。人君有過，以理開諭之，既不肯聽，雖當救止，於此終不能回，却須求人君開納處進説，牖乃開明處。如漢祖欲廢太子，叔孫通言嫡庶根本，彼皆知之，既不肯聽矣，縱使能言，無以易此。惟張良知「四皓」素爲漢祖所敬，招之使事太子，漢祖知人心歸太子，乃無廢立意。及左師觸龍事亦相類。

天下善惡皆天理，謂之惡者非本惡，但或過或不及便如此，如楊、墨之類。明

仁、義、禮、智、信五者，性也。仁者全體，四者四支。仁體也，義宜也，禮别也，智知也，信實也。

學者全體此心，學雖未盡，若事物之來，不可不應，但隨分限應之，雖不中，不遠矣。

學者須敬守此心，不可急迫，當栽培深厚，涵泳於其間，然後可以自得。但急迫求之，只是私己，終不足以達道。

學者全要識時，若不識時，不足以言學。顔子陋巷自樂，以有孔子在焉。若孟子之時，世既無人，安可不以道自任。

訂頑一篇，意極完備，乃仁之體也。學者其體此意，令「有諸己」，其地位已高。到此地位，自別有見處，不可窮高極遠，恐於道無補也。明

醫書言手足痿痺爲不仁，此言最善名狀。仁者以天地萬物爲一體，莫非己也。認得爲己，何所不至？若不「有諸己」，自不與己相干，如手足不仁，氣已不貫，皆不屬己。故「博施」「濟衆」，乃聖人之功用。〔二〕仁至難言，故止曰：「己欲立而立人，己欲達而達人，能近取譬，可謂仁之方也已。」欲令如是觀仁，可以得仁之體。明

「博施」「濟衆」云「必也聖乎」者，非謂仁不足以及此，言「博施」「濟衆」者乃功用也。明

嘗喻以心知天，猶居京師往長安，但知出西門便可到長安。此猶是言作兩處，若要誠實，只在京師便是到長安，更不可別求長安。只心便是天，盡之便知性，知性便知天。一作「性便是天」。當處便認取，更不可外求。

「窮理盡性以至於命」，三事一時並了，元無次序，不可將窮理作知之事。若實窮得理，即性命亦可了。明

學者識得仁體，實「有諸己」，只要義理栽培。如求經義，皆栽培之意。

世間有鬼神憑依言語者，蓋屢見之，未可全不信。此亦有理，「莫見乎隱，莫顯乎微」而已。嘗以所求語劉絢，其後以其思索相示，但言與不是，元未嘗告之。近來求得稍親。

昔受學於周茂叔，每令尋顏子、仲尼樂處，所樂何事。

真知與常知異。常見一田夫曾被虎傷，有人説虎傷人，衆莫不驚，獨田夫色動異於衆。若虎能傷人，雖三尺童子莫不知之，然未嘗真知，真知須如田夫乃是。故人知不善而猶爲不善，是亦未嘗真知。若真知，決不爲矣。

蒲人要盟事，知者所不爲，况聖人乎？果要之，止不之衛可也。盟而背之，若再遇蒲人，其將何辭以對？

嘗言鄭戩作縣，定民陳氏爲里正。既暮，有姓陳人乞分居。戩立笞之，曰：「安有朝定里正而夕乞分居！」既而察之，乞分居者非定里正也。今夫赤子未能言，其志意嗜欲，人所未知，其母必不能知之，然不至誤認其意者何也？誠心愛敬而已。若使愛敬其民如其赤子，何錯繆之有？故心誠求之，雖不中，不遠矣。

欲知得與不得，於心氣上驗之。思慮有得，中心悅豫，沛然有裕者，實得也。思慮有得，心氣勞耗者，實未得也，強揣度耳。嘗有人言，比因學道，思慮心虛。曰：人之血氣固有虛實，疾病之來，聖賢所不免，然未聞自古聖賢因學而致心疾者。

學者須先識仁。仁者渾然與物同體，義、禮、知、信皆仁也。識得此理，以誠敬存之而已，不須防檢，不須窮索。若心懈則有防，心苟不懈，何防之有？理有未得，故須窮索，存久自明，安待窮索？此道與物無對，大不足以名之。天地之用，皆我之用。孟子言「萬物皆備於我」，須反身而誠，乃爲大樂。若反身未誠，則猶是二物有對，以己合彼，終未有之，一本下更有「未有之」三字。又安得樂？訂頑意思，乃備言此體。以此意存之，更有何事？「必有事焉而勿正，心勿忘，勿助長」，未嘗致纖毫之力，此其存之之道，若存得便合有得。蓋良知良能元不喪失，以昔日習心未除，却須存習此心，久則可奪舊習。此理至約，惟患不能守。既能體之而樂，亦不患不能守也。

事有善有惡，皆天理也。天理中物，須有美惡。蓋物之不齊，物之情也。但當察之，不可自入於惡，流於一物。明

昔見上稱介甫之學，對曰：「王安石之學不是。」上愕然，問曰：「何故？」對曰：「臣不敢遠引，止以近事明之。臣嘗讀詩，言周公之德，云『公孫碩膚，赤舄几几』。周公盛德，形

容如是之盛。如王安石，其身猶不能自治，何足以及此！」明○一本此下云：又嘗稱介甫，顥對曰：「王安石博學多聞則有之，守約則未也。」

聖人即天地也。天地中何物不有？天地豈嘗有心揀別善惡？一切涵容覆載，〔三〕但處之有道爾。若善者親之，不善者遠之，則物不與者多矣，安得爲天地？故聖人之志，止欲「老者安之，朋友信之，少者懷之」。

死生存亡皆知所從來，胸中瑩然無疑，止此理爾。孔子言「未知生，焉知死」，蓋略言之。死之事即生是也，更無別理。明

言體天地之化，已剩一體字，只此便是天地之化，不可對此箇別有天地。明

胡安定在湖州置「治道齋」，學者有欲明治道者，講之於中，如治兵治民、水利筭數之類。嘗言劉彝善治水利，後果爲政，〔四〕皆興水利有功。

「睟面盎背」，皆積盛致然。「四體不言而喻」，惟有德者能之。

大學乃孔子遺書，須從此學則不差。明

孔子之列國，答聘而已，若有用我者則從之。

居今之時，不安今之法令，非義也。若論爲治，不爲則已，如復爲之，須於今之法度內處得其當，方爲合義。若須更改而後爲，則何義之有？

孟子言「養心莫善於寡欲」，欲寡則心自誠。荀子言「養心莫善於誠」，既誠矣，又何養？此已不識誠，又不知所以養。

賢者惟知義而已，命在其中。中人以下乃以命處義。如言「求之有道，得之有命」，是求無益於得，知命之不可求，故自處以不求。若賢者則求之以道，得之以義，不必言命。

克己則私心去，自然能復禮，雖不學文，而禮意已得。明

今之監司多不與州縣一體，監司專欲伺察，州縣專欲掩蔽。不若推誠心與之共治，有所不逮，可教者教之，可督者督之，至于不聽，擇其甚者去一二，使足以警衆可也。

詩、書載道之文，春秋聖人之用。一本此下云：五經之有春秋，猶法律之有斷例也。律令唯言其法，至於斷例，則始見其法之用也。詩、書如藥方，春秋如用藥治疾。聖人之用全在此書，所謂「不如載之行事深切著明」者也。有重疊言者，如征伐、盟會之類，蓋欲成書，勢須如此，不可事事各求異義。但一字有異，或上下文異，則義須别。

君實修資治通鑑至唐事，正叔問曰：「敢與太宗、肅宗正篡名乎？」曰：「然。」又曰：「敢辨魏徵之罪乎？」曰：「何罪？」「魏徵事皇太子，太子死，遂忘戴天之讎而反事之，此王法所當誅。後世特以其後來立朝風節而掩其罪。有善有惡，安得相掩？」曰：「管仲不死子糾之難而事桓公，孔子稱其能不死，曰：『豈若匹夫匹婦之爲諒也，自經於溝瀆而莫之知

也！』與徵何異？」曰：「管仲之事與徵異。齊侯死，公子皆出，小白長而當立，子糾少亦欲立，管仲奉子糾奔魯。小白入齊，既立，仲納子糾以抗小白，以少犯長，又所不當立，義已不順。既而小白殺子糾，管仲以所事言之則可死，以義言之則未可死。故春秋書『齊小白入于齊』，以國繫齊，明當立也。又書『公伐齊納糾』，二傳無「子」字。糾去『子』，明不當立也。至『齊人取子糾殺之』，此復繫『子』者，罪齊大夫既盟而殺之也。與徵之事全異。」

知、仁、勇三者，天下之達德，所以行之者一，一則誠也。止是誠實此三者，三者之外，更別無誠。

孟子才高，學之無可依據。學者當學顏子入聖人爲近，有用力處。明

「若季氏則吾不能，以季、孟之間待之。」季氏強臣，君待之之禮極隆，然非所以待孔子。季、孟之間，則待之之禮爲至矣。然復曰：「吾老矣，不能用也。」此孔子不繫待之輕重，特以不用而去。

談經論道則有之，少有及治體者。「如有用我者」，正心以正身，正身以正家，正家以正朝廷百官，至于天下，此其序也。其間則又繫用之淺深，臨時裁酌而應之，難執一意。

天地之道，常垂象以示人，故曰「貞觀」。日月常明而不息，故曰「貞明」。

學者不必遠求，近取諸身，只明人理，敬而已矣，便是約處。易之乾卦言聖人之學，坤

卦言賢人之學，惟言「敬以直內，義以方外，敬義立而德不孤」。至于聖人，亦止如是，更無別途。穿鑿繫累，自非道理。故有道有理，天人一也，更不分別。浩然之氣乃吾氣也，養而不害，則塞乎天地，一爲私心所蔽，則欲然而餒，知其小也。「思無邪」，「無不敬」，只此二句循而行之，安得有差？有差者皆由不敬不正也。明

良能良知皆無所由，乃出於天，不繫於人。

德性謂天賦天資，才之美者也。

凡立言欲涵蓄意思，不使知德者厭，無德者惑。

且省外事，但明乎善，惟進誠心，其文章雖不中，不遠矣。所守不約，泛濫無功。明

學者須學文，知道者進德而已。有德則「不習無不利」，「未有學養子而後嫁」，蓋先得是道矣。學文之功，學得一事是一事，二事是二事，觸類至于百千，至于窮盡，亦只是學，不是德。有德者不如是。故此言可爲知道者言，不可爲學者言。如心得之，則「施於四體，四體不言而喻」。譬如學書，若未得者，須心手相須而學，苟得矣，下筆便能書，不必積學。

有有德之言，有造道之言，有述事之言。有德者，止言己分事。造道之言，如顔子言孔子，孟子言堯舜，止是造道之深，所見如是。

所見所期不可不遠且大，然行之亦須量力有漸。志大心勞，力小任重，恐終敗事。

某接人多矣，不雜者三人：張子厚、邵堯夫、司馬君實。

聖不可知，謂聖之至妙，人所不能測。

立宗非朝廷之所禁，但患人自不能行之。

立「清虚一大」爲萬物之源，恐未安。須兼清濁虚實乃可言神。道體物不遺，不應有方所。

教人未見意趣，必不樂學，欲且教之歌舞。如古詩三百篇，皆古人作之。如關雎之類，正家之始，故用之鄉人，用之邦國，日使人聞之。此等詩，其言簡奥，今人未易曉。别欲作詩，略言教童子灑掃應對事長之節，令朝夕歌之，似當有助。

「致知在格物」，格，至也。窮理而至於物，則物理盡。

今之學者，唯有義理以養其心。若威儀辭讓以養其體，文章物采以養其目，聲音以養其耳，舞蹈以養其血脉，皆所未備。

孟子之於道，若温淳淵懿未有如顔子者，於聖人幾矣。後世謂之「亞聖」，容有取焉。如「盍各言爾志」，子路、顔子、孔子皆一意，但有小大之差，皆與物共者也。顔子不自私己，故「無伐善」，知同於人，故「無施勞」。若聖人則如天地，如「老者安之」之類。「孟」字疑誤。

大學「在明明德」，先明此道；「在新民」者，使人用此道以自新；「在止於至善」者，見知所止。

得而後動，與慮而後動異。得在己，如自使手舉物，無不從。慮則未在己，如手中持物以取物，知其不利。

聖人於文章，不講而學。蓋講者有可否之疑，須問辨而後明。學者有所不知，問而知之，則可否自決，不待講論。如孔子之盛德，惟官名禮文有所未知，故問於郯子、老子，既知則遂行而已，更不須講。

正叔言：不當以體會爲非心。以體會爲非心，故有心小性大之說。聖人之神，與天一，有「地」字。爲一，安得有二？至于「不勉而中，不思而得」，莫不在此。此心即與天地無異，不可小了他，不可一作「若或」。將心滯在知識上，故反以心爲小。時本注云：橫渠云：「心禦見聞，不弘於性。」

鼓舞萬物，「不與聖人同憂」，此天與人異處。聖人有不能爲天之所爲處。

行禮不可全泥古，須當視時之風氣自不同，故所處不得不與古異。如今人面貌自與古人不同，若全用古物，亦不相稱。雖聖人作，須有損益。

交神明之意，當在事生之後，則可以盡孝愛而得其饗。全用古事，恐神不享。

訂頑之言極純無雜，秦、漢以來學者所未到。

君與夫人當異廟，故自無配。明

禘，王者之大祭。祫，諸侯之大祭。明

伯淳言：學者須守下學上達之語，乃學之要。

嫂叔無服，先王之權。後聖有作，雖復制服可矣。

師不立服，不可立也，當以情之厚薄、事之大小處之。如顏、閔於孔子，雖斬衰三年可也，其成己之功，與君父並。其次各有淺深，稱其情而已。下至曲藝，莫不有師，豈可一概制服？

子厚以禮教學者最善，使學者先有所據守。

斟酌去取古今，恐未易言，須尺度權衡在胸中無疑，乃可處之無差。

學禮者考文必求先王之意，得意乃可以沿革。

凡學之雜者，終只是未有所止，内不自足也。譬之一物懸在空中，苟無所倚著，則不之東則之西。故須著摸他别道理，只爲自家不内足也。譬之家藏良金，不索外求，貧者見人説金，須借他底看。

朋友講習，更莫如「相觀而善」工夫多。

昨日之會，大率談禪，使人情思不樂，歸而悵恨者久之。此説天下已成風，其何能救！

古亦有釋氏，盛時尚只是崇設像教，其害至小。今日之風，便先言性命道德，先驅了知者，才愈高明，則陷溺愈深。在某則才卑德薄，無可奈何他。然據今日次第，便有數孟子，亦無如之何。只看孟子時，楊、墨之害能有甚？況之今日，殊不足言。此事蓋亦繫時之污隆。清談盛而晉室衰，然清談爲害，却只是閑言談，又豈若今日之害道！今雖故人有一初本無「一」字。爲此學而陷溺其中者，則既不可回，今初本無「今」字。只有望於諸君爾。直須置而不論，更休曰且待嘗試，若嘗試則已化而自爲之矣，要之決無取。初本無此上二十九字。其術初本作「佛學」。大概且是絶倫類，初本卷末注云：「『昨日之會，大率談禪』章内，一本云云，上下皆同，版本已定，不可增益，今附于此。異時有別鋟版者，則當以此爲正。」今從之。世上不容有此理。又其言待要出世，出那裏去？又其迹須要出家，然則家者不過君臣父子夫婦兄弟，處此等事皆以爲寄寓，故其爲忠孝仁義者，皆以爲不得已爾，又要得脱世網，〔五〕至愚迷者也。畢竟學之者，不過至似佛。佛者一懶胡爾，他本是箇自私獨善，枯槁山林，自適而已。若只如是，亦不過世上少這一箇人，又却要周遍，謂既得本則不患不周遍，要之決無此理。一本此下云：然爲其學者，詰之，理雖有屈時，又却亂説，卒不可憑考之。今日所患者，患在引取了中人以上者，其力有以自立，故不可回。若只中人以下，自不至此，亦有甚執持。今彼言世網者，只爲此秉彝又殄滅不得，故當忠孝仁義之際，皆處於不得已，直欲和這些秉彝都消殺得盡，然後以爲至道也。然而畢竟消殺不得。如人之有耳目口鼻，既有此氣，則須有此識，所見者色，所聞者聲，所食者味。人之有喜怒哀樂者，亦其性之自然，今強曰必盡絶爲得天真，是所謂喪天真也。持國之爲此學者三十年矣，其所得者，儘説得知有這道理，然至於「反身而誠」，却竟無得處。他有一箇覺之理，可以「敬以直内」矣，然無「義以方外」。其直内者，要之其本亦不是。譬之贊易，前後貫穿都説得是有此道理，然須「默而成之，不言而信，存乎德行」一再有「德行」字。處，是所謂自得也。談禪者雖説得，蓋未之有得。其徒亦有肯道佛卒不可以治天下國家者，然又須道得本則可以周遍。

有問：若使天下盡爲佛可乎？其徒言爲其道則可，其迹則不可。伯淳言：若盡爲佛，則是無倫類，天下却都没人去理，〔六〕然自亦以天下國家爲不足治，要逃世網。其説至於不可窮處，他又有一箇鬼神爲説。

「立人之道曰仁與義」，據今日合人道廢則是，今尚不廢者，猶只是有那些秉彝卒殄滅不得。以此思之，天壤間可謂孤立，其將誰告耶？

今日卓然不爲此學者，惟范景仁與君實爾。然其所執理，有出於禪學之下者，一日做身主不得，爲人驅過去裏。

君實嘗患思慮紛亂，有時中夜而作，達旦不寐，可謂良自苦。人都來多少血氣，若此則幾何而不摧殘以盡也。其後告人曰：「近得一術，常以中爲念。」則又是爲中所亂。中又何形？如何念得？他只是於名言之中，揀得一箇好字。與其爲中所亂，却不如與一串數珠，及與他數珠，他又不受。殊不知中之無益於治心，不如數珠之愈也。夜以安身，睡則合眼，不知苦苦思量箇甚！只是不與心爲主，三更常有人喚習也。諸本無此八字。

學者於釋氏之說，直須如淫聲美色以遠之，不爾則駸駸然入於其中矣。顏淵問爲邦，孔子既告之以五帝、三王之事，而復戒以「放鄭聲，遠佞人」，曰：「鄭聲淫，佞人殆。」彼佞人者，是他一邊佞耳，然而於己則危，只是能使人移，故危也。至於禹之言曰：「何畏乎巧言令色？」巧言令色直消言畏，只是須著如此戒慎，猶恐不免。釋氏之學更不消言，常戒到自家自信後，便不能亂得。

以書傳道，與口相傳煞不相干。〔七〕相見而言，因事發明，則并意思一時傳了。書雖言多，其實不盡。

觀秦中氣艷衰，邊事所困，累歲不稔。昨來餽邊喪亡，今日事未可知，大有可憂者，以至士人相繼淪喪，爲足粧點關中者，則遂化去。吁！可怪也。凡言王氣者，實有此理。生一物須有此氣，不論美惡，須有許大氣艷，故生是人。至如闕里有許多氣艷，故此道之流，以至今日。昔横渠説出此道理，至此幾乎衰矣。只介父一箇，氣艷大小大。

伯淳嘗與子厚在興國寺，曾講論終日，而曰：「不知舊日曾有甚人於此處講此事。」

與叔所問，今日宜不在有疑。今尚差池者，蓋爲昔亦有雜學，故今日疑所進有相似處，則遂疑養氣爲有助，便休信此説。蓋爲前日思慮紛擾，今要虛靜，故以爲有助。前日思慮紛擾，又非義理，又非事故，如是則只是狂妄人耳。懲此以爲病，故要得虛靜。其極欲得如槁木死灰，又却不是。蓋人活物也，又安得爲槁木死灰？既活則須有動作，須有思慮，必欲爲槁木死灰，除是死也。「忠信所以進德」者何也？閑邪則誠自存，誠存斯爲忠信也。如何是閑邪？非禮而勿視聽言動，邪斯閑矣。以此言之，又幾時要身如枯木，心如死灰？又如絕四後畢竟如何，又幾時須如枯木死灰？「敬以直内」，則須君則是君，臣則是臣。凡事如此，大小大直截也。

有言養氣可以爲養心之助。曰：敬則只是敬，敬字上更添不得。譬之敬父矣，又豈須得道更將敬兄助之？又如今端坐附火，是敬於向火矣，又豈須道更將敬於水以助之？猶之有人曾到東京，又曾到西京，又曾到長安，若一處上心來，則他處不容參然在心，〔八〕心裏著兩件物不得。

飲酒不可使醉。「不及亂」者，不獨不可亂志，只血氣亦不可使亂，但使浹洽而已可也。

邢和叔後來亦染禪學。其爲人明辨有才，後更曉煉世事，其於學亦「日月至焉」者也。

尹子曰：「明辨有才而復染禪學，何所不爲也。」

伯淳自謂：「只得他人待做惡人，敬而遠之。」嘗有一朝士久不見，謂伯淳曰：「以伯淳如此聰明，因何許多時終不肯回頭來？」伯淳答以：「蓋恐回頭後錯也。」

巽之凡相見須窒礙，蓋有先定之意。和叔一作「與叔」。據理，却合滯礙，而不然者，只是他至誠，便相信心直篤信。

理則須窮，性則須盡，命則不可言窮與盡，只是「至於命」也。横渠昔常譬命是源，窮理與盡性如穿渠引源。然則渠與源是兩物，後來此議必改來。

今語道則須待要寂滅湛静，形使如槁木，〔九〕心使如死灰。豈有直做墻壁木石而謂之道？所貴乎「智周天地萬物而不遺」，又幾時要如死灰？所貴乎「動容周旋中禮」，又幾時要如槁木？論心術，無如孟子也，只謂「必有事焉」。一本有「而勿正心」字。今既如槁木死灰，則却於何處有事？

君實之能忠孝誠實，只是天資，學則元不知學。堯夫之坦夷，無思慮紛擾之患，亦只是天資自美爾，皆非學之功也。

持國嘗論「克己復禮」，以謂克却不是道。伯淳言：克便是克之道。持國又言：道則不須克。伯淳言：道則不消克，却不是持國事，在聖人則無事可克，今日持國須克得己，便然後復禮。

游酢、楊時是學得靈利，高才也。楊時於新學極精，今日一有所問，能盡知其短而持之。介父之學，大抵支離。伯淳嘗與楊時讀了數篇，其後盡能推類以通之。

有問：詩三百非一人之作，難以一法推之。伯淳曰：不然。三百，三千中所擇，〔一〇〕不特合於雅頌之音，亦是擇其合於教化者取之。篇中亦有次第淺深者，亦有元無次序者。

新政之改，亦是吾黨爭之有大過，成就今日之事，塗炭天下，亦須兩分其罪可也。當時天下岌岌乎殆哉，介父欲去數矣。其時介父直以數事上前卜去就，若青苗之議不行，則決其去。伯淳於上前，與孫莘老同得上意，要了當此事。大抵上意不欲抑介父，要得人擔當了，而介父之意尚亦無必。伯淳嘗言：「管仲猶能言『出令當如流水，以順人心』，今參政須要做不順人心事，何故？」介父之意，只恐始爲人所沮，其後行不得。伯淳却道：「但做順人心事，人誰不願從也。」介父道：「此則感賢誠意。」却爲天祺其日於中書大悖，緣是介父大怒，遂以死力爭於上前，上爲之一以聽用，從此黨分矣。莘老受約束而不肯行，遂坐貶。而伯淳遂待罪，既而除以京西提刑。伯淳復求對，遂見上。上言：「有甚文字？」伯淳云：「今咫尺天顔，尚不能少回天意，文字更復何用！」欲去而上問者數四，伯淳每以陛下不宜輕用兵爲言，朝廷羣臣無能任陛下事者。以今日之患觀之，猶是自家不善從容，至如青苗且放過，又且何妨。伯淳當言職，苦不曾使文字，大綱只是於上前説了，其他些小文字，只是備禮而已。大抵自仁祖朝優容諫臣，當言職者必以詆訐而去爲賢，習以成風，惟恐人言不稱職以去，爲落便宜。昨來諸君，蓋未免此。苟如是爲，則是爲己，尚有私意在，却不在朝廷，不干事理。

今日朝廷所以特惡忌伯淳者，以其可理會事，只是理會學這裏動，則於他輩是所不便也，故特惡之深。

以吾自處，猶是自家當初學未至，意未誠，其德尚薄，無以感動他天意，此自思則如此。然據今日許大氣艷，當時欲一二人動之，誠如河濱之人捧土以塞孟津，復可笑也。據當時事勢，又至於今日，豈不是命！

只著一箇私意便是餒，便是缺了他浩然之氣處。「誠者物之終始，不誠無物」，這裏缺了他，則便這裏没這物。浩然之氣又不待外至，是集義所生者。這一箇道理，不爲堯存，不爲桀亡，只是人不到他這裏，知此便是明善。

「生生之謂易」，是天之所以爲道也。天只是以生爲道，繼此生理者即是善也。善便有一箇元底意思。「元者善之長」，萬物皆有春意，便是「繼之者善也，成之者性也」。成却待他萬物自成其一作「甚」。性須得。

告子云「生之謂性」則可，凡天地所生之物，須是謂之性。皆謂之性則可，於中却須分別牛之性、馬之性，是他便只道一般，如釋氏說蠢動含靈皆有佛性，如此則不可。「天命之謂性，率性之謂道」者，天降是於下，萬物流形，各正性命者，是所謂性也。循其性一作「各正性命」。而不失，是所謂道也。此亦通人物而言，循性者馬則爲馬之性，又不做牛底性，牛則爲牛之性，又不爲馬底性，此所謂率性也。人在天地之間，與萬物同流，天幾時分別出是人是物？「脩道之謂教」，此則專在人事，以失其本性，故脩而求復之，則入於學。若元不失，則何脩之有？是由仁義行也，則是性已失，故脩之。「成性存存，道義之門」，亦是萬物各有成性存存，亦是生生不已之意。天只是以生爲道。

萬物皆只是一箇天理，己何與焉？至如言：「天討有罪，五刑五用哉！天命有德，五服五章哉！」此都只是天理自然當如此，人幾時與？與則便是私意。有善有惡，善則理當喜，如五服自有一箇次第以章顯之；惡則理當惡，一作「怒」。彼自絕於理，故五刑五用曷嘗容心喜怒於其間哉？舜舉十六相，堯豈不知？只以他善未著，故不自舉。舜誅四凶，堯豈不察？只爲他惡未著，那誅得他。舉與誅曷嘗有毫髮厠於其間哉？只有一箇義理：「義之與比。」

人能放這一箇身公共，放在天地萬物中一般看，則有甚妨礙？雖萬身，曾何傷？乃知釋氏苦「根塵」者，皆是自私者也。

要脩持他這天理則在德，須有不言而信者。言難爲形狀，養之則須直不愧屋漏與慎獨。這是箇持養底氣象也。

「知止」則自定，萬物撓不動，非是别將箇「定」來助「知止」也。

詩、書中凡有箇主宰底意思者，皆言帝；有一箇包涵徧覆底意思，則言天；有一箇公共無私底意思，則言王。上下千百歲中，若合符契。

如天理底意思，誠只是誠此者也，敬只是敬此者也。非是别有一箇誠，更有一箇敬也。

「天理」云者，這一箇道理更有甚窮已？不爲堯存，不爲桀亡。人得之者，故「大行不加」，「窮居不損」。這上頭來，更怎生説得存亡加減？是他元無少欠，百理具備。胡本此下云：得這箇天理，是謂大人。以其道變通無窮，故謂之聖。不疾而速，不行而至，須默而識之處，故謂之神。

「天地設位而易行乎其中矣」，「乾坤毁則無以見易」，「易不可見則乾坤或幾乎熄矣」。易是箇甚？易又不只是這一部書，是易之道也。不要將易又是一箇事，即事一作「唯」，一作「只是」。盡天理，便是易也。

天地之化既是二物，必動已不齊。譬之兩扇磨行，便其齒齊，不得齒齊，既動則物之出者何可得齊，轉則齒更不復得齊。從此參差萬變，巧歷不能窮也。

天地之間，有者只是有。譬之人之知識聞見，經歷數十年，一日念之，了然胸中。這一箇道理在那裏放著來。

養心者且須是教他寡欲，又差有功。

中心斯須不和不樂，則鄙詐之心入之矣。此與「敬以直内」同理，謂敬爲和樂則不可，然敬須和樂，只是中心没事也。

大凡利害禍福，亦須「致命」。須得致之爲言，直如人以力自致之謂也。得之不得，命固已定。君子須知他命方得，「不知命，無以爲君子」。蓋命苟不知，無所不至。故君子於困窮之時，須致命便遂得志。其得禍得福，皆己自致，只要申其志而已。

「求之有道，得之有命」，是求無益於得，言求得不濟事。元本無「不」字。此言猶只爲中人言之。若爲中人以上而言，却只道「求之有道」，非道則不求，更不消言命也。

堯夫豪傑之士，根本不帖帖地。伯淳嘗戲以亂世之姦雄中道學之有所得者。然無禮不恭極甚。又嘗戒以不仁，己猶不認，以爲人不曾來學。伯淳言堯夫自是悠悠。自言須如我與李之才方得道。

「天民之先覺」，譬之皆睡，他人未覺來，以我先覺，故摇擺其未覺者，亦使之覺，及其覺也，元無少欠，蓋亦未嘗有所增加也，適一般爾。「天民」云者，蓋是全盡得天生斯民底事業。「天之生斯民也，將以道覺斯民」，蓋言天生此民，將以此道覺此民，則元無少欠，亦無增加，未嘗不足。「達可行於天下」者，謂其全盡天之生民之理，其術亦足以治天下國家故也。

「可欲之謂善」，便與「元者善之長」同理。

禮樂不可斯須去身。

「不能反躬，天理滅矣。」「天理」云者，百理具備，元無少欠，故「反身而誠」，只是言得已上更不可道甚道。元本「道」字屬下文。

命之曰易，便有理。一本無此七字，但云：道理皆自然。若安排定，則更有甚理。天地陰陽之變，便如二扇磨升降，盈虚剛柔，初未嘗停息，陽常盈，陰常虧，故便不齊。譬如磨既行，齒都不齊，既不齊，便生出萬變。故物之不齊，物之情也。而莊周强要齊物，然而物終不齊也。堯夫有言：「泥空終是著，齊物到頭争。」此其肅如秋，其和如春。如秋便是「義以方外」也。如春觀萬物皆有春意。堯夫有詩云：「拍拍滿懷都是春。」又曰：「芙蓉月向懷中照，楊柳風來面上吹。」不止風月，言皆有理。又曰：「卷舒萬古興亡手，出入幾重雲水身。」若莊周大抵寓言，要入他放蕩之場。堯夫却皆有理，萬事皆出於理。自以爲皆有理，故要得縱心妄行總不妨。一本此下云：堯夫詩云「聖人契緊些兒事」，其言太急迫。此道理平鋪地放着裏，何必如此。

觀天理亦須放開意思，開闊得心胸便可見，打揲了習心兩漏三漏子。今如此混然説做一體猶二本，那堪更二本三本？今雖知「可欲之爲善」，亦須實「有諸己」，便可言誠。誠便合内外之道。今看得不一，只是心生，除了身只是理，便説合天人，合天人已是爲不知者引而致之。天人無間，夫不充塞則不能化育，言贊化育，已是離人而言之。

須是大其心使開闊，譬如爲九層之臺，須大做脚須得。

元亨者，只是始而亨者也。此通人物而言，「通」，元本作「詠」字。謂始初發生，大概一例亨通也。及到利貞，便是「各正性命」後，屬人而言也。利貞者，分在性與情，只性爲本，情是性之動處，情又幾時惡。「故者以利爲本」，只是順利處爲性，若情則須是正也。

醫家以不認痛癢謂之不仁，人以不知覺不認義理爲不仁，譬最近。

所以謂萬物一體者皆有此理，只爲從那裏來。「生生之謂易」，生則一時生，皆完此理，人則能推，物則氣昏推不得，不可道他物不與有也。人只爲自私，將自家軀殼上頭起意，故看得道理小了他底。放這身來都在萬物中一例看，大小大快活。釋氏以不知此，去他身上起意思，奈何那身不得，故却厭惡，要得去盡根塵，爲心源不定，故要得如枯木死灰。然没此理，要有此理，除是死也。釋氏其實是愛身，放不得，故説許多。譬如負販之蟲，已載不起，猶自更取物在身。又如抱石沉河，以其重愈沉，終不道放下石頭，惟嫌重也。

孟子論四端處則欲擴而充之，説約處則博學詳説而反説約。此内外交相養之道也。

「萬物皆備於我」，不獨人爾，物皆然。都自這裏出去，只是物不能推，人則能推之。雖能推之，幾時添得一分？不能推之，幾時減得一分？百理具在，平鋪放著。幾時道堯盡君道，添得些君道多？舜盡子道，添得些孝道多？元來依舊。

横渠教人，本只是謂世學膠固，故説一箇清虚一大，只圖得人稍損得没去就道理來，然而人又更别處走。今日且只道敬。

聖人之德行，固不可得而名狀。若顔子底一箇氣象，吾曹亦心知之，欲學聖人，且須學顔子。後來曾子、子夏煞學得到上面也。〔一一〕

今學者敬而不見得，元本有「未」字。又不安者，只是心生，亦是太以敬來做事得重。此「恭而無禮則勞」也。恭者，私爲恭之恭也。禮者，非體之禮，〔一二〕是自然底道理也。只恭而不爲自然底道理，故不自在也。須是恭而安。今容貌必端，言語必正者，非是道獨善其身，要人道如何，只是天理合如此，本無私意，只是箇循理而已。

堯夫解「他山之石，可以攻玉」：玉者温潤之物，若將兩塊玉來相磨，必磨不成，須是得他箇麤糲底物方磨得出。〔一三〕譬如君子與小人處，爲小人侵陵，則脩省畏避，動心忍性，增益預防，如此便道理出來。

公掞昨在洛有書室，兩旁各一牖，牖各三十六隔，一書「天道之要」，一書「仁義之道」，中以一牓書「毋不敬，思無邪」，中處之。此意亦好。

古人雖胎教與保傅之教，猶勝今日庠序鄉黨之教。古人自幼學，耳目游處，所見皆善，至長而不見異物，故易以成就。今人自少所見皆不善，才能言便習穢惡，日日消鑠，更有甚天理！須人理皆盡，然尚以些秉彝消鑠盡不得，故且恁過，一日之中，超多少巧僞，萌多少機穽。據此箇薰蒸，以氣動氣，宜乎聖賢之不生，和氣之不兆也。尋常間或有些時和歲豐，亦出於幸也。不然，何以古者或同時或同家並生聖人，及至後世乃數千歲寂寥。

人多言天地外，不知天地如何說內外，外面畢竟是箇甚。若言著外，則須似有箇規模。凡言「充塞」云者，却似箇有規模底體面，將這氣充實之。然此只是指而示之近耳。氣則只是氣，更說甚充塞？如化育則只是化育，更說甚贊？贊與充塞，又早却是別一件事也。

理之盛衰之說，與釋氏初劫之言，如何到他說便亂道，又却窺測得些。彼其言「成住壞空」，曰成壞則可，住與空則非也。如小兒既生，亦日日長行，元不曾住，是他本理只是一箇消長盈虧耳，更没別事。

極爲天地中，是也。然論地中儘有説。據測景，以三萬里爲中，若有窮，然有至一邊已及一萬五千里，而天地之運蓋如初也。然則中者，亦「時中」耳。地形有高下，無適而不爲中，故其中不可定下。譬如楊氏「爲我」，墨氏「兼愛」，子莫於此二者以執其中，則中者適未足爲中也。故曰：「執中無權，猶執一也。」若是因地形高下，無適而不爲中，則天地之化不可窮也。若定下不易之中，則須有左有右，有前有後，四隅既定，則各有遠近之限，便至百千萬億，亦猶是有數。蓋有數則終有盡處，不知如何爲盡也。

日之形，人莫不見似輪似餅。其形若有限，則其光亦須有限。若只在三萬里中升降出没，則須有光所不到處。又安有此理？今天之蒼蒼，豈是天之形？視下也，亦須如是。日固陽精也，然不如舊説，周回而行，中心是須彌山，日無適而不爲精也。地既無適而不爲中，則日無適而不爲精也。氣行滿天地之中，然氣須有精處，故其見如輪如餅。譬之鋪一溜柴薪，從頭爇著，火到處其光皆一般，非是有一塊物推著行將去，氣行到寅則寅上有光，行到卯則卯上有光，氣充塞無所不到。若這上頭得箇意思，便知得生物之理。

觀書者亦須要知得隨文害義。如書曰：「湯既勝夏，欲遷其社，不可。」既處湯爲聖人，聖人不容有妄舉。若湯始欲遷社，衆議以爲不可而不遷，則是湯先有妄舉也。不可者，湯不可之也。湯以爲國既亡則社自當遷，以爲遷之不若不遷之愈，故但屋之。屋之則與遷之無以異，既爲亡國之社，則自王城至國都皆有之，使爲戒也。故春秋書「亳社災」，然則魯有亳社，屋之，故有火災。此制計之必始於湯也。

長安西風而雨，終未曉此理。須是自東自北而風則雨，自南自西則不雨。何者？自東自北皆屬陽，坎卦本陽。陽唱而陰和，故雨。自西自南，陰也，陰唱則陽不和。蝃蝀之詩曰「朝隮于西，崇朝其雨」，是陽來唱也，故雨；「蝃蝀在東」，則是陰先唱也；「莫之敢指」者，非謂手指莫敢指陳也，猶言不可道也。易言「密雲不雨，自我西郊」，言自西則是陰先唱也，故雲雖密而不雨。今西風而雨，恐是山勢使然。

學者用了許多工夫，下頭須落道了是。入異教只爲自家這下元未曾得箇安泊處，那下說得成熟。世人所惑者鬼神轉化，他總有說，又費力說道理，又打入箇無底之壑，故一生出不得。今日須是自家這下照得理分明，則不走作。形而下、形而上者，亦須更分明須得。雖則心有一作「存」。默識，有難名狀處，然須說盡心知性知天，亦須於此留意。此章一無「落道了是」四字。

學則與他「窮理盡性以至於命」，則不失。異教之書，「雖小道，必有可觀者焉」，然其流必乖，故不可以一事遂都取之。若楊、墨亦同是堯、舜，同非桀、紂。是非則可也，其就上所說，則是成就他說也。非桀是堯，是吾依本分事，就上過說，則是他私意說箇，要之只有箇理。

講學本不消得理會，然每與剔撥出，只是如今雜亂膠固，須著説破。

孟子論王道便實，「徒善不足爲政，徒法不能自行」，便先從養生一作「道」。上説將去。既庶既富，然後以「飽食煖衣而無教」爲不可，故教之也。孟子而後却只有原道一篇，其間語固多病，然要之大意儘近理。若西銘則是原道之宗祖也。原道却只説到道，元未到得西銘意思。據子厚之文，醇然無出此文也。自孟子後蓋未見此書。

聖人之教以所貴率人，釋氏以所賤率人。初本無此十六字，卷末注云：又「學佛者難吾言」章，一本章首有云云，下同。餘見「昨日之會」章。學佛者難吾言：謂人皆可以爲堯、舜，則無僕隸。正叔言：人皆可以爲堯、舜，聖人所願也；其不爲堯、舜，是所可賤也，故以爲僕隸。

游酢、楊時先知學禪，已知向裏没安泊處，故來此，却恐不變也。暢大隱許多時學，乃方學禪，是於此蓋未有所得也。呂進伯可愛，老而好學，理會直是到底。天祺自然有德氣，似箇貴人氣象，只是却有氣短處，規規太以事爲重，傷於周至，却是氣局小。景庸則只是才敏。須是天祺與景庸相濟，乃爲得中也。

子厚則高才，其學更先從雜博中過來。

理則天下只是一箇理，故推至四海而準，須是質諸天地、考諸三王不易之理。故敬則只是敬此者也，仁是仁此者也，信是信此者也。又曰顛沛造次必於是，又言「吾斯之未能信」，只是道得如此，更難爲名狀。

今異教之害，道家之説則更没可闢，唯釋氏之説衍蔓迷溺至深，今日「今日」一作「自」。是釋氏盛而道家蕭索。方其盛時，天下之士往往自一作「又」。從其學，自難與之力爭。惟當自明吾理，吾理自立，則彼不必與争。然在今日，釋氏却未消理會，大患者却是介甫之學。譬之盧從史在潞州，〔一四〕知朝廷將討之，當時便使一處逐其節度使。朝廷之議，要討逐節度者，而李文饒之意，〔一五〕要先討潞州，則不必治彼而自敗矣。如今日却要先整頓介甫之學，壞了後生學者。

異教之説，其盛如此，其久又如是，亦須是有命，然吾輩不謂之命也。

人之於患難，只有一箇處置，盡人謀之後，却須泰然處之。有人遇一事則心心念念不肯捨，畢竟何益？若不會處置了放下，便是無義無命也。

「道之不明也，賢者過之，不肖者不及也。」賢者則只過當，不肖又却都休。

冬至一陽生，却須鬥寒，正如欲曉而反暗也。陰陽之際亦不可截然不相接，厮侵過便是道理。天地之間如是者極多。艮之爲義，「終萬物，始萬物」，此理最妙，須玩賾這箇理。〔一六〕

古言乾、坤退處不用之地而用六子。若人則便分君道無爲，臣道有爲，若天則誰與他安排？他如是，須有道理。故如八卦之義，須要玩索。

早梅冬至已前發，方一陽未生，然則發生者何也？其榮其枯，此萬物一箇陰陽升降大節也。然逐枝自有一箇榮枯，分限不齊，此各有一乾坤也。各自有箇消長，只是箇消息。惟其消息，此所以不窮。至如松栢，亦不是不彫，只是後彫，彫得不覺，怎少得消息？方夏生長時却有夏枯者，則冬寒之際有發生之物，何足怪也？

物理最好玩。

陰陽於天地間，雖無截然爲陰爲陽之理，須去參錯，然一箇升降生殺之分不可無也。動植之分，有得天氣多者，有得地氣多者，「本乎天者親上，本乎地者親下」。然要之，雖木植亦兼有五行之性在其中，只是偏得土之氣，故重濁也。

伯淳言：西銘某得此意，只是須得他子厚有如此筆力，他人無緣做得，孟子已後未有人及此。得此文字，省多少言語。且教他人讀書，要之仁孝之理備于此，須臾而不於此，則便不仁不孝也。

詩前序必是當時人所傳，「國史明乎得失之迹」者是也。不得此，則何緣知得此篇是甚意思？大序則是仲尼所作，其餘則未必然。要之皆得大意，只是後之觀詩者亦添入。

詩有「六體」，須篇篇求之，或有兼備者，或有偏得一二者。今之解詩者，「風」則分付與國風矣，「雅」則分付與大、小雅矣，「頌」即分付與頌矣。詩中且没却這三般體，如何看得詩？「風」之爲言，便有風動之意；「興」便有一興喻之意；「比」則直比之而已，「蛾眉」、「瓠犀」是也；「賦」則賦陳其事，如「齊侯之子衛侯之妻」是也；「雅」則正言其事；「頌」則稱美之言也，如「于嗟乎騶虞」之類是也。

關雎之詩，如言「樂得淑女，以配君子，憂在進賢，不淫其色」，非后妃之事，明知此意是作詩者之意也。如此類推之。

詩言「后妃」、「夫人」者，非必謂文王之妻也，特陳后妃、夫人之事，如斯而已。然其後亦有當時詩附入之者，汝墳是也。且二南之詩必是周公所作，他人恐不及此。以其爲教於衽席之上，閨門之内，上下貴賤之所同也。故用之鄉人邦國，而謂之「國風」也。化天下只是一箇風，至如鹿鳴之詩數篇，如「燕羣臣」、「遣戍役」、「勞還率」之類，皆是爲國之常政，其詩亦恐是周公所作，如後人之爲樂章是也。

論語中言「唐棣之華」者，因權而言逸詩也。孔子删詩，豈只取合於雅頌之音而已，亦是謂合此義理也。如皇矣、烝民、文王、大明之類，其義理非人人學至於此，安能及此？作詩者又非一人，上下數千年若合符節，只爲合這一箇理，若不合義理，孔子必不取也。

夫子言「興於詩」，觀其言，是興起人善意，汪洋浩大，皆是此意。如言「秉心塞淵，騋牝三千」，須是塞淵，然後騋牝三千。塞淵有義理。〔一七〕又如駉之詩，坰牧是賤事，其中却言「思無邪」。詩三百，「一言以蔽之」者，在此一句。坰牧而必要「思無邪」者，蓋爲非此則不能坰牧。又如考槃之詩，解者謂賢人永誓不復告君，不復見君，又自誓不詐而實如此也。據此安得有賢者氣象？孟子之於齊，是甚君臣？然其去，未嘗不遲遲顧戀。今此君才不用，便躁忿如此，「是不可磯也」，乃知此詩解者之誤。此詩是賢者退而窮處，心不忘君，怨慕之深者也。君臣猶父子，安得不怨？故直至於寤寐弗志，永陳其不得見君與告君，又陳其此誠之不詐也。此章注「塞淵有義理」，一作「塞淵於義理」。

堯與舜更無優劣，及至湯、武便別。孟子言「性之」、「反之」，自古無人如此說，只孟子分別出來，便知得堯、舜是生而知之，湯、武是學而能之。文王之德則似堯、舜，禹之德則似湯、武，要之皆是聖人。

詩云：「上天之載，無聲無臭，儀刑文王，萬邦作孚。」上天又無聲臭之可聞，只看文王，便萬邦取信也。又曰「維天之命，於穆不已」，蓋曰天之所以爲天也。「文王之德之純」，蓋曰文王之所以爲文也。然則文王之德，直是似天。「昊天曰明，及爾出王；昊天曰旦，及爾游衍」，只爲常是這箇道理。此箇一作「理」。亦須待他心熟，便自然別。

「樂則生，生則烏可已也」，須是熟，方能如此，「苟爲不熟，不如稊稗」。

「是集義所生，非義襲而取之也」，須集義，這上頭莫非義也。

「仁義禮智根於心，其生色」，言四者本於心而生色也。「睟於面，盎於背，施於四體，四體不言而喻」，孟子非自及此，焉能道得到此？

今志于義理而心不安樂者何也？此則正是剩一箇「助之長」。雖則心操之則存，捨之則亡，然而持之大甚，便是「必有事焉」而正之也。亦須且恁去如此者，只是德孤。「德不孤，必有鄰」，到德盛後，自無窒礙，左右逢其原也。

中庸言「禮儀三百，威儀三千」，方是說「優優大哉」。又却非如異教之說，須得如枯木死灰以爲得也。

得此義理在此，甚事不盡？更有甚事出得？視世之功名事業，甚譬如閑。視世之仁義者，甚煦煦孑孑如匹夫匹婦之爲諒也。自是天來大事，〔一八〕處以此理，又曾何足論？若知得這箇義理，便有進處，若不知得，則何緣仰高鑽堅，在前在後也！竭吾才，則又見其卓爾。

德者得也，須是實到這裏須得。

言「反身而誠，樂莫大焉」，却是著人上說。

邵堯夫於物理上儘說得，亦大段漏洩他天機。

人於天理昏者，是只爲嗜欲亂著他。莊子言「其嗜欲深者，其天機淺」，此言却最是。這箇義理，仁者又看做仁了也，知者又看做知了也，百姓又日用而不知，此所以「君子之道鮮矣」。此箇亦不少，亦不剩，只是人看他不見。

今天下之士人，在朝者又不能言，退者遂忘之，又不肯言，此非朝廷吉祥。雖未見從，又不曾有大横見加，便豈可自絶也？君臣，父子也，父子之義不可絶。豈有身爲侍從，尚食其禄，視其危亡，曾不論列？君臣之義，固如此乎？

「寂然不動，感而遂通」者，天理具備，元無欠少，不爲堯存，不爲桀亡。父子君臣，常理不易，何曾動來？因不動，故言寂然；雖不動，感便通，感非自外也。

若不「一本」，則安得「先天而天不違，後天而奉天時」？

所務於窮理者，非道須盡窮了天下萬物之理，又不道是窮得一理便到，只是要積累多後自然見去。

天地安有内外？言天地之外，便是不識天地也。人之在天地，如魚在水，不知有水，直待出水，方知動不得。

禮一失則爲夷狄，再失則爲禽獸。聖人初恐人入於禽獸也，故於春秋之法極謹嚴，元本無「故」字。中國而用夷狄禮，則便夷狄之。韓愈言「春秋謹嚴」，深得其旨。韓愈道他不知又不得，其言曰：「易奇而法，詩正而葩，春秋謹嚴，左氏浮誇。」其名理皆善。

當春秋、戰國之際，天下小國介於大國，奔命不暇，然足以自維持數百年。此勢却似稻塍，各有界分約束。後世遂有土崩之勢，道壞便一時壞。陳涉一叛，天下遂不支梧。今日堂堂天下，只西方一敗，朝廷遂震，何也？元本無此一「壞」字。蓋天下之勢，正如稻塍，各有限隔，則卒不能壞。今天下却似一箇萬頃陂，要起卒起不得，及一起則洶涌，遂奈何不得。以祖宗德澤仁厚，涵養百餘年間，一時柔了人心，雖有豪傑，無箇端倪起得，便只要安静，不宜使摇動，雖夷狄亦散兵却鬥，恃一本無「恃」字。此中國之福也。一本「此」字下有「非」字。

賈誼有「五餌」之説，當時笑其迂疎，今日朝廷正使著，故得許多時寧息。

天地動静之理，天圜則須轉，地方則須安静。南北之位，豈可不定下？所以定南北者，在坎离也。坎离又不是人安排得來，莫非自然也。

論語爲書，傳道立言，深得聖人之學者矣。如鄉黨形容聖人，不知者豈能及是？

不愧屋漏，便是箇持養氣象。

孔、孟之分，只是要别箇聖人、賢人。如孟子若爲孔子事業，則儘做得，只是難似聖人。譬如剪綵以爲花，花則無不似處，只是無他造化功。「綏斯來，動斯和」，此是不可及處。

只是這箇理，以上却難言也。如言「吾斯之未能信」，皆是古人此理已明故也。

敬而無失，便是「喜怒哀樂未發之謂中」也。敬不可謂之中，但敬而無失，即所以中也。

微仲之學雜，其愷悌嚴重寬大處多，惟心艱於取人，自以才高故爾。語近學則不過入於禪談，不常議論則以苟爲有詰難，亦不克易其言，不必信心，自以才高也。

和叔常言，及相見則不復有疑，既相別則不能無疑，然亦未知果能終不疑。不知他既已不疑而終復有疑何故？伯淳言：何不問他疑甚，不如劇論。

和叔任道擔當，其風力甚勁，然深潛縝密，有所不逮於與叔。蔡州謝良佐雖時學，中因議州舉學試得失，便不復計較。建州游酢，非昔日之游酢也，固是穎然資質温厚。南劍州楊時雖不逮酢，然煞穎悟。林大節雖差魯，然所問便能躬行。劉質夫久於其事，自小來便在此。李端伯相聚雖不久，未見他操履，然才識穎悟，自是不能已也。

介父當初只是要行己志，恐天下有異同，故只去上心上把得定，他人不能摇，以是拒絶言路，進用柔佞之人，使之奉行新法。今則是他已去，不知今日却留下害事。

昨春邊事權罷，皆是李舜舉之力也。今不幸適喪此人，亦深足憐也。此等事皆是重不幸。

李憲本意，他只是要固蘭會，恐覆其功，必不肯主這下。元豐四年取興靈事。

新進游、楊輩數人入太學，不惟議論須異，且動作亦必有異，故爲學中以異類待之。又皆學春秋，愈駭俗矣。

堯夫之學，先從理上推意，言象數，言天下之理須出於四者，推到理處曰：「處曰」添二字。「我得此大者，則萬事由我，無有不定。」然未必有術，要之亦難以治天下國家。其爲人則直是無禮不恭，惟是侮玩，雖天理一作「地」。亦爲之侮玩。如無名公傳言「問諸天地，〔一九〕天地不對，弄丸餘暇，時往時來」之類。

堯夫詩「雪月風花未品題」，他便把這些事，便與堯、舜、三代一般。此等語自孟子後無人曾敢如此言來，直是無端。又如言文字呈上堯夫，皆不恭之甚。「須信畫前元有易，自從刪後更無詩」，這箇意思古元未有人道來。

「行己須行誠盡處」。正叔謂：意則善矣，然言誠盡，則誠之爲道，非能盡也。堯夫戲謂：且就平側。

司馬子微嘗作坐忘論，是所謂坐馳也。「微」一作「綦」。〔二〇〕

伯淳昔在長安倉中閑坐，後見長廊柱，以意數之，已尚不疑，再數之不合，不免令人一一聲言而數之，乃與初數者無差，則知越著心把捉越不定。

呂與叔以氣不足而養之，此猶只是自養求無疾，如道家修養亦何傷。若須要存想飛昇，此則不可。

徐禧奴才也。善兵者有二萬人未必死，彼雖十萬人亦未必能勝二萬人。古者以少擊衆而取勝者多，蓋兵多亦不足恃。昔者袁紹以十萬阻官渡，而曹操只以萬卒取之。王莽百萬之衆，而光武昆陽之衆有八千，仍有在城中者，然則只是數千人取之。苻堅下淮百萬，而謝玄才二萬人，一麾而亂。以此觀之，兵衆則易老，適足以資敵人，一敗不支則自相蹂踐，至如聞風聲鶴唳，皆以爲晉軍之至，則是自相殘也。譬之一人軀幹極大，一人輕捷，兩人相當，則擁腫者遲鈍，爲輕捷者出入左右之，則必困矣。自古師旅勝敗不能無之，然今日邊事至號疎曠，前古未之聞也。其源在不任將帥，將帥不慎任人。閫外之事，將軍處之，一一中覆，皆受廟筭，上下相徇，安得不如此？元豐五年永樂城事。

楊定鬼神之説，只是道人心有感通。如有人平生不識一字，一日病作，却念得一部杜甫詩，却有此理？天地間事只是一箇有一箇無，既有即有，無即無。如杜甫詩者，是世界上實有杜甫詩。故人之心病及至精一，有箇道理自相感通，以至人心在此，託夢在彼，亦有是理，只是心之感通也。死者託夢，亦容有此理。有人過江，其妻墮水，意其爲必死矣，故過金山寺爲作佛事。方追薦次，忽其婢子通傳墮水之妻，意度在某處作甚事，是誠死也。及三二日，有漁人撑舟，以其妻還之，乃未嘗死也，蓋旋於急流中救活之。然則其婢子之通傳是何也？亦是心相感通。既說有感通，〔二一〕更說甚生死古今之別。

天祺自然有德氣，望之有貴人之象，只是氣局小，太規規於事爲重也。昔在司竹，常愛用一卒長，及將代，自見其人盜筍皮，遂治之無少貸，罪已正，待之復如初，略不介意。人觀其德量如此。

正叔謂子厚：越獄，以謂卿監已上不追攝之者，以其貴，朝廷有旨追攝，可也。又請枷項，非也，不已太辱矣。貴貴以其近於君。子厚謂：若終不伏，則將奈何？正叔謂：寧使公事勘不成則休，朝廷大義不可虧也。子厚以爲然。

俗人酷畏鬼神，久亦不復敬畏。

冬至一陽生，而每遇至後則倍寒，何也？陰陽消長之際，無截然斷絶之理，故相攙掩過。如天將曉，復至陰黑，亦是理也。大抵終始萬物，莫盛乎艮。此儘神妙，須儘研窮此理。

今尺長於古尺，欲尺度權衡之正，須起於律。律取黄鐘，黄鐘之聲亦不難定。世自有知音者，將上下聲考之，須一作「既」。得其正，便將黍以實其管，看管實幾粒，然後推而定法可也。古法律管當實千二百粒黍，今羊頭山黍不相應，則將數等驗之，看如何大小者方應其數，然後爲正。昔胡先生定樂，取羊頭山黍，用三等篩子篩之，取中等者用之，此特未爲定也。此尺是器上所定，更有因人而制。如言深衣之袂一尺二寸，若古人身材只用一尺二寸，豈可運肘？即知因人身而定。

既是爲人後者，便須將所後者呼之以爲父以爲母，不如是則不正也，却當甚爲人後！後之立疑義者，只見禮不杖朞内，有「爲人後者爲其父母報」，便道須是稱親。禮文蓋言出爲人後，則本父母反呼之以爲叔爲伯也，故須著道爲其父母以别之，非謂却將本父母亦稱父母也。

哲廟取孟后詔云「孟元孫女」。后孟在女也，而以孟元孫女詔者，伊川云：自古天子不娶小國，蓋孟元將校，曾隨文潞公貝州獲功，官至團練使，而在是時止是小使臣耳。此一段非元祐時事，疑後人記。

校勘記

〔一〕一爻之間常包涵數意　「涵」原誤「函」，據弘治本、康熙本改。

〔二〕乃聖人之功用　「人」字原闕，據弘治本、康熙本補。

〔三〕一切涵容覆載　「涵」原誤「函」，據弘治本、康熙本改。

〔四〕後果爲政　「果」原誤「累」，據弘治本、康熙本改。

〔五〕又要得脱世網　「又」原誤「只」，據弘治本、康熙本改。

〔六〕天下却都没人去理　「理」原誤「裹」，據弘治本、康熙本改。

〔七〕與口相傳煞不相干　「煞」原作「噉」，弘治本字跡漫漶，據康熙本改。

〔八〕則他處不容參然在心　「在心」二字，弘治本同，康熙本作「則人」，屬下讀。

〔九〕形使如槁木　「使」，弘治本、康熙本作「便」。

〔一〇〕三千中所擇　「三」原誤「二」，據弘治本、康熙本改。

〔一一〕後來曾子子夏煞學得到上面也　「煞」原誤「熟」，據弘治本、康熙本改。

〔一二〕非體之禮　「體」原訛「禮」，據弘治本、康熙本改。

〔一三〕須是得他箇礱糲底物方磨得出　「糲」原訛「礦」，據弘治本本改；「方」原訛「大」，據弘治本、康熙本改。

〔一四〕譬之盧從史在潞州　「盧」字原空格，弘治本同，據康熙本補。

〔一五〕而李文饒之意　「文」原訛「支」，弘治本漫漶，據康熙本改。

〔一六〕須玩賾這箇理　「賾」，弘治本、康熙本作「索」。

〔一七〕塞淵有義理　「塞」原訛「言」，據弘治本、康熙本改。

〔一八〕自是天來大事 「是」原訛「視」，據弘治本、康熙本改。

〔一九〕如無名公傳言問諸天地 「公」原訛「君」，據弘治本、康熙本改。

〔二〇〕微一作綦 四小字原脱，據弘治本、康熙本補。

〔二一〕既說有感通 「說」下原有「心」字，據弘治本、康熙本删。

程氏遺書第二下

二先生語二下

附東見録後

今許大西事，無一人敢議者。自古舉事，不能無可否是非，亦須有議論。如苻堅壽春之役，其朝廷宗室固多有言者，以至宫女有張夫人者猶上書諫。西晉平吴，當取也，主之者惟張華一人而已，然當時雖羊叔子建議，而朝廷亦不能無言。又如唐師取蔡州，此則在中國容其數十年恣睢，然當時以爲不宜取者固無義理，然亦是有議論。今則廟堂之上無一人言者，幾何不「一言而喪邦」也！元豐四年用种諤、沈括之謀伐西夏。

今日西師正惟事本不正，更説甚去就！君子於任事之際，須成敗之由一作「責」。在己，則自當生死以之。今致其身，使禍福死生利害由人處之，是不可也。如曉軍興事務繁夥，〔一〕是亦學也，但恐只了他紛紛底，則又何益？如從軍者之行，必竟是爲利禄爲功名。由今之舉，便使得人一城一國，又是甚功名？君子恥之。今日從宦，苟有軍事，不能免此，是復蹈前事也。然則既如此，曷爲而不已也。

胎息之説，謂之愈疾則可，謂之道，則與聖人之學不干事，聖人未嘗説著。若言神住則氣住，則是浮屠入定之法。雖謂養氣猶是第二節事，亦須以心爲主，其心欲慈惠安一作「虚」。静，故於道爲有助，亦不然。孟子説浩然之氣，又不如此。今若言存心養氣只是專爲此氣，又所爲者小。捨大務小，捨本趨末，又濟甚事？今言有助於道者，只爲奈何心不下，故要得寂湛而已，又不似釋氏攝心之術。論學若如是，則大段雜也。亦不須得道，只閉目静坐爲可以養心。「坐如尸，立如齋」，只是要養其志，豈只待爲養這些氣來？又不如是也。

浮屠之術最善化誘，故人多向之。然其術所以化衆人也，故人亦有向有不向者。如介甫之學，他便只是去人主心術處加功，故今日靡然而同，無有異者，所謂一正君而國定也。此學極有害，以介甫才辯，遽施之學者，誰能出其右？始則且以利而從其説，久而遂安其學。今天下之新法害事處，但只消一日除了便没事。其學化革了人心，爲害最甚，其如之何？故天下只是一箇風，風如是，則靡然無不向也。

今日西事要已亦有甚難？前事亦何足恥？只朝廷推一寬大天地之量，許之自新，莫須相從。然此恐未易。朝廷之意，今日不得已須著如此，但夏人更重有所要以堅吾約，則邊患未已也。一本通下章爲一段。

范希文前日西舉，以虛聲而走敵人。今日又不知誰能爲希文者。

關中學者，以今日觀之，師死而遂倍之，却未見其人，只是更不復講。

餽運之術，雖自古亦無不煩民不動摇而足者，然於古則有兵車，其中載糗糧，百人破二十五人。然古者行兵在中國，又不遠敵，若是深入遠處，則決無省力。且如秦運海隅之粟以饋邊，率三十鍾而致一石，是二百倍以來。今日師行，一兵行一夫饋，只可供七日，其餘日必俱乏食也。且計之須三夫而助一兵，仍須十五日便回，一日不回則一日乏食。以此校之，無善術。故兵也者，古人必不得已而後用者，知此耳。

目畏尖物，此事不得放過，便與克下。室中率置尖物，須以理勝他，尖必不刺人也，何畏之有！

橫渠墓祭爲一位，恐難推同几之義。同几唯設一位祭之，謂夫婦同牢而祭也。呂氏定一歲疏數之節，有所不及，恐未合人情。一本作「呂氏歲時失之疏」。雨露既濡，霜露既降，皆有所感。若四時之祭有所未及，則不得契感之意。一本作「疏則不契感之情」。今祭祀，其敬齊禮文之類，尚皆可緩，且是要大者先正始得。今程氏之家祭，只是男女異位，及大有害義者，稍變得一二，他所未遑也。吾曹所急正在此。凡祭祀須是及祖。知母而不知父，狗彘是也；知父而不知祖，飛鳥是也。人須去上面立一等，求所以自異始得。

自古治亂相承亦常事，君子多而小人少則治，小人多而君子少則亂。然在古亦須朝廷之中君子小人雜進，不似今日剪截得直是齊整，不惟不得進用，更直憔悴，善類畧去近道，則須憔悴，舊日交遊只改節者，便於世事差遂。此道理不知爲甚？正叔近病，人有言之曰：「在他人則有追駁斥放，正叔無此等事，故只有病耳。」

介甫今日亦不必誅殺，人人靡然自從，蓋只消除盡在朝異己者。在古雖大惡在上，一面誅殺，亦斷不得人議論，今便都無異者。

卜筮之能應，祭祀之能享，亦只是一箇理。蓍龜雖無情，然所以爲卦，而卦有吉凶，莫非有此理。以其有是理也，故以是問一作「心向」。焉，其應也如響。若以私心及錯卦象而問之便不應，蓋沒此理。今日之理與前日已定之理只是一箇理，故應也。至如祭祀之享，亦同鬼神之理，在彼我以此理向之，故享也。不容有二三，只是一理也。如處藥治病亦只是一箇理，此藥治箇如何氣，有此病服之即應，若理不契則藥不應。

古之言鬼神，不過著於祭祀，亦只是言如聞嘆息之聲，亦不曾道聞如何言語，亦不曾道見如何形狀。如漢武帝之見李夫人，只爲道士先說與在甚處，使端目其地，故想出也。然武帝作詩，亦曰「是耶非耶」。嘗問好談鬼神者，皆所未曾聞見，皆是見說，燭理不明，便傳以爲信也。假使實所聞見，亦未足信，或是心病，或是目病。如孔子言人之所信者目，目亦有不足信者耶。此言極善。

今日雜信鬼怪異端者，〔二〕只是不先燭理。若於事上一一理會，則有甚盡期，〔三〕須只於學上理會。

師巫在此，降言在彼，只是抛得遠，決無此理。又言留下藥，尤知其不然。生氣盡則死，死則謂之鬼可也，但不知世俗所謂鬼神何也。聰明如邵堯夫猶不免致疑，在此嘗言有人家若虚空中聞人馬之聲。某謂既是人馬，須有鞍韉之類皆全，這箇是何處得來？堯夫言天地之間亦有一般不有不無底物。某謂如此説則須有不有不無底人馬。凡百皆爾，深不然也。

風肅然起於人心恐怖，要之風是天地間氣，非土偶人所能爲也。漢時神君、今日二郎廟皆有之。

人心作主不定，正如一箇翻車，流轉動摇無須臾停，所感萬端。又如懸鏡空中，無物不入其中，有甚定形？不學則却都不察，及有所學，便覺察得是爲害，著一箇意思，則與人成就得箇甚好見識？一作「無意於學，則皆不之察，暨用心自觀，即覺其爲害，存此紛雜，竟與人成何見識」。心若不做一箇主，怎生奈何？張天祺昔常言自約數年，自上著牀便不得思量事。不思量事後，須強把他這心來制縛，亦須寄寓在一箇形象，皆非自然。君實自謂吾得術矣，只管念箇中字。此則又爲中繫縛，且中字亦何形象？若愚夫不思慮，冥然無知，此又過與不及之分也。有人胸中常若有兩人焉，欲爲善，如有惡以爲之間，欲爲不善，又若有羞惡之心者。本無二人，此正交戰之驗也。持其志，便氣不能亂，此大可驗。要之聖賢必不害心疾，其他疾却未可知。他藏府只爲元不曾養，養之却在修養家。一作「持其志，使氣不能亂，此大可驗。要之聖賢必不病心疾，他藏府有患，則不嘗專志於養焉」。

仁祖時，北使進言：「高麗自來臣屬北朝，近來職貢全缺，殊失臣禮。今欲加兵，又聞臣屬南朝。今來報知。」仁祖不答，及將去也，召而前，語之曰：「適議高麗事，朕思之只是王子罪，不干百姓事。今既加兵，王子未必能誅得，且是屠戮百姓。」北使遂屈無答，不覺汗流浹背，俯伏於地，歸而寢兵。他都不言彼兵事勢，只看這一箇天地之量，亦至誠有以格他也。

人心緣境，出入無時，人亦不覺。

人夢不惟聞見思想，亦有五藏所感者。

天下之或寒或燠，只緣他地形高下。如屋陰則寒，屋陽則燠，不可言於此所寒，於此所熱。且以尺五之表，定日中一萬五千里，就外觀未必然。〔四〕

人有壽考者，其氣血脉息自深，便有一般深根固蔕底道理。一作「氣象」。人脉起於陽明，周旋而下，至於兩氣口，自然匀長，故於此視脉。又一道自頭而下，至足太衝，亦如氣口。此等事最切於身，然而人安然恬於不知。至如人爲人，問你身上有幾條骨頭血脉，如何行動，腹中有多少藏府，皆冥然莫曉。今人於家裏有多少家活屋舍，被人問著，己不能知，却知爲不智，於此不知，曾不介意，只道是皮包裹不到少欠，大小大不察。近取諸身，一身之上，百理具備，甚物是没底？背在上，故爲陽，胸在下，故爲陰。至如男女之生，已有此象。天有五行，人有五藏。心，火也，著些天地間風氣乘之，便須發燥。肝，水也，著些天地間風氣乘之，便須發怒。推之五藏皆然。孟子將「四端」便爲「四體」，仁便是一箇木氣象，惻隱之心便是一箇生物春底氣象，羞惡之心便是一箇秋底氣象，只有一箇去就斷割底氣象，便是義也。推之四端皆然。此箇事又著箇甚安排得也？此箇道理雖牛馬血氣之類亦然，都恁備具，只是流形不同，各隨形氣後便昏了他氣。如其子愛其母，母愛其子，亦有木底氣象。又豈無羞惡之心？如避害就利，别所愛惡，一一理完。更如獮猴尤似人，故於獸中最爲智巧，童昏之人見解不及者多矣。然而唯人氣最清，可以輔相裁成。「天地設位，聖人成能」，直行乎天地之中，所以爲三才。天地本一物，地亦天也。只是人爲天地心，是心之動，則分了天爲上，地爲下，兼三才而兩之，故六也。

天地之氣，〔五〕遠近異像，則知愈遠則愈異。至如人形有異，曾何足論。如史册有鬼國狗國，百種怪異固亦有之，要之這箇理則一般。其必一作「有」。異者，譬如海中之蟲魚鳥獸，不啻百千萬億，卒無有同於陸上之物，雖極其異，要之只是水族而已。

天地之中，理必相直，則四邊當有空闕處。空闕處如何？地之下豈無天？今所謂地者，特於一作「爲」。天中一物爾。如雲氣之聚，以其久而不散也，故爲對。凡地動者只是氣動，凡所指地者一作損缺處。只是土，土亦一物爾，不可言地。更須要知坤元承天，是地之道也。

古者百畝，今四十一畝餘。若以土地計之，所收似不足以供九人之食。曰：百畝九人固不足，通天下計之則亦可。家有九人，只十六已别受田，其餘皆老少也，故可供。有不足者，又有補助之政，又有鄉黨賙捄之義，故亦可足。

後世雖有作者，虞帝不可及也。猶之田也，其初開荒蒔種甚盛，以次遂漸薄，虞帝當其盛時故也。其間有如夏衰殷衰周衰，有盛則有衰，又是其間之盛衰，推之後世皆若是也。如一樹方其榮時，亦有發生，亦有彫謝，桑榆既衰矣，亦有發生，亦有彫謝。又如一歲之中四時之氣已有盛衰，一時之中又有盛衰，推之至如一辰，須有辰初、辰正、辰末之差也。今言天下之盛衰，又且只據書傳所有，聞見所及。天地之廣，其氣不齊，又安可計？譬之一國有幾家，一家有幾人，人之盛衰休戚未有齊者，姓之所以蕃庶者，由受姓之祖，其流之盛也。

內則謂「請靧」、「請浴」之類，雖古人謹禮，恐不如是之煩。古人乘車，車中不內顧，不親指，不遠視，行則鳴環佩，在車則聞和鸞，式則視馬尾，自然有箇君子大人氣象。自五胡亂華以來，惟知鞍馬爲便利，雖萬乘之尊，猶執鞭上馬。執鞭非貴人事。

使人謂之「啞御史」猶可，且只是格君心。

正叔嘗爲葬說，有五事，相地須使異日決不爲路，不置城郭，不爲溝渠，不爲貴人所奪，不致耕犂所及，此大要也。其穴之次，設如尊穴南向北首，陪葬者前爲兩列，亦須北首，各於其穴安夫婦之位。坐堂上則男東而女西，臥於室中則男外而女內也。推此爲法觀之，葬須爲坎室爲安，若直下便以土實之，則許大一塊虛土壓底，四向流水必趨土虛處，大不便也。且棺椁雖堅，恐不能勝許多土頭，有失「比化者無使土親膚」之義。

心所感通者，只是理也。知天下事有即有，無即無，無古今前後。至如夢寐皆無形，只是有此理。若言涉於形聲之類，則是氣也。物生則氣聚，死則散而歸盡。有聲則須是口，既觸則須是身。其質既壞，又安得有此？乃知無此理，便不可信。

草木土在下，〔六〕因升降而食土氣。動物却土在中，脾在內也。非土則無由生。

禮言惟天地之祭爲「越紼而行事」，此事難行。既言越紼，則是猶在殯宫，於時無由致得齋，又安能脱喪服衣祭服？此皆難行。縱天地之祀爲不可廢，則消使家宰攝爾。昔者英宗初即位，有人以此問，先生答曰：「古人居喪，百事皆此有闕字。如常，特於祭祀廢之，則不若無廢爲愈也。」子厚正之曰：「父在爲母喪，則不敢見其父，不敢以非禮見也。今天子爲父之喪，以此見上帝，是以非禮見上帝也。故不如無祭。」

「萬物皆備於我」，此通人物而言。禽獸與人絶相似，只是不能推。然禽獸之性却自然，不待學不待教。〔七〕如營巢養子之類是也。人雖是靈，却椓喪處極多，只有一件嬰兒飲乳是自然，非學也，其他皆誘之也。欲得人家嬰兒善，且自小不要引他，留他真性，待他自然，亦須完得些本性須别也。

勿謂小兒無記性，所歷事皆能不忘。故善養子者，當其嬰孩，鞠之使得所養，全其和氣，乃至長而性美，教之示以好惡有常。至如養犬者不欲其升堂，則時其升堂而扑之，若既扑其升堂，又復食之於堂，則使孰從？雖日撻而求其不升，不可得也。養異類且爾，況人乎？故「養正」者，聖人也。

極須爲天下之中。天地之中，理必相直。今人所定天體，只是且以眼定，視所極處不見，遂以爲盡。然向曾有於海上見南極下有大星十，則今所見天體蓋未定。雖似不可窮，然以土圭之法驗之，日月升降不過三萬里中。故以尺五之表測之，每一寸當一千里。然而中國只到鄯善、莎車，已是一萬五千里，若就彼觀日，尚只是三萬里中也。天下之或寒或暖，只緣地形高下。如屋陰則寒，屋陽則燠，不可言於此所寒矣，屋之西北又益寒。伯淳在澤州，嘗三次食韭黄，始食懷州韭，次食澤州，又次食并州，則知數百里間氣候争三月矣。〔八〕若都以此差之，則須争半歲。如是則有在此冬至，在彼夏至者。雖然，又没此事，只是一般爲冬爲夏而已。

貴姓子弟於飲食玩好之物之類，直是一生將身伏事不懈，如管城之「陳醋瓶」，洛中之「史畫匣」是也，更有甚事？伯淳與君實嘗同觀史畫，〔九〕猶能題品奈煩。伯淳問：君實能如此與他畫否？君實曰：自家一箇身猶不能事持得，更有甚工夫到此！

電者陰陽相軋，雷者陰陽相擊也。軋者如石相磨而火光出者，電便有雷擊者是一作「甚」。也。或傳京師少聞雷，恐是地有高下也。

神農作本草，古傳一日食藥七十死，非也。若小毒亦不當嘗，若大毒一嘗而死矣，安得生？其所以得知者，自然視色嗅味，知得是甚氣，作此藥便可攻此病。須是學至此，則知自至此。

或以謂原壤之爲人，敢慢聖人，及母死而歌，疑是莊周，非也。只是一箇鄉里麤鄙人，不識義理，觀夫子責之辭，可以見其爲人也。一本此下云：若是莊周，夫子亦不敢叩之，責之適足以啓其不遜爾，彼亦必須有答。

古人適異方死，不必歸葬故里，如季子是也。其言骨肉歸于土，若夫魂氣則無不之也。然觀季子所處，要之非知禮者也。

古人之法，必犯大惡則焚其屍。今風俗之弊，遂以爲禮，雖孝子慈孫亦不以爲異。更是公方明立條貫，元不爲禁。如言軍人出戍，許令燒焚，將骨殖歸，又言郊壇須三里外方得燒人，則是別有焚屍之法。此事只是習慣，便不以爲事。今有狂夫醉人，妄以其先人棺櫬一彈，則便以爲深讎巨怨，及親拽其親而納之火中，則畧不以爲怪，可不哀哉！

英宗欲改葬西陵，當是時，潞公對以禍福，遂止。其語雖若詭對，要之却濟事。

「父子異宮」者，爲命士以上，愈貴則愈嚴。故父子異宮猶今有逐位，非如異居也。

校勘記

〔一〕如曉軍興事務繁夥　「曉」，弘治本漫漶，康熙本作「昨」。

〔二〕今日雜信鬼怪異端者　「端」，弘治本漫漶，康熙本作「説」。

〔三〕則有甚盡期　「甚盡」二字原空缺，據弘治本、康熙本補。
〔四〕就外觀未必然　「未」原訛「求」，據弘治本、康熙本改。
〔五〕天地之氣　「地」原訛「下」，據弘治本、康熙本改。
〔六〕草木土在下　「下」原訛「中」，弘治本漫漶，據康熙本改。
〔七〕不待學不待教　下「不待」二字原訛「取時」，弘治本漫漶，據康熙本改。
〔八〕則知數百里間氣候爭三月矣　「三」原訛「二」，據弘治本、康熙本改。
〔九〕伯淳與君實嘗同觀史書　「同」，弘治本、康熙本作「問」。

程氏遺書第三

謝顯道記憶平日語

二先生語三

「鳶飛戾天，魚躍于淵」，言其上下察也。此一段子思喫緊爲人處，與「必有事焉而勿正心」之意同，活潑潑地。會得時活潑潑地，不會得時，只是弄精神。

切脉最可體仁。鄭轂云：嘗見顯道先生，問此語，云：「是某與明道切脉時，坐間有此語。」

觀雞雛。此可觀仁。

漢成帝夢上帝，「敗我濯龍淵」，打不過。

問：鬼神有無？曰：待説與賢道沒時，古人却因甚如此道；待説與賢道有時，又却恐賢問某尋。

射法具而不滿者，無志者也。

尸居却龍見，淵默却雷聲。

須是「合内外之道」，「一天人，齊上下」，「下學而上達」，「極高明而道中庸」。

既得後便須放開，不然却只是守。

詩可以興。某自再見茂叔後，吟風弄月以歸，有「吾與點也」之意。

古人互相點檢，如今之學射者亦然。

鐵劍利而倡優拙。此重則彼輕。

自「舜發於畎畝之中」，至「孫叔敖舉於海」，若要熟也，須從這裏過。

萃、渙皆「享於帝，立廟」。因其精神之聚而形於此，爲其渙散，故立此以收之。

「隘與不恭，君子不由」，非是瑕疵夷、惠之語，其弊至此。

趙普除節度使權，便是烏重胤之策，以兵付逐州刺史。

以記誦博識爲玩物喪志。時以經語録作一策。鄭轂云：嘗見顯道先生云：「某從洛中學時，録古人善行，别作一册。洛中見之，云是玩物喪志。蓋言心中不宜容絲髮事。」

張子厚、邵堯夫，善自開大者也。

彈琴，心不在便不成聲。所以謂琴者禁也，禁人之邪心。舞蹈本要長袖，欲以舒其性情。某常觀舞正樂，其袖往必反，有盈而反之意。今之舞者，反收拾袖子結在一處。一本「舞蹈」以下自爲一章。

周茂叔窗前草不除去，問之，云：「與自家意思一般。」子厚觀驢鳴，亦謂如此。

張子厚聞生皇子，喜甚；見餓莩者，食便不美。

某寫字時甚敬，非是要字好，只此是學。

一日游許之西湖，在石壇上坐，少頃脚踏處便濕，舉起云：便是天地升降道理。

一日見火邊燒湯瓶，指之曰：此便是陰陽消長之義。

「鳶飛戾天」，向上更有天在。「魚躍于淵」，向下更有地在。此兩句去作人材上説更好。○鄭轂云：嘗問此二句，顯道先生云：「非是極其上下而言，蓋真箇見得如此，此正是子思喫緊道與人處。〔一〕若從此解悟，便可入堯舜氣象。」

因論「口將言而囁嚅」云：若合開口時，要他頭也須開口。如荆軻於樊於期。須是「聽其言也厲」。

舜由仁義行，非行仁義也。

與一有「柔」字。〔二〕善人處，壞了人。須是與不善人處，方成就得人。「他山之石，可以攻玉」。

又言：不哭底孩兒誰抱不得。

須是就事上學。蠱「振民育德」，然有所知後，方能如此。「何必讀書，然後爲學」。

「士不可以不弘毅，任重而道遠。」重擔子須是硬脊梁漢方擔得。

詩書只説帝與天。

有人疑伊尹出處合於孔子「可以仕則仕，可以止則止」，不得爲「聖之時」何也？曰：終是任底意思在。

一行豈所以名聖人？至於聖則自不可見，何嘗道聖人孝聖人廉？

太山爲高矣，然太山頂上已不屬太山。雖堯舜之事，亦只是如太虚中一點浮雲過目。

執事須是敬，又不可矜持太過。

孟子「知言」，正如人在堂上，方能辨堂下人曲直，若自下去堂下，則却辨不得。

「勿忘勿助長」之間，正當處也。

顔子合下完具，只是小，要漸漸恢廓。孟子合下大，只是未粹，索學以充之。「恢」一作「開」。

學者要學得不錯，須是學顔子。有準的。

參也，竟以魯得之。

「默而識之」，「不言而信，存乎德行」。

「毛猶有倫」，入毫釐絲忽終不盡。

滿腔子是惻隱之心。

衆人安則不恭，恭則不安。

「君子以言有物而行有恒。」

邢恕日三點檢。謂：亦可哀也，何時不點檢？

學射者互相點檢病痛。「朋友攸攝，攝以威儀。」

有甚你管得我？有甚我管得你？教人致却太平後，某願爲太平之民。

右明道先生語

「三王不足四」，無四三王之理。如忠質文之所尚，子丑寅之所建，歲三月爲一時之理。〔三〕秦強以亥爲正，畢竟不能行。孔子知是理，故其志不欲爲一王之法，欲爲百王之通法。如語顏淵「爲邦」是也。其法度又一寓之春秋。已後別有說。

西北東南，人材不同。

以律管定尺，乃是以天地之氣爲準，非秬黍之比也。秬黍積數，在先王時，惟此爲適與度量合，故可用，今時則不同。

物之可卜者，惟龜與羊髀骨可用，蓋其坼可驗吉凶。

李覯謂「若教管仲身長在，宮内何妨更六人」，此語不然。管仲時桓公之心特未蠹也，若已蠹，雖管仲可奈何？未有心蠹尚能用管仲之理。

孟子言性，當隨文看。不以告子「生之謂性」爲不然者，此亦性也，被命受生之後謂之性爾，故不同。繼之以「犬之性猶牛之性，牛之性猶人之性歟」，然不害爲一。若乃孟子之言善者，乃極本窮源之性。

日月之形，如人有身須有目，目必面前，故太陽無北觀者。

仁則一，不仁則二。

仁道難名，惟公近之，非以公便爲仁。

禪家之言性，猶太陽之下置器，其間方圓小大不同，特欲傾此于彼爾。然在太陽幾時動？又其學善遁，若人語以此理，必曰我無修無證。

先生少時多與禪客語，欲觀其所學淺深，後來更不問。蓋察言不如觀貌，言猶可以所聞強勉，至於貌則不可強。

氣，形而下者。

語學者以所見未到之理，不惟所聞不深徹，久將理低看了。

性不可以内外言。

神是極妙之語。

神一本無。與性元不相離，則其死也，何合之有？如禪家謂別有一物常在，偷胎奪蔭之説，則無是理。

魂謂精魂。其死也，魂氣歸于天，消散之意。

某欲以金作器，比性成形。先生謂：金可以比氣，不可以比性。

唐人伎藝亦有精絶過今人處。

日月謂一日一箇亦得，謂通古今只一箇亦得。

易言天亦不同。如「天道虧盈而益謙」，此通上下理亦如此，天道之運亦如此。如言：「天且弗違，况於人乎？况於鬼神乎？」此直謂形而上者言，以鬼神爲天地矣。

莊生形容道體之語儘有好處。老氏「谷神不死」一章最佳。

禪家出世之説，如閉目不見鼻，然鼻自在。

聖人不記事，所以常記得。今人忘事，以其記事。不能記事，處事不精，皆出於養之不完固。

陳恒弑其君，夫子請討，當時夫子已去位矣。曾爲大夫。

人固可以前知，然其理須是用則知，不用則不知。知不如不知之愈，蓋用便近二，所以釋子謂又不是野狐精也。

二三立，則一之名亡矣。

「感而遂通天下之故」，以其「寂然不動」，小則事物之至，大則無時而不感。

人之稟賦有無可奈何者，聖人所以戒忿疾于頑。

釋氏處死生之際不動者有二：有英明不以爲事者，亦有昏愚爲人所誤，以前路自有去處者。

心一作「必」。欲窮四方上下所至，且以無窮置却則得。若要真得，一作「識」。須是體合。

有剪桐之戲，則隨事箴規；違養生之戒，則即時諫正。

未有不能體道而能無思者，故坐忘即是坐馳，有忘之心乃思也。

許渤與其子隔一窗而寢，乃不聞其子讀書與不讀書。先生謂：此人持敬如此。曷嘗有如此聖人。

伯淳在澶州日，修橋少一長梁，曾博求之民間。後因出入，見林木之佳者，必起計度之心。因語以戒學者：心不可有一事。

閱機事之久，機心必生。蓋方其閱時心必喜，既喜則如種下種子。

見一學者忙迫，先生問其故。曰：「欲了幾處人事。」曰：「某非不欲周旋人事者，曷嘗似賢急迫。」

忘物與累物之弊等。

疑病者，未有事至時，先有疑端在心。周羅事者，先有周事之端在心。皆病也。

較事大小，其弊爲枉尺直尋之病。一作「論」。

忘敬而後「毋不敬」。〔四〕

聖人之心，未嘗有在，亦無不在。蓋其道合内外，體萬物。

事神易，爲尸難。苟孝子有思親之心，以至誠持之，皆可以盡其道。惟尸象神，其所以祖考來格者以此。後世巫覡，立尸之遺意，但其流入於妄僞，豈有通幽明之理！

死者不可謂有知，不可謂無知。

嘗問先生：其有知之原當俱禀得？先生謂：不曾禀得，何處交割得來？又語及太虛，曰：亦無太虛？遂指虛曰：皆是理，安得謂之虛？天下無實於理者。

罪己責躬不可無，然亦不當長留在心胸爲悔。

有恐懼心亦是燭理不明，亦是氣不足。須知「義理之悦我心，猶芻豢之悦我口」，玩理以養心如此。蓋人有小稱意事猶喜悦，有淪肌浹骨如春和意思，何况義一作「見」。理？然窮理亦當知用心緩急，但苦勞而不知悦處，豈能養心？

入道莫如敬，未有能致知而不在敬者。今人主心不定，視心如寇賊而不可制，不是事累心，乃是心累事。當知天下無一物是合少得者，不可惡也。

或謂許大太虚。先生謂：此語便不是，這裏論甚大與小？

大抵人有身便有自私之理，宜其與道難一。

人之於儀形，有是持養者，有是修飾者。

人之於性，猶器之受光於日，日本不動之物。

須是識在所行之先，譬如行路，須得光照。

伯有爲厲之事，别是一理。

「一陰一陽之謂道」，道非陰陽也，所以一陰一陽道也，如一闔一闢謂之變。

右伊川先生語

拾遺一

許渤初起，問人天氣寒温，加減衣服，一加減定，即終日不换。

許渤在潤州，與范文正、胡宿、周茂叔游。

古人立尸之意甚高。

「萬取千焉，千取百焉。」齊語謂某處取某處遠近。

「夫天未欲平治天下也，如欲平治天下，當今之世，舍我其誰？」此是有所受命之語。若孔子謂：「天之將喪斯文也，後死者不得與於斯文也。天之未喪斯文也，匡人其如予何！」喪乃我喪，未喪乃我未喪，我自做著天裹。聖人之言，氣象自别。

張橫渠謂范文正才氣老成。笑指揮趙俞。

古人求法器。

禮樂只在進反之間，便得性情之正。

孟子答公孫丑問「何謂浩然之氣」，曰：「難言也。」只這裏便見得是孟子實有浩然之氣。若他人便亂説道是如何是如何。

子路亦百世之師。「人告之以有過則喜」。

右明道先生語

先生在經筵日，有二同列論武侯事業，謂：戰伐所喪亦多，非「殺一不辜而得天下不爲」之事。先生謂：二公語過矣，「殺一不辜而得天下不爲」，謂殺不辜以私己，武侯以天下之命討天下之賊，何害？

漢儒近似者三人：董仲舒、大毛公、楊雄。

右伊川先生語

校勘記

〔一〕此正是子思喫緊道與人處　「此」字原闕，據弘治本同，據康熙本補。

〔二〕一有柔字　弘治本、康熙本無此四小字，但於「他山之石可以攻玉」下有「善下一有柔字」六小字。

〔三〕歲三月爲一時之理　「三」原訛「一」，據弘治本、康熙本改。

〔四〕忘敬而後毋不敬　「毋」，弘治本、康熙本作「無」。

程氏遺書第四

二先生語四

游定夫所録

善言治天下者，不患法度之不立，而患人材之不成。善修身一作「善言人才」。者，不患器質之不美，而患師學之不明。人材不成，雖有良法美意，孰與行之？師學不明，雖有受道之質，孰與成之？

行之失，莫甚於惡，則亦改之而已矣。事之失，莫甚於亂，則亦治之而已矣。苟非自暴自棄者，孰不可與爲君子？

人有習他經，既而舍之，習戴記。問其故，曰：決科之利也。先生曰：汝之是心已不可入於堯舜之道矣。夫子貢之高識，曷嘗規規於貨利哉？特於豐約之間不能無留情耳。且貧富有命，彼乃留情於其間，多見其不信道也。故聖人謂之「不受命」。有志於道者，要當去此心而後可語也。一本云：明道知扶溝縣事，伊川侍行。謝顯道將歸應舉，伊川曰：「何不止試於太學？」顯道對曰：「蔡人鮮習禮記，決科之利也。」先生云云，顯道乃止，是歲登第。注云：尹子言其詳如此。

先生不好佛語。或曰：佛之道是也，其迹非也。曰：所謂迹者，果不出於道乎？然吾所攻其迹耳，其道則吾不知也。使其道不合於先王，固不願學也。如其合於先王，則求之六經足矣，奚必佛？

漢儒之中，吾必以楊子爲賢，然於出處之際，不能無過也。其言曰：「明哲煌煌，旁燭無疆；孫于不虞，以保天命。」「孫于不虞」則有之，「旁燭無疆」則未也。光武之興，使雄不死，能免誅乎？觀於朱泚之事可見矣。古之所謂言遜者，迫不得已，如劇秦、美新之類，非得已者乎？

天下之習，皆緣世變。秦以棄儒術而亡不旋踵，故漢興頗知尊顯經術，而天下厭之，故有東晉之放曠。

人有語導氣者問先生曰：君亦有術乎？曰：吾常夏葛而冬裘，飢食而渴飲，節嗜欲，定心氣，如斯而已矣。

世有以讀書爲文爲藝者。曰：爲文謂之藝，猶之可也。讀書謂之藝，則求諸書者淺矣。〔一〕

萬物本乎天，人本乎祖，故冬至祭天而祖配之，以冬至者氣至之始故也。萬物成形於地，〔二〕而人成形於父，故以季秋享帝而父配之，以季秋者物成之時故也。

世之信道篤而不惑異端者，洛之堯夫、秦之子厚而已。

孟子之時，去先王爲未遠，其學比後世爲尤詳，又載籍未經秦火，然而「班爵禄」之制已不聞其詳。今之禮書皆掇拾於煨燼之餘，而多出於漢儒一時之傅會，奈何欲盡信而句爲之解乎？然則其事固不可一二追復矣。明道

人必有仁義之心，然後仁與義之氣睟然達於外，故「不得於心，勿求於氣」可也。

君子之教人，或引之或拒之，各因其所虧者成之而已。孟子之不受曹交，以交未嘗知道固在我而不在人也，故使「歸而求之」。

孟子論三代之學，其名與王制所記不同，恐漢儒所記未必是也。

「象憂亦憂，象喜亦喜」，蓋天理人情於是爲至。舜之於象，周公之於管叔，其用心一也。夫管叔未嘗有惡也，使周公逆知其將畔，果何心哉？惟其管叔之畔，非周公所能知也，則其過有所不免矣。故孟子曰：「周公之過，不亦宜乎？」

孟子言舜完廩浚井之説，恐未必有此事，論其理而已。堯在上而使百官事舜於畎畝之中，豈容象得以殺兄而使二嫂治其棲乎？學孟子者，「以意逆志」可也。

或謂佛之理比孔子爲徑。曰：天下果有徑理，則仲尼豈欲使學者迂遠而難至乎？故外仲尼之道而由徑，則是冒險阻、犯荆棘而已。侍講

窮經將以致用也，如：「誦詩三百，授之以政不達，使於四方，不能專對，雖多亦奚以爲？」今世之號爲窮經者，果能達於政事、專對之間乎？則其所謂窮經者，章句之末耳。此學者之大患也。

問：「我於辭命則不能」，恐非孟子語，蓋自謂不能辭命，則以善言德行自居矣，恐君子或不然。曰：然。「孔子兼之」而自謂「不能」者，使學者務本而已。明道

孟子曰「事親若曾子可也」，吾以謂事君若周公可也。蓋子之事父，臣之事君，聞有自知其不足者矣，未聞其爲有餘也。周公之功固大矣，然臣子之分所當爲也，安得獨用天子之禮乎？其因襲之弊，遂使季氏僭八佾，三家僭雍徹。故仲尼論而非之，以謂「周公其衰矣」。侍講

師保之任，古人難之。故召公不説者，不敢安於保也。周公作書以勉之，以爲在昔人君所以致治者，皆賴其臣，而使召公謀所以裕己也。

「復子明辟」，如稱「告嗣天子王矣」。

工尹商陽自謂「朝不坐宴，不與殺三人，足以反命」，慢君莫甚焉，安在爲有禮？夫君子

立乎人之本朝，則當引其君於道，志於仁而後已。彼商陽者，士卒耳，惟當致力於君命，而乃行私情於其間，孔子蓋不與也。所謂「殺人之中又有禮焉」者，疑記者謬。

盟可用也，要之則不可。故孔子與蒲人盟而適衛者，特行其本情耳。蓋與之盟與未嘗盟同，故孔子適衛無疑。使要盟而可用，則賣國背君亦可要矣。〔三〕

不知天，則於人之愚智賢否有所不能知，雖知之有所不盡，故「思知人不可不知天」。不知人，則所親者或非其人，所由者或非其道，而辱身危親者有之，故「思事親不可不知人」。故堯之親九族，亦明俊德之人爲先。蓋有天下者以知人爲難，以親賢爲急。

二南之詩，蓋聖人取之以爲天下國家之法，使邦家鄉人皆得歌詠之也。有天下國家者，未有不自齊家始，先言后妃，次言夫人，又次言大夫妻。而古之人有能脩之身以化在位者，文王是也，故繼之以文王之詩。關雎詩所謂「窈窕淑女」，即后妃也，故序以爲「配君子」。所謂「樂而不淫，哀而不傷」，蓋關雎之義如此，非謂后妃之心爲然也。

安定之門人，往往知稽古愛民矣，則於爲政也何有？

古者鄉田同井，而民之出入相友，故無争鬥之獄。今之郡邑之訟，往往出於愚民以戾氣相構，善爲政者勿聽焉可也。又時取強暴而好譏侮者痛懲之，則柔良者安，鬬訟可息矣。

昭遠本連上一段。

君子之遇事無巨細，一於敬而已。簡細故以自崇，非敬也；飾私智以爲奇，非敬也。要之，無敢慢而已。語曰：「居處恭，執事敬，雖之夷狄，不可棄也。」然則「執事敬」者，固爲仁之端也，推是心而成之，則「篤恭而天下平」矣。

士之所難者，在「有諸己」而已。能「有諸己」，則「居之安」、「資之深」，而美且大可以「馴致」矣。徒知可欲之善，而若存若亡而已，則能不受變於俗者鮮矣。

馮道更相數主，皆其讎也。安定以爲當五代之季，生民不至於肝腦塗地者，道有力焉，雖事讎無傷也。荀彧佐曹操誅伐，而卒死於操。君實以爲東漢之衰，彧與攸視天下無足與安劉氏者，惟操爲可依，故俯首從之，方是時，未知操有他志也。君子曰：在道爲不忠，在彧爲不智。如以爲事固有輕重之權，吾方以天下爲心，未暇恤人議己也，則枉己者未有能直人者也。

世之議子雲者，多疑其投閣之事。以法言觀之，蓋未必有。又天禄閣世傳以爲高百尺，宜不可投。然子雲之罪，特不在此。黽勉於莽、賢之間，畏死而不敢去，是安得爲大丈夫哉！

公山弗擾以費叛，不以召畔人逆黨而召孔子，則其志欲遷善悔過，而未知其術耳。使孔子而不欲往，是沮人爲善也，何足以爲孔子？

道之外無物，物之外無道，是天地之間無適而非道也。即父子而父子在所親，即君臣而君臣在所嚴，一作「敬」。以至爲夫婦，爲長幼，爲朋友，無所爲而非道，此道所以不可須臾離也。然則毀人倫、去四大者，其分於道也遠矣。故「君子之於天下也，無適也，無莫也，義之與比」。若有適有莫，則於道爲有間，非天地之全也。彼釋氏之學，於「敬以直内」則有之矣，「義以方外」則未之有也。故滯固者入於枯槁，疏通者歸於肆恣，一作「放肆」。此佛之教所以爲隘也。吾道則不然，率性而已。斯理也，聖人於易備言之。

乾，聖人之分也，「可欲」之善屬焉。坤，學者之分也，「有諸己」之信屬焉。

仲尼言仁，未嘗兼義，獨於易曰：「立人之道，曰仁與義。」而孟子言仁，必以義配。蓋仁者體也，義者用也，知義之爲用而不外焉者，可與語道矣。世之所論於義者多外之，不然則混而無別，非知仁義之說者也。

門人有曰：吾與人居，視其有過而不告，則於心有所不安，告之而人不受，則奈何？曰：與之處而不告其過，非忠也。要使誠意之交通，在於未言之前，則言出而人信矣。

「剛毅木訥」，質之近乎仁也。「力行」，學之近乎仁也。若夫至仁，則天地爲一身，而天地之間品物萬形爲四肢百體，夫人豈有視四肢百體而不愛者哉？聖人，仁之至也，獨能體是心而已，曷嘗支離多端而求之自外乎？故「能近取譬」者，仲尼所以示子貢以爲仁之方也。醫書有以手足風頑謂之四體不仁，爲其疾痛不以累其心故也。夫手足在我而疾痛不與知焉，非不仁而何？世之忍心無恩者，其自棄亦若是而已。

一物不該非中也，一事不爲非中也，一息不存非中也，何哉？爲其偏而已矣。故曰：「道也者，不可須臾離也，可離非道也。」〔四〕修此道者，〔五〕「戒慎乎其所不睹，恐懼乎其所不聞」而已。由是而不息焉，則「上天之載，無聲無臭」，可以「馴致」也。

君子之於中庸也，無適而不中，則其心與中庸無異體矣。小人之於中庸無所忌憚，則與戒慎恐懼者異矣，是其所以「反中庸」也。

責善之道，要使誠有餘而言不足，則於人有益，而在我者無自辱矣。

校勘記

〔一〕則求諸書者淺矣　「求諸」原作「未讀」，據弘治本、康熙本改。

〔二〕萬物成形於地　「地」原訛「帝」，據弘治本、康熙本改。

〔三〕則賣國背君亦可要矣　「則」，弘治本、康熙本作「與」。

〔四〕可離非道也　「道」上原衍「是」字，據弘治本、康熙本删。

〔五〕修此道者　「修」字原脱，據弘治本、康熙本補。

程氏遺書第五

二先生語五

理與心一，而人不能會之爲一。

仲尼元氣也，顔子春生也，孟子并秋殺盡見。仲尼無所不包；顔子示「不違如愚」之學於後世，有自然之和氣，不言而化者也；孟子則露其才，蓋亦時然一作「焉」。而已。仲尼天地也，顔子和風慶雲也，孟子泰山巖巖之氣象也。觀其言，皆可以見之矣。仲尼無迹，顔子微有迹，孟子其迹著。

人心常要活，則周流無窮而不滯於一隅。

老子曰「無爲」，又曰「無爲而無不爲」。當有爲而以無爲爲之，是乃有爲爲也。聖人作易，未嘗言無爲，惟曰：「無思也，無爲也。」此戒夫作爲也。然下即曰：「寂然不動，感而遂通天下之故。」是動静之理，未嘗爲一偏之説矣。

語聖則不異，事功則有異。「夫子賢於堯、舜」，語事功也。孔子言語句句是自然，孟子句句是事實。

論學便要明理，論治便須識體。「須」一作「要」。

蹇便是處蹇之道，困便是處困之道。道無時不可行。

孟子有功於道，爲萬世之師。其才雄，只見雄才，便是不及孔子處。人須當學顔子，便入聖人氣象。

父子君臣，天下之定理，無所逃於天地之間。安得天分不有私心，則一本無天「分不」、「則」字。行一不義，殺一不辜，有所不爲。有分毫私，便不是王者事。

訂頑「立心」，便達得天德。

孔子儘是明快人，顔子儘豈弟，孟子儘雄辯。

孔子爲中都宰，知其不可而爲之，不仁，不知而爲之，不知。豈有聖人不盡仁知？

責上責下而中自恕己，豈可任職分？一本無「任」字，「職分」兩字側注。

萬物無一物失所，便是天理時中。一本無「時中」字。

「公孫碩膚，赤舄几几。」

爲君盡君道，爲臣盡臣道，過此則無理。

「坤作成物」，是積學處。「乾知太始」，是成德處。

孔子請討田恒，當時得行，便有舉義爲周之意。

九二「利見大人」、九五「利見大人」，聖人固有在上者、在下者。

雖公天下事，若用私意爲之便是私。

「唯上智與下愚不移」，移則不可知。上之爲聖，下之爲狂，在人一身念不念爲進退耳。

「居處恭，執事敬，與人忠」，充此便睟面盎背。有諸中必形諸外，觀其氣象便見得。

天命不已，文王純於天道亦不已。純則無二無雜，不已則無間斷先後。

不能動人只是誠不至，於事厭倦皆是無誠處。

氣「直養而無害」，便「塞乎天地之間」，有少私意即是氣虧。無不義便是「集義」，有私意便是「餒」。

心具天德。心有不盡處，便是天德處未能盡，何緣知性知天？盡己心則能盡人盡物，與天地參，贊化育。贊一本無「贊」字。則直養之而已。

「鼓萬物而不與聖人同憂」，天理鼓動萬物如此，聖人循天理而欲萬物同之，所以有憂患。

章，外見之物。「含章可貞」，「來章有慶」，須要反己。

敬義夾持，直上達天德自此。

舞射便見人誠。古之教人，莫非使之成己，自洒掃應對上，便可到聖人事。〔一〕

「樂莫大焉」，「樂亦在其中」，「不改其樂」，須知所樂者何事。「乾」、「坤」，古無此二字，作易者特立此二字，以明難明之道，「乾坤毀則無以見易」，須以意明之。以此形容天地間事。易，聖人所以立道，窮神則無易矣。

孔子爲宰則爲宰，爲陪臣則爲陪臣，皆能發明大道。孟子必得賓師之位，然後能明其道。猶之有許大形象，然後爲太山，許多水，然後爲海。以此未及孔子。

夷、惠有異於聖人大成處，然行一不義，雖得天下不爲，與孔子同者，以其誠一也。

顔子作得禹、稷、湯、武事功，若德則别論。

詩言天命，書言天。存心則「上帝臨女」。

文章成功有形象可見，只是極致事業，然所以成此事功者，即是聖也。

萬物之始皆氣化，既形，然後以形相禪，有形化，形化長則氣化漸消。

中庸言「無聲無臭」，勝如釋氏言「非黄非白」。一本作「黄白大小」。

心有所存，眸子先發見。

張兄言氣，自是張兄作用，立標以明道。「張兄」一作「横渠」，後同。

乾是聖人道理，坤是賢人道理。

易之有象，猶人之守禮法。

待物生，以時雨潤之，使之自化。恭而安。張兄十五年學。

校勘記

〔一〕自洒掃應對上便可到聖人事 「上便」，弘治本、康熙本作「便上」。

程氏遺書第六

二先生語六

此卷間有不可曉處，今悉存之，不敢删去。

質夫沛然。擇之茫然，未知所得。季明安。

兄厚，臨終過西郊一作「洛」。却相疑，平生不相疑。

叔不排釋、老。

惟善變通，便是聖人。

聖人於天下事自不合與，只順他天理，〔一〕「茂對時，育萬物」。

堯、舜、共、鯀、皐陶，一作「夔」。時與孔子異。

正名。養老。荀文若。利。魏鄭公。正當辨。

學原於思。

仁，人此；義，宜此。事親，仁之實；從兄，義之實。須去一道中别出。

孔子言仁，只説「出門如見大賓，使民如承大祭」。看其氣象，便須心廣體胖，動容周旋中禮，自然一無「自然」字。唯慎獨便是守之之法。聖人修己以敬，以安百姓，篤恭而天下平。惟上下一於恭敬，則天地自位，萬物自育，氣無不和，四靈何有不至？此體信達順之道，聰明睿智皆由是出。以此事天饗帝，故中庸言鬼神之德盛，而終之以「微之顯，誠之不可揜如此」。一本「聖人修己」以下别爲一章。

博施濟衆，非聖不能，何曾干仁事？故特曰「夫仁者」、「達人」、「立人」、「取譬」、「可謂仁之方」而已，使人求之自反便見得也。雖然，聖人未有不盡仁，然教人不得如此指殺。一本此下云：繞塔説相輪，不如便入塔登之，始登時雖不見，及上到頂則相輪爲我有。

四體不仁。

鬼是往而不反之義。

天人本無二，不必言合。

儼然，即之温，言厲。他人温則不厲，儼然則不温，惟孔子全之。

大圭、黄鍾，全沖和氣。

李宏中力田養親。

節嗜慾，定心氣。即是天氣下降，地氣上騰，心氣定便和無疾。〔二〕

看一部華嚴經不如看一艮卦。經只言一止觀。〔三〕

論性不論氣不備，論氣不論性不明。一本此下云：二之則不是。〔四〕

人自孩提，聖人之質已完，只先於偏勝處發。或仁或義，或孝或弟。

覺悟便是信。

自「幼子常視無誑」以上，便是教以聖人事。

人之知思，因神以發。

成己須是仁，推成己之道成物便是智。

怒驚皆是主心不定。不遷怒。

非禮不視聽言動，積習儘有功，禮在何處？

去氣偏處發便是「致曲」，去性上脩便是「直養」，然同歸于誠。此章連「人自孩提」章下爲一章。

不「有躬」，「无攸利」。不立己，後雖向好事，猶爲化物不得，以天下萬物撓己。已立後，自能了當得天下萬物。

地不改闢，民不改聚，只脩治便了。

飢食渴飲，冬裘夏葛，若致一作「置」。些私吝心「吝心」一作「意」。在，便是廢天職。

「忠信，進德，脩辭立其誠，所以居業」，脩立在人。

日月，陰陽發見盛處。

月受日光。父子。龍敏。撾鼓。

鼓動萬物，聖人之神知則不可名。

凡物參和交感則生，不和分散則死。

凡有氣莫非天，凡有形莫非地。

氣有偏勝處。「勝」一作「盛」。

二氣五行剛柔萬殊，聖人所由惟一理，人須要復其初。

元氣會則生聖賢。理自生。

天只主施，成之者地也。

須要有所止。止於仁，止於孝，止於大分。

有形總是氣，無形只是一作「有」。道。

咸六四言「貞吉悔亡」，言感之不可以心也。不得只恁地看過，更留心。〔五〕

存養熟後，泰然行將去便有進。

艮卦只明使萬物各有止，止分便定。「艮其背，不獲其身，不見其人。」

曾子疾病，只要以正，不慮死。與武王「殺一不辜，行一不義，得天下不爲」同心。

百官萬務、金革百萬之衆，飲水曲肱，樂在其中。萬變皆在人，其實無一事。

蜀山人不起念十年，便能前知。

只是一箇誠。天地萬物鬼神本無二。

清明在躬，志氣如神。貴熟。○一作「久且熟」。

觀天地生物氣象。周茂叔看。

「在帝左右」，帝指何帝？

卜筮在精誠，疑則不應。一本注云：疑心做主便是不應。〔六〕楊子江依應事是此理。〔七〕

懈意一生，便是自棄自暴。「意」一作「志」。

「勿忘勿助長，必有事焉」，只中道上行。

忠信而入，忠信而出。油火上竿禁蜈蚣。

涵養著落處養心，〔八〕便到清明高遠。「處」一作「意」。

天下之悦不可極，惟朋友講習，雖過悦無害。兑澤有相滋益處。一本注云：兑澤有自相滋益之意。

凝然不動便是聖人。

多驚多怒多憂，只去一事所偏處自克，克得一件，其餘自正。一作「止」。

人少長須激昂自進，中年已後，自至成德者事，一作「漸至德成」。方可自安。

「致知在格物」，物來則知起。物各付物，不役其知，則意誠不動。意誠自定則心正，始學之事也。

齊戒以神明其德。

「明德」、「新民」豈分人我？是成德者事。

天無形，地有形。一作「體」。

虛心實腹。

靜後見萬物自然皆有春意。

天之生物無窮，物之所成却有別。

「致曲」不要説來大。

和平依磬聲，玉磬聲之最和平者養心。

羊頭山老子説一秠二米秬黍，直是天地和氣，〔九〕十分豐熟，山上便有，山下亦或有之。

八十四聲，清者極吹盡清，濁者極吹盡濁，就其中以中聲上生下生。「以」一作「考」。

霜露，星之氣，異乎雨雪。

「密雲不雨」，尚往則氣散。先陰變風，氣隨風散。

苔，木氣爲水土始發。「始」一作「所」。

草類竹節可見。黄鍾牛鳴。

意言象數。邵堯夫。胎息氣。此三字一本在「牛鳴」下。

周茂叔窮禪客。

明善在明，守善在誠。

復卦非天地之心，復則「見天地之心」。聖人無復，故未嘗見其心。「無」一作「未嘗」。

管攝天下之心，收宗族，厚風俗，使人不忘本，須是明譜系世族與立宗子法。一年有一年工夫。

忿欲忍與不忍，便見有德無德。

周南、召南如乾、坤。

今之祭祀無樂，今之樂又不可用，然又却不見得緩急之節。

叔一生不曾看莊、列，非禮勿動勿視，出於天與，從幼小有如是才識。

夷、惠其道隘與不恭，乃心無罪。「無」一作「何」。

孔子所遇而安，無所擇。自子路觀孔子，孔子爲不恭。自孔子觀吾輩，吾輩便隘。惟其與萬物同流，便能與天地同流。

去健羡，〔一〇〕「毋意」，「義之與比」。「親於其身爲不善」，直是「不入」。

山林之士只是意欲不出。

重，主道也。士大夫得有一作「設」。重，應當有主。既埋重，不可一日無主，故設苴。及其已作主，即不用苴。

有廟即當有主。

技擊不足以當節制，節制不足以當仁義。使人人有子弟衛父兄之心，則制梃以撻秦、楚之兵矣。

不應爲，總是罪過。

詩興起人志意。

小人小丈夫，不合小了，他本不是惡。

語默猶晝夜，晝夜猶生死，生死猶古今。消息。

慎終追遠。不止爲喪祭。

鉛鐵性殊，點化爲金，則不辨鉛鐵之性。

民須仁之，物則愛之。

聖人緣人情以制禮，事則以義制之。

息，止也，生也。止則便生，不止則不生。艮，始終萬物。

不常其德則所勝來復，正常其理則所勝同化。素問。

曾點、漆雕已見大意，故聖人與之。

顏子所言不及孔子。「無伐善，無施勞」，是他顏子性分上事。孔子言「安之，信之，懷之」，是天理上事。

大抵有題目事易合。

心風人力倍平常。將死者識能預知，只是他不著別事雜亂，兼無昏氣。人須致一如此。

孔子之時，事雖有不可爲，孔子任道，豈有不可爲？魯君、齊君，孔、孟豈不知其不足與有爲？

人雖睡著，其識知自完，只是人與喚覺，便是他自然理會得。

誠則自然無累，不誠便有累。

貧子寶珠。

君實篤厚，晦叔謹嚴，堯夫放曠。

根本須是先培壅，然後可立趨向也。趨向既正，一作「立」。所造有淺深，則由勉與不勉也。〔一一〕

人多昏其心，聖賢則去其昏。

以富貴爲賢者不欲，却反人情。

聞見如登九層之臺。

中說有後人綴緝之。

觀兩漢已前文章，凡爲文者皆似。

楊子之學實，韓子之學華，華則涉道淺。

祭而立尸，只是古人質。

顏子簞瓢，非樂也，忘也。

孟子「知言」，則便是知道。

夷、惠聖人，傳者之誤。「不念舊惡」，此清者之量。

「思與鄉人處」，此孟子拔本塞源。

庾公之斯取其不背學而已。

楊、墨皆學仁義而流者也。墨子似子張，楊子似子夏。

伊尹不可一本無「可」字。言蔽，亦是「聖之時」。伯夷不蔽於爲己，只是隘。

孔子免匡人之圍，亦苟脱也。

「四端」不言信，信本無，在易則是至理，〔一二〕在孟子則是氣。

子産語子太叔，因其才而教之。

序卦非易之藴，此不合道。韓康伯注。

「仰之彌高」，見其高而未能至也。「鑽之彌堅」，測其堅而未能達也。此顔子知聖人之學而善形容者也。

義之精者，須是自求得之，如此則善求義也。

讀論語、孟子而不知道，所謂「雖多亦奚以爲」。

「湯既勝夏，欲遷其社，不可。」聖人所欲不踰矩，既欲遷社，而又以爲不可，欲遷是則不可爲非矣，不可是則欲遷爲非矣。然則聖人亦有過乎？曰：非也，聖人無過。夫亡國之社，遷之禮也。湯存之以爲後世戒，故曰欲遷則不可也。記曰：「喪國之社屋之，不受天陽也。」又曰：「亳社比牖，使陰明也。」春秋書「亳社災」。然則皆自湯之不遷始也。

五畝之宅，田二畝半、郭二畝半，耕則居田，休則居郭。三易，再易，不易。三易二百畝，三歲一耕。再易二百畝，二歲一耕。不易歲歲耕之。此地之肥瘠不同也。

古者百步爲畝，百畝當今之四十一畝也。古以今之四十一畝之田，八口之家可以無飢。今以古之二百五十畝猶不足，農之勤惰相懸乃如此。

古之時民居少，人各就高而居，中國雖有水，亦未爲害也。及堯之時人漸多，漸就平廣而居，水泛濫乃始爲害。當是時龍門未闢，伊闕未拆，砥柱未鑿，堯乃因水之流濫而治之，以爲天下後世無窮之利。非堯時水特爲害也，蓋以久矣，上世人少就高而居，則不爲害，後世人多就下而處，則爲害也。

四凶之才皆可用。堯之時聖人在上，皆以其才任大位，而不敢露其不善之心。堯非不知其不善也，然則聖人亦不得而誅之。及堯舉舜於匹夫之中而禪之位，則是四人者始懷憤怨不平之心而顯其惡，故舜得以因其迹而誅竄之也。

今之稅實輕於什一，但歛之無法與不均耳。

人無父母，生日當倍悲痛，更安忍置酒張樂以爲樂？若具慶者可矣。

今人以影祭，或畫工所傳，一髭髮不當，則所祭已是別人，大不便。

有一物而可以相離者，〔一三〕如形無影不害其成形，水無波不害其爲水。有兩物而必相須者，如心無目則不能視，目無心則不能見。

古者八十絲爲一勝，斬衰三年，〔一四〕則是二百四十絲，於今之布爲已細。緦麻十五勝，則是千有二百絲，今蓋無有矣。

「古之學者爲己，今之學者爲人。」古之仕者爲人，今之仕者爲己。古之強有力者將以行禮，今之強有力者將以爲亂。

方今有古之所無者二：兵與釋、老也。

言而不行，是欺也。君子欺乎哉？不欺也。

泛乎其思，不若約之可守也。思則來，捨則去，思之不熟也。

二經簡編。後分者不是。

詩大率後人追作。馬遷非。

聖人於憂勞中，其心則安静，安静中却是有至憂。

聖人之言遠如天，賢者小如地。

天之付與之謂命，稟之在我之謂性，見於事業一作「物」。之謂理。

「事君有犯無隱，事親有隱無犯」，有時而可分。

治必有爲治之因，亂必有爲亂之因。

受命之符不足怪。

射則觀其至誠而已。

「學行之上也」，「名譽以崇之」，皆楊子之失。

「由之瑟奚爲於丘之門」，言其聲之不和，與已不同。

「視其所以」，觀人之大概；「察其所安」，心之所安也。

子絶四：毋自任私意，毋必爲，毋固執，毋有己。

「居是邦也，不非其大夫」，此理最好。

「出入可也」，出須是同歸。

博施濟衆，仁者無窮意。

「知和而和」，執辭時不完。

「無欲速」，心速；「七年」，理速。

養親之心則無極，外事極時須爲之極，莫若極貴貴之義，莫若極尊賢之宜。

發於外者謂之恭，有諸中者謂之敬。

誠然後能敬，未及誠時，却須敬而後能誠。

無妄之謂誠，不欺其次矣。一本云：李邦直云「不欺之謂誠」，便以不欺爲誠。徐仲車云「不息之謂誠」。中庸言「至誠無息」，非以無息解誠也。或以問先生，先生曰云云。

贊馬遷「巷伯之倫」，此班固微詞。

石奢不當死，然縱法當固辭乞罪，不罪他時可以堅請出踐更錢，此最一本有「没」字。義。

易爻應則有時而應，又遠近相感而悔吝生。〔一五〕

王通家人卦是。易傳言「明内齊外」，非取象意。疑此「是」字上脱一「不」字也。

詩序必是同時一作「國史」。所作，然亦有後人添者。如白華只是刺幽王，其下更解不行。緜蠻序「不肯飲食教載之」，只見詩中云「飲之食之，教之誨之，命彼後車，謂之載之」，便云「教載」，絶不成言語也。又如「高子曰：靈星之尸也」，分明是高子言，更何疑？

文王望至治之道而未之見，若曰民雖使至治，止由之而已，安知聖人？二南以天子在上，諸侯善化及民，安得謂之至？其有不合周公之心固無此，設若有不合者，周公之心必如是勤勞。

「五世」，依約。君子、小人在上爲政，其流澤三四世不已，五世而後斬。當時門人只知闢楊、墨爲孟子之功，故孟子發此一説，以推尊孔子之道，言「予未得爲孔子徒也」。孔子流澤至此未五世，其澤尚在於人，予則私善於人而已。

邪説則終不能勝正道。人有秉彝，然亦惡亂人之心。

無恥之恥。注是。

行之不著，如此人多。若至論，雖孔門中亦有由而不知者，又更有不知則不能由。送死，天下之至重。人心苟能竭力盡此一事，則可以當天下之大事。養生，人之常。

此相對而言。若舜、曾子養生，其心如此，又安得不能當大事？人未有自致，必也親喪乎。

王者之「詩亡」，雅亡，政教號令不及於天下。

「仁言」，爲政者道其所爲。「仁聲」，民所稱道。

「不得於言，勿求於心，不可。」養氣以心爲主，若言失中，心不動亦不妨。

「一言而可以折獄者，其由也與」，言由之見信如此。刑法國人尚取信，其他可知。

若臧武仲之知，又公綽之不欲，卞莊子之勇，冉求之藝，合此四人之偏，文之以禮樂，方成聖人，則盡之矣。

「先進於禮樂」，質也；「後進於禮樂」，文也。「文質彬彬，然後君子」，其下則史。孔子從之，矯枉欲救文之弊，然而「吾從周」，此上文一事。〔一六〕又有不從處，「乘商之輅」。

中庸首先言本人之情性，次言學，次便言三王酌損以成王道，餘外更無意。三王下到今，更無聖人，若有時須當作四王。王者制作時，用先代之宜世者。今也法當用周禮，自漢已來用。

有愛人之心，然而使民亦有不時處，此則至淺。言當時治千乘之國若如此時，亦可以治矣。聖人之言雖至近，上下皆通。此三句若推其極，堯、舜之治亦不過此。若常人之言近時，便即是淺近去。

齊經管仲霸政之後，風俗尚權詐，急衣食。魯之風俗不如此，又仲尼居之，當時風俗亦甚美。到漢尚言齊、魯之學天性。此只説風俗，〔一七〕若謂聖賢，則周公自不之魯，太公亦未可知。又謂齊經田恒弑君，無君臣上下之分也。不然。

「色難」形下面有事服勞而言，服勞更淺。若謂諭父母於道，能養志使父母説，却與此辭不相合。然推其極時，養志如曾子、大舜可也。曾元是曾子之子，尚不能。

在邦而已心無怨，孔子發明仲弓，使知仁字。然舜在家亦怨，周公狼跋亦怨。又引文中子。

「不有祝鮀之佞」與「宋朝之美」，才辨。難免世之害矣。

當孔子時，傳易者支離，故言「五十以學易」，言學者謙辭。學易可以無太過差。易之書惟孔子能正之，使無過差。〔一八〕

「詩、書」，統言。「執禮」，人所執守。

賢者能遠照，故能避一世事，其次避地，不居亂邦。

不愧屋漏，則心安而體舒。

子曰：「君子博學於文，約之以禮，亦可以弗畔矣夫！」此非自得也，勉而能守也。「多聞，擇其善者而從之，多見而識之，知之次也。」以勉中人之學也。

經所以載道也，器所以適用也。學經而不知道，治器而不適用，奚益哉？一本云：經者載道之器，須明其用。如誦詩須達於從政，能專對也。

今之學者岐而爲三：能文者謂之文士，談經者泥爲講師，惟知道者乃儒學也。

夫内之得有淺深，外之來有輕重。内重則可以勝外之輕，得深則可以見誘之小。

校勘記

〔一〕只順他天理　「他」，弘治本、康熙本作「得」。

〔二〕心氣定便和無疾　「心氣定」三字，弘治本、康熙本無。

〔三〕經只言一止觀　「止觀」二字原訛「上官」，據弘治本、康熙本改。

〔四〕二之則不是　「二」，弘治本作「一」，康熙本同。

〔五〕更留心　「留」原訛「自」，據弘治本、康熙本改。

〔六〕疑心做主便是不應　「做主」二字，弘治本、康熙本作「微生」。

〔七〕楊子江依應事是此理　「應」，弘治本、康熙本作「憑」。

〔八〕涵養著落處養心　「落」原訛「樂」，據弘治本、康熙本改。

〔九〕直是天地和氣　「直」原訛「則」，「和氣」原倒作「氣和」，據弘治本、康熙本改。

〔一〇〕去健羨　「健」原訛「歆」，據弘治本、康熙本改。
〔一一〕則由勉與不勉也　弘治本、康熙本句下有「一本下有正字」六小字。
〔一二〕信本無在易則是至理　弘治本、康熙本重「在」字。
〔一三〕有一物而可以相離者　「可以」二字，弘治本、康熙本無。
〔一四〕斬衰三年　「年」原訛「勝」，據弘治本、康熙本改。
〔一五〕又遠近相感而悔吝生　「感」，弘治本作「取」，康熙本同。
〔一六〕此上文一事　「上」，弘治本同，康熙本作「止」。
〔一七〕此只說風俗　弘治本、康熙本無「此」字。
〔一八〕易之書惟孔子能正之使無過差　弘治本、康熙本「書」作「道」，「能正之使無過差」作「無大過」。

程氏遺書第七

二先生語七

此卷間有不可曉處，今悉存之，不敢删去。

與人爲善。

始初便去性分上立。晦叔。

獵，自謂今無此好。周茂叔曰：「何言之易也。但此心潛隱未發，一日萌動，復如前矣。」後十二年，因見，果知未。一本注云：明道年十六七時好田獵，〔一〕十二年暮歸，在田野間見田獵者，不覺有喜心。

周公不作膳夫、庖人、匠人事，只會兼衆有司之所能。

有田即有民，有民即有兵，鄉遂皆起兵。

禪學只到止處，無用處，無禮義。

稟秝、大羹、鸞刀，須用誠相副。

介甫致一。

堯、舜知他幾千年，其心至今在。

心要在腔子裏。

體道，少能體即賢，盡能體即聖。

孔子門人善形容聖人。

堯夫道雖偏駁，然卷舒作用極熟，又一作「可」。能謹細行。

「虛而不屈，動而愈出。」

只外面有些罅隙便走了。

只學顏子「不貳過」。

「忠恕違道不遠」，「可謂仁之方」，「力行近乎仁」，「求仁莫近焉」。仁道難言，故止曰近、不遠而已，苟以力行便爲仁，則失之矣。「施諸己而不願，亦勿施於人」，「夫子之道忠恕」。非曾子不能知道之要，捨此則不可言。

聖人之明猶日月，不可過也，過則不明。

愚者指東爲東，指西爲西，隨衆所見而已。知者知東不必爲東，西不必爲西。唯聖人明於定分，須以東爲東，以西爲西。

邵堯夫猶空中樓閣。

兵法遠交近攻，須是審行此道。「知崇禮卑」之意。〔二〕

只是論得規矩準繩，巧則在人。

莊子有大底意思，無禮無本。

體須要大。

外面事不患不知，只患不見自己。

「雍也仁而不佞。」晦叔。

人當審己如何，不必恤浮議。志在浮議，則心不在内，不可私。一本無「私」字，别有「應卒處事」四字。

三命是律，星辰是曆。

静坐獨處不難，居廣居，應天下爲難。

保民而王。今之城郭不爲保民。

行兵須不失家計。游兵夾持。「夾」一作「挾」。

事往往急便壞了。

與奪歙張，固有此理，老子説著便不是。

誠神不可語。

見之非易，見不可及。

孔子弟子少有會問者，只顏子能問，又却終日如愚。

只理會生是如何。

静中便有動，動中自有静。

灑埽應對與佛家默然處合。

喪事，人所不勉處。酒，人所困處。孔子於中間處之得宜。

玩心神明，上下同流。

敬下驢不起。世人所謂高者却是小。陳先生大分守不足。〔三〕○「足」一作「定」。

堯、舜極聖，生朱、均。瞽、鯀極愚，生舜、禹。無所不用其極。

「開物成務」，有濟世之才。〔四〕

禹不矜不伐，至柔也，然乃見剛。

以誠意幾棵子何不可？若有爲果子繫在他上便不是，信得及便是也。

九德最好。

不學便老而衰。

應卒處事。

不見其大便大。

職事不可以巧免。

雍置師，〔五〕内郡養耕，外郡禦守。

兵能聚散爲上。

把得地一作「性」。分定，做事直是不得放過。

韓信多多益辦，只是分數明。

微仲焚禁山契書。

義勇也是拘束太急，便性軼輕劣。大凡長育人材，且須緩緩。

兵陣須先立定家計，然後以遊騎旋，旋量力分外面與敵人合，此便是「合内外之道」。若遊騎太遠，則却歸不得，至如聽金鼓聲亦不忘却自家如何。如苻堅養民，一敗便不可支持，無本故也。

坐井觀天非天小，只被自家入井中，被井筒拘束了。然井何罪？亦何可廢？但出井中便見天大，已見天如此大，不爲井所拘，却入井中也不害。

「致知」，但知「止於至善」。爲人子止於孝，爲人父止於慈之類，不須外面，只務觀物理，泛然正如游騎無所歸也。

即目所學便持，「吾斯之未能信」，道著信便是止也。

晉書謂「吾家書籍當盡與之」。豈止與之，當再拜而獻之。

病昏不爲他物所奪，只有正氣，然猶有力，知識遠過於人。況吾合天地之道，安有不可？

須是無終食之間違仁，即道日益明矣。陳本有此二段。

不偏之謂中，不易之謂庸。中者天下之正道，庸者天下之定理。

校勘記

〔一〕明道年十六七時好田獵　「七」原訛「之」，據弘治本、康熙本改。

〔二〕知崇禮卑之意　「卑」原訛「畢」，據弘治本、康熙本改。

〔三〕陳先生大分守不足　「生」原訛「坐」，「守」原訛「宇」，據弘治本、康熙本改。

〔四〕有濟世之才　「世」，弘治本、康熙本作「時」。

〔五〕雍置師　「師」原訛「帥」，據弘治本、康熙本改。

程氏遺書第八

二先生語八

「傳不習乎」，不習而傳與人。

「學則不固」，連上説。

「有馬者借人乘之」，吾力猶能補史之闕文。當史之職而能闕疑以待後人，是猶「有馬者借人乘之」也。

「君子義以爲質」四句，只是一事，以義爲本。能言「不怍」者難。

可使之往，不可陷以罔。

「君子矜而不争」，矜尚之矜。

南宫适以禹、稷比孔子，故夫子不答也。

「果哉，末之難矣」，果敢之果。不知更有難事，他所未曉，輕議聖人。孔子擊磬，何嘗無心，荷蕢於此知之。

「辟世」、「辟言」、「辟色」，非有優劣，只說大小次第。

靈公問陳，孔子遂行，言語不相授。

「不占而已」，有吉凶便占，無常之人更不待占。

三代直道而行，毀譽公。

「踐迹」，如言循途守轍。善人雖不循守舊迹，亦不能入聖人之室。

「論篤是與」，言篤實時，與「君子」，與「色莊」。

「魯、衛之政，兄弟也」，言相近也。

「知及」、「仁守」、「莊涖」、「動禮」，爲政始末。

「民之於仁也，甚於水火」，不肯爲仁，如蹈水火。

「致遠恐泥」，不可行遠。

先傳後倦，君子教人有序，先傳以小者近者，而後教以大者遠者，非是先傳以近小，而後不教以遠大也。

「吾其爲東周乎！」東遷以後，諸侯大夫強僭，聖人豈爲是乎？匏瓜「繫而不食」，匏瓜無所爲之物，繫而不動。

「子樂」，弟子各盡其誠實，不少加飾，故孔子知由之不得其死。

「性相近也」，生質之性。

「小知」「大受」，不可以小知君子，而可以當大事。

「天下有道，丘不與易也」，「其誰以易之」？誰肯以夫子之道易己所爲？

佛肸召，欲往而不往者何也？聖人示之以迹，子路不諭九夷浮海之類。「示之」一作「示人」。

堯曰：「予小子履」。少「湯」字。

「周公謂魯公」三句反覆説，不獨「不施其親」，〔一〕又當使大臣不怨，至公不可忘私，又當全故舊。

「大德」「小德」，如大節小節。

「雖有周親，不如仁人」，至親不如仁賢。

「因不失其親。」信本不及義，恭本不及禮，然「信近於義」者，以「言可復也」，「恭近於禮」者，以「遠耻辱也」。因恭信不失其所親近於禮義，〔二〕故亦可宗也。如言禮義不可得見，得見恭信者，斯可矣。

子張、子夏論交，子夏、子張告人各有所以，初學與成德者事不同。

「貧與賤，不以其道得之，不去也。」不以其道得去貧賤，如患得之。

「卿以下必有圭田」，祭祀之田也，禄外之田也。

「餘夫二十五畝」，一夫上父母下妻子，以五口至八口爲率，受田百畝，如有弟，是餘夫也，俟其成家别受田也。

「廛而不征」，市宅之地已有廛税，更不征其物。

「法而不廛」，税有常法，不以廛故而厚其税。

「廛無夫里之布」，廛自有税，更無此二布。

「國有道，不變塞」，所守不變，所行不塞。

「廣居」、「正位」、「大道」，所居者廣，所位者正，所道者大，天下至中至大之所。

「配義與道」，浩氣已成，合道與義。道本也，義用也。「本」一作「體」。

「集義所生者」，集衆義而生浩然之氣，非義外襲我而取之也。

校勘記

〔一〕不獨不施其親　「施」，弘治本、康熙本作「弛」。

〔二〕因恭信不失其所親近於禮義　「所」下原衍「以」字，據弘治本、康熙本删。

程氏遺書第九

二先生語九

少日所聞諸師友説

仁者公也，人一作「仁」。此者也；義者宜也，權量輕重之極；禮者别也；定分。知者知也；信者有此者也。萬物皆有性，一作「信」。此五常性也。若夫惻隱之類，皆情也。凡動者謂之情。性者自然完具，信只是有此，因不信，然後見，故四端不言信。

先生曰：孔子曰：「仁者己欲立而立人，己欲達而達人，能近取譬，可謂仁之方也已。」嘗謂孔子之語仁以教人者，唯此爲盡，要之不出於公也。

孟子曰：「天民者，達可行於天下而後行之者也。」「大人者，正己而物正者也。」曰「天民」者，能盡天民之道者也，踐形者是也，如伊尹可當之矣。民之名則似不得位者，必「達可行於天下而後行之者也」。「大人」者，則如乾之九二「利見大人」、「天下文明」者也。「天民」、「大人」，亦繫乎時與不時爾。

「君子不重則不威，學則不固」，言君子不重則不威嚴，而學則亦不能堅固也。

信非義也，以其「言可復」，故曰近義。恭非禮也，以其「遠耻辱」，故曰近禮。因其事而不失其所親，「亦可宗也」，況於盡禮義者乎！

「思無邪」，誠也。

「十有五而志于學，三十而立，四十而不惑」，明善之徹矣。聖人不言誠之一節者，言不惑則自誠矣。「五十而知天命」，思而知之也。「六十而耳順」者，〔一〕在人之最末者也。至耳而順，則是不思而得也。然猶滯於迹焉，至於「七十從心所欲不踰矩」，則聖人之道終矣。此教之序也。

對孟懿子問孝，告衆人者也。對孟武伯者，以武伯多可憂之事也。子游能養，而或失於敬；子夏能直義，而或少温潤之色。各因其人材高下與其所失而教之也。

「默而識之」，乃所謂學也，惟顏子能之。故孔子曰「吾與回言終日，不違如愚，退而省其私」者，言顏子退而省其在己者，「亦足以發」此，故仲尼知其「不愚」，〔二〕可謂善學者也。

「夷狄之有君，不如諸夏之亡也」。此孔子言當時天下大亂，無君之甚，若曰夷狄猶有君，不若諸夏之亡君也。〔三〕

「君子無所爭，必也射乎」，故曰「揖讓而升，下而飲，其爭也君子」。言不爭也，若曰其爭也，是君子乎！

「子曰禘自既灌而往者，吾不欲觀之矣。」禘者，魯僭天子之大祭也。灌者，祭之始也。以其僭上之祭，故聖人自灌以往，不欲觀之矣。「或問禘之説，子曰『不知也』」者，不欲斥言也。「『知其説者之於天下也，其如視諸斯乎』！指其掌。」此聖人言知此理者，其於治天下如指其掌，甚易明也。蓋名分正則天下定矣。

子貢之器，如宗廟之中可觀之貴器，故曰「瑚璉也」。

或問辯，曰：「或曰：『雍也仁而不佞。』子曰：『焉用佞？禦人以口給，屢憎於人，不知其仁，焉用佞？』」苟仁矣，則口無擇言，言滿天下無口過，佞何害哉？若不知其仁，則佞焉用也？

子曰：「由也好勇過我，無所取材。」材與裁同，言由但好勇過孔子，而不能裁度適於義也。

子路曰：「願車馬，衣輕裘，與朋友共，敝之而無憾。」此勇於義者，觀其志，豈可以勢利拘之哉！蓋亞於「浴沂」者也。顔淵「願無伐善，無施勞」，此仁矣，然尚未免於有爲，蓋滯迹於此，不得不爾也。子曰：「老者安之，朋友信之，少者懷之。」此聖人之事也。顔子大賢之事也，子路有志者之事。

子曰：「中人以上可以語上也，中人以下不可以語上也。」此謂才也，然則中人以下者終於此而已乎？曰：亦有可進之道也。

子曰：「齊一變至於魯，魯一變至於道。」言魯國雖衰，而君臣父子之大倫猶在，愈於齊國，故可一變而至於道。

子曰：「志於道。」凡物皆有理，精微要妙無窮，當志之爾。德者得也，在己者可以據。「依於仁」者，凡所行必依著於仁，兼内外而言之也。

「子在齊聞韶，三月不知肉味，曰：『不圖爲樂之至於斯也。』」曰：聖人不凝滯於物，安有聞韶雖美，直至三月不知肉味者乎？「三月」字誤，當作「音」字。此聖人聞韶音之美，當食不知肉味，乃嘆曰：「不圖爲樂之至於斯也。」門人因以記之。

「子所雅言，詩、書、執禮，皆雅言也。」雅，雅素之雅。禮，當時所執行而非書也。詩、書、執禮，皆孔子素所常言也。

人有斗筲之量者，有鍾鼎之量者，有江河之量者，有天地之量者。斗筲之量者固不足算，若鍾鼎、江河者亦已大矣，然滿則溢也。唯天地之量者無得而損益，苟非聖人，孰能當之？

子曰：「吾未見剛者。」或曰：「申棖。」子曰：「棖也慾，焉得剛？」凡人有慾則不剛。

至大至剛之氣，在養之可以至焉。

孟子曰：「我知言。」孟子不欲自言我知道耳。

孟子常自尊其道而人不尊，孔子益自卑而人益尊之，聖賢固有間矣。

董仲舒謂：「正其義不謀其利，明其道不計其功。」孫思邈曰：「膽欲大而心欲小，智欲圓而行欲方。」可以法矣。今人皆反之者也。「如臨深淵，如履薄氷」，謂小心也。「糾糾武夫，公侯干城」，謂大膽也。「不爲利回，不爲義病」，行之方也。「見機而作，不俟終日」，知之圓也。此言極有理。

舍己從人最爲難事。己者我之所有，雖痛舍之，猶懼守己者固而從人者輕也。

「參也魯」，然顏子没後，終得聖人之道者，曾子也。觀其啓手足之時之言，可以見矣。所傳者子思、孟子，皆其學也。

「毋意」者，不妄意也。「毋我」者，循理不守己也。

子曰：「先進於禮樂，野人也。」言其質勝文也。「後進於禮樂，君子也。」言其文質彬彬也。「如用之，則吾從先進。」言若用於時，〔四〕救文之弊，則吾從先進，小過之義也。「麻冕禮也，今也純儉，吾從衆；奢則不孫，儉則固，與其不孫也，寧固。」此之謂也，不必惑「從周」之說。

子曰：「賜不受命而貨殖焉。」命謂爵命也，言不受爵命而貨殖者，以見其私於利之深，而足以明顏子屢空之賢也。

子曰：「論篤是與，君子者乎？色莊者乎？」不可以言取人，今以其論篤而與之，是謂君子者乎？徒能色莊者乎？

仲弓之仁，安己而敬人，故曰：「雍也，可使南面。」對樊遲之問，亦是仁之目也，然樊遲失於麤俗，聖人勉使爲仁，曰：「雖之夷狄，不可棄也。」司馬牛多言而躁，故但告以「其言也訒」。「克伐怨欲不行焉，可以爲仁矣。」若無克伐怨欲，固爲仁已，唯顏子而上乃能之。如有而不行焉，則亦可以爲難，而未足以爲仁也。孔子蓋欲憲疑而再問之，而憲未之能問也。

管仲之仁，仁之功也。

校勘記

〔一〕六十而耳順者　「者」上原衍「耳」字，據弘治本、康熙本删。

〔二〕故仲尼知其不愚　「故」，弘治本同，康熙本作「固」。

〔三〕不若諸夏之亡君也　「若」下原衍「是」字，據弘治本、康熙本删。

〔四〕言若用於時　「於」，弘治本同，康熙本作「振」。

程氏遺書第十

二先生語十

洛陽議論

蘇昞季明録

子厚謂程卿：夙興幹事，良由人氣清則勤，閑不得。正叔謂：不可，若此則是專爲氣所使。子厚謂：此則自然也。伯淳言：雖自然，且欲凡事皆不恤以恬養則好。子厚謂：此則在學者也。

伯淳謂：天下之士，亦有其志在朝廷而才不足，才可以爲而誠不足。今日正須才與至誠合一方能有濟。〔一〕子厚謂：才與誠須一物，〔二〕只是一物。伯淳言：才而不誠，猶不是也。若非至誠，雖有忠義功業，亦出於事爲，浮氣幾何時而不盡也。一本無「只是一物」四字。

伯淳道：君實之語，自謂如人參甘草，病未甚時可用也，病甚則非所能及。觀其自處，必是有救之之術。

正叔謂：某接人，治一作「談」。經論道者亦甚多，肯言及治體者，誠未有如子厚。

二程謂：地形不必謂寬平可以畫方，只可用算法折計地畝以授民。子厚謂：必先正經界，經界不正則法終不定。地有坳垤處不管，只觀四標竿中間地，雖不平饒，與民無害，就一夫之間所争亦不多，又側峻處田亦不甚美。又經界必須正南北，假使地形有寬狹尖斜，經界則不避山河之曲，其田則就得井處爲井，不能就成處，或五七，或三四，或一夫，其實田數則在。〔三〕又或就不成一夫處，亦可計百畝之數而授之，無不可行者。如此則經界隨山隨河，皆不害於畫之也。苟如此畫定，雖便使暴君汚吏，亦數百年壞不得。經界之壞，亦非專在秦時，其來亦遠，漸有壞矣。正叔云：至如魯，二吾猶不足，如何得至十一也？子厚言：百畝而徹，言徹取之徹則無義，是透徹之徹。透徹而耕，則功力均，且相驅率，無一家得惰者。及已收穫，則計畝數裒分之，以裒分之數取十一之數亦可。或謂井議不可輕示人，恐致笑及有議論。子厚謂：有笑有議論，則方有益也。若有人聞其説，取之以爲己功。先生云：如有能者，則己願受一廛而爲氓，亦幸也。伯淳言：井田今取民田使貧富均，則願者衆，不願者寡。正叔言：亦未可言民情怨怒，止論可不可爾。須使上下都無怨怒方可行。正叔言：議法既大備，却在所以行之之道。子厚言：豈敢，某止欲成書，庶有取之者。正叔言：不行於當時，行於後世一也。子厚曰：徒善不足以爲政，徒法不能以自行，須是行之之道。又雖有仁心仁聞而政不行者，不由先王之道也，須是法先王。正叔言：孟子於此善爲言。只極目力，焉能盡方員平直？須是要規矩。

二程問：官户占田過制者如何？如文、曾有田極多，只消與五十里采地儘多。又問：其他如何？今之公卿非如古之公卿，舊有田多者與之采地多，概與之則無以别有田者無田者。

正叔説堯夫對上之詞，言陛下富國强兵後待做甚，以爲非是。此言安足諭人主？如周禮豈不是富國之術存焉？子厚言：堯夫抑上富强之説，正猶爲漢武帝言神僊之學，長年不足惜，言豈可入？聖賢之曉人，不如此之拙。如梁惠王問何以利國，則説利不可言之理，極言之以至不奪不饜。

正叔言：人至於王道，是天下之公議，反以爲私説，何也？子厚言：只爲心不大，心大則做得大。正叔言：只是做一喜好之事爲之，不知只是合做。

伯淳言：邵堯夫病革，且言試與觀化一遭。子厚言：觀化他人便觀得自家。自家又如何觀得化？嘗觀堯夫詩意，纔做得識道理，却於儒術未見所得。

正叔言：蜥蜴含水，隨雨震起。子厚言：未必然，雹儘有大者，豈盡蜥蜴所致也。今以蜥蜴求雨，枉求他，他又何道致雨？正叔言：伯淳守官南方，長吏使往茅山請龍，辭之，謂祈請鬼神，當使信嚮者則有應，今先懷不信，便非義理。既到茅山巖，勑使人於水中捕得二龍，持之歸，並無他異，復爲小兒玩之致死。此只爲魚蝦之類，但形狀差異，如龍之狀爾。此蟲廣南亦有之，其形狀同，只齧人有害，不如茅山不害人也。「有害」一作「有毒」。

正叔言：永叔詩「笑殺潁陰常處士，十年騎馬聽朝雞」，夙興趨朝，非可笑之事，不必如此說。又言：常秩晚爲利昏，元來便有在，此鄉黨莫之尊也。

正叔言：今責罪官吏，殊無養士君子廉恥之道。必斷言徒流杖數，贖之以銅，便非養士君子之意。如古人責其罪，皆不深指斥其惡，如責以不廉，則曰俎豆不脩。

有人言今日士大夫未見賢者。正叔言：不可謂士大夫有不賢者，便爲朝廷之官人不用賢也。

彭汝礪懇辭臺職。正叔言：報上之效已了邪？上冒天下議論，顯拔致此，曾此爲報上之意已足？

正叔言：禮院者，天下之事無不關。此但得其人，則事儘可以考古立法，苟非其人，只是從俗而已。

正叔言：昏禮結髮無義，欲去久矣。不能言結髮爲夫婦者，只是指其少小也。如言結髮事君，李廣言結髮事匈奴，只言初上頭時也，豈謂合髻子？子厚云：絶非禮義，便當去之。古人凡禮，講修已定，家家行之，皆得如此。今無定制，每家各定，此所謂家殊俗也。

至如朝廷之禮，皆不中節。

正叔論安南事：當初邊上不便，令逐近點集，應急救援。其時雖將帥革兵冒涉炎瘴，朝廷以赤子爲憂，亦有所不恤也。其時不救應，放令縱恣，戰殺至數萬。今既後時，又不候至秋涼迄冬，一直趨寇，亦可以前食嶺北，食積於嶺南般運。今乃正於七月過嶺，以瘴死者自數分，及過境，又糧不繼，深至賊巢，以桄度五百人過江，且斫且焚，破其竹寨幾重，不能得，復棹其空桄，續以救兵，反爲賊兵會合禽殺，吾衆無救，或死或逃，遂不成功。所争者二十五里耳，欲再往，又無舟可度，無糧以戍。此謬筭未之有也。猶得賊辭差順，遂得有詞，且承當了。若使其言猶未順，如何處之？運糧者死八萬，戰兵瘴死十一萬，餘得二萬八千人生還，尚多病者，又先爲賊戮數萬，都不下三十萬口。其昏謬無謀如此甚也！

有人言郭璞以鳩鬭占吉凶。子厚言：此爲他誠實信之，所以就而占得吉凶。正叔言：但有意向此，便可以兆也，非鳩可以占吉凶耳。

正叔言：郭逵新貴時，〔四〕衆論喧然，未知其人如何。後聞人言欲買韓王宅，更不問可知也。如韓王者，當代功臣，一宅已致而欲有之，大煞不識好惡。子厚言：昔年有人欲爲范希文買緑野堂，希文不肯，識道理自不然。在唐如晉公者，是可尊也。一旦取其物而有之，如何得安？在他人猶可，如王維莊之類。獨有晉公則不可，寧使耕壞，及他有力者致之，已則不可取。

正叔言：管轄人亦須有法，徒嚴不濟事。今帥千人能使千人依時及節得飯喫，只如此者能有幾人？嘗謂軍中夜驚，亞夫堅卧不起。不起善矣，然猶夜驚何也？亦是未盡善。

正叔謂：今唱名，何不使伊儒冠徐步進見？何用二人把見趨走，得不使殿上大臣有愧色？子厚言：只先出榜，使之見其先後，何用旋開卷呼名？

正叔言：某見居位者百事不理會，只恁箇大肚皮，於子厚却願奈煩處之。

子厚言：關中學者用禮漸成俗。正叔言：自是關中人剛勁敢爲。子厚言：亦是自家規矩太寬。

正叔言：某家治喪不用浮圖。在洛亦有一二人家化之，自不用釋氏。道場之用螺鈸，蓋胡人之樂也。今用之死者之側，是以其樂臨死者也。天竺之人重僧，見僧必飯之，因使作樂於前。今乃以爲之於死者之前，至如慶禱亦雜用之，是甚義理！如此事被他欺謾千百年，無一人理會者。

正叔謂：何以謂之君子？何以謂之小人？君子則所見者大，小人則所見者小且近。

君子之志，所慮者豈止其一身？直慮及天下千萬世。小人之慮一朝之忿，曾不遑恤其身。伯淳謂：才與誠一物，則周天下之治。子厚因謂：此何事於仁，「必也聖乎」！呂進伯老而好學，理會直是到底。正叔謂：老喜學者尤可愛，人少壯則自當勉，至於老矣，志力須倦，又慮學之不能及，又年數之不多。不曰「朝聞道，久死可矣」乎？學不多，年數之不足，不猶愈於終不聞乎！

子厚言：「十詩」之作，止是欲驗天心於語默間耳。正叔謂：若有他言語，又烏得已也。子厚言：十篇次叙固自有先後。

正叔言：成周恐只是統名，雒邑是都也。成周猶今言西京也，雒邑猶今言河南府。孔安國以成周爲下邑，非也。豈有以師保治於下邑？白馬寺之所，恐是遷頑民之處。洛州有言中州、南州之名，恐是作邑分爲九州後始言。成周恐是舊城壞而復城之，或是其始爲邑，不爲城墻，故後始城。

二程解「窮理盡性以至於命」，只窮理便是至於命。子厚謂：亦是失於太快。此義儘有次序，須是窮理，便能盡得己之性，則推類又盡人之性，既盡得人之性，須是并萬物之性一齊盡得，如此然後至於天道也。其間煞有事，豈有當下理會了？學者須是窮理爲先，如此則方有學。今言「知命」「以至於命」，〔五〕儘有近遠，豈可以知便謂之至也？

正叔謂：洛俗恐難化於秦人。子厚謂：秦俗之化，亦先自和叔有力焉，亦是士人敦厚，東方亦恐難肯向風。

正叔辨周都言：「穀、洛鬬，毁王宫」，今穀、洛相合處在七里店南，既言「毁王宫」，則周室亦恐不遠於今之宫闕也。

子厚謂：昔嘗謂伯淳優於正叔，今見之果然。其救世之志甚誠切，亦於今日天下之事儘記得熟。

子厚言：今日之往來俱無益，不如閒居，與學者講論，資養後生，却成得事。正叔言：何必然？義當來則來，當往則往爾。

二程言：人不易知。子厚言：人誠知之爲艱，然至於伎術能否、人情善惡便可知。惟似秦武陽殺人於市，〔六〕見秦始皇懼，此則不可知。

校勘記

〔一〕今日正須才與至誠合一方能有濟　弘治本、康熙本無「能」字。

〔二〕才與誠須一物　「一」，弘治本、康熙本作「二」，案張子全書同。

〔三〕其實田數　「田」原訛「四」，弘治本同，據康熙本及張子全書改。

〔四〕郭逵新貴時　「逵」原訛「遍」，據弘治本、康熙本改。

〔五〕今言知命以至於命　「以」，弘治本、康熙本作「與」。

〔六〕惟似秦武陽殺人於市　「似」，弘治本、康熙本作「以」，案張子全書同。

程氏遺書第十一

明道先生語一

劉絢質夫録

師訓

「毋不敬，儼若思，安定辭，安民哉」，君德也，君德即天德也。

「思無邪。」

「敬以直内，義以方外，敬義立而德不孤。」德不孤，與物同，故不孤也。

「夫子之道，忠恕而已矣。」

「聖人以此齊戒，以神明其德夫！」

「天命之謂性，率性之謂道，脩道之謂教。」

孟子曰：「我善養吾浩然之氣。其爲氣也，至大至剛，以直養而無害，則塞乎天地之間。其爲氣也，配義與道，無是餒也。是集義所生者，〔一〕非義襲而取之也。」

天位乎上，地位乎下，人位乎中。無人則無以見天地。書曰：「惟天地萬物父母，惟人萬物之靈。」易曰：「天地設位，而易行乎其中。乾坤毁，則無以見易。易不可見，則乾坤或幾乎息矣。」

道，一本也。或謂以心包誠，不若以誠包心，以至誠參天地，不若以至誠體人物，是二本也。知不二本，便是篤恭而天下平之道。

「形而上者謂之道，形而下者謂之器。」若如或者以清虚一大爲天道，則一作「此」。乃以器言，而非道也。

「範圍天地之化而不過」者，模範出一天地爾，非在外也。如此曲成萬物，豈有遺哉！「天地設位，而易行其中。」何不言人行其中？蓋人亦物也。若言神行乎其中，則人只於鬼神上求矣。若言理言誠亦可也，而特言易者，欲使人默識而自得之也。

繫辭曰：「形而上者謂之道，形而下者謂之器。」又曰：「立天之道曰陰與陽，立地之道曰柔與剛，立人之道曰仁與義。」又曰：「一陰一陽之謂道。」陰陽亦形而下者也，而曰道者，惟此語截得上下最分明。元來只此是道，要在人默而識之也。

「立天之道曰陰與陽，立地之道曰柔與剛，立人之道曰仁與義，兼三才一之也。而兩之。」不兩則無用。

「天地設位，而易行乎其中。」只是敬也，敬則無間斷。「體物而不可遺」者，誠敬而已矣，不誠則無物也。詩曰：「維天之命，於穆不已，於乎不顯，文王之德之純。」「純亦不已」，純則無間斷。

「毋不敬，儼若思，安定辭，安民哉」，君道也，君道即天道也。「出門如見大賓，使民如承大祭」，此仲弓之問仁，而仲尼所以告之者，以仲弓爲可以「事斯語」也。「雍也可使南面」，有君之德也。「毋不敬」，可以對越上帝。

「祭如在，祭神如神在。」

「敬以直內，義以方外」，合內外之道也。釋氏，內外之道不備者也。

「克勤小物」最難。

自下而達上者，惟「造次必於是，顛沛必於是」。

「鼓萬物而不與聖人同憂。」聖人，人也，故不能無憂。天則不爲堯存，不爲桀亡者也。

咸、恒，體用也。體用無先後。

「易窮則變，變則通，通則久。」

天則不言而信，神則不怒而威。

顏子默識，曾子篤信。得聖人之道者，二人也。曾子曰：「吾得正而斃焉，斯已矣。」

天地之正氣，「恭作肅」，肅便雍也。

理則極高明，行之只是中庸也。

中庸言誠便是神。

天人無間斷。

耳目能視聽而不能遠者，氣有限耳。心則無遠近也。

學在誠知、誠養。

學要信與熟。

「正己而物正」，大人之事，學須如此。

敬勝百邪。

「萬物皆備於我矣，反身而誠，樂莫大焉。」

欲當大任，須是篤實。

「大人者，與天地合其德，與日月合其明」，非在外也。

「失之毫釐，繆以千里」，深可戒慎。

「平康正直。」

「己欲立而立人，己欲達而達人，能近取譬者，可謂仁之方也已。」博施而能濟衆，固仁也，而仁不足以盡之，故曰：「必也聖乎！」

孟子曰：「仁也者人也，合而言之道也。」中庸所謂「率性之謂道」是也。仁者，人此者也。「敬以直内，義以方外」，仁也。若以敬直内，則便不直矣。行仁義豈有直乎？「必有事焉而勿正」則直也。夫能「敬以直内，義以方外」，則與物同矣，故曰「敬義立而德不孤」。是以仁者無對，放之東海而準，放之西海而準，放之南海而準，放之北海而準。醫家言四體不仁，最能體仁之名也。一本「醫」字下别爲一章。

「天地之大德曰生」，「天地絪緼，萬物化醇」，「生之謂性」，告子此言是，而謂「犬之性猶牛之性，牛之性猶人之性」，則非也。萬物之生意最可觀。此「元者善之長也」，斯所謂仁也。人與天地一物也，而人特自小之，何耶？

人賢不肖，國家治亂，不可以言命。

至誠可以贊化育者，可以回造化。

「惟神也，故不疾而速，不行而至。」神無速，亦無至，須如此言者，不如是不足以形容故也。

天地萬物之理，無獨必有對，皆自然而然，非有安排也。每中夜以思，不知手之舞之，足之蹈之也。

老子之言，竊弄闔闢者也。

冬寒夏暑，陰陽也。所以運動變化者，神也。神無方，故易無體。若如或者別立一天，謂人不可以包天，則有方矣，是二本也。

「窮神知化」，化之妙者，神也。

「窮理盡性以至於命」，一物也。

天地只是設位，「易行乎其中」者，神也。

氣外無神，神外無氣。或者謂清者神，則濁者非神乎？

大抵學不言而自得者，乃自得也。有安排布置者，皆非自得也。

言有無則多有字，言無無則多無字。有無與動靜同。如冬至之前天地閉，可謂靜矣，而日月星辰亦自運行而不息，謂之無動可乎？但人不識有無動靜爾。

正名，聲氣名理，形名理。名實相須，一事苟則其餘皆苟矣。

忠信者以人言之，要之則實理也。

「天下雷行，物與无妄。」天下雷行，付與无妄，天性豈有妄耶？聖人「以茂對時育萬物」，各使得其性也。无妄則一毫不可加，安可往也，往則妄矣。无妄震下乾上，動以天，安有妄乎？動以人，則有妄矣。

「犯而不校」，校則私，非「樂天」者也。犯有當報者，則是循理而已。

「意」者任意，「必」者必行，「固」者固執，「我」者私己。

「綏之斯來，動之斯和。」聖人之神化，上下與天地同流者也。

禮云：「後世雖有作者，虞帝弗可及已。」如鳳皇來儀、百獸率舞之事，三代以降無此也。

泰誓、武成稱一月者，商正已絶，周正未建，故只言一月。

中之理至矣。獨陰不生，獨陽不生。偏則爲禽獸，爲夷狄，中則爲人。中則不偏，常則不易，惟中不足以盡之，故曰中庸。

陰陽盈縮不齊，不能無差，故曆家有歲差法。

日月薄蝕而旋復者，不能奪其常也。

古今異宜，不惟人有所不便，至於風氣亦自别也。日月星辰皆氣也，亦自别。

時者聖人所不能違，然人之智愚、世之治亂，聖人必示可易之道。豈徒爲教哉？蓋亦有其理故也。

學要在自得。古人教人唯指其非，故曰：「舉一隅不以三隅反，則不復也。」言三隅，舉其近。若夫「告諸往而知來者」，則其知已遠矣。佛氏言印證者，豈自得也？其自得者，雖甚人言亦不動，待人之言爲是，何自得之有？

「行夏之時，乘殷之輅，服周之冕」，與「從周」之文不悖，「從先進」則爲時之弊言之，彼各有當也。

「臧武仲之知，公綽之不欲，卞莊子之勇，冉求之藝」，備此數者，而「文之以禮樂，亦可以爲成人矣」。又曰「今之成人者何必然，見利思義，見危授命，久要不忘平生之言，亦可以爲成人矣」者，只是言忠信也。忠信者實也，禮樂者文也。語成人之名，自非聖人，誰能當之？孟子曰：「唯聖人然後可以踐形。」如此方足以稱成人之名。

「詩曰：『天生蒸民，有物有則。民之秉彝，好是懿德。』故有物必有則，民之秉彝也，故好是懿德。」萬物皆有理，順之則易，逆之則難，各循其理，何勞於己力哉？

人心莫不有知，惟蔽於人欲，則亡天德一作「理」。也。

皆實理也，人知而信者爲難。孔子曰：「朝聞道，久死可矣。」死生亦大矣，非誠知道，則豈以久死爲可乎？

萬物莫不有對，一陰一陽，一善一惡，陽長則陰消，善增則惡減。斯理也，推之其遠乎，人只要知此耳。

「言寡尤，行寡悔，禄在其中矣。」此孔子所以告子張者也。若顏、閔則無此問，孔子告之亦不如此。或疑如此亦有不得禄者。孔子蓋曰：「耕也，餒在其中矣。」唯理可爲者爲之而已矣。

孔子聞衛亂，曰：「柴也其來乎，由也其死矣。」二者蓋皆適於義。孔悝受命立輒，若納蒯聵則失職，與輒拒父則不義，如輒避位，則拒蒯聵可也，如輒拒父，則奉身而退可也。故子路欲勸孔悝無與於此。忠於所事也。而孔悝既被脅矣，此子路不得不死耳。然燔臺之事，則過於勇暴也。公子郢志可嘉，然當立而不立，以致衛亂，亦聖人所當罪也。而春秋不書，事可疑耳。

「事君數，斯辱矣。朋友數，斯疏矣。」數者，煩數也。

以己及物，仁也。推己及物，恕也。「違道不遠」是也。忠恕一以貫之。忠者天理，恕者人道。忠者無妄，恕者所以行乎忠也。忠者體，恕者用，大本、達道也。此與「違道不遠」異者，動以天爾。

「必有事焉而勿正，事者，事事之事。心勿忘勿助長」，養氣之道當如此。

志動氣者十九，氣動志者十一。

「祖考來格」者，惟至誠爲有感必通。

「動容周旋中禮」者，盛德之至。「君子行法以俟命」，「朝聞道久死」之意也。

大凡出義則入利，出利則入義。天下之事，惟義利而已。

「湯、武反之」、「身之」者，學而復者也。

「視其所以，以，用也，所爲也。觀其所由，由，所從之道。察其所安。」志意所安也，所存也。

北宫黝要之以必爲，孟施舍推之以不懼，北宫黝或未能無懼。故黝不如施舍之守約也。子夏信道，曾子明理，故二子各有所似。

公孫丑謂「夫子加齊之卿相，得行道焉」，如此則能無畏懼而動心乎？故孟子曰：「否，我四十不動心。」

人心不得有所繫。

「剛」者強而不屈，「毅」者有所發，「木」者質樸，「訥」者遲鈍。

禮者理也，文也。理者實也，本也。文者華也，末也。理是一物，文是一物。文過則奢，實過則儉。奢自文所生，儉自實所出。故林放問禮之本，子曰：「禮，與其奢也寧儉。」言儉近本也。此與形影類矣。推此理則甚有事也。

以物待物，不以己待物，則無我也。聖人制行不以己，言則是矣，而理似未盡於此言。夫天之生物也，有長有短，有大有小。君子得其大矣，一作「者」。安可使小者亦大乎？天理如此，豈可逆哉！以天下之大，萬物之多，用一心而處之，必得其要，斯可矣。然則古人處事豈不優乎！

志可克氣，氣勝一有「志」字。則憒亂矣。今之人以恐懼而勝氣者多矣，而以義理勝氣者鮮也。

「樂天知命」，通上下之言也。聖人樂天，則不須言知命。知命者，知有命而信之者爾，「不知命無以爲君子」是矣。命者所以輔義，一循於義，則何庸斷之以命哉？若夫聖人之知天命則異於此。

「仁者不憂」，「樂天」者也。

「孝弟也者，其爲仁之本與！」言爲仁之本，非仁之本也。

「仁者不憂，知者不惑，勇者不懼」，德之序也。「知者不惑，仁者不憂，勇者不懼」，學之序也。知以知之，仁以守之，勇以行之。

言天之自然者，謂之天道。言天之付與萬物者，謂之天命。

「德性」者，言性之可貴，與言性善其實一也。「性之德」者，言性之所有，如「卦之德」乃卦之韞也。

「肫肫其仁」，蓋言厚也。

自明而誠，雖多由「致曲」，然亦有自大體中便誠者，雖亦是自明而誠，謂之「致曲」則不可。

「體群臣」者，體察也，心誠求之則無不察矣，忠厚之至也。故曰「忠信重禄，所以勸士」，言盡其忠信而厚其禄食，此所以勸士也。

「敬鬼神而遠之」，所以不瀆也，知之事也。「先難後獲」，先事後得之義也，仁之事也。若「知者利仁」，乃先得後事之義也。

「人心惟危」，人欲也。「道心惟微」，天理也。「惟精惟一」，所以至之。「允執厥中」，所以行之。用也。

「仁者其言也訒」，難其出也。

治道在於立志，責任求賢。

知、仁、勇三者，天下之達德，學之要也。

操約者，敬而已矣。

顔子不動聲氣，孟子則動聲氣矣。

无妄震下乾上。聖人之動以天，賢人之動以人。若顔子之有不善，豈如衆人哉？惟只在於此間爾，蓋猶有己焉。至於無我，則聖人也。顔子切於聖人，未達一息爾。「不遷怒，不貳過，無伐善，無施勞」，「三月不違仁」者，此意也。

子曰：「語之而不惰者，其回也與！」顔子之不惰者，敬也。

誠者天之道，敬者人事之本。敬者用也。敬則誠。

「敬以直内」，則「義以方外」。「義以爲質」，則「禮以行之，孫以出之，信以成之」。孫，順也，不止於言。

聖人言忠信者多矣，人道只在忠信。不誠則無物。且「出入無時，〔二〕莫知其鄉」者，人心也。若無忠信，豈復有物乎？

「和順於道德而理於義」者，體用也。

學者須識聖賢之體。聖人，化工也。賢人，巧也。

有有德之言，有造道之言。孟子言己志者，有德之言也；言聖人之事，造道之言也。

學至於樂則成矣。篤信好學，未如自得之爲樂。造道者也。好之者如游他人園圃，樂之者則己物爾。然人只能信道，亦是人之難能也。

三代之治，順理者也。兩漢以下，皆把持天下者也。

服牛乘馬，皆因其性而爲之。胡不乘牛而服馬乎？理之所不可。

祭者所以盡誠。或者以禮爲一事，人器與鬼器等，則非所以盡誠而失其本矣。

禮者因人情者也，人情之所宜則義也。三年之服，禮之至、義之盡也。

致知養氣。

克己最難。中庸曰：「天下國家可均也，爵禄可辭也，白刃可蹈也，中庸不可能也。」

「生生之謂易」，生生之用則神也。

子貢之知，亞於顔子，知至而未至之也。

「先甲三日」，以窮其所以然而處其事。「後甲三日」，以究其將然而爲之防。甲者事之始也，庚者有所革也。自甲乙至于戊己，春夏生物之氣已備，庚者秋冬成物之氣也，故有所革。别一般氣。

隨之上六，才與位皆陰，柔隨之極也，故曰：「拘繫之，乃從維之，又從而維之。王用亨于岐山。」唯太王之事，民心固結而不可解者也。其他皆不可如是之固也。

學之興起，莫先於詩。詩有美刺，歌誦之以知善惡治亂廢興。禮者所以立也，「不學禮無以立」。樂者所以成德，樂則生矣，生則惡可已也，惡可已則不知手之舞之足之蹈之也。若夫樂則安，安則久，久則天，天則神，天則不言而信，神則不怒而威。至於如此，則又非手舞足蹈之事也。

緑衣衛莊姜傷己無德以致之，行有不得者，反求諸己而已矣。故曰：「緑兮絲兮，女所治兮。我思古人，俾無訧兮。絺兮綌兮，凄其以風。我思古人，實獲我心。」絲之緑由女之染治以成，言有所自也。絺綌所以來風也。

螽斯惟言不妬忌，若芣苢則更和平。婦人樂有子，謂妾御皆無所恐懼，而樂有子矣。

居仁由義，守禮寡欲。

「君子上達，小人下達。」下學而上達，意在言表也。

有實則有名，名實一物也。若夫好名者，則徇名爲虛矣。如「君子疾没世而名不稱」，謂無善可稱耳，非徇名也。

「萬物皆備於我矣，反身而誠，樂莫大焉。」不誠則逆於物而不順也。

乾，陽一有「物」字。也，不動則不剛。「其靜也專，專一。其動也直」，直遂。不專一則不能直遂。坤，陰一有「物」字。也，不靜則不柔。「不柔」一作「躁」。〔三〕「其靜也翕，翕聚。其動也闢」，發散。不翕聚則不能發散。

「致知在格物」，格，至也。或以格爲止物，是二本矣。

人須知自慊之道。

「乾元者，始而亨者也。利貞者，情性也。」情性猶言資質體段。亨毒化育皆利也。不有其功，常久而不已者，貞也。詩曰「維天之命，於穆不已」者，貞也。

天地日月一般。月受日光而日不爲之虧，然月之光乃日之光也。地氣不上騰，則天氣不下降，天氣降而至於地，地中生物者皆天氣也。惟「無成而代有終」者，地之道也。

識變知化爲難。古今風氣不同，故器用亦異宜。是以聖人通其變，使民不倦，各隨其時而已矣。「後世雖有作者，虞帝爲不可及已。」蓋當是時，風氣未開，而虞帝之德又如此，故後世莫可及也。若三代之治，後世決可復。不以三代爲治者，終苟道也。

動乎血氣者，其怒必遷。若鑑之照物，妍蚩在彼，隨物以應之。怒不在此，何遷之有。

聖人之言，冲一作「中」。和之氣也，貫徹上下。

人須學顏子。有顏子之德，則孟子之事功自有。一作「立」。孟子者，禹、稷之事功也。

中庸之言，放之則彌六合，卷之則「退藏於密」。

孔子謂顏淵曰：「用之則行，舍之則藏，惟我與爾有是夫！」「君子所性，雖大行不加焉，雖窮居不損焉」，不爲堯存，不爲桀亡者也。「用之則行，舍之則藏」，皆不累於己爾。

「回也，非助我者也，於吾言無所不説」，與聖人同爾。

人須知自慊之道。自慊者，無不足也。若有所不足，則張子厚所謂「有外之心不足以合天心」者也。

「文王陟降，在帝左右。不識不知，順帝之則。」不作聰明，順天理也。

「狼跋其胡，載疐其尾。公孫碩膚，赤舄几几。」取狼爲興者，狼前後停，興周公之德終始一也。稱「公孫」云者，言其積德之厚。「赤舄几几」，盛德之容也。

「詩者，志之所之也。在心爲志，發言爲詩。情動於中而形於言，言之不足，故嗟嘆之，嗟嘆之不足，故永歌之，永歌之不足，不知手之舞之、足之蹈之也。」有節故有餘，止乎禮義者節也。

月不受日光，故食。不受日光者，月正相當，陰盛亢陽也。鼓者所以助陽，然則日月之眚皆可鼓也。月不下日，與日正相對，故食。

季冬行春令，〔四〕「命之曰逆」者，子尅母也。

大玄中首：「中，陽氣潛萌於黄宫，信無不在乎中。」養首：「一，藏心于淵，美厥靈根。」測曰：「藏心于淵，神不外也。」楊子雲之學，蓋嘗至此地位也。

顔子短命之類，以一人言之，謂之不幸可也，以大目觀之，天地之間無損益無進退。譬如一家之事，有子五人焉，三人富貴而二人貧賤，以二人言之則不足，以父母一家言之則有餘矣。若孔子之至德，又處盛位，則是化工之全爾。以孔、顔言之，於一人有所不足，以堯舜禹湯文武周公群聖人言之，則天地之間亦當有餘一作「亦云富有」。也。「惠迪吉，從逆凶」，常行之理也。

視聽思慮動作皆天也，人但於其中要識得真與妄爾。

東周之亂，無君臣上下。故孔子曰：「如有用我者，吾其爲東周乎？」言不爲東周也。

「素履」者，雅素之履也。初九剛陽，素履已定，但行其志爾，故曰「獨行願也」。

「視履考祥」，居履之終，反觀吉凶之祥，周至則善吉也，故曰「其旋元吉」。

「比之無首凶」，比之始不善則凶。

「豶豕之牙吉」，不去其牙而豶其勢，則自善矣。治民者不止其争而教之讓之，類是也。

「介于石」，理素定也。理素定，故見幾而作，何俟終日哉？

豫者，備豫也，逸豫也。事豫故逸樂，其義一也。

謙者，治盈之道，故曰「裒多益寡，稱物平施」。

凡爲人言者，理勝則事明，氣忿則招怫。〔五〕

感慨殺身者易，從容就義者爲難。

「成性存存，道義之門。」道無體，義有方也。

「中者天下之大本」，天地之間亭亭當當、直上直下之正理，出則不是，唯敬而無失最盡。

孟子謂「必有事焉而勿正，心勿忘，勿助長」，正是著意，忘則無物。

天者理也。神者妙萬物而爲言者也。帝者以主宰事而名。

易要玩索，「齊戒以神明其德夫」。

學只要鞭辟一作「約」。近裏，著己而已。故「切問而近思」，則「仁在其中矣」。「言忠信，行篤敬，雖蠻貊之邦行矣。言不忠信，行不篤敬，雖州里行乎哉？立則見其參於前也，在輿則見其倚於衡也，夫然後行。」只此是學質美者明得盡，查滓便渾化，却與天地同體。其次惟莊敬持養，及其至則一也。

人最可畏者是便做，要在燭理。一本此下云：子路有聞，未之能行，唯恐有聞。

「宰予晝寢」，以其質惡，因是而言。

顔子「屢空」，空中一作「心」。受道。子貢不受天命而貨殖，「億則屢中」，役一作「億」。聰明億度而知。此子貢始時事，至於言「夫子之言性與天道，不可得而聞」，乃後來事。其言如此，則必不至於「不受命而貨殖」也。

「天生德於予」，及「文王既没，文不在兹乎」，此聖人極斷置以理。

「文不在兹」，言文未嘗亡。唱道在孔子，聖人以爲己任。

「詩、書、執禮，皆雅言」。雅，素所言也。至於性與天道，則子貢亦不可得而聞，蓋要在默而識之也。

「君子坦蕩蕩」，心廣體胖。

盡己之謂忠，以實之謂信。發己自盡爲忠，循物無違謂信，表裏之義也。

理義，體用也。理義之説我心。

居之以正，行之以和。

「艮其止，止其所也」，各止其所，父子止於恩，君臣止於義之謂。「艮其背」，止於所不見也。

至誠「可以贊天地之化育，則可以與天地參」。贊者，參贊之義，「先天而天弗違，後天而奉天時」之謂也，非謂贊助，只有一箇誠，何助之有？

知至則便意誠，若有知而不誠者，皆知未至爾。知至而至之者，知至而往至之，乃吉之先見，故曰「可與幾」也。知終而終之，則「可與存義」也。「知至至之」，主知。「知終終之」，主終。

「忠信所以進德，脩辭立其誠所以居業」者，乾道也。「敬以直内，義以方外」者，坤道也。

「脩辭立其誠」，文質之義。

「天下皆憂，吾獨得不憂」，「天下皆疑，吾獨得不疑」，與「樂天知命吾何憂，窮理盡性吾何疑」，皆心也。自分心、迹以下一段皆非。

息訓爲生者，蓋息則生矣。一事息則一事生，中無間斷。碩果不食，則便爲復也。「寒往則暑來，暑往則寒來，寒暑相推而歲成焉。」

「日新之謂盛德，生生之謂易」，「陰陽不測之謂神」，要思而得之。

爲政須要有綱紀文章，先有司、鄉官、讀法、平價、謹權量，皆不可闕也。人各親其親，然後能不獨親其親。仲弓曰：「焉知賢才而舉之？」子曰：「舉爾所知，爾所不知，人其舍諸？」便見仲弓與聖人用心之大小。推此義則一心可以喪邦，一心可以興邦，只在公私之間爾。

子夏問政，子曰：「無欲速，無見小利。」子夏之病常在近小。子張問政，子曰：「居之無倦，行之以忠。」子張常過高而未仁，故以切己之事答之。

「其爲氣也，配義與道」，道有冲漠之氣象。

「聖人以此洗心，退藏於密」，「聖人以此齊戒，以神明其德夫」！

校勘記

〔一〕是集義所生者　「者」字原闕，據弘治本、康熙本補。

〔二〕且出入無時　「且」字原闕，據弘治本、康熙本補。

〔三〕不柔一作躁　「躁」，弘治本漫漶，康熙本作「歸」。
〔四〕季冬行春令　「令」原訛「命」，據弘治本、康熙本改。
〔五〕氣忿則招怫　「忿」，弘治本同，康熙本作「勝」。

程氏遺書第十二

明道先生語二

戌冬見伯淳先生洛中所聞

劉絢質夫録

「純亦不已」，天德也。「造次必於是，顛沛必於是」，「三月不違仁」之氣象也。又其次則「日月至焉」者矣。

「一陰一陽之謂道」，自然之道也。「繼之者善也」，出道則有用。「元者善之長也」。「成之者」却只是性，「各正性命」者也。故曰：「仁者見之謂之仁，知者見之謂之知，百姓日用而不知，故君子之道鮮矣。」如此則亦無始，亦無終，亦無因甚有，亦無因甚無，亦無有處有，亦無無處無。

「民受天地之中以生」，「天命之謂性」也。「人之生也直」，意亦如此。若以生爲生養之生，却是「脩道之謂教」也。至下文始自云「不能者敗以取禍」，則乃是教也。

且喚做中，若以四方之中爲中，則四邊無中乎？若以中外之中爲中，則外面無中乎？

如「生生之謂易」，「天地設位而易行乎其中」，豈可只以今之易書爲易乎？中者且謂之中，不可捉一箇中來爲中。

顔子「在陋巷，人不堪其憂，回也不改其樂」。簞瓢陋巷非可樂，蓋自有其樂耳。「其」字當玩味，自有深意。

「大學之道，在明明德」，明此理也。「在止於至善」，反己守約是也。

楊子出處使人難説，孟子必不肯爲楊子事。

孔子「與點」，蓋與聖人之志同，便是堯舜氣象也。誠「異三子者之撰」，特行有不揜焉者，真所謂狂矣。子路等所見者小。子路只爲不達「爲國以禮」道理，所以爲夫子笑，若知「爲國以禮」之道，便却是這氣象也。

人之學當以大人爲標垜，然上面更有化爾。人當學顔子之學。一作「事」。

「窮理盡性」矣，曰「以至於命」則全無着力處。如「成於樂」，「樂則生矣」之意同。

子貢曰：「夫子之文章可得而聞也，夫子之言性與天道，不可得而聞也。」子貢蓋於是始有所得而嘆之。以子貢之才，從夫子如此之久，方嘆「不可得而聞」，亦可謂之鈍矣。觀其孔子没，築室於場，六年然後歸，則子貢之志亦可見矣。他人如子貢之才，六年中待作多少事，豈肯如此？

「生生之謂易」，「天地設位而易行乎其中」，「乾坤毁則無以見易，易不可見，乾坤或幾乎息矣」。易畢竟是甚？又指而言曰：「聖人以此洗心，退藏於密。」聖人示人之意，至此深且明矣，終無人理會。易也，此也，密也，是甚物？人能至此深思，當自得之。

「喜怒哀樂之未發謂之中，發而皆中節謂之和。中也者，天下之大本也。和也者，天下之達道也。致中和，天地位焉，萬物育焉。」「致」與「位」字，非聖人不能言，子思蓋特傳之耳。

顔子曰「仰之彌高，鑽之彌堅」，則是深知道之無窮也。「瞻之在前，忽然在後」，他人見孔子甚遠，顔子瞻之只在前後，但只未在中間爾。若孔子乃在其中焉，此未達一間者也。

「成性存存」，便是道義之門。

凡人才學便須知着力處，既學便須知得力處。

程氏遺書第十三

明道先生語三

亥八月見先生于洛所聞

劉絢質夫録

「公族有罪，磬于甸人，如其倫之喪，無服」，明無罪者有服也。

楊、墨之害甚於申、韓，佛、老一無「老」字。之害甚於楊、墨。楊氏「爲我」疑於仁，墨氏「兼愛」疑於義，申、韓則淺陋易見，故孟子只闢楊、墨，〔一〕爲其惑世之甚也。佛、老一作「氏」字。其言近理，又非楊、墨之比，此所以害尤甚。楊、墨之害，亦經孟子闢之，所以廓如也。

禮云「惟祭天地社稷，爲越紼而行事」，似亦太早，雖不以卑廢尊，若既葬而行之，宜亦可也。蓋未葬時哀戚方甚，人有所不能祭爾。

「艮其止，止其所也。」「八元」有善而舉之，「四凶」有罪而誅之，各止其所也。釋氏只曰止，安知止乎？吴本「罪」作「惡」，「誅」作「去」。

釋氏無實。

釋氏說道，譬之以管窺天，只務直上去，惟見一偏，不見四旁，故皆不能處事。聖人之道則如在平野之中，四方莫不見也。

釋氏本怖死生爲利，豈是公道？唯務上達而無下學，然則其上達處豈有是也？元不相連屬，但有間斷，非道也。孟子曰：「盡其心者，知其性也。」彼所謂「識心見性」是也，若「存心養性」一段事則無矣。彼固曰出家獨善，便於道體自不足。一作「已非矣」。或曰：釋氏地獄之類，皆是爲下根之人設此怖，令爲善。先生曰：至誠貫天地，人尚有不化，豈有立僞教而人可化乎？

曾子易簀之意，心是理，理是心，聲爲律，身爲度也。

灑掃應對便是形而上者，理無大小故也。故君子只在慎獨。

知之明，信之篤，行之果，知、仁、勇也。若孔子所謂成人，亦不出此三者。臧武仲知也，孟公綽仁也，卞莊子勇也。

校勘記

〔一〕故孟子只闢楊墨　「只」，弘治本、康熙本作「則」。

程氏遺書第十四

明道先生語四

亥九月過汝所聞

劉絢質夫録

絢問：先生相別，求所以教。曰：人之相愛者，相告戒必曰凡事當善處，然只在仗忠信，只不忠信便是不善處也。

有人治園圃，役知力甚勞。先生曰：蠱之象「君子以振民育德」。君子之事，惟有此二者，餘無他爲，二者爲己爲人之道也。「爲己爲人」，吴本作「治己治人」。

「博學而篤志，切問而近思」，何以言「仁在其中矣」？學者要思得之，了此便是徹上徹下之道。

曾子曰：「士不可以不弘毅，任重而道遠。」先生曰：弘而不毅則難立，毅而不弘則無以居之。西銘言弘之道。

讀書要玩味。

中庸始言一理，中散爲萬事，末復合爲一理。

中庸曰：「大哉聖人之道！洋洋乎發育萬物，峻極于天。優優大哉！禮儀三百，威儀三千。待其人而後行。故曰苟不至德，至道不凝焉。」皆是一貫。

持國曰：若有人便明得了者，伯淳信乎？曰：若有人則豈不信？蓋必有生知者，然未之見也。凡云爲學者，皆爲此以下論。孟子曰：「盡其心者知其性也，知性則知天矣。存其心，養其性，所以事天。」便是至言。

佛氏不識陰陽晝夜死生古今，安得謂形而上者與聖人同乎？

佛言前後際斷，「純亦不已」是也，彼安知此哉？「子在川上曰：『逝者如斯夫，不舍晝夜。』」自漢以來儒者皆不識此義。此見聖人之心「純亦不已」也。「詩曰：『維天之命，於穆不已。』蓋曰天之所以爲天也。『於乎不顯，文王之德之純。』蓋曰文王之所以爲文也，純亦不已。」此乃天德也。有天德便可語王道，其要只在愼獨。

學要在敬也誠也，中間便一作「更」。有箇仁，「博學而篤志，切問而近思，仁在其中矣」之意。

人之學不進，只是不勇。敬主事。

或問：繫辭自天道言，中庸自人事言，似不同。曰：同。繫辭雖始從天地陰陽鬼神言之，然卒曰：「默而成之，不言而信，存乎德行。」中庸亦曰：「鬼神之爲德，其盛矣乎！視之而不見，聽之而不聞，體物而不可遺。使天下之人齊明盛服，以承祭祀。洋洋乎！如在其上，如在其左右。詩曰：『神之格思，不可度思，矧可射思！』夫微之顯，誠之不可揜如此夫。」是豈不同？

人多言廣心浩大，然未見其人也。

「樂則行之，憂則違之」，樂與憂皆道也，非己之私也。

聖人致公，心盡天地萬物之理，各當其分。佛氏總爲一己之私，是安得同乎？聖人循理，故平直而易行。異端造作，大小大費力，非自然也，故失之遠。

易中只是言反復往來上下。

伊尹曰：「天之生斯民也，使先知覺後知，使先覺覺後覺。予天民之先覺者也，予將以斯道覺斯民也。」釋氏之云覺，甚底是覺斯道？甚底是覺斯民？

程氏遺書第十五

伊川先生語一

入關語録 或云明道先生語。

志，氣之帥，不可小觀。

知知，仁守，勇決。

涵養吾一。

主一無適，「敬以直内」便有浩然之氣。浩然須要實識得他剛、大、直，不習無不利。

敬即便是禮，無己可克。

大而化則己與理一，一則無己。〔一〕

致知則有知，有知則能擇。〔二〕

安有識得易後不知「退藏於密」？密是甚？

六經之言在涵濇中默識心通。精義爲本。

道無精粗，言無高下。

物則一作「即」。事也。凡事上窮極其理，則無不通。

有主則虛，無主則實，必有所事。

知不專爲「藏往」，易言「知來」、「藏往」，主蓍卦而言。

物形便有大小精粗，神則無精粗。神則是神，不必言作用。三十輻共一轂則爲車，若無轂輻，何以見車之用？

人患事繫累，思慮蔽固，只是不得其要。要在明善，明善在乎格物窮理。窮至於物理，則漸久後天下之物皆能窮，只是一理。

人多思慮不能自寧，只是做他心主不定。要作得心主定，惟是止於事，「爲人君止於仁」之類。如舜之誅「四凶」，「四凶」已一作「他」。作惡，舜從而誅之，舜何與焉？人不止於事，只是攬他事，不能使物各付物。物各付物，則是役物，爲物所役，則是役於物。有物必有則，須是止於事。

視聽言動非理不爲即是禮，禮即是理也。不是天理，便是私欲。人雖有意於爲善，亦是非禮。無人欲即皆天理。

公則一，私則萬殊。至當歸一，精義無二。人心不同如面，只是私心。

人不能祛思慮，只是吝。吝故無浩然之氣。

「所過者化」，身之所經歷處。「所存者神」，存主處便是神。如「立之斯立，道之斯行，綏之斯來，動之斯和」，固非小補，伯者是小補而已。

孔子教人常俯就，不俯就則門人不親。孟子教人常高致，不高致則門人一作「道」。不尊。

古之學者優柔厭飫，有先後次第。今之學者却只做一場話説，務高而已。常愛杜元凱語：「若江海之浸，膏澤之潤，涣然冰釋，怡然理順。」然後爲得也。今之學者往往以游、夏爲小，不足學。然游、夏一言一事却總是實。如子路、公西赤言志如此，聖人許之，亦以此自是實事。後之學者好高，如人游心於千里之外，然自身却只在此。

人皆稱柳下惠爲聖人，〔三〕只是因循前人之語，非自見。假如人言孔子爲聖人也，須直待己實見聖處方可信。

合而聽之則聖，公則自同。若有私心便不同，同即是天心。

曾子傳聖人學，其德後來不可測，安知其不至聖人？如言「吾得正而斃」，且休理會文字，只看他氣象極好，被他所見處大。後人雖有好言語，只被氣象卑，終不類道。

聞之知之，得之有之。耳剽臆度。

「養心莫善於寡欲」，不欲則不惑。所欲不必沉溺，只有所向便是欲。

人惡多事，或人憫一作「欲簡」。之。世事雖多，盡是人事。人事不教人做，更責誰何？

要息思慮，便是不息思慮。

聖人盡道，以其身所行率天下，是欲天下皆至於聖人。佛以其所賤者教天下，是誤天下也。人才愈明，〔四〕往往所陷溺愈深。

「小德川流，大德敦化」，只是言孔子川流是日用處，大德是存主處。「敦」如俗言敦禮義、敦本之意。

或曰：正叔所定婚儀，復有婿往謝之禮，何謂也？曰：如此乃是與時稱。今將一古鼎古敦音隊。用之，自是人情不稱，兼亦與天地風氣不宜。禮時爲大，須當損益。夏、商、周所因損益可知，則能繼周者亦必有所損益。如云「行夏之時，乘殷之輅，服周之冕，樂則韶舞」，是夏時之類可從則從之。蓋古人今人，自是年之壽夭、形之大小不同。古之被衣冠者，魁偉質厚，氣象自別。若使今人衣古冠冕，情性自不相稱。蓋自是氣有淳漓，正如春氣盛時生得物如何，春氣衰時生得物如何，必然別。今之始開荒田，初歲種之可得數倍，及其久則一歲薄於一歲，此乃常理。觀三代之時生多少聖人，後世至今何故寂寥未聞？蓋氣自是有盛則必有衰，衰則終必復盛。若冬不春，夜不晝，則氣化息矣。聖人主化，如禹之治水，順則當順之，治則須治之。古之伏羲，豈不能垂衣裳，必待堯、舜然後垂衣裳？據如此事，只是一箇聖人都做得了，然必須數世然後成，亦因時而已。所謂「溥博淵泉而時出之」也，須是先有溥博淵泉也，方始能時出，自無溥博淵泉，豈能時出之？大抵氣化在天在人一般，聖人其中只有功用。放勳曰：「勞之來之，匡之直之，輔之翼之。」正須如此。徇流俗非隨時，知事可正，嚴毅獨立，乃是隨時也。舉禮文却只是一時事，要所補大可以風後世，却只是明道。孟子言「五百年必有王者興，其間必有名世者」，大數則是，然不消催促他。

冠禮廢則天下無成人。或人欲如魯公十二而冠，此不可。冠所以責成人，十二年非可責之時。既冠矣，且不責以成人事，則終其身不以成人望他也，徒行此節文何益？雖天子諸侯，亦必二十而冠。

「信而後諫」，唯能信便發得人志。

龍女衣冠不可定。龍獸也，衣冠人所被，豈有禽獸可以被人衣冠？若以爲一龍，不當立數十廟，若以爲數十龍，不當同爲「善濟夫人」也。大抵決塞莫非天地之祐，社稷之福，謀臣之功，兵卒之力。不知在此，彼龍何能爲？

人苟有「朝聞道夕死可矣」之志，則不肯一日安其所不安也。〔五〕何止一日，須臾不能。如曾子易簀，須要如此乃安。人不能若此者，只爲不見實理。實理者，實見得是，實見得非。凡實理得之於心自別，若耳聞口道者，心實不見，若見得必不肯安於所不安。人之一身，儘有所不肯爲，及至他事又不然。若士者，雖殺一作「教」。之使爲穿窬必不爲，其他事未必然。至如執卷者莫不知説禮義。又如王公大人皆能言軒冕外物，及其臨利害則不知就義理，却就富貴。如此者只是説得，不實見。及其蹈水火，則人皆避之，是實見得。須是有「見不善如探湯之心」，則自然別。昔若經傷於虎者，他人語虎，則雖三尺童子皆知虎之可畏，終不似曾經傷者神色懾懼，至誠畏之，是實見得也。得之於心，是謂有德，不待勉強，然學者則須勉強。古人有捐軀隕命者，若不實見得，則烏能如此？須是實見得生不重於義，一作「義重於生」。生不安於死也。故有殺身成仁者，只是成就一箇是而已。

學者患心慮紛亂，不能寧靜，此則天下公病。學者只要立箇心，此上頭儘有商量。得之於心，謂之有德，自然「睟然見於面，盎於背，施於四體，四體不言而喻」，豈待勉強也。

葬埋所慮者，水與蟲耳。晉郭文舉爲王導所致，及其病，乞還山，欲枕石而死。貴人留之曰：「深山爲虎狼食，不其酷哉。」曰：「深山爲虎狼食，貴人爲螻蟻食，一也。」故葬者鮮不被蟲者，雖極深亦有土蟲。故思木之不壞者，得栢心爲久，後又見松脂錮之又益久，故用松脂塗棺。

語高則旨遠，言約則義微。大率六經之言涵滀，〔六〕無有精粗。欲言精微，言多則愈粗。

凡物有本末，不可分本末爲兩段事。灑掃應對是其然，必有所以然。

浩然之氣，既言氣則已是大段有形體之物，如言志有甚迹，然亦儘有形象。浩然之氣「是集義所生者」，既生得此氣，語其體則與道合，語其用則莫不是義。譬之以金爲器，及其器成，方命得此是金器。

若謂既返之氣復將爲方伸之氣，必資於此，則殊與天地之化不相似。天地之化自然生生不窮，更何復資於既斃之形、既返之氣以爲造化？近取諸身，其開闔往來見之鼻息，然不必須一本無此四字，有「豈」字。假吸復入以爲呼，氣則自然生。人氣之生，生一作「人之氣生」。於真元，天之氣亦自然生生不窮。至如海水因陽盛而涸，及陰盛而生，亦不是將一作「必是」。已涸之氣却生水，自然能生。往來屈伸只是理也。盛則便有衰，晝則便有夜，往則便有來。天地中如洪鑪，何物不銷鑠了。

「範圍天地之化。」天本廓然無窮，但人以目力所及，〔七〕見其寒暑之序，日月之行，立此規模，以窺測他天地之化。不是天地之化其體有如城郭之類，都盛其氣。假使言日升降於三萬里，不可道三萬里外更無物。又如言天地升降於八萬里中，不可道八萬里外天地盡。

學者要默體天地之化，如此言之，甚與天地不相似，其卒必有窒礙。有人言無西海，便使無西海，亦須是有山。無陰陽處便無日月。

「閑邪」則誠自存，不是外面捉一箇誠將來存著。今人外面役役於不善，於不善中尋箇善來存著，如此則豈有入善之理？只是「閑邪」則誠自存。故孟子言性善皆由内出，只爲誠便存，閑邪更著甚工夫，但惟是動容貌，整思一作「心」。慮，則自然生敬，敬只是主一也。主一則既不之東，又不之西，如是則只是中。既不之此，又不之彼，如是則只是内。存此則自然天理明。學者須是將一本無此字。「敬以直内」涵養此意，直内是本。

天地之化雖廓然無窮，然而陰陽之度，日月寒暑晝夜之變，莫不有常。此道之所以爲中庸。

道則自然生萬物。今夫春生夏長了一番，皆是道之生。後來生長，不可道却將既生之氣，後來却要生長。道則自然生生不息。

釋氏之學更不消對聖人之學比較，要之必不同，便可置之。今窮其説，未必能窮得他，比至窮得，自家已化而爲釋氏矣。今且以迹上觀之。佛逃父出家，便絶人倫，只爲自家獨處於山林，人鄉裏豈容有此物？大率以所賤所輕施於人，此不惟非聖人之心，亦不可爲君子之心。釋氏自己不爲君臣父子夫婦之道，而謂他人不能如是，容人爲之而已不爲，别做一等人，若以此率人，是絶類也。至如言理性，亦只是爲死生，其情本怖死愛生，是利也。「敬以直内」，有主於内則虛，自然無非僻之心，如是則安得不虛？「必有事焉」，須把敬來做件事著。此道最是簡，最是易，又省工夫。爲此語雖近似常人所論，然持之一本有「久」字。必别。

天子七廟亦恐只是一日行禮。考之古則戊辰同祀文武，考之今則宗廟之祀亦是一日。祭無大小，其所以交於神明、接鬼神之義一也。必齊，不齊則何以交神明。

曆象之法大抵主於日，日一事正則其他皆可推。洛下閎作曆，言數百年後當差一日，其差理必然。何承天以其差，遂立歲差法。其法以所差分數攤在所曆之年，看一歲差著幾分，其差後亦不定。獨邵堯夫立差法，冠絶古今，却於日月交感之際，以陰陽虧盈求之，遂不差。大抵陰常虧，陽常盈，故只於這一作「張」。裏差了。曆上若是通理，所通爲多。堯夫之學大抵似楊雄，然亦不盡如之。常窮味有二萬八千六百，此非人所合和，是自然也。色有二萬八千六百，又非人所染畫得，亦是自然也。獨聲之數只得一半數不行，蓋聲陽也，只是於日出地上數得，到日入地下遂數不行。此皆有理。譬之有形斯有影，不可謂今日之影却收以爲來日之影。據皇極經世，色味皆一萬七千二十四，疑此記者之悮。

君子宜獲祐，然而有貧悴短夭以至無繼者，天意如何？氣鍾於賢者，固有所不周也。

「閑邪」則固一有「主」字。一矣，然一作「能」。主一則不消言「閑邪」。有以一爲難見，不可下工夫。如何一作「行」。一者無他，只是整齊一作「莊整」。嚴肅，則心便一，一則自是無非僻之奸。〔八〕此意但涵養久之，〔九〕則天理自然明。

「必有事焉」，有事于此一作「敬」。也。「勿正」者，若思此而曰善，然後爲之是正也。「勿忘」則是「必有事」也。「勿助長」則是「勿正」也。後言之漸重，須默識取主一之意。

修養之所以引年，國祚之所以祈天永命，常人之至於聖賢，皆工夫到這裏，則有此應。

宗子法壞，則人不自知來處，以至流轉四方，往往親未絶，不相識。今且試以一二巨公之家行之，其術要得拘守得，須是且如唐時立廟院，仍不得分割了祖業，使一人主之。

釋氏尊宿者，自言覺悟，是既已達道，又却須要印證，則是未知也。得他人道是，然後無疑，則是信人言語，不可言自信。若果自信，則雖甚人言語亦不聽。

學者之流必談禪者，只是爲無處潑摸，〔一〇〕故須入此。

「大德敦化」，於化育處敦本也。「小德川流」，日用處也。此言仲尼與天地同德。

有言未感時知如何所寓？曰：〔一一〕「操則存，舍則亡，出入無時，莫知其鄉」，更怎生尋所寓？只是有操而已。操之之道，「敬以直內」也。

「剛毅木訥」，何求而曰一作「以」。「近仁」？只爲輕浮巧利，於仁甚遠，故以此爲近仁。

此正與「巧言令色」相反。

有土地，要之耕而種粟以養人乃宜。今以種果實，只做果子喫了，種糯，使之化爲水飲之，皆不濟事，不穩當。

顔、孟之於聖人，其知之深淺同。只是顔子尤温淳淵懿，於道得之更淵一作「深」。粹，近聖人氣象。

率氣者在志，養志者在直内。

「率性之謂道」，率，循也。若言道不消先立下名義，則茫茫地何處下手？何處著心？文字上一有「雖」字。無閒暇，終是一無二字。少功夫，然思慮則儘不廢，於外事雖奔迫，然思慮儘悠悠。

釋氏之學又不可道他不知，亦儘極一作「及」。乎高深，然要之卒歸乎自私自利之規模。何以言之？天地之間，有生便有死，有樂便有哀。釋氏所在，便須覓一箇纖奸打訛處，〔一二〕言免死生，齊煩惱，卒歸乎自私。老氏之學更挾些權詐，若言與之乃意在取之，張之乃意在翕之，又大意在愚其民而自智。然則秦之愚黔首，其術蓋亦出於此。

天地之間，只有一箇感與應而已，更有甚事？

老子言甚雜，如陰符經却不雜，然皆窺測天道之未盡者也。

人於天地間，並無窒礙處，大小大快活。

生知者只是他生自知義理，[一三]不待學而知。縱使孔子是生知，亦何害於學？如問禮於老聃，訪官名於郯子，何害於孔子？禮文官名，既欲知舊物，又不可鑿空撰得出，須是問他先知者始得。

蕭何大營宮室，其心便不好，只是要得歛怨自安。謝安之營宮室，却是隨時之宜，以東晉之微，寓于江表，其氣奄奄欲盡，且以慰安人心。

高祖其勢可以守關，不放入項王。然而須放他入來者有三事：一是有未阬二十萬秦子弟在外，恐内有父兄爲變；二是漢王父母妻子在楚；三是有懷王。

聖人之道更無精粗，從「灑掃應對」至「精義入神」，通貫只一理。雖灑掃應對，只看所以然者如何。

切要之道，無如「敬以直内」。

「立人」、「達人」爲「仁之方」，「強恕」「求仁莫近」，言得不濟事，亦須實見得近處，其理固不出乎公平。公平固在，用意更有淺深，只要自家各自體認得。

冲漠無朕，萬象森然已具，未應不是先，已應不是後。如百尺之木，自根本至枝葉皆是一貫。不可道上面一段事無形無兆，却待人旋安排引入來，教入塗轍。既是塗轍，却只是一箇塗轍。

「安安」，下字爲義。安其所安也，安安是義也。

「原始反終，故知死生之説」，但窮得則自知死生之説，不須將死生便做一箇道理來。

「道二，仁與不仁而已」，自然理如此。道無無對，有陰則有陽，有善則有惡，有是則有非，無一亦無三。故易曰：「三人行則損一人，一人行則得其友，只是二也。」

曾子言夫子之道忠恕，果可以一貫，若使他人言之，便未足信，或未盡忠恕之道，曾子言之必是盡仍是。一作「得也」。又於中庸特舉此二義，言「忠恕違道不遠」，恐人不喻，故指而示之近，欲以喻人。又如「禘嘗之義」，「如視諸掌」，中庸亦指而示之近，皆是恐人不喻，故特語之詳。然則中庸之書，決是傳聖人之學不雜。子思恐傳授漸失，故著此一卷書。

忠恕所以公平，造德則自忠恕，其致則公平。

仁之道，要之只消道一公字。公只是仁之理，不可將公便喚做仁。一本有「將」字。公而以人體之，故爲仁。只爲公則物我兼照，故仁所以能恕，所以能愛，恕則仁之施，愛則仁之用也。

「出門如見大賓，使民如承大祭」，只是敬也，敬則是不私之説也。才不敬，便私欲萬端害於仁。

聖人之言依本分，至大至妙事，語之若尋常，此所以味長。釋氏之説，纔見得些便驚天動地，言語走作，却是味短。只爲乍見，不似聖人見慣。〔一四〕如中庸言道，只消道「無聲無臭」四字，總括了多少釋氏言，非黄非白，非鹹非苦，費多少言語。〔一五〕

「寂然不動」，萬物森然已具在。「感而遂通」，感則只是自内感，不是外面將一件物來感於此也。

有人旁邊作事，己不見而只聞人説善言者，爲敬其心也，故視而不見，聽而不聞，主於一也。主於内則外不入，敬便心虚故也。必有事焉，不忘不要施之重便不好。敬其心乃至不接視聽，此學者之事也。始學豈可不自此去，至聖人則自是「從心所欲不踰矩」。

孔子自十五至七十，進德直有許多節次。聖人未必然，然亦是一作「且」。爲學者立下一法。〔一六〕「盈科而後進」，須是「成章」乃達。

自古元不曾有人解仁字之義，須於道中與他分别出五常，若只是兼體，却只有四也。且譬一身，仁頭也，其他四端手足也。至如易雖言「元者善之長」，然亦須通四德以言之。至如八卦，易之大義在乎此，亦無人曾解來。乾健坤順之類，亦不曾果然體認得。

登山、「難爲言」，以言聖人之道大。觀瀾、「必照」，因又言其道之無窮。瀾，水之動處，苟非源之無窮，則無以爲瀾。非日月之明無窮，則無以「容光必照」。其下文言其篤實而有光輝也。〔一七〕一作「篤實而不窮」。「成章」者，篤實而有光輝也。今以瓦礫積之，雖如山岳，亦無由有光輝。若使積珠玉，小積則有小光輝，大積則有大光輝。

「天下之言性，則故而已矣。」則，語助也。故者，本如是者也。今言天下萬物之性必求其故者，只是欲順而不害之也。故曰「以利爲本」，本欲利之也。此章皆爲知而發，「行其所無事」，是不鑿也；「日至可坐而致」，亦只是不鑿也。

不席地而倚卓，不手飯而匕筯。此聖人必隨時，若未有當，且作之矣。

昔謂異教中疑有達者，或是無歸，且安於此。再嘗考之，卒不達，若達則於其前日所處，不能一朝居也。觀曾子臨死易簀之意，便知其不達。「朝聞道，夕死可矣」，豈能安其所未安？如毀其人形，絶其倫類，無君臣父子之道，若達則不安也。只夷言左衽，尚可言隨其國俗，至如人道，豈容有異？

受祥肉、彈琴，〔一八〕恐不是聖人舉動。使其哀未忘，則子於是日哭，則不歌不飲酒食肉以全哀，況彈琴可乎？使其哀已忘，則何必彈琴？

學者爲氣所勝，習所奪，只可責志。

釋氏之説，若欲窮其説而去取之，則其説未能窮，固已化而爲佛矣。只且於迹上考之，其設教如是，則其心果如何，固難爲取其心不取其迹，有是心則有是迹。王通言心迹之判，便是亂説，不若且於迹上斷定不與聖人合。〔一九〕其言有合處，則吾道固已有，有不合者，固所不取。如是立定却省易。一作「力」。

儒者其卒必一作「多」。入異教，其志非願也，其勢自然如此。蓋智窮力屈，欲休來，又知得未安穩，休不得，故見人有一道理，其勢須從之。譬之行一大道，坦然無阻，則更不由徑，只爲前而逢著山逢著水，行不得，有窒礙，則見一邪徑，欣然從之。儒者之所以必有窒礙者何也？只爲不致知。「知至至之」則自無事可奪。今夫有人處於異鄉，元無安處，則言某處安，某處不安，須就安處。若己有家，人言他人家爲安，己必不肯就彼。故儒者而卒歸異教者，只爲於己道實無所得，雖曰聞道，終不曾實有之。

佛、莊之説，大抵略見道體，乍見不似聖人慣見，故其説走作。

時所以有古今風氣人物之異者何也？氣有淳漓，自然之理。有盛則必有衰，有終則必有始，有晝則必有夜。譬之一片地，始開荒田，則其收穀倍，及其久也，一歲薄於一歲。氣亦盛衰故也。至如東、西漢，人才文章已來皆别，所尚異也。尚所以異，亦由心所爲，心所以然者，只爲生得來如此。至如春夏秋冬，所生之物各異，其栽培澆灌之宜，〔二〇〕亦須各以其時，不可一也，須隨時。只如均是春生之物，春初生得又别，春中又别，春盡時所生又别。禮之隨時處宜，只是正得當時事。所謂時者，必明道以貽後人。

有謂因苦學而至失心者。學本是治心，豈有反爲心害？某氣本不盛，然而能不病無倦怠者，只是一箇慎生不恣意，其於外事，思慮儘悠悠。

「合而言之道也」，仁固是道，道却是總名。

「大而化之」，只是謂理與己一。其未化者，如人操尺度量物，用之尚不免有差，若至於化者，則己便是尺度，尺度便是己。顏子正在此，若化則便是仲尼也。〔一一〕「在前」是不及，「在後」是過之。此過不及甚微，惟顏子自知，他人不與。「卓爾」是聖人立處，顏子見之，但未至爾。

格物窮理，非是要盡窮天下之物，但於一事上窮盡，其他可以類推，至如言孝，其所以爲孝者如何。窮理一無此二字。如一事上窮不得，且别窮一事，或先其易者，或先其難者，各隨人深淺，如千蹊萬徑皆可適國，但得一道入得便可。所以能窮者，只爲萬物皆是一理，至如一物一事雖小，皆有是理。

敬則自虚静，不可把虚静唤做敬。「居敬」則自然「行簡」，若「居簡」而「行簡」，却是不簡，只是所居者已剩一簡字。

「退藏於密」，密是用之源，聖人之妙處。

聖人之道，如河圖、洛書，其始止於畫上便出義。後之人既重卦，又繫辭，求之未必得其理。至如春秋，是其所是，非其所非，不過只是當年數人而已。學者不觀他書，只觀春秋亦可盡道。

物理須是要窮，若言天地之所以高深，鬼神之所以幽顯。若只言天只是高，地只是深，只是已辭，更有甚？

敬則無己可克，一有「學者之」字。〔二二〕始則須「絶四」。一有「去」字。

人之身有形體，未必能爲主。若有人爲繫虜將去，〔二三〕隨其所處，已有不得與也，〔二四〕唯心則三軍之衆不可奪也。若并心做主不得，則更有甚？

夷、惠之行，未必如此。且如孔子言「不念舊惡，怨是用希」，則伯夷之度量可知。若使伯夷之清既如此，又使念舊惡，則除是抱石沉河。孟子所言只是推而言之，未必至如此。然聖人於道，防其始，不得不如是之嚴。如此而防，猶有流者，夷、惠之行不已，其流必至於孟子所論。夷是聖人極清處，惠聖人極和處，聖人則兼之而時出之。清和何止於偏，其流則必有害。墨子之道，雖有「尚同」、「兼愛」之説，然觀其書，亦不至於視隣之子猶兄之子，蓋其流必至於此。至如言伊尹始在畎畝，五就湯，五就桀，三聘翻然而從，豈不是時？然後來見其以天下自任，故以爲聖人之任。

聲數。

由經窮理。

「不勉而中，不思而得」，與勉而中，思而得，何止有差等，直是相去懸絶。「不勉而中」即常中，「不思而得」即常得。所謂「從容中道」者，指他人所見而言之。若不勉不思者，自在道上行，又何必言中。不中、不勉、不思，亦有大小深淺。至於曲藝，亦有不勉不思者。所謂「日月至焉」與久而「不息」者，所見規模雖略相似，其意味氣象迥别，須心潛默識，玩索久之，庶幾自得。學者不學聖人則已，欲學之，須熟玩味一無「味」字。聖人之一無「之」字。氣象，不可只於名上理會，如此只是講論文字。

「贊天地之化育」，自人而言之，從「盡其性」至「盡物之性」，然後「可以贊天地之化育」，「可以與天地參矣」。言人盡性所造如是，若只是至誠，更不須論。所謂「人者天地之心」，及「天聰明自我民聰明」，止謂只是一理，而天人所爲各自有分。

浩然之氣，所養各有漸，所以至於充塞天地，必積而後至。行「不慊于心」，止是防患之術，須是集義乃能生。

「不可一朝居」者，孟子之時大倫亂，若君聽於臣，父聽於子，動則弑君弑父，須著變，是不可一朝居也。然魯有三桓，無以異齊，何以魯一變至於道？魯只是不脩周公之法，齊既壞太公之法，後來立法已是苟且，及其末世，并其法又壞，亂甚於魯，故其弑亦先於魯。孔子之仕於魯，所一作「欲」。以爲之兆，得可爲處便爲。如陳恒弒其君，孔子請討，一事正則百事自已不得。傳言「以魯之衆加齊之半」，此非孔子請討之計。一作「意」。如此則孔子只待去角力，借使言行，亦上有天子，下有方伯，謀而後行。〔二五〕禮「我戰則克，祭則受福」，蓋得其道。此語至常淺，孔子固能如此，但觀其氣象，不似聖人之言。

嘗觀自三代而後，本朝有超越古今者五事：如百年無内亂；四聖百年；受命之日，市不易肆；百年未嘗誅殺大臣；至誠以待夷狄。此皆大抵以忠厚廉耻爲之綱紀，故能如此。蓋睿主開基，規模自別。

大綱不正，萬目即紊。唐之治道，付之尚書省，近似六官，但法不具也。後世無如宇文周，其官名法度小有可觀。隋文之法雖小有善處，然皆出於臆斷。惟能如此，〔二六〕故維持得數十年。

「隕石于宋」，自空凝結而隕。「六鷁退飛」，倒逆飛也，倒逆飛必有氣驅之也。如此等皆是異事也，〔二七〕故書之。大抵春秋所書災異，皆天人響應，有致之之道。如石隕于宋，而言「隕石」，夷伯之廟震，〔二八〕而言「震夷伯之廟」。此天應之也，但人以淺狹之見，以爲無應，其實皆應之。然漢儒言災異皆牽合不足信，儒者見此，因盡廢之。

麟乃和氣所致，然春秋之時有者，何以爲應？天之氣豈可如此間別？如聖人之生，亦天地交感，五行之秀，乃生聖人。當戰國之際，生孔子何足怪，况生麟？聖人爲其出非其時，故有感，如聖人生不得其時。

「孔子感麟而作春秋，或謂不然」，如何？曰：春秋不害「感麟而作」，然麟不出，春秋豈不作？孔子之意，蓋亦有素，因此一事乃作，故其書之成，復以此終。大抵須有發端處，如畫八卦，因見河圖、洛書，果無河圖、洛書，八卦亦須作。

「一陰一陽之謂道」，此理固深，説則無可説，所以陰陽者道，既曰氣則便是一作「有」。二，言開闔已一作「便」。是感，既二則便有感。所以開闔者道，開闔便是陰陽。老氏言虚而生氣，非也。陰陽開闔本無先後，不可道今日有陰，明日有陽。如人有形影，〔二九〕蓋形影一時，不可言今日有形，明日有影，有便齊有。

「寂然不動，感而遂通」，此已言人分上事，若論道則萬理皆具，更不説感與未感。

中和若只於人分上言之，則喜怒哀樂未發既發之謂也。若「致中和」，則是達天理，便見得天尊地卑、萬物化育之道，只是致知也。

「素隱行怪」是過者也，「半塗而廢」是不及也，「不見知不悔」是中者也。

中者只是不偏，偏則不是中，庸只是常，猶言中者是大中也，庸者是定理也。定理者，天下不易之理也，是經也。孟子只言「反經」，中在其間。

中庸之書是孔門傳授，成於子思。孟子其書雖是雜記，更不分精粗，一衮說了。今之語道，多說高便遺却卑，說本便遺却末。

「小人之中庸，小人而無忌憚也」，小人更有甚中庸？脫一「反」字。小人不主於義理，則無忌憚，無忌憚，所以反中庸也。亦有其心畏謹而不中，亦是反中庸。語惡有淺深則可，謂之中庸則不可。

「知天命」是達天理也，「必受命」是得其應也。命者是天之所賦與，〔三〇〕如命令之命。天之報應，皆如影響，得其報者是常理也，不得其報者非常理也。然而細推之，則須有報應，但人以狹淺之見求之便謂差。〔三一〕且天命不可易也，〔三二〕然有可易者，惟有德者能之。如脩養之引年，〔三三〕世祚之祈天永命，常人之至於聖賢，皆此道也。

夢說之事，是傳說之感高宗，高宗感傳說。高宗只思得聖賢之人，須是聖賢之人方始應其感。若傳說非聖賢，自不相感。如今人卜筮，蓍在手，事在未來，吉凶在書策，其卒三者必合矣。使書策之言不合於理，則自不驗。

隕石無種，種於氣。麟亦無種，亦氣化。厥初生民亦如是。至如海濱露出沙灘，便有百蟲禽獸草木無種而生，此猶是人所見。若海中島嶼稍大，人不及者，安知其無種之人不生於其間？若已有人類，則必無氣化之人。

匹夫至誠感天地，固有此理。如鄒衍之説太甚，只是盛夏感而寒慄則有之，理外之事則無，如變夏爲冬降霜雪，則無此理。

「配義與道」，即是體用。道是體，義是用，配者合也。氣儘是有形體，故言合。氣者是積義所生者，却言配義，如以金爲器，既成則自爲金器可也。

天地之間皆有對，有陰則有陽，有善則有惡。君子小人之氣常停，不可都生君子，但六分君子則治，六分小人則亂，七分君子則大治，七分小人則大亂。如是則一無此三字，作「雖」字。堯舜之世不能無小人，〔三四〕蓋堯舜之世只是以禮樂法度驅而之善，盡其道而已。然言比屋可封者，以其有教，雖欲爲惡，不能成其惡。雖堯舜之世，然於其家乖戾之氣亦生朱、均，〔三五〕在朝則有「四凶」，久而不去。

離了陰陽更無道，所以陰陽者，是道也。陰陽，氣也。氣是形而下者，道是形而上者。形而上者，則是密也。

絪緼，陰陽之感。

志，氣之帥，若論浩然之氣，則何者爲志？志爲之主，乃能生浩然之氣。「志至焉，氣次焉」，自有先後。

醫者不詣理，則處方論藥不盡其性，只知逐物所治，不知合和之後，其性又如何。假如訶子黄、白礬白，合之而成黑，黑見則黄白皆亡。又如一二合而爲三，三見則一二亡，離而爲一二則三亡。既成三，又求一與二，既成黑，又求黄與白，則是不知物性。一作「理」。古之人窮盡物理，則食其味，嗅其臭，辨其色，知其某物合某則成何性。天有五氣，故凡生物莫不具有五性，居其一而有其四。至如草木也，其黄者得土之性多，其白者得金之性多。

宗子法廢，後世譜牒尚有遺風。譜牒又廢，人家不知來處，無百年之家，骨肉無統，雖至親，恩亦薄。

古人爲學易，自八歲入小學，十五入大學，舞勺舞象，有絃歌以養其耳，舞干羽以養其氣血，有禮義以養其心。又且急則佩韋，緩則佩弦，出入閭巷，耳目視聽及政事之施如是，則非僻之心無自而入。今之學者，只有義理以養其心。

河北只見鯀隄，無禹隄。鯀堙洪水，故無功，禹則導之而已。

「五祀」恐非先王之典，皆後世巫祝之一作「誣祀」，無「之」字，「誣」又作「淫」。言，報則遺其重者。井人所重，行宁廊也，〔三六〕其功幾何？

雖庶人，必祭及高祖。比至天子諸侯，止有疏數耳。

凡物之散，其氣遂盡，無復歸本原之理。天地間如洪鑪，雖生物，銷鑠亦盡，況既散之氣，豈有復在？天地造化又焉用此既散之氣？其造化者自是生氣。至如海水潮，日出則水涸，是潮退也，其涸者已無也，月出則潮水生也，非却是將已涸之水爲潮。此是氣之終始，開闔便是易，一闔一闢謂之變。

傳録言語，得其言未得其心，必有害。雖孔門亦有是患。如言昭公「知禮」，巫馬期告，時孔子正可一作「合」。不答其問，必更有語言，具巫馬期欲反命之意，〔三七〕孔子方言「苟有過，人必知之」。蓋孔子答，巫馬期亦知之，陳司敗亦知之矣。又如言伯夷、柳下惠皆古聖人也，若不言清和，便以夷、惠爲聖人，豈不有害？又如孟子言「放勳曰」，只當言「堯曰」，傳者乘放勳爲堯號，乃稱「放勳曰」。又如言「聞斯行之」，若不因公西赤有問，及仲由爲比，便信此一句，豈不有害？又如孟子，齊王欲「養弟子以萬鍾」，此事欲國人矜式，孟子何不可處，但時子以利誘孟子，孟子故曰：「如使予欲富，辭十萬而受萬，是爲欲富乎？」若觀其文，只似孟子不肯爲國人矜式，須知不可以利誘之意。舜不告而娶，須識得舜意。若使舜便不告而娶，固不可，以其父頑，過時不爲娶，堯去治之，堯命瞽使舜娶，舜雖不告，堯固告之矣，堯之告之也，以君治之而已。今之官府，治人之私者亦多，〔三八〕然而象欲以殺舜爲事，堯奚爲不治？蓋象之殺舜，無可見之迹，發人隱慝而治之，非堯也。

學春秋亦善，一句是一事，是非便見於此，此亦窮理之要。然他經豈不可以窮？但他經論其義，春秋因其行事，是非較著，故窮理爲要。嘗語學者且先讀論語、孟子，更讀一經，然後看春秋，先識得箇義理，方可看春秋。春秋以何爲準？〔三九〕無如中庸。欲知中庸無如權，須是時而爲中。若以手足胼胝，閉户不出二者之間取中，便不是中。若當手足胼胝，則於此爲中；當閉户不出，則於此爲中。權之爲言，秤錘之義也。何物爲權？義也。然也只是説得到義，義以上更難説，在人自看如何。

格物亦須積累涵養。如始學詩者，其始未必善，到悠久須差精，人則只是舊人，其見則別。

知至則當至之，知終則當遂一無「遂」字。終之，須以知爲本。知之深則行之必至，無有知之而不能行者。知而不能行，只是知得淺。飢而不食烏喙，人不蹈水火，只是知。人爲不善，只爲不知。知至而至之，知幾之事，故「可與幾」。〔四〇〕知終而終之，故「可與存義」。知至是致知，博學、明辨、審問、慎思，皆致知、知至之事，篤行便是終之。如始條理，終條理，因其始條理，故能終條理，猶知至即能終之。

春秋傳爲案，經爲斷。

古之學者先由經以識義理，〔四一〕蓋始學時盡是傳授。後之學者却先須識義理，方始看得經。如易繫辭所以解易，今人須看了易，方始看得繫辭。一本云：古之人得其師傳，故因經以明道。後世失其師傳，故非明道不能以知經。

「至大至剛以直」，不言至直，此是文勢。如「治世之音安以樂」，「怨以怒」，「粗以厲」，「噍以殺」，皆此類。

解義理若一向靠書册，何由得「居之安」，「資之深」？不惟自失，兼亦誤人。

治道亦有從本而言，亦有從事而言。從本而言，惟從格君心之非，正心以正朝廷，正朝廷以正百官。若從事而言，不救則已，若須救之必須變，大變則大益，小變則小益。

學者好語高，正如貧人説金，説黃色，説堅軟，道他不是又不可，只是好笑，不曾見富人説金如此。

仲尼於論語中未嘗説「神」字，只於易中不得已言數處而已。

有主則虛，無主則實，必有所事。

以物待物，不可以己待物。

古所謂「支子不祭」者，〔四二〕惟使宗子立廟主之而已。支子雖不得祭，至於齊戒致其誠意，則與主祭者不異。可與則以身執事，不可與則以物助，但不别立廟爲位行事而已。後世如欲立宗子，當從此義，雖不祭，情亦可安。若不立宗子，徒欲廢祭，適足長惰慢之志，〔四三〕不若使之祭，猶愈於已也。

真元之氣，氣之所由生，不與外氣相雜，但以外氣涵養而已。若魚在水，魚之性命非是水爲之，但必以水涵養，魚乃得生爾。人居天地氣中，與魚在水無異，至於飲食之養，皆是外氣涵養之道。出入之息者，闔闢之機而已。所出之息非所入之氣，但真元自能生氣，所入之氣止當闔時隨之而入，非假此氣以助真元也。

古者八歲入小學，十五入大學，擇其才可教者聚之，不肖者復之田畝。蓋士農不易業，既入學則不治農，然後士農判。在學之養，若士大夫之子，則不慮無養，雖庶人之子，既入學則亦必有養。古之士者自十五入學，至四十方仕，中間自有二十五年學，又無利可趨，則所志可知，須去趨善，便自此成德。後之人自童稚間已有汲汲趨利之意，何由得向善？故古人必使四十而仕，然後志定。只營衣食却無害，惟利禄之誘最害人。人有養便方定志於學。

做官奪人志。

星辰若以日月之次爲辰，則辰上恐不容二十八舍，若謂五星，則不可稱辰，或恐只是言北辰。皆星也，何貴乎北辰？北辰自是不動，只不動便是爲氣之主，故爲星之最尊者。「主」一作「宗」。〔四四〕

先王之樂，必須律以考其聲。今律既不可求，人耳又不可全信，正惟此爲難。求中聲須得律，律不得則中聲無由見。律者自然之數。至如今之度量權衡，亦非正也。今之法且以爲準則可，非如古法也。此等物雖出於自然，一有「之數」字。亦須人爲之。但古人爲之，得其自然，至於一作「如」。規矩，則極盡天下之方圓。

律曆之法，今亦粗存，但人用之小耳。律之遺則如三命是也，其法只用五行支幹納音之類。曆之遺則是星筭人生數。一作「處」。然皆有此理，苟無此理，却推不行。

素問之書必出於戰國之末，觀其氣象知之，天之氣運只如此，但繫看者如何。設如定四方分五行，各配與一方，是一般絡角而看之，又一般分而爲二十四，又一般規模大則大，規模小則小。然善言亦多，如言「善言天者必有驗於人，善言古者必有驗於今，善觀人者必有見於己」。

近取諸身，百理皆具，屈伸往來之義，只於鼻息之間見之。屈伸往來只是理，不必將既屈之氣，復爲方伸之氣。生生之理，自然不息。如復言「七日來復」，其間元不斷續，陽已復生，物極必返。其理須如此，有生便有死，有始便有終。

「守身爲大」，其事固有大者，正惟養疾亦是守身之一。齊、戰、疾，聖人之所慎。

自天子至於庶人，五服未嘗有異，皆至高祖。服既如是，祭祀亦須如是。其疏數之節未有可考，但其理必如此。七廟、五廟，亦只是祭及高祖。大夫士雖或三廟、二廟、一廟，或祭寢廟，則雖異亦不害祭及高祖。若止祭禰，只爲知母而不知父，禽獸道也。祭禰而不及一有「高」字。祖，非人道也。

天子曰禘，諸侯曰祫，其理皆是合祭之義。禘從帝，禘其祖之所自出之帝，以所出之帝爲東向之尊，其餘合食於其前，是爲禘也。諸侯無所出之帝，只是於太祖廟，一有「以」字。羣廟之主合食，是爲祫。魯所以有禘者，只爲得用天子禮樂。故於春秋之中不見言「祫」，只言「禘」，言「大事」者即是祫，言「大事於太廟，躋僖公」，即是合食閔、僖二公之義。若時祭一有「即」字。當言有事。吉禘於莊公只是禘祭，言吉者以其行之太早也。〔四五〕四時之祭有禘之名，只是禮文交錯。

郊祀配天，宗祀配上帝，天與上帝一也。在郊言天，以其冬至生物之始，故祭於圓丘，而配以祖，陶匏藁鞂，掃地而祭。宗祀言上帝，以季秋成物之時，故祭於明堂，而配以父，其禮必以宗廟之禮享之。此義甚彰灼，但孝經之文有可疑處。周公祭祀當推成王爲主人，則當推武王以配上帝，不當言文王配。若文王配，則周公自當祭祀矣，周公必不如此。

仁義禮智信，於性上要言此五事，須要分別出。若仁則固一，一所以爲仁，惻隱則屬愛，乃情也，非性也。恕者入仁之門，而恕非仁也。因其惻隱之心，知其有仁。惟四者有端而信無端，只有不信更無一作「便有」。信。如東西南北已有定體，更不可言信。若以東爲西，以南爲北，則是有不信，如東即東，西即西，則無一有「不」字。信。

說書必非古意，轉使人薄。學者須是潛心積慮，優游涵養，使之自得。今一日說盡，只是教得薄。至如漢時說「下帷講誦」，猶未必說書。

聖狂，聖不必是睿聖，狂不必是狂狷。只是智通者便言聖，如聖義忠和，豈必是聖人？

尸如配位時，男男尸，女女尸。祭事主嚴，雖同時共室亦無嫌，與喪祭執事不嫌同義。執事且爾，況今日事之，便如國之先君與夫人，如合祭之時，〔四六〕考妣當各異位。蓋人情亦無舅婦同坐之禮。如特祭其廟之時，則不害夫婦並祭。

學者先務，固在心志。有謂欲屏去聞見知思，則是「絕聖棄智」。有欲屏去思慮，患其紛亂，則是須坐禪入定。如明鑑在此，萬物畢照，是鑑之常，難爲使之不照。人心不能不交感萬物，亦難爲使之不思慮。若欲免此，一本無此四字。唯是心一作「在人」。有主。如何爲主？敬而已矣。有主則虛，虛謂邪不能入，無主則實，實謂物來奪之。今夫瓶罌有水實內，則雖江海之浸，無所能入，安得不虛？無水於內，則停注之水不可勝注，安得不實？大凡人心不可二用，用於一事則他事更不能入者，事爲之主也。事爲之主，尚無思慮紛擾之患，若主於敬，又焉有此患乎？所謂敬者，主一之謂敬。所謂一者，無適之謂一。且欲涵泳主一之義，一則無二三矣。一作「不一則二三矣」。言敬無如聖人之言，一無「聖人之言」四字。易所謂「敬以直内，義以方外」，須是直内乃是主一之義。至於不敢欺，不敢慢，尚不愧于屋漏，皆是敬之事也。但存此涵養，久之自然天理明。〔四七〕

「閑邪」存誠，閑邪則誠自存。如人有室，垣墻不修，不能防寇，寇從東來，逐之則復有自西入，逐得一人，一人復至。〔四八〕不如修其垣墻，則寇自不至，故欲閑邪也。

學禪者常謂，天下之忙者無如市井之人。答以市井之人雖日營利，然猶有休息之時，〔四九〕至忙者無如禪客。何以言之？禪者之行住坐卧無不在道，存無不在道之心，此便是常忙。

論語有二處，「堯、舜其猶病諸」，「博施濟衆」，豈非聖人之所欲？然五十乃衣帛，七十乃食肉，聖人之心非不欲少者亦衣帛食肉，然所養有所不贍，此病其施之不博也。聖人所治不過九州四海，然九州四海之外，聖人亦非不欲兼濟，然所治有所不及，此病不能濟衆也。推此以求「脩己以安百姓」，則爲病可知，苟以爲吾治已足，則便不是聖人。「脩己以安百姓」，須有所施爲，乃能安人。此則自我所生，〔五〇〕學至堯、舜，則自有堯、舜之事，言孝者必言曾子，不可謂曾子之孝已甚。「集義所生，〔五一〕非義襲而取之也」，集義是積義所生，如集大成。若累土爲山，須是積土乃成山，非是山已成形乃名爲義。〔五二〕一作「山」，一作「土」。浩然之氣難識，須要認得當行不慊於心之時，自然有此氣象。然亦未盡，須是見「至大至剛以直」之三德，方始見浩然之氣。若要見時，且看取地道，坤六二「直方大，不習無不利」，方便是剛，大便是大，直便是直。於坤不言剛而言方者，言剛則害于地道，故下一作「不」。復云「至柔而動也剛」，以其先言柔而後云剛無害。大只是對小而言是大也，剛只是對柔而言是剛也，直只是對曲而言是直也。如此自然不習無不利。坤之六二只爲已是地道，又是二又是六，地道之精純者，至如六五便不同。欲得學，且只看取地道。坤雖是學者之事，然亦有聖人之道。乾九二是聖人之事，坤六二是學者之事。聖賢之道，其發無二，但至一作「只」。有深淺大小。

「嚴威儼恪」，非敬之道，但致敬須自此入。

「止於至善」，「不明乎善」，此言善者，義理之精微，無可得名，且以至善目之。「繼之者善」，此言善却言得輕，但謂繼斯道者莫非善也，不可謂惡。

「舜孶孶爲善」，若未接物，如何爲善？只是主於敬，便是爲善也。以此觀之，聖人之道不是但嘿然無言。一作「爲」。

顔子擇中庸，得善拳拳。中庸如何擇？如博學之，又審問之，又明辨之，所以能擇中庸也。雖然學問明辨，亦何所據乃識中庸？此則存乎致知。致知者，此則在學者自加功也。

大凡於道，擇之則在乎智，守之則在乎仁，斷之則在乎勇。人之於道，只是患在不能守，不能斷。

「必有事焉」，謂必有所事，是敬也。「勿正」，正之爲言輕，「勿忘」是敬也。正之之甚，遂至於「助長」。

編闢整續終自正。和叔未知終自得否？

墨子之書，未至大有「兼愛」之意，及孟子之時，其流浸遠，乃至若是之差。楊子「爲我」亦是義，墨子「兼愛」則是仁，惟差之毫釐，繆以千里，直至無父無君，如此之甚。

世人之學，博聞強識者豈少，其中無有不入禪學者。〔五三〕就其間特立不惑，無如子厚、堯夫。然其說之流，恐未免此敝。

楊子似出於子張，墨子似出於子夏。其中更有過不及，豈是師、商不學於聖人之門？一本「張」作「夏」，「夏」作「張」。

約。敬是。

與叔、季明以知思聞見爲患，某甚喜此論，邂逅却正語及至要處。世之學者，大敝正在此。〔五四〕若得他折難堅叩，方能終其說，直須要明辨。

康仲一作「拯」。問：人之學非願有差，只爲不知之故，遂流於不同，不知如何持守？先生言：且未説到持守，持守甚事？須先在致知。致知盡知也，窮理格物便是致知。

「禮孰爲大？時爲大。」亦須隨時，當隨則隨，當治則治，當其時作其事，便是能隨時，「隨時之義大矣哉！」尋常人言隨時，爲且和同，只是流狥耳，不可謂和，和則已是和於義。故學者患在不能識時，「時出之」亦須有「溥博淵泉」方能出之。今之人自是與古之人別，其風氣使之，至如壽考形貌皆異。古人皆不減百餘歲，今豈有此人？觀古人形象被冠冕之類，今人豈有此等人？故籩豆簠簋自是不可施於今人，自時不相稱，時不同也。時上儘窮得理，孟子言「五百年必有王者興，其間必有名世者，以其時考之則可矣」。他默識得此體用大約是如此，豈可催促得他？堯之於民，匡直輔翼，聖賢於此間見些功用，舉此數端可以常久者示人。殷因於夏，周因於殷，損益可知。默觀得者，須知三王之禮與物不必同。自畫卦垂衣裳，至周文方備，只爲時也。若不是隨時，則一聖人出，百事皆做了，後來者没事。又非聖人智慮所不及，只是時不可也。

只歸之自然，則無可觀，更無可玩賾。「之」一作「箇」。

「雲從龍，風從虎。」龍陰物也，出來則濕氣烝然自出，如濕物在日中，氣亦自出。雖木石之微，感陰氣尚亦有氣，則龍之興雲不足怪。虎行處則風自生。龍只是獸，茅山華陽洞曾跳出，其狀殊可愛，亦有時乾處能行，其行步如虎，茅山者則不噛人，北五臺者則傷人。

又有曾於鐵狗廟下穿得一龍卵，後寄於金山寺，龍能壅水上寺門，取卵不得。〔五五〕龍所以知者，許大物亦自靈也。龍以卵生者亦非神，更一等龍必須胎生。

極，無適而不爲中。

校勘記

〔一〕一則無己　「一則」二字原脱，據弘治本、康熙本補。

〔二〕有知則能擇　此句原脱，據弘治本、康熙本補。

〔三〕人皆稱柳下惠爲聖人　「下」原訛「不」，據弘治本、康熙本改。

〔四〕人才愈明　「才愈」二字原倒，據弘治本、康熙本乙正。

〔五〕則不肯一日安其所不安也　「其」，弘治本、康熙本作「於」。

〔六〕大率六經之言涵滀　「滀」，弘治本作「蓄」，康熙本同。

〔七〕但人以目力所及　「人以」，宋本作「以人」，弘治本、康熙本同。

〔八〕一則自是無非僻之奸　「奸」原作「干」，康熙本同，據宋本、弘治本改。案清茅星來近思録集注云：「奸，近本作干，古字通用。」

〔九〕但涵養久之　宋本同，弘治本、康熙本無「之」字。

〔一〇〕只是爲無處滂摸　「滂」，宋本同，弘治本、康熙本作「搒」。案「滂」通「搒」。

〔一一〕曰　宋本無此字，弘治本、康熙本同。

〔一二〕便須覓一箇纖奸打訛處　「纖」，宋本、康熙本同，弘治本作「綴」。

〔一三〕生知者只是他生自知義理　「生自」，宋本同，弘治本、康熙本作「自生」。

〔一四〕不似聖人見慣　宋本無此六字，弘治本、康熙本同。

〔一五〕費多少言語　宋本無「費」字，弘治本、康熙本同。

〔一六〕然亦是一作且爲學者立下一法　「是」，宋本作「且」，弘治本、康熙本同。

〔一七〕其下文言其篤實而有光輝也　「文」，宋本同，弘治本、康熙本作「又」。

〔一八〕受祥肉彈琴　「肉」原訛「内」，康熙本同，據宋本、弘治本改。

〔一九〕不若且於迹上斷定不與聖人合　宋本「不若」上有「故」字，弘治本、康熙本同。

〔二〇〕其栽培澆灌之宜　「栽」原作「我」，宋本同，據弘治本、康熙本改。

〔二一〕若化則便是仲尼也　宋本無「便」、「也」二字，弘治本、康熙本同。

〔二二〕一有學者之字　宋本無此六小字，弘治本、康熙本「字」作「事」，宜是。

〔二三〕若有人爲繫虜將去　「有人爲」三字，宋本作「人有」，弘治本、康熙本同。

〔二四〕己有不得與也　宋本無「有」字，弘治本、康熙本同。

〔二五〕謀而後行　宋本同，弘治本、康熙本「謀」上有「須」字。

〔二六〕惟能如此　「此」，宋本同，弘治本、康熙本作「是」。
〔二七〕如此等皆是異事也　宋本「異」下有「之」字，弘治本、康熙本同。
〔二八〕夷伯之廟震　「夷伯」二字原倒，宋本同，據弘治本、康熙本乙正。
〔二九〕如人有形影　「有」原作「言」，據宋本、弘治本、康熙本改。
〔三〇〕命者是天之所賦與　「賦」，宋本作「付」，弘治本、康熙本同。
〔三一〕但人以狹淺之見求之便謂差　「狹淺」，宋本作「淺狹」，弘治本、康熙本同。
〔三二〕且天命不可易也　「且」，宋本作「互」，弘治本、康熙本同。案作「互」則屬上讀。
〔三三〕如脩養之引年　「引」，宋本、弘治本同，康熙本作「永」。
〔三四〕如是則堯舜之世不能無小人　宋本同，弘治本、康熙本無「則」字。
〔三五〕然於其家乖戾之氣亦生朱均　宋本「然於其家」作「其於」，且無「亦」字，弘治本、康熙本同。
〔三六〕行宁廊也　「宁」原訛「子」，據宋本、弘治本、康熙本改。
〔三七〕具巫馬期欲反命之意　「具」，宋本無此字，弘治本作「其」，康熙本同。
〔三八〕治人之私者　宋本同，弘治本、康熙本無「者」字。
〔三九〕春秋以何爲準　宋本「何」下有「道」字，弘治本、康熙本同。
〔四〇〕知幾之事故可與幾　宋本無「知」字，「可與幾」作「當至」，弘治本、康熙本同。
〔四一〕古之學者先由經以識義理　「先」原作「必」，據宋本、弘治本、康熙本改。
〔四二〕古所謂支子不祭者　「祭」原訛「樂」，據宋本、弘治本、康熙本改。

〔四三〕適足長惰慢之志　「足」，宋本、弘治本、康熙本作「是」。案張子全書作「足」。

〔四四〕主一作宗　「主」，弘治本同，康熙本作「尊」，宋本無此四小字注。

〔四五〕言吉者以其行之太早也　宋本無「者」字，弘治本、康熙本同。

〔四六〕如合祭之時　宋本無「如」字，弘治本、康熙本同。

〔四七〕但存此涵養久之自然天理明　宋本無此十二字，弘治本、康熙本同。

〔四八〕一人復至　「一」，宋本作「二」，弘治本、康熙本同。

〔四九〕然猶有休息之時　宋本無「之」字，弘治本、康熙本同。

〔五〇〕此則自我而生　「我」，宋本作「然」，弘治本漫漶，康熙本同。

〔五一〕集義所生　宋本「集」上有「是」字，且轉行提格，弘治本、康熙本同。

〔五二〕非是山已成形乃名爲義　宋本無「山」字，弘治本、康熙本同。

〔五三〕其中無有不入禪學者　「中」，宋本、弘治本同，康熙本作「終」。

〔五四〕大敝正在此　宋本「正」字在「大敝」上，弘治本、康熙本同。

〔五五〕取卵不得　宋本「卵」上有「龍」字，弘治本、康熙本同。

程氏遺書第十六

伊川先生語二

己巳冬所聞

問：孔子稱伯夷、叔齊曰：「不念舊惡，怨是用希。」何也？曰：以夷、齊之隘，若念舊惡，將不能處世矣。

問：子貢曰：「博施於民而能濟衆，可謂仁乎？」子曰：「何事於仁，必也聖乎！」仁聖何以相別？曰：此子貢未識仁，故測度而設問也。惟聖人爲能盡仁，然仁在事，不可以爲聖。又問：「堯、舜其猶病諸」，果乎？曰：誠然也。聖人惟恐所及不遠不廣四海之治也，孰果兼四海之外亦治乎，〔一〕是嘗以爲病也。〔二〕博施濟衆事大，故仁不足以名之。

趙景平問：「子罕言利與命與仁」，所謂利者何利？曰：不獨財利之利，凡有利心便不可。如作一事須尋自家穩便處，皆利心也。聖人以義爲利，義安處便爲利。如釋氏之學皆本於利，故便不是。

趙景平問：「未見蹈仁而死者」，何謂「蹈仁而死」？曰：赴水火而死者有矣，殺身成仁者，未之有也。

校勘記

〔一〕孰果兼四海之外亦治乎　「果」，弘治本、康熙本作「若」。

〔二〕是嘗以爲病也　「是」，弘治本、康熙本作「身」。

程氏遺書第十七

伊川先生語三

三王之法各是一王之法，故三代損益文質，隨時之宜。若孔子所立之法，乃通萬世不易之法。孔子於他處亦不見説，獨答顔回云：「行夏之時，乘殷之輅，服周之冕，樂則韶舞。」此是於四代中舉這一箇法式，其詳細雖不可見，而孔子但示其大法，使後人就上修之，二千年來亦無一人識者。

義之精者須是自求得之，如此則善求義也。

善讀中庸者，只得此一卷書，終身用不盡也。

睽之上九，離也。離之爲德，在諸卦莫不以爲明，獨於睽便變爲惡。以陽在上則爲亢，以剛在上則爲狠，以明在上變而爲察，以狠以察，所以爲睽之極也。故曰「見豕負塗，載鬼一車」，皆自任己察之所致。然「往」而「遇雨則吉」，遇雨者，睽解也。睽解有二義：一是物極則必反，故睽極則必通，若睽極不通，却終於睽而已；一是所以能解睽者，却是用明之功也。

大抵卦爻始立，義既具，即聖人別起義以錯綜之。如春秋已前既已立例，到近後來書得全別，一般事便書得別有意思，若依前例觀之，殊失之也。

先生嘗説：某於易傳，今却已自成書，但逐旋修改，期以七十，其書可出。韓退之稱「聰明不及於前時，道德日負於初心」。然某於易傳後來所改者無幾，不知如何，故且更期之以十年之功看如何。春秋之書，待劉絢文字到，却用功亦不多也。今人解詩全無意思，此却待出些文字。中庸書却已成。今農夫祁寒暑雨，深耕易耨，播種五穀，吾得而食之。今百工技藝作爲器用，吾得而用之。甲冑之士被堅執鋭以守土宇，吾得而安之。却如此閑過了日月，即是天地間一蠹也。功澤又不及民，別事又做不得，惟有補緝聖人遺書，庶幾有補爾。陳長方見尹子於姑蘇，問中庸解。尹子云：「先生自以爲不滿意，焚之矣。」

「致知在格物」，格物之理不若察之於身，其得充切。

酒者，古人養老祭祀之所用。今官有榷酤，民有買撲，無故輒令人聚飲，亦大爲民食之蠹也。損民食，惰民業，招刑聚寇，皆出於此。如損節得酒課，民食亦爲小充。分明民食，却釀爲水後令人飲之，又不當飢飽。若未能絶得買撲，若且只諸縣都鄙爲之，亦利不細。

人要明理，若止一物上明之，亦未濟事，須是集衆理，然後脱然自有悟處。然於物上理會也得，不理會也得。且須於學上格物，不可不詣理也。

常見伯淳所在臨政，便上下響應，到了人衆後便成風，成風則有所鼓動。天地間只是一箇風以動之也。

大凡儒者未敢望深造於道，且只得所存正，分别善惡，識廉恥。如此等人多，亦須漸好。

或問：古之道如是之明，後世之道如是不明，其故何也？曰：此無他，知道者多即道明，知者少即道不明也。知者多少亦由乎教也。以魯國言之，止及今之一大州，然一時間所出大賢十餘人，豈不是有教以致然也。蓋是聖人既出，故有許多賢者。以後世天下之大，經二千年間，求如一顏、閔者不可得也。

大抵儒者潛心正道，不容有差，其始甚微，其終則不可救。如「師也過，商也不及」，於聖人中道，師只是過於厚些，商只是不及些，然而厚則漸至於「兼愛」，不及則便至於「爲我」，其過不及同出於儒者，其末遂至楊、墨。至如楊、墨亦未至於無父無君，孟子推之便至於此。蓋其差必至於是也。

孟子辨舜、蹠之分，只在義利之間。言間者，謂相去不甚遠，所争毫末爾。義與利只是箇公與私也。纔出義，便以利言也。只那計較，便是爲有利害。若無利害，何用計較？利害者，天下之常情也。人皆知趨利而避害，聖人則更不論利害，惟看義當與不當爲，〔一〕便是命在其中也。

傳經爲難，如聖人之後纔百年，傳之已差。聖人之學，若非子思、孟子，則幾乎息矣。道何嘗息，只是人不由之。道非亡也，幽、厲不由也。

人或勸先生以加禮近貴。先生曰：何不見責以盡禮，而責之以加禮？禮盡則已，豈有加也！

聖人之語，因人而變化，語雖有淺近處，即却無包含不盡處。如樊遲於聖門最是學之淺者，及其問仁，曰「愛人」，問知，曰「知人」，且看此語有甚包含不盡處？他人之語，語近則遺遠，語遠則不知近。惟聖人之言，則遠近皆盡。

今之爲學者如登山麓，方其迤邐，莫不闊步，及到峻處便逡巡。一本無「便止」二字。云：或以峻而遂止，或以難而稍緩。苟能遇難而益堅，〔二〕聞過則改，何遠弗至也。

先代帝王陵寢下多有閑田，推其後每處只消與田十頃，與一閑官世守之。至如唐狄仁傑、顔杲卿之後，朝廷與官一人，死則却絕，不若亦如此處之，亦與田五七頃。

後世骨肉之間多至仇怨忿爭，其實爲爭財。使之均布，立之宗法，官爲法則無所爭。

後世人理全廢，小失則入於夷狄，大失則入於禽獸。「人理」一作「禮」。

大凡禮必須有意，禮之所尊，尊其義也。失其義，陳其數，祝史之事也。

「益長裕而不設」，謂固有此理而就上充長之。設是撰造也，撰造則爲僞也。

人或以禮官爲閑官。某謂禮官之責最大，朝廷一有違禮，皆禮官任其責，豈得爲閑官！

陳平雖不知道，亦知學。如對文帝以宰相之職，非知學安能如此？

曹參去齊，以獄市爲託。後之爲政者，留意於獄者則有之矣，未聞有治市者。

學莫大於致知，養心莫大於禮義。古人所養處多，若聲音以養其耳，舞蹈以養其血脉。今人都無，只有箇義理之養，人又不知求。

或謂：人莫不知和柔寬緩，然臨事則反至於暴厲。曰：只是志不勝氣，氣反動其心也。

學者所貴聞道，執經而問，但廣聞見而已。然求學者不必在同人中，非同人又却無學者。

孟子言「聖而不可知之謂神」，非是聖上別有一等神人，神即聖而不可知。又曰：謂聖之至妙，人所不能測。

儒行之篇，此書全無義理，如後世游説之士所爲誇大之説。觀孔子平日語言，有如是者否？

陳司敗問：「昭公知禮乎？」孔子對曰：「知禮。」彼國人來問君知禮否，不成説不知禮也。如陳司敗數昭公失禮之事而問之，則有所不答，「顧左右而言他」。及巫馬期來告，正合不答，然孔子答之者，以陳司敗必俟其反命，故須至答也。

或問：如何學可謂之有得？曰：大凡學問，聞之知之皆不爲得，得者須默識心通。學者欲有所得，須是篤誠意，燭理上知則頴悟自别，其次須以義理涵養而得之。

古有教，今無教。以其無教，直壞得人質如此不美。今人比之古人，如將一至惡物比一至美物。

造道深後，雖聞常人語，言淺近事，莫非義理。

古者家有塾，黨有庠，故人未有不入學者。三老坐於里門，出入察其長幼揖讓之序。如今所傳之詩，人人諷誦，莫非止於禮義之言。今人雖白首，未嘗知有詩，至於里俗之言，盡不可聞，皆繫其習也。以古所習，安得不善？以今所習，安得不惡？

唐太宗後人只知是英主，元不曾有人識其惡。至於殺兄取位，〔三〕若以功業言，不過只做得箇功臣，豈可奪元良之位！至於肅宗即位靈武，分明是簒也。

革言「水火相息」，息止息也，既有止息之理，亦有生息之理。睽卦不見四德，蓋不容著四德。繇言「小事吉」者，止是方睽之時，猶足以致小事之吉，不成終睽而已，須有濟睽之道。一本「睽卦」以下別爲一章。

文中子言「古之學者聚道」，不知道如何聚得？

凡爲政須立善法，後人有所變易，則無可奈何。雖周公亦知立法而已，後人變之，則無可奈何也。

臨言「八月，有凶」，謂至八月是遯也。當其剛浸長之時，便戒以陰長之意。

「紀侯大去其國」，大名責在紀也，非齊之罪也。「齊侯、陳侯、鄭伯遇于垂」，方謀伐之，紀侯遂去其國，齊師未加而已去，故非齊之罪也。

春秋之文，莫不一一意在示人。如土功之事，無小大莫不書之，其意止欲人君重民之力也。

書「大雩」，雩及上帝，以見魯不當爲，與書「郊」者同義。

書「公伐齊，納糾」，糾不當立，故不言子糾。若書「子糾」，則正了他當得立也。

凡易卦，有就卦才而得其義者，亦有舉兩體便得其義者。「隨，剛來而下柔，動而說，隨」，此是就卦才而得隨之義。「澤中有雷，隨」，此是就象上得隨之義也。

宗子之法不立，則朝廷無世臣。宗法須是一二巨公之家立法。〔四〕宗法立則人人各知來處。

宗子者，謂宗主祭祀也。

禮長子不得爲人後，若無兄弟，又繼祖之宗絶，亦當繼祖。禮雖不言，可以義起。

凡大宗與小宗，皆不在廟數。

收族之義，止爲相與爲服，祭祀相及。

所謂宗者，以己之旁親兄弟來宗於己，所以得宗之名，非己宗於人也。

凡小宗以五世爲法，親盡則族散。若高祖之子尚存，欲祭其父，則見爲宗子者，雖是六世七世，必須計會今日之宗子，〔五〕然後祭其父。宗子有君道。

祭祀須别男女之分。生既不可雜坐，祭豈可雜坐？

祭非主則無依，非尸則無享。

今行冠禮，若制古服而冠，冠了又不常著，却是僞也。必須用時之服。

喪須三年而祔，若卒哭而祔，則三年却都無事。禮卒哭猶存朝夕哭，若無主在寢，一作「祭於殯」。哭於何處？

物有自得天理者，如蜂蟻知衛其君，豺獺知祭。禮亦出於人情而已。

祭先之禮，不可得而推者，無可奈何，其可知者，無遠近多少，須當盡祭之。〔六〕祖又豈可不報？又豈可厭多？蓋根本在彼，雖遠豈得無報？

「宗子雖七十，無無主婦」，此謂承祭祀也。然亦不當道七十，只道雖老無無主婦便得。禮云宗子如一作「不」。「爲殤」。宗子有君之道，豈有殤之理！

「喜怒哀樂未發謂之中」，只是言一箇中一作「本」。體。既是喜怒哀樂未發，那裏有箇甚麽，只可謂之中。如乾體便是健，及分在諸處不可皆名健，然在其中矣。天下事事物物皆有中。「發而皆中節謂之和」，非是謂之和便不中也。言和則中在其中矣，中便是含喜怒哀樂在其中矣。

如眼前諸人，要特立獨行，煞不難得，只是要一箇知見難。人只被這箇知見不通透，人謂要力行，亦只是淺近語。人既能一作「有」。知見，豈有不能行？一切事皆所當爲，不必待著意做，纔著意做便是有箇私心。這一點意氣能得幾時了？

今人欲致知，須要格物。物不必謂事物，然後謂之物也。自一身之中至萬物之理，但理會得多，相次自然豁然有覺處。

楊子拔一毛不爲，墨子又摩頂放踵爲之，此皆是不得中。至如「子莫執中」，欲執此二者之中，不知怎麽執得。識得則事事物物上皆天然有箇中在那上，不待人安排也，安排著則不中矣。

知之必好之，好之必求之，求之必得之。古人此箇學是終身事，果能顛沛造次必於是，豈有不得道理？

「立則見其參於前」，所見者何事？

顏淵問仁，而孔子告之以禮，仁與禮果異乎？

說先於樂者，樂由說而後得。然非樂則亦未足以語君子。

校勘記

〔一〕惟看義當與不當爲　弘治本同，康熙本「與」上有「爲」字。

〔二〕苟能遇難而益堅　「難」原訛「云」，弘治本同，據康熙本改。

〔三〕至於殺兄取位　「於」，弘治本、康熙本作「如」。

〔四〕須是一二巨公之家立法　「二」原訛「一」，據弘治本、康熙本改。

〔五〕必須計會今日之宗子　「必」，弘治本、康熙本作「亦」。

〔六〕須當盡祭之　「須」，弘治本、康熙本作「猶」。

程氏遺書第十八

伊川先生語四

劉元承手編

問仁，曰：此在諸公自思之，將聖賢所言仁處，類聚觀之，體認出來。孟子曰「惻隱之心，仁也」，後人遂以愛爲仁。惻隱固是愛也，愛自是情，仁自是性，豈可專以愛爲仁？孟子言惻隱爲仁，蓋爲前已言「惻隱之心，仁之端也」，既曰仁之端，則不可便謂之仁。退之言「博愛之謂仁」，非也。仁者固博愛，然便以博愛爲仁則不可。

又問：仁與聖何以異？曰：人只見孔子言「何事於仁，必也聖乎」，便謂仁小而聖大。殊不知此言是孔子見子貢問博施濟衆，問得來事大，故曰何止於仁，「必也聖乎」！蓋仁可以通上下言之，聖則其極也。聖人，人倫之至。倫，理也。既通人理之極，更不可以有加。若今人或一事是仁，亦可謂之仁，至於盡仁道，亦謂之仁，此通上下言之也。如曰「若聖與仁，則吾豈敢」，此又却仁與聖俱大也。大抵盡仁道者即是聖人，非聖人則不能盡得仁道。

問曰：人有言「盡人道謂之仁，盡天道謂之聖」，此語何如？曰：此語固無病，然措意未是，安有知人道而不知天道者乎？道一也，豈人道自是人道，天道自是天道。中庸言：「盡己之性則能盡人之性，能盡人之性則能盡物之性，能盡物之性則可以贊天地之化育。」此言可見矣。楊子曰：「通天地人曰儒，通天地而不通人曰伎。」此亦不知道之言，豈有通天地而不通人者哉？如止云通天之文與地之理，雖不能此，何害於儒？天地人只一道也，纔通其一，則餘皆通。如後人解易，言乾天道也，坤地道也，便是亂說。論其體則天尊地卑，如論其道，豈有異哉？

問：孝弟「爲仁之本」，此是由孝弟可以至仁否？曰：非也。謂行仁自孝弟始。蓋孝弟是仁之一事，謂之行仁之本則可，謂之是仁之本則不可。蓋仁是性一作「本」。也，孝弟是用也。性中只有仁義禮智四者，幾曾有孝弟來。趙本作「幾曾有許多般數來」。仁主於愛，愛莫大於愛親，故曰：「孝弟也者，其爲仁之本與！」

孔子未嘗許人以仁，或曰：稱管仲「如其仁」，何也？曰：此聖人闡幽明微之道。只爲子路以子糾之死，管仲不死爲未仁，此甚小却管仲，故孔子言其有仁之功。此聖人言語抑揚處，當自理會得。

問：克、伐、怨、欲不行，可以爲仁？曰：人無克、伐、怨、欲四者，便是仁也。只爲原憲著一箇「不行」，不免有此心但不行也，故孔子謂「可以爲難」。此孔子著意告原憲處，欲他有所啓發，他承當不得，不能再發問也。孔門如子貢者，便能曉得聖人意。且如曰：「女以予爲多學而識之歟？」對曰：「然。」便復問曰：「非歟？」孔子告之曰：「非也，予一以貫之。」原憲則不能也。

問：仁與心何異？曰：心是所主處，仁是就事言。曰：若是則仁是心之用否？曰：固是，若説仁者心之用則不可。心譬如身，四端如四支，四支固是身所用，只可謂身之四支，如四端固具於心〔一〕然亦未可便謂之心之用。或曰：譬如五穀之種，必待陽氣而生。曰：非是，陽氣發處却是情也。必譬如穀種，生之性便是仁也。

問：四端不及信，何也？曰：性中只有四端，却無信。爲有不信，故有信字。且如今東者自東，西者自西，何用信字，只爲有不信，故有信字。又問：莫在四端之間？曰：不如此説，若如此説時，只説一箇義字亦得。

問：忠恕可貫道否？曰：忠恕固可以貫道，但子思恐人難曉，故復於中庸降一等言之，曰「忠恕違道不遠」。忠恕只是體用，須要理會得。又問：恕字學者可用功否？曰：恕字甚大，然恕不可獨用，須得忠以爲體，不忠何以能恕？看忠恕兩字，自見相爲用處。孔子曰：「君子之道四，丘未能一焉。」恕字甚難，孔子曰：「有一言可以終身行之者，其恕乎！」

問：人有以「君子敬而無失與人」爲一句，是否？曰：不可。敬是持己，恭是接人。「與人恭而有禮」，言接人當如此也。近世淺薄，以相歡狎爲相與，以無圭角爲相歡愛，如此者安能久！若要久，須是恭敬，君臣朋友皆當以敬爲主也。比之上六曰：「比之無首，凶。」象曰：「比之無首，無所終也。」比之有首，尚懼無終，既無首，安得有終？故曰「無所終也」。比之道須當有首。或曰：君子淡以成，小人甘以壞。曰：是也，豈有甘而不壞者？

問：「出門如見大賓，使民如承大祭」，方其未出門、未使民時如何？曰：此「儼若思」之時也。當出門時，其敬如此，未出門時可知也。且見乎外者，出乎中者也。使民、出門者，事也。非因是事上方有此敬，蓋素敬也。如人接物以誠，人皆曰誠人，蓋是素來誠，非因接物而始有此誠也。儼然正其衣冠，尊其瞻視，其中自有箇敬處，雖曰無狀，敬自可見。

問：人有專務「敬以直內」，不務方外，何如？曰：有諸中者必形諸外。惟恐不直內，內直則外必方。

敬是閑邪之道。「閑邪存其誠」，雖是兩事，然亦只是一事，閑邪則誠自存矣。天下有一箇善、一箇惡，去善即是惡，去惡即是善。譬如門，不出便入，豈出入外更別有一事也？

義還因事而見否？曰：非也，性中自有。或曰：無狀可見？曰：説有便是見，但人自不見，昭昭然在天地之中也。且如性，何須待有物方指爲性，性自在也。賢所言見者事，某所言見者理。如日不見而彰是也。

人多説某不教人習舉業，某何嘗不教人習舉業也。人若不習舉業而望及第，却是責天理而不脩人事。但舉業既可以及第即已，若更去上面盡力求必得之道，是惑也。

人注擬差遣欲就主簿者，問其故，則曰責輕於尉。某曰却是尉責輕，尉只是捕盗，不能使民不爲盗。簿佐令以治一邑，使民不爲盗，簿之責也，豈得爲輕？或問：簿佐令者也，簿所欲爲，令或不從，奈何？曰：當以誠意動之。今令與簿不和，只是争私意。令是邑之長，若能以事父兄之道事之，過則歸己，善則惟恐不歸於令，積此誠意，豈有不動得人？問：授司理如何？曰：甚善。若能充其職，可使一郡無冤民也。幙官言事不合，如之何？曰：必不得已，有去而已。須權量事之大小，事大於去則當去，事小於去亦不須去也，事大於争則當争，事小於争則不須争也。今人只被以官爲業，如何去得。

人有實無學而氣蓋人者，其氣一作「稟」。有剛柔也，故強猛者當抑之，畏縮者當充養之。古人佩韋絃之戒，正爲此耳。然剛者易抑，如子路初雖聖人亦被他陵，後來既知學，便却移其剛來克己甚易。畏縮者，氣本柔，須索勉強也。

藻鑑人物，自是人才有通悟處，學不得也。張子厚善鑑裁，其弟天祺學之便錯。

問：學何以有至覺悟處？曰：莫先致知，能致知則思一日愈明一日，久而後有覺也。

學而無覺，則何益矣，又奚學爲？「思曰睿，睿作聖」，纔思便睿，以至作聖，亦是一箇思。故曰：「勉強學問，則聞見博而智益明。」又問：莫致知與力行兼否？曰：爲常人言，纔知得非禮不可爲，須用勉強，至於知穿窬不可爲，則不待勉強。是知亦有深淺也。古人言樂循理之謂君子，若勉強只是知循理，非是樂也。纔到樂時，便是循理爲樂，不循理爲不樂，何苦而不循理，自不須勉強也。若夫聖人「不勉而中，不思而得」，此又上一等事。

問：張旭學草書，見擔夫與公主爭道，及公孫大娘舞劍，〔一〕而後悟筆法，莫是心常思念至此而感發否？曰：然。須是思，方有感悟處，若不思，怎生得如此。然可惜張旭留心於書，若移此心於道，何所不至。

「思曰睿」，思慮久後，睿自然生。若於一事上思未得，且別換一事思之，不可專守著這一事。蓋人之知識於這裏蔽著，雖強思亦不通也。一本此下云：或問：思一事，或泛及他事，莫是心不專否？曰：心若專，怎生解及別事。

與學者語，正如扶醉人，東邊扶起却倒向西邊，西邊扶起却倒向東邊，終不能得他卓立中途。

古者之學者一，今之學者三，異端不與焉：一曰文章之學，二曰訓詁之學，三曰儒者之學。欲趨道，舍儒者之學不可。

今之學者有三弊：一溺於文章，二牽於訓詁，三惑於異端。苟無此三者，則將何歸？必趨於道矣。

或曰：人問某以學者當先識道之大本，道之大本如何求，某告之以君臣、父子、夫婦、兄弟、朋友，於此五者上行樂處便是。曰：此固是，然怎生地樂？勉強樂不得，須是知得了方能樂得。故人力行先須要知。非特行難，知亦難也。

書曰：〔三〕「知之非艱，行之惟艱。」此固是也，然知之亦自艱。譬如人欲往京師，必知是出那門行那路，然後可往，如不知，雖有欲往之心，其將何之？自古非無美材能力行者，然鮮能明道，以此見知之亦難也。

問：忠信進德之事固可勉強，然致知甚難。曰：子以誠敬爲可勉強，且恁地說，到底須是知了方行得。若不知，只是覷却堯，學他行事，無堯許多聰明睿知，怎生得如他動容周旋中禮？有諸中必形諸外，德容安可妄學？如子所言，是篤信而固守之，非固有之也。且如中庸「九經」，「脩身也，尊賢也，親親也」。堯典「克明峻德，以親九族」。親親本合在尊賢上，何故却在下？須是知所以親親之道方得，未致知便欲誠意，是躐等也。學者固當勉強，然不致知，怎生行得，勉強行者，安能持久？除非燭理明，自然樂循理。性本善，循理而行是順理事，本亦不難，但爲人不知，旋安排著，便道難也。知有多少般數，煞有深淺。〔四〕向親見一人曾爲虎所傷，因言及虎，神色便變，旁有數人見他説虎，非不知虎之猛可畏，然不如他説了有畏懼之色，蓋真知虎者也。學者深知亦如此。且如膾炙，貴公子與野人莫不皆知其美，然貴人聞著便有欲嗜膾炙之色，野人則不然。學者須是真知，纔知得是，便泰然行將去也。某年二十時解釋經義與今無異，然思今日覺得意味與少時自別。

信有二般：有信人者，有自信者。如七十子於仲尼，得他言語便終身守之，〔五〕然未必知道這箇怎生是怎生非也。此信於人者也。學者須要自信，既自信，怎生奪亦不得。

或問：進脩之術何先？曰：莫先於正心誠意。誠意在致知，致知在格物。格，至也，如「祖考來格」之格。凡一物上有一理，須是窮致其理。窮理亦多端，或讀書講明義理，或論古今人物別其是非，或應接事物而處其當，皆窮理也。或問：格物須物物格之，還只格一物而萬理皆知？曰：怎生便會該通？若只格一物便通衆理，雖顔子亦不敢如此道。須是今日格一件，明日又格一件，積習既多，然後脱然自有貫通處。

涵養須用敬，進學則在致知。

問：人有志於學，然智識蔽固，力量不至，則如之何？曰：只是致知。若致知則智識當自漸明，不曾見人有一件事終思不到也。智識明則力量自進。問曰：何以致知？曰：在明理，或多識前言往行，識之多則理明。然人全在強勉也。

士之於學也，猶農夫之耕。農夫不耕則無所食，無所食則不得生。士之於學也，其可一日舍哉！

學者言入乎耳，必須著乎心，見乎行事。如只聽他人言，却似説他人事，己無所與也。

問：學者須志於大，如何？曰：志無大小，且莫説道將第一等讓與别人，且做第二等，才如此説便是自棄，雖與「不能居仁由義者」差等不同，其自小一也。言學便以道爲志，言人便以聖爲志。自謂不能者，自賊者也。謂其君不能者，賊其君者也。

或問：人有恥不能之心，如何？曰：人恥其不能而爲之，可也；恥其不能而掩藏之，不可也。問：技藝之事，恥己之不能，如何？曰：技藝不能安足恥？爲士者當知道，己不知道，可恥也。爲士者當博學，己不博學，一本無「知道」已下至此十九字，但云「博學守約己不能之則」。可恥也。恥之如何？亦曰勉之而已，又安可嫉人之能而諱己之不能也？

學欲速不得，然亦不可怠緩，〔六〕有欲速之心便不是學。學是至廣大事，豈可以迫切之心爲之？

問：敬還用意否？曰其始安得不用意？若能一無此字。不用意，却是都無事了。又問：敬莫是静否？曰：纔説静便入於釋氏之説也。不用静字，只用敬字。纔説著静字便是忘也。孟子曰：「必有事焉而勿正，心勿忘，勿助長也。」必有事焉便是心勿忘，勿正便是勿助長。

問：至誠可以蹈水火，有此理否？曰：有之。曰：列子言商丘開之事有乎？曰：此是聖人之道不明後，莊、列之徒各以私智探測至理而言也。曰：巫師亦能如此，誠邪？欺邪？曰：此輩往往有術，常懷一箇欺人之心，更那裏得誠來。

或問：獨處一室或行闇中，多有驚懼，何也？曰：只是燭理不明，若能燭理，則知所懼者妄，又何懼焉？有人雖知此，然不免懼心者，只是氣不充。須是涵養久則氣充，自然物動不得。然有懼心亦是敬不足。

問：世言鬼神之事，雖知其無，然不能無疑懼，何也？曰：此只是自疑爾。曰：如何可以曉悟其理？曰：理會得精氣爲物，游魂爲變，與原始要終之說，便能知也。須是於原字上用工夫。或曰：游魂爲變，是變化之變否？曰：既是變，則存者亡，堅者腐，更無物也。鬼神之道只恁說與賢，雖會得亦信不過，須是自得也。或曰：何以得無恐懼？曰：須是氣定，自然不惑。氣未充，要強不得。因說與長老游山事。

人語言緊急，莫是氣不定否？曰：此亦當習，習到言語自然緩時，便是氣質變也。學至氣質變，方是有功。人只是一箇習。今觀儒臣自有一般氣象，武臣自有一般氣象，貴戚自有一般氣象，不成生來便如此，只是習也。某舊嘗進說於主上及太母，欲令上於一日之中親賢士大夫之時多，親宦官宮人之時少，所以涵養氣質，薰陶德性。

或問：人或倦怠，豈志不立乎？曰：若是氣，體勞後須倦，若是志，怎生倦得？人只爲氣勝志，故多爲氣所使。如人少而勇，老而怯，少而廉，老而貪，此爲氣所使者也。若是志勝氣時，志既一定，更不可易。如曾子易簀之際，其氣之微可知，只爲他志已定，故雖死生許大事亦動他不得，蓋有一絲髮氣在，則志猶在也。

問：人之燕居，形體怠惰，心不慢，可否？曰：安有箕踞而心不慢者？昔呂與叔六月中來緱氏，閒居中某嘗窺之，必見其儼然危坐，可謂敦篤矣。學者須恭敬，但不可令拘迫，拘迫則難久也。尹子曰：嘗親聞此，乃謂劉質夫也。

昔呂與叔嘗問爲思慮紛擾，某答以但爲心無主，若主於敬則自然不紛擾。譬如以一壺水投於水中，壺中既實，雖江湖之水不能入矣。曰：若思慮果出於正，亦無害否？曰：且如在宗廟則主敬，朝廷主莊，軍旅主嚴，此是也。如發不以時，紛然無度，雖正亦邪。

問：游宣德云「人能戒慎恐懼於不覩不聞之間，〔七〕則無聲無臭之道可以馴致」，此説如何？曰：馴致，漸進也。然此亦大綱説，固是自小以致大，自脩身可以至於盡性至命。然其間有多少般數，其所以至之之道當如何。荀子曰：「始乎爲士，終乎爲聖人。」今人學者須讀書，纔讀書便望爲聖賢，然中間至之之方更有多少。荀子雖能如此説，却以禮義爲僞，性爲不善。他自情性尚理會不得，怎生到得聖人。大抵以堯所行者欲力行之，以多聞多見取之，其所學者皆外也。

問：人有日誦萬言，或妙絶技藝，此可學否？曰：不可。大凡所受之才，雖加勉強，止可少進，而鈍者不可使利也。惟理可進。除是積學既久，能變得氣質，則愚必明，柔必強。蓋大賢以下即論才，大賢以上更不論才。聖人與天地合德，日月合明。六尺之軀能有多少技藝？人有身，須用才，聖人忘己，更不論才也。

問：人於議論，多欲己直，無含容之氣，是氣不平否？曰：固是氣不平，亦是量狹。人量隨識長，亦有人識高而量不長者，是識實未至也。大凡別事人都強得，惟識量不可強。今人有斗筲之量，有釜斛之量，有鍾鼎之量，有江河之量。江河之量亦大矣，然有涯，有涯亦有時而滿，唯天地之量則無滿。故聖人者，天地之量也。聖人之量，道也；常人之有量者，天資也。天資有量者須有限，大抵六尺之軀，力量只如此，雖欲不滿不可得。且如人有得一薦而滿者，有得一官而滿者，有改京官而滿者，有入兩府而滿者，滿雖有先後，然卒不免。譬如器盛物，初滿時尚可蔽護，更滿則必出。此天資之量，非知道者也。昔王隨甚有器量，仁廟賜飛白書曰：「王隨德行，李淑文章。」當時以德行稱，名望甚重。及爲相，有一人求作三路轉運使，王薄之，出鄙言，當時人皆驚怪。到這裏位高後便動了，人之量只如此。古人亦有如此者多。如鄧艾位三公，年七十，處得甚好，及因下蜀有功便動了，言姜維云云。謝安聞謝玄破符堅，對客圍棊，報至不喜，及歸折屐齒，强終不得也。更如人大醉後益恭謹者，只益恭便是動了，雖與放肆者不同，其爲酒所動一也。又如貴公子位益高益卑謙，只卑謙便是動了，雖與驕傲者不同，其爲位所動一也。然惟知道者量自然宏大，不勉强而成。今人有所見卑下者，無他，亦是識量不足也。

人纔有意於爲公，便是私心。昔有人典選，其子弟繫磨勘皆不爲理，此乃是私心。人多言古時用直不避嫌得，後世用此不得，自是無人，豈是無時。因言少師典舉、明道薦才事。聖人作事甚宏裕。今人不知義理者更不須說，纔知義理便迫窄。若聖人則綽綽有餘裕。

問：觀物察己，還因見物反求諸身否？曰：不必如此說。物我一理，纔明彼即曉此，「合内外之道」也。語其大，至天地之高厚；語其小，至一物之所以然，學者皆當理會。又問：致知先求之四端，如何？曰：求之情性，固是切於身，然一草一木皆有理，須是察。

觀物理以察己，既能燭理，則無往而不識。

天下物皆可以理照，有物必有則，一物須有一理。

窮理、盡性、至命只是一事，才窮理便盡性，才盡性便至命。

聲、色、臭、味四字，虚實一般。凡物有形必有此四者，意言象數亦然。

爲人處世間，得見事無可疑處，多少快活。

問：學者不必同，如仁、義、忠、信之類，只於一字上求之，可否？曰：且如六經則各自有箇蹊轍，及其造道，一也。仁、義、忠、信只是一體事，若於一事上得之，其他皆通也。然仁是本。

問：人之學，有覺其難而有退志，則如之何？曰：有兩般，有思慮苦而志氣倦怠者，有憚其難而止者。向嘗爲之説，今人之學如登山麓，方其易處莫不闊步，及到難處便止，人情是如此。山高難登，是有定形，實難登也。聖人之道，不可形象，非實難然也，人弗爲耳。顔子言「仰之彌高，鑽之彌堅」，此非是言聖人高遠實不可及，堅固實不可入也。此只是譬喻，却無事，大意却是在「瞻之在前，忽然在後」上。又問：人少有得而遂安者，如何？曰：此實無所得也。譬如以管窺天，乍見星斗粲爛，便謂有所見，喜不自勝，此終無所得。若有大志者，不以管見爲得也。

問：家貧親老，應舉求仕，不免有得失之累，何脩可以免此？曰：此只是志不勝氣，若志勝自無此累。家貧親老須用禄仕，然得之不得爲有命。曰：在己固可，爲親奈何？曰：爲己爲親也只是一事，若不得，其如命何？孔子曰：「不知命，無以爲君子。」人苟不知命，見患難必避，遇得喪必動，見利必趨，其何以爲君子？然聖人言命，蓋爲中人以上者設，非爲上智者言也。中人以上，於得喪之際不能不惑，故有命之説，然後能安。若上智之人更不言命，惟安於義，借使求則得之，然非義則不求，此樂天者之事也。上智之人安於義，中人以上安於命，乃若聞命而不能安之者，又其每下者也。孟子曰：「求之有道，得之有命。」求之雖有道，奈何得之須有命。

問：前世所謂隱者，或守一節，或悙一行，然不知有知道否？曰：若知道，則不肯守一節一行也。如此等人鮮明理，多取古人一節事專行之。孟子曰：「服堯之服，行堯之行。」古人有殺一不義，雖得天下不爲，則我亦殺一不義，雖得天下不爲，古人有高尚隱逸不肯就仕，則我亦高尚隱逸不仕。如此等則放傚前人所爲耳，於道鮮自得也。是以東漢尚名節，有雖殺身不悔者，只爲不知道也。

問：方外之士，有人來看他，能先知者，有諸？因問王子真事。陳本注云：伊川一日入嵩山，王佺已候於松下。問何以知之，曰去年已有消息來矣。蓋先生前一年嘗欲往，以事而止。曰：有之。向見嵩山董五經能如此。問：何以能爾？曰：只是心静，静而後能照。又問：聖人肯爲否？曰：何必聖賢，使釋氏稍近道理者，便不肯爲。釋氏常言：庵中坐却見庵外事，莫是野狐精。釋子猶不肯爲，況聖人乎！

問：神仙之説有諸？曰：不知如何，若説白日飛昇之類則無，若言居山林間保形鍊氣以延年益壽則有之。譬如一爐火，置之風中則易過，置之密室則難過，有此理也。又問：楊子言「聖人不師仙，厥術異也」，聖人能爲此等事否？曰：此是天地間一賊，若非竊造化之機，安能延年？使聖人肯爲，周、孔爲之久矣。

問：惡外物，如何？曰：是不知道者也。物安可惡？釋氏之學便如此。釋氏要屏事不問，這事是合有邪，合無邪？若是合有，又安可屏？若是合無，自然無了，更屏什麽？彼方外者苟且務静，乃遠迹山林之間，蓋非明理者也。世方以爲高，惑矣。

釋氏有出家出世之説。家本不可出，却爲他不父其父，不母其母，自逃去固可也。至於世則怎生出得？既道出世，除是不戴皇天，不履后土始得，然又却渴飲而飢食，戴天而履地。

問：某嘗讀華嚴經，第一真空絶相觀，第二事理無礙觀，第三事事無礙觀，譬如鏡燈之類，包含萬象，無有窮盡，此理如何？曰：只爲釋氏要周遮，一言以蔽之，不過曰萬理歸於一理也。又問：未知所以破他處。曰：亦未得道他不是。百家諸子箇箇談仁談義，只爲他歸宿處不是，只是箇自私，爲輪回生死，却爲釋氏之辭善遁，纔窮著他，便道我不爲這箇，到了寫在册子上，怎生遁得？且指他淺近處，只燒一文香，便道我有無窮福利。懷却這箇心，怎生事神明？

釋氏言成住壞空，便是不知道。只有成壞，無住空。且如草木初生既成，生盡便枯壞也。他以謂如木之生，生長既足却自住，然後却漸漸毀壞。天下之物無有住者，嬰兒一生，長一日便是減一日。何嘗得住？然而氣體日漸長大，長底自長，減底自減，自不相干也。

問：釋氏理障之說。曰：釋氏有此說，謂既明此理而又執持是理，故爲障。此錯看了理字也。天下只有一箇理，既明此理，夫復何障？若以理爲障，則是己與理爲二。

今之學禪者，平居高談性命之際，至於世事，往往直有都不曉者，此只是實無所得也。

問：釋氏有一宿覺、言下覺之說，如何？曰：何必浮圖，孟子嘗言覺字矣，曰：「以先知覺後知，以先覺覺後覺。」知是知此事，覺是覺此理。古人云「共君一夜話，勝讀十年書」，若於言下即悟，何啻讀十年書。

問：明道先生云：「昔之惑人也，乘其迷暗；今之惑人也，因其高明。」既曰高明，又何惑乎？曰：今之學釋氏者往往皆高明之人，所謂「知者過之」也。然所謂高明，非中庸所謂「極高明」。如「知者過之」，若是聖人之智，豈更有過？

問：世之學者多入於禪，何也？曰：今人不學則已，如學焉，未有不歸於禪也。却焉他求道未有所得，思索既窮，乍見寬廣處，其心便安於此。曰：是可反否？曰：深固者難反。

問：西銘何如？曰：此横渠文之粹者也。曰：充得盡時如何？曰：聖人也。横渠能充盡否？曰：言有多端，有有德之言，有造道之言。有德之言説自己事，如聖人言聖人事也。造道之言則知足以知此，如賢人説聖人事也。横渠道儘高，言儘醇，自孟子後儒者都無他見識。

問：横渠之書有迫切處否？曰：子厚謹嚴，纔謹嚴便有迫切氣象，無寬舒之氣。孟子却寬舒，只是中間有些英氣，纔有英氣便有圭角，英氣甚害事。如顔子便渾厚不同。顔子去聖人只毫髮之間。孟子大賢，亞聖之次也。或問：氣象於甚處見？曰：但以孔子之言比之便見。如冰與水精非不光，比之玉自是有温潤含蓄氣象，無許多光耀也。

問：邵堯夫能推數，見物壽長短始終，有此理否？曰：固有之。又問：或言人壽但得一百二十數，是否？曰：固是。此亦是大綱數，不必如此。馬牛得六十，按皇極經世當作「三十」。猫犬得十二，燕雀得六年之類，蓋亦有過不及。又問：還察形色？還以生下日數推考？曰：形色亦可察，須精方驗。

邵堯夫數法出於李挺之，至堯夫推數方及理。

邵堯夫臨終時只是諧謔，須臾而去。以聖人觀之，則亦未是，蓋猶有意也，比之常人甚懸絶矣。他疾甚革，某往視之，因警之曰：「堯夫平生所學，今日無事否？」他氣微不能答。次日見之，却有聲如絲髮來，大答云：「你道生薑樹上生，我亦只得依你説。」是時諸公都在廳上議後事，各欲遷葬城中。堯夫已自爲塋。他在房間便聞得，令人喚大郎來，云不得遷葬，衆議始定。又諸公恐喧他，盡出外説話，他皆聞得。一人云有新報云云，堯夫問有甚事，曰有某事，堯夫曰：「我將爲收却幽州也。」以他人觀之便以爲怪，此只是心虚而明，故聽得。問曰：堯夫未病時不如此，何也？曰：此只是病後氣將絶，心無念慮，不昏便如此。又問：釋氏臨終亦先知死，何也？曰：只是一箇不動心。釋氏平生只學這箇事，將這箇做一件大事。學者不必學他，但燭理明，自能之。只如邵堯夫事，他自如此，亦豈嘗學也？孔子曰：「未知生，焉知死？」人多言孔子不告子路，此乃深告之也。又曰：「原始要終，故知死生之説。」人能原始，知得生理，一作「所以生」。便能要終知得死理。一作「所以死」。若不明得，便雖千萬般安排著，亦不濟事。

張子厚罷禮官歸，過洛陽相見。某問云：「在禮院有甚職事？」曰：「多爲禮房檢正所奪，只定得數箇謚，并龍女衣冠。」問：「如何定龍女衣冠？」曰：「請依品秩。」曰：「若使某當是事，必不如此處置。」曰：「如之何？」曰：「某當辨云：大河之塞，天地之靈，宗廟之祐，社稷之福，與吏士之力，不當歸功水獸。龍，獸也，不可衣人衣冠。」子厚以爲然。

問：荆公可謂得君乎？曰：後世謂之得君可也，然荆公之智識亦自能知得。如表云：「忠不足以信上，故事必待於自明；智不足以破姦，故人與之爲敵。」智不破姦，此則未然，若君臣深相知，何待事事使之辨明也。舉此一事便可見。曰：荆公「勿使上知」之語信乎？曰：須看他當時因甚事說此話。且如作此事當如何更須詳審，未要令上知之。又如說一事未甚切當，更須如何商量體察，今且勿令上知，若此類不成是欺君也。凡事未見始末，更切子細，反覆推究方可。

人之有寤寐，猶天之有晝夜。陰陽動静，開闔之理也。如寤寐須順陰陽始得。問：人之寐何也？曰：人寐時血氣皆聚於内，如血歸肝之類。今人不睡者多損肝。

問：魂魄何也？曰：魂只是陽，魄只是陰。魂氣歸于天，體魄歸于地是也。如道家三魂七魄之說，妄爾。

或曰：傳記有言，太古之時人有牛首蛇身者，莫無此理否？曰：固是。既謂之人，安有此等事？但有人形似鳥喙或牛首者耳。荀子中自說。問：太古之時，人還與物同生否？曰：同。莫是純氣爲人，繁氣爲蟲否？曰：然。人乃五行之秀氣，此是天地清明純粹氣所生也。或曰：人初生時還以氣化否？曰：此必燭理，當徐論之。且如海上忽露出一沙島，便有草木生。有土而生草木，不足怪。既有草木，自然禽獸生焉。或曰：先生語録中云「焉知海島上無氣化之人」，如何？曰：是近人處固無，須是極遠處有，亦不可知。〔八〕曰：今天下未有無父母之人。古有氣化，今無氣化，何也？曰：有兩般。有全是氣化而生者，若腐草化爲螢是也。既是氣化，到合化時自化。有氣化生之後而種生者，且如人身上著新衣服，過幾日便有蟣虱生其間，此氣化也。氣既化後更不化，便以種生去。此理甚明。

或問：宋齊丘化書云：「有無情而化爲有情者，有有情而化爲無情者。無情而化爲有情者，若楓樹化爲老人是也。有情而化爲無情者，如望夫化爲石是也。」此語如何？曰：莫無此理。楓木爲老人，形如老人也，豈便變爲老人？川中有蟬化爲花，蚯蚓化爲百合，如石蟹、石燕、石人之類有之。固有此理。某在南中時，聞有採石人因採石石陷，遂在石中，幸不死，飢甚，只取石膏食之，不知幾年後，因別人復來採石，見此人在石中，引之出，漸覺身硬，纔出風便化爲石。此無可怪，蓋有此理也。若「望夫石」，只是臨江山有石如人形者，今天下凡江邊有石立者，皆呼爲「望夫石」。〔九〕如呼「馬鞍」、「牛頭」之類，天下同之。

問：上古人多壽，後世不及古，何也？莫是氣否？曰：氣便是命也。曰：今人不若古人壽，是盛衰之理歟？曰：盛衰之運卒難理會。且以歷代言之，二帝三王爲盛，後世爲衰。以一代言之，文、武、成、康爲盛，幽、厲、平、桓爲衰。以一君言之，開元爲盛，天寶爲衰。以一歲則春夏爲盛，秋冬爲衰。以一月則上旬爲盛，下旬爲衰。以一日則寅卯爲盛，戌亥爲衰。

一時亦然，如人生百年，五十以前爲盛，五十以後爲衰。然有衰而復盛者，有衰而不復反者。若舉大運而言，則三王不如五帝之盛，兩漢不如三王之盛，又其下不如漢之盛，至其中間又有多少盛衰。如三代衰而漢盛，漢衰而魏盛，此是衰而復盛之理。譬如月既晦則再生，四時往復來也。若論天地之大運，舉其大體而言，則有日衰削之理。如人生百年，雖赤子才生一日，便是減一日也。形體日自長，而數日自減，不相害也。

天下有多少才，只爲道不明於天下，故不得有所成就。且古者「興於詩，立於禮，成於樂」，如今人怎生會得。古人於詩，如今人歌曲一般，雖閭里童稚，皆習聞其說而曉其義，故能興起於詩。後世老師宿儒尚不能曉其義，怎生責得學者，是不得興於詩也。古禮既廢，人倫不明，以至治家皆無法度，是不得立於禮也。古人有歌詠以養其性情，聲音以養其耳，舞蹈以養其血脉，今皆無之，是不得成於樂也。古之成材也易，今之成材也難。

今習俗如此不美，然人却不至大故薄惡者，只是爲善在人心者不可忘也。魏鄭公言「使民澆漓，不復返朴，今當爲鬼爲魅」，此言甚是。只爲秉彝在人，雖俗甚惡亦滅不得。

蘇季明問：中之道與喜怒哀樂未發謂之中同否？曰：非也。喜怒哀樂未發是言在中之義，只一箇中字，但用不同。或曰：喜怒哀樂未發之前求中可否？曰：不可。既思於喜怒哀樂未發之前求之，又却是思也。既思即是已發，思與喜怒哀樂一般。纔發便謂之和，不可謂之中也。又問：呂學士言「當求於喜怒哀樂未發之前」，信斯言也，恐無著莫，如之何而可？曰：看此語如何地下，若言存養於喜怒哀樂未發之時則可，若言求中於喜怒哀樂未發之前則不可。又問：學者於喜怒哀樂發時，固當勉強裁仰，於未發之前當如何用功？曰：於喜怒哀樂未發之前更怎生求？只平日涵養便是，涵養久則喜怒哀樂發自中節。或曰：有未發之中，有既發之中。曰：非也。既發時，便是和矣。發而中節，固是得中，「時中」之類。只爲將中和來分說，便是和也。

季明問：先生說喜怒哀樂未發謂之中是在中之義，不識何意？曰：只喜怒哀樂不發，便是中也。曰：中莫無形體，只是箇言道之題目否？曰：非也。中有甚形體？然既謂之中也，須有箇形象。曰：當中之時，耳無聞，目無見否？曰：雖耳無聞，目無見，然見聞之理在始得。曰：中是有時而中否？曰：何時而不中？以事言之，則有時而中，以道言之，何時而不中？曰：固是所爲皆中，然而觀於四者未發之時，靜時自有一般氣象，及至接事時又自別，何也？曰：善觀者不如此，却於喜怒哀樂已發之際觀之。賢且說靜時如何。曰：謂之無物則不可，然自有知覺處。曰：既有知覺，却是動也，怎生言靜？人說「復其見天地之心」，皆以謂至靜能見天地之心，非也。復之卦下面一畫，便是動也，安得謂之靜？自古儒者皆言靜見天地之心，唯某言動而見天地之心。或曰：莫是於動上求靜否？曰：

固是，然最難。釋氏多言定，聖人便言止。且如物之好須道是好，物之惡須道是惡。物自好惡，關我這裏甚事？若說道我只是定，更無所爲，然物之好惡亦自在裏，故聖人只言止。所謂止，如人君止於仁，人臣止於敬之類是也。易之艮言止之義曰「艮其止，止其所也」，言隨其所止而止之。人多不能止。蓋人萬物皆備，遇事時各因其心之所重者，更互而出，纔見得這事重，便有這事出，若能物各付物，便自不出來也。或曰：先生於喜怒哀樂未發之前，下動字下靜字？曰：謂之靜則可，然靜中須有物始得。這裏便一作「最」。是難處，學者莫若且先理會得敬，能敬則自知此矣。或曰：敬何以用功？曰：莫若主一。季明曰：昞嘗患思慮不定，或思一事未了，他事如麻又生，如何？曰：不可，此不誠之本也。須是習，習能專一時便好，不拘思慮與應事，皆要求一。或曰：當靜坐時，物之過乎前者，還見不見？曰：看事如何，若是大事，如祭祀，前旒蔽明，黈纊充耳，凡物之過者，不見不聞也。若無事時，目須見，耳須聞。或曰：當敬時，雖見聞莫過焉而不留否？曰：不說道非禮勿視勿聽？勿者禁止之辭，纔說弗字便不得也。問：雜說中以赤子之心爲已發，是否？曰已發而去道未遠也。曰：大人不失赤子之心，若何？曰：取其純一近道也。曰：赤子之心與聖人之心若何？曰：聖人之心如鏡如止水。

問：日中所不欲爲之事，夜多見於夢，此何故也？曰：只是心不定。今人所夢見事，豈特一日之間所有之事，亦有數十年前之事。夢見之者，只爲心中舊有此事，平日忽有事與此事相感，或氣相感，然後發出來。故雖白日所憎惡者，亦有時見於夢也。譬如水爲風激而成浪，風既息，波猶洶湧未已也。若存養久底人自不如此，聖賢則無這箇夢，只有朕兆便形於夢也。人有氣清無夢者，亦有氣昏無夢者。聖人無夢，氣清也。若人困甚時更無夢，只是昏氣蔽隔，夢不得也。若孔子夢周公之事，與常人夢別。人於夢寐間，亦可以卜自家所學之淺深，如夢寐顛倒，即是心志不定，操存不固。如揚子江宿浪。

問：人心所繫著之事，則夜見於夢，所著事善，夜夢見之者莫不害否？曰：雖是善事，心亦是動。凡事有朕兆入夢者却無害，捨此皆是妄動。或曰：孔子嘗夢見周公，當如何？曰：此聖人存誠處也。聖人欲行周公之道，故雖一夢寐不忘周公，及既衰，知道之不可行，故不復夢見。然所謂夢見周公，豈是夜夜與周公語也。人心須要定，使他思時方思乃是。今人都由心。曰：心誰使之？曰：以心使心則可，人心自由便放去也。

「政也者，蒲盧也」，言化之易也。螟蛉與果蠃自是二物，但氣類相似，然祝之久便能肖。政之化人宜甚於蒲盧矣。〔一〇〕然蒲盧二物形質不同，尚祝之可化，人與聖人形質無異，豈學之不可至耶？

「誠者自成」，如至誠事親則成人子，至誠事君則成人臣。「不誠無物，誠者物之終始」，猶俗説徹頭徹尾不誠，更有甚物也。「其次致曲」，曲，偏曲之謂，非大道也。「曲能有誠」，就一事中用志不分，亦能有誠。且如技藝上可見，養由基射之類是也。「誠則形」，誠後便有物。如「立則見其參於前，在輿則見其倚於衡」，如「有所立卓爾」，皆若有物方見。其無形，〔一一〕是見何物也。「形則著」，又著見也。「著則明」，是有光輝之時也。〔一二〕「明則動」，誠能動人也。君子所過者化，豈非動乎？或曰：變與化何别？曰：變如物方變而未化，化則更無舊迹，自然之謂也。莊子言變大於化，非也。

問：命與遇何異？張橫渠云：行同報異，猶難語命，語遇可也。先生曰：人遇不遇，即是命也。曰：長平之戰，四十萬人死，豈命一乎？曰：是亦命也，只遇著白起，便是命當如此。又況趙卒皆一國之人，使是五湖四海之人同時而死，亦是常事。又問：或當刑而王，或爲相而餓死，或先貴後賤，或先賤後貴，此之類皆命乎？曰：莫非命也。既曰命，便有此不同，不足怪也。

問：人之形體有限量，心有限量否？曰：論心之形，則安得無限量？又問：心之妙用有限量否？曰：自是人有限量。以有限之形、有限之氣，苟不通一作「用」。之以道，安得無限量？孟子曰「盡其心，知其性」，心即性也。在天爲命，在人爲性，論其所主爲心，其實只是一箇道。苟能通之以道，又豈有限量？天下更無性外之物，若云有限量，除是性外有物始得。

問：心有善惡否？曰：在天爲命，在義爲理，在人爲性，主於身爲心，其實一也。心本善，發於思慮則有善有不善。若既發則可謂之情，不可謂之心。譬如水只謂之水，至如流而爲派，或行於東，或行於西，却謂之流也。

問：喜怒出於性否？曰：固是。纔有生識便有性，有性便有情，無性安得情？又問：喜怒出於外，如何？曰：非出於外，感於外而發於中也。問：性之有喜怒，猶水之有波否？曰：然。湛然平静如鏡者，水之性也。及遇沙石或地勢不平，便有湍激，或風行其上，便爲波濤洶洶，〔一三〕此豈水之性也哉？人性中只有四端，又豈有許多不善底事。然無水安得波浪，無性安得情也。

問：人性本明，因何有蔽？曰：此須索理會也。孟子言人性善是也，雖荀、楊亦不知性。孟子所以獨出諸儒者，以能明性也。性無不善，而有不善者才也。性即是理，理則自堯、舜至于塗人一也。才稟於氣，氣有清濁，稟其清者爲賢，稟其濁者爲愚。又問：愚可變否？曰：可。孔子謂「上智與下愚不移」，然亦有可移之理，惟自暴自棄者則不移也。曰：下愚所以自暴棄者，才乎？曰：固是也，然却道他不可移不得。性只一般，豈不可移，却被他自暴自棄不肯去學，故移不得，使肯學時，亦有可移之理。

凡解文字，但易其心，自見理。理只是人理甚分明，如一條平坦底道路。詩曰「周道如砥，其直如矢」，此之謂也。且如隨卦言「君子向晦入宴息」，解者多作「遵養時晦」之晦。或問：作甚晦字？曰：此只是隨時之大者，向晦則宴息也，更別有甚義。或曰：聖人之言恐不可以淺近看他。曰：聖人之言自有近處，自有深遠處，如近處怎生強要鑿教深遠得。楊子曰：「聖人之言遠如天，賢人之言近如地。」某與改之曰：「聖人之言，其遠如天，其近如地。」

學者不泥文義者，又全背却遠去，理會文義者，又滯泥不通。如子濯孺子爲將之事，孟子只取其不背師之意，人須就上面理會事君之道如何也。又如萬章問舜完廩浚井事，孟子只答他大意，人須要理會浚井如何出得來，完廩又怎生下得來。若此之學，徒費心力。

問：聖人之經旨，如何能窮得？曰：以理義去推索可也。學者先須讀論、孟，窮得論、孟，〔一四〕自有箇要約處，以此觀他經甚省力。論、孟如丈尺權衡相似，以此去量度事物，自然見得長短輕重。某嘗語學者必先看論語、孟子。今人雖善問，未必如當時人，借使問如當時人，聖人所答不過如此。今人看論、孟之書，亦如見孔、孟何異。

孟子養氣一篇，諸君宜潛心玩索，須是實識得方可。「勿忘勿助長」只是養氣之法，如不識，怎生養？有物始言養，無物又養箇甚麽？「浩然之氣」須見是一箇物。如顔子言「如有所立卓爾」，孟子言「躍如也」，卓爾、躍如，〔一五〕分明見得方可。

「不得於言，勿求於心，不可」，此觀人之法。心之精微，言有不得者，不可便謂不知。此告子淺近處。

「持其志，無暴其氣」，内外交相養也。

「配義與道」，謂以義理養成此氣，合義與道。方其未養，則氣自是氣，義自是義，及其養成浩然之氣，則氣與義合矣。本不可言合，爲未養時言也。如言道，則是一箇道都了。若以人而言，則人自是人，道自是道，須是以人行道始得。言義又言道，道體也，義用也，就事上便言義。

北宮黝之勇必行，孟施舍無懼。子夏之勇本不可知，却因北宮黝而可見。子夏是篤信聖人而力行，曾子是明理。

問：「必有事焉」，當用敬否？曰：敬只是涵養一事，「必有事焉」須當集義，只知用敬不知集義，却是都無事也。又問：義莫是中理否？曰：中理在事，義在心内。苟不主義，浩然之氣從何而生？理只是發而見於外者。且如恭敬，幣之未將也恭敬，雖因幣帛威儀而後發見於外，然須心有此恭敬，然後著見，若心無恭敬，何以能爾？所謂德者得也，須是得於己，然後謂之德也。幣之未將之時已有恭敬，非因幣帛而後有恭敬也。問：敬、義何別？曰：

敬只是持己之道，義便知有是有非。順理而行，是爲義也。若只守一箇敬，不知集義，却是都無事也。且如欲爲孝，不成只守著一箇孝字，須是知所以爲孝之道，所以侍奉當如何，温清當如何，然後能盡孝道也。又問：義只在事上，如何？曰：内外一理，豈特事上求合義也。

問：人敬以直内，氣便能充塞天地否？曰：氣須是養，集義所生，積集既久，方能生浩然氣象。人但看所養如何，養得一分便有一分，養得二分便有二分，只將敬，安能便到充塞天地處？且氣自是氣，體所充自是一件事，敬自是敬，怎生便合得。如曰「其爲氣，配義與道」，若說氣與義時自別，怎生便能使氣與義合？

「性相近也，習相遠也」，性一也，何以言相近？曰：此只是言性質之性，如俗言性急性緩之類，性安有緩急？此言性者，生之謂性也。又問：上智下愚不移是性否？曰：此是才。須理會得性與才所以分處。又問：「中人以上可以語上，中人以下不可語上」，是才否？曰：固是。然此只是大綱說，言中人以上可以與之說近上話，中人以下不可以與說近上話也。「生之謂性」，凡言性處，須看他立意如何。且如言人性善，性之本也，生之謂性，論其所稟也。孔子言「性相近」，若論其本，豈可言相近，只論其所稟也。告子所云固是，爲孟子問他，他說便不是也。

「乃若其情，則可以爲善」，「若夫爲不善，非才之罪」，此言人陷溺其心者，非關才事。才猶言材料，曲可以爲輪，直可以爲梁棟，若是毁鑿壞了，豈關才事？下面不是説人皆有四者之心？或曰：人材有美惡，豈可言非才之罪？曰：才有美惡者，是舉天下之言也。若説一人之才，如因富歲而賴，因凶歲而暴，豈才質之本然邪！

問：「捨則亡」，心有亡，何也？曰：否。此只是説心無形體，纔主著事時，先生以目視地。便在這裏，纔過了便不見。如「出入無時，莫知其鄉」，此句亦須要人理會。心豈有出入？亦以操舍而言也。「放心」謂心本善而流於不善，是放也。

問：盡己之謂忠，莫是盡誠否？既盡己，安有不誠？盡己則無所不盡，如孟子所謂盡心。曰：盡心莫是我有惻隱羞惡如此之心，能盡得便能知性否？曰：何必如此數，只是盡心便了，纔數著便不盡。如數一百，少却一便爲不盡也。大抵稟於天曰性，而所主在心。纔盡心即是知性，知性即是知天矣。羅本以爲吕與叔問。

問：「出辭氣」，莫是於言語上用工夫否？曰：須是養乎中，自然言語順理。今人熟底事，説得便分明，若是生事，便説得蹇澁。須是涵養久，便得自然。若是愼言語不妄發，此却可著力。

孔子教人「不憤不啓，不悱不發」，蓋不待憤悱而發，則自知之不固，〔一六〕待憤悱而後發，則沛然矣。學者須是深思之，思而不得，然後爲他説便好。初學者須是且爲他説，不然非獨他不曉，亦止人好問之心也。

孔子既知宋桓魋不能害己，又却微服過宋。舜既見象之將殺己，而又「象憂亦憂，象喜亦喜」。國祚長短自有命數，人君何用汲汲求治。禹、稷救飢溺者，過門不入，非不知飢溺而死者自有命，又却救之如此其急。數者之事何故如此？須思量到「道並行而不相悖」處可也。今且説聖人非不知命，然於人事不得不盡。此説未是。

問：聖人與天道何異？曰：無異。聖人可殺否？曰：聖人智足以周身，安可殺也？只如今有智慮人已害他不得，况於聖人？曰：昔瞽瞍使舜完廩浚井，舜知其欲殺己而逃之乎？曰：本無此事，此是萬章所傳聞，孟子更不能理會這下事，只且説舜心也。如下文言「琴朕」，「干戈朕」，「二嫂使治朕棲」，堯爲天子，安有是事？

問：「加我數年，五十而學易，可以無大過矣。」不知聖人何以因學易後始能無過。曰：先儒謂孔子學易後可以無大過，此大段失却文意。聖人何嘗有過？如待學易後無大過，却是未學易前嘗有大過也。此聖人如未嘗學易，何以知其可以無過？蓋孔子時學易者支離，易道不明，仲尼既脩他經，惟易未嘗發明，故謂弟子曰：「加我數年，五十以學易。」期之五十，然後贊易，則學易者可以無大過差，若所謂「贊易道而黜八索」是也。前此學易者甚衆，其說多過，聖人使弟子俟其贊而後學之，其過鮮也。

問：「博我以文，約我以禮。」曰：此是顏子稱聖人最切當處。聖人教人只是如此，既博之以文，而後約之以禮，所謂「博學而詳說之，將以反說約也」。博與約相對，聖人教人只此兩字。博是博學多識多聞多見之謂，約只是使之知要也。又問：君子「博學於文，約之以禮，亦可以弗畔矣夫」，與此同乎？曰：這箇只是淺近說，言多聞見而約束以禮，雖未能知道，庶幾可以弗畔於道。此言善人君子多識前言往行而能不犯非禮者爾，非顏子所以學於孔子之謂也。又問：此莫是小成否？曰：亦未是小成，去知道甚遠。如曰：「多聞，擇其善者而從之，多見而識之，知之次也。」聞見與知之甚異，此只是聞之者也。又曰：聖人之道，知之莫甚難？曰：聖人之道安可以難易言？聖人未嘗言易以驕人之志，亦未嘗言難以阻人之進。仲尼但曰：「未之思也，夫何遠之有？」此言極有涵畜意思。孟子言：「夫道若大路然，豈難知哉？」只下這一箇豈字，便露筋骨，聖人之言不如此。如下面說人「病不求耳，子歸而求之有餘師」，這數句却說得好。孔、孟言有異處，亦須自識得。

或問：「子畏於匡，顏淵後。子曰：『吾以汝爲死矣。』曰：『子在，回何敢死？』」然設使孔子遇難，顏淵有可死之理否？曰：無可死之理，除非是鬬死，然鬬死非顏子之事，若云遇害，又不當言敢不敢也。又問：使孔子遇害，顏子死之否乎？曰：豈特顏子之於孔子也，若二人同行遇難，固可相死也。又問：親在則如之何？曰：且譬如二人捕虎，一人力盡，一人須當同去用力。如執干戈衛社稷，到急處便遁逃去之，言我有親，是大不義也。當此時，豈問有親無親，但當預先謂吾有親不可行則止，豈到臨時却自規避也。且如常人爲不可獨行，須結伴而出，至于親在，〔一七〕爲親圖養須出去，亦須結伴同去，便有患難相死之道。昔有二人同在嵩山，同出就店飲酒，一人大醉臥在地下，〔一八〕夜深歸不得，一人又無力扶持，尋常曠野中有虎豹盜賊，此人遂只在旁直守到曉，不成不顧了自歸也。此義理所當然者也。禮言親在「不許友以死」者，此言亦在人用得。蓋有親在可許友以死者，有親不在不可許友以死者。〔一九〕可許友以死，如二人同行之類是也。不可許友以死，如戰國游俠爲親不在，乃爲人復讎，甚非理也。

問：「不遷怒，不貳過」，何也？語録有怒甲不遷乙之説，是否？曰：是。曰：若此則甚易？何待顏氏而後能？曰：只被説得粗了，諸君便道易。此莫是最難，須是理會得因何不遷怒，如舜之誅「四凶」，怒在「四凶」，舜何與焉？蓋因是人有可怒之事而怒之，聖人之心本無怒也。譬如明鏡，好物來時便見是好，惡物來時便見是惡，鏡何嘗有好惡也。世之人固有怒於室而色於市。且如怒一人，對那人説話能無怒色否？有能怒一人而不怒别人者，能忍得如此，已是煞知義理。若聖人因物而未嘗有怒，此莫是甚難。君子役物，小人役於物。今人見有可喜可怒之事,自家著一分陪奉他,此亦勞矣。聖人心如止水。

問:顔子勇乎?曰:孰勇於顔子?觀其言曰:「舜何人也,予何人也,有爲者亦若是。」孰勇於顔子?如「有若無,實若虛,犯而不校」之類,抑可謂大勇者矣。

曾子傳聖人道,一作「學」。只是一箇誠篤。語曰「參也魯」,如聖人之門,子游、子夏之言語,子貢、子張之才辨,聰明者甚多,卒傳聖人之道者,乃質魯之人。人只要一箇誠實,聖人説忠信處甚多。曾子,孔子在時甚少,後來所學不可測,且易簀之事非大賢已上作不得,曾子之後有子思便可見。

曾子執親之喪,水漿不入口者七日,不合禮何也?曰:曾子者,過於厚者也。聖人大中之道,賢者必俯而就,不肖者必跂而及。若曾子之過,過於厚者也。若衆人必當就禮法,自大賢以上則看他如何,不可以禮法拘也。且守社稷者,國君之職也,太王則委而去之。守宗廟者,天子之職也,堯、舜則以天下與人。如三聖賢則無害,他人便不可。然聖人所以教人之道,大抵使之循禮法而已。

「金聲而玉振之」,此孟子爲學者言終始之義也。樂之作,始以金奏,而以玉聲終之,詩曰「依我磬聲」是也。始於致知,智之事也;行所知而至其極,聖之事也。易曰「知至至之,知終終之」,是也。

「惟聖人然後踐形」，言聖人盡得人道也。人得天地之正氣而生，與萬物不同。既爲人，須盡得人理。衆人有之而不知，賢人踐之而未盡，能踐形者，惟聖人也。

「佚道使民」，謂本欲佚之也，故雖「勞而不怨」。「生道殺民」，謂本欲生之也。且如救水火，是求所以生之也，或有焚溺而死者，却「雖死不怨」。

「仁言」謂以仁厚之言加於民。「仁聲」如「仁聞」，謂風聲足以感動人也。此尤見仁德之昭著也。

問：「行之而不著」，「習矣而不察」。曰：此言大道如此，而人由之不知也。「行之而不著」，謂人行之而不明曉也。「習矣而不察」，謂人習之而不省察也。曰：先生有言，雖孔門弟子亦有此病，何也？曰：在衆人習而不察者，只是飢食渴飲之類，由之而不自知也。如孔門弟子，却是聞聖人之化，入於善而不自知也。衆者言衆多也。

問：「可以取，可以無取」，天下有兩可之事乎？曰：有之。如朋友之饋，是可取也，然己自可足，是不可取也，纔取之便傷廉矣。曰：「取傷廉」固不可，然「與傷惠」何害？曰：是有害於惠也。可以與，然却可以不與，若與之時財或不贍，却於合當與者無可與之。且博施濟衆固聖人所欲，然却五十者方衣帛，七十者方食肉。如使四十者衣帛，五十者食肉豈不更好，然力不可以給，合當衣帛食肉者便不足也。此所以傷惠。

問：人有不爲，然後可以有爲。曰：此只是有所擇之人，能擇其可爲不可爲也。纔有所不爲，便可以有爲也。若無所不爲，豈能有爲邪？

問：「非禮之禮，非義之義」，何謂也？曰：恭本爲禮，過恭是「非禮之禮」也。以物與人爲義，過與是「非義之義」也。曰：此事何止「大人不爲」？曰：過恭過與是細人之事，猶言婦人之仁也，只爲他小了，大人豈肯如此！

問：「天民」、「天吏」、「大人」何以别？曰：順天行道者天民也，順天爲政者天吏也，大人者又在二者之上。孟子曰「充實而有光輝之謂大」，聖人豈不爲天民、天吏？如文王、伊尹是也。「大而化之之謂聖，聖而不可知之之謂神」，非是聖人上别有一等神人，但聖人有不可知處便是神也。化與變化之化同，若到聖人，更無差等也。或曰：堯、舜、禹、湯、文、武如何？曰：孔子嘗論堯、舜矣，如曰：「惟天爲大，惟堯則之。」如此等事甚大，惟堯、舜可稱也。若湯、武，雖是事不同，不知是聖人不是聖人。或曰：可以湯、武之心求之否？曰：觀其心，如「行一不義，殺一不辜，雖得天下不爲」，此等事，大賢以上人方一作「皆」。爲得，若非聖人，亦是亞聖一等人也。若文王則分明是大聖人也。禹又分明如湯、武，觀舜稱其「不矜」「不伐」，與孔子言「無間然」之事，又却别有一箇氣象。大抵生而知之，與學而知之，及其成功，一也。

蘇季明問：舜「執其兩端」，注以爲「過不及之兩端」，是乎？曰：是。曰：既過不及，又何執乎？曰：執猶今之所謂執持，使不得行也。舜執持過不及，使民不得行，而用其中，使民行之也。又問：此執與「湯執中」如何？曰：執只是一箇執。舜執兩端，是執持而不用，湯執中而不失，將以用之也。若「子莫執中」，却是子莫見楊、墨過不及，遂於過不及二者之間執之，却不知有當「摩頂放踵利天下」時，有當「拔一毛利天下不爲」時。執中而不通變，與執一無異。

季明問：「君子時中」，莫是隨時否？曰：是也。中字最難識，須是默識心通。且試言一廳則中央爲中，一家則廳中非中而堂爲中，言一國則堂非中而國之中爲中，推此類可見矣。且如初寒時則薄裘爲中，如在盛寒而用初寒之裘則非中也。更如三過其門不入，在禹、稷之世爲中，若居陋巷則不中矣。居陋巷在顔子之時爲中，若三過其門不入則非中也。或曰：男女不授受之類皆然？曰：是也。男女不授受中也，在喪祭則不如此矣。

問：堯、舜、湯、武事迹雖不同，其心德有間否？曰：無間。曰：孟子言「堯、舜性之，湯、武身之」，湯、武豈不性之邪？曰：堯、舜生知，湯、武學而知之，及其成功，一也。身之言履之也，反之言歸於正也。

或問：「夫子賢於堯、舜」，信諸？曰：堯、舜豈可賢也，但門人推尊夫子之道，以謂仲尼垂法萬世，故云爾。然三子之論聖人，皆非善稱聖人者。如顔子便不如此道，但言「仰之彌高，鑽之彌堅」而已。後來惟曾子善形容聖人氣象，〔二〇〕曰：「子温而厲，威而不猛，恭而安。」又鄉黨一篇，形容得聖人動容注措甚好，使學者宛如見聖人。

「觀水有術，必觀其瀾」，瀾湍急處，於此便見源之無窮。今人以波對瀾，非也。下文「日月有明，容光必照」，以言其容光無不照，故知日月之明無窮也。

問：孟子曰：「人之所以異於禽獸者幾希，庶民去之，君子存之。」且人與禽獸甚懸絶矣，孟子言此者，莫是只在「去之」、「存之」上有不同處？曰：固是。人只有箇天理，却不能存得，更做甚人也。泰山孫明復有詩云：「人亦天地一物耳，飢食渴飲無休時。若非道義充其腹，何異鳥獸安鬚眉。」上面説人與萬物皆生於天地，意思下面二句如此。或曰：退之雜説有云：人有貌如牛首蛇形鳥喙而心不同焉，可謂之非人乎？即有顔如渥丹者，其貌則人，其心則禽獸，又惡可謂之人也。此意如何？曰：某不盡記其文，然人只要存一箇天理。

問：「守身」如何？曰：「守身，守之本。」既不能守身，更説甚道義？曰：人説命者多不守身，何也？曰：便是不知命。孟子曰：「知命者不立巖墻之下。」或曰：不説命者又不敢有焉。曰：非特不敢爲，又有多少畏恐，然二者皆不知命也。

「莫之爲而爲」，「莫之致而致」，便是天理。司馬遷以私意妄窺天道，而論伯夷曰：「天道無親，常與善人。若伯夷者，可謂善人非邪？」天道甚大，〔一一〕安可以一人之故妄意窺測？如曰顏何爲而夭，跖何爲而壽，皆指一人計較天理，非知天也。

問：「桎梏而死者，非正命也」，然亦是命否？曰：聖人只教人順受其正，不説命。或曰：桎梏死者非命乎？曰：孟子自説了「莫非命也」，然聖人却不説是命。

「故者以利爲本」，故是本如此也，纔不利便害性，利只是順，天下只是一箇利。孟子與周易所言一般，只爲後人趨著利便有弊，故孟子拔本塞源，不肯言利。其不信孟子者却道不合非利，李覯是也，〔一二〕其信者又直道不得近利。人無利直是生不得，安得無利？且譬如倚子，人坐此便安，是利也。如求安不已，又要褥子以求温暖，無所不爲，然後奪之於君，奪之於父，此是趨利之弊也。利只是一箇利，只爲人用得别。

博奕小數，不專心致志猶不可得，況學道而悠悠，安可得也？仲尼言：「吾嘗終日不食，終夜不寢以思，無益，不如學也。」又曰：「朝聞道，夕死可矣。」不知聖人有甚事來，迫切了底死地如此。文意不難會，須是求其所以如此何故始得。聖人固是生知，猶如此説，所以教人也。「學如不及，猶恐失之」，纔説姑待來日，便不可也。

「子之燕居，申申夭夭」，如何？曰：申申是和樂中有中正氣象，夭夭是舒泰氣象，此皆弟子善形容聖人處也。爲申申字説不盡，故更著夭夭字。今人不怠惰放肆，必太嚴厲，嚴厲時則著此四字不得，放肆時亦著此四字不得。除非是聖人，便自有中和之氣。

問：「務民之義，敬鬼神而遠之」，何以爲智？曰：只此兩句，説智亦盡。且人多敬鬼神者只是惑，遠者又不能敬，能敬能遠，可謂智矣。又問：莫是知鬼神之道，然後能敬能遠否？曰：亦未説到如此深遠處，且大綱説，當敬不惑也。問：今人奉佛，莫是惑否？曰：是也。敬佛者必惑，不敬者只是孟浪不信。又問：佛當敬否？曰：佛亦是胡人之賢智者，安可慢也？至如陰陽卜筮擇日之事，今人信者必惑，不信者亦是孟浪不信。如出行忌太白之類，太白在西，不可西行，有人在東方居，不成都不得西行。又却初行日忌，次日便不忌，次日不成不衝太白也。如使太白爲一人爲之，則鬼神亦勞矣。如行遇風雨之類，則凡在行者皆遇之也。大抵人多記其偶中耳。

問：伯夷不念舊惡，何也？曰：此清者之量。伯夷之清，若推其所爲，須不容於世，必負石赴河乃已，然却爲他不念舊惡，氣象甚宏裕，此聖人深知伯夷處。問：伯夷叩馬諫武王，義不食周粟，有諸？曰：叩馬則不可知，非武王誠有之也。只此便是他隘處。君尊臣卑，天下之常理也。伯夷知守常理，而不知聖人之變，故隘。不食周粟只是不食其禄，非餓而不食也。至如史記所載諫詞，皆非也。武王伐商，即位已十一一作「二」。〔一三〕年矣，安得「父死不葬」之語？

問：「伐國不問仁人」，如何？曰：不知怎生地伐國，如武王伐紂，都是仁人，如柳下惠之時則不可。當時諸侯以土地之故糜爛其民，皆不義之伐，宜仁人不忍言也。

問：宋襄公不鼓不成列，如何？曰：此愚也。既與他戰，又却不鼓不成列，必待他成列，圖箇甚？

問：羊祜、陸抗之事如何？曰：如送絹償禾之事甚好，至抗飲祜藥則不可。羊祜雖不是酖人底人，然兩軍相向，其所餉藥自不當飲。

問：用兵掩其不備，出其不意之事，使王者之師當如此否？曰：固是。用兵須要勝，不成要敗，既要勝，須求所以勝之之道。但湯、武之兵自不煩如此，「罔有敵于我師」，自可見。然湯亦嘗「升自陑」，陑亦間道。且如兩軍相向，必擇地可攻處攻之，右實則攻左，左實則攻右，不成道我不用計也。且如漢、楚既約分鴻溝，乃復還襲之，此則不可。如韓信囊沙壅水之類何害？他師衆，非我敵，決水使他一半不得渡，自合如此，有甚不得處？又問：間諜之事如何？曰：這箇不可也。

問：冉子爲子華請粟而與之少，原思爲之宰則與之多，其意如何？曰：原思爲宰，宰必受祿，祿自有常數，故不得而辭。子華使於齊，師使弟子，不當有所請，冉子請之，自不是，故聖人與之少。他理會不得，又請益，再與之亦少。聖人寬容，不欲直拒他，冉子終不喻也。

問：子使漆雕開仕，對曰「吾斯之未能信」，漆雕開未可仕，孔子使之仕，何也？曰：據他説這一句言語，自是仕有餘，兼孔子道可以仕，必是實也。如由也志欲爲千乘之國，孔子止曰「可使治其賦」，求也欲爲小邦，孔子止曰「可使爲之宰」之類，由、求之徒豈止如此，聖人如此言，便是優爲之也。

問：「丘也幸，苟有過，人必知之」，註言「諱君之惡」，是否？曰：是。何以歸過於己？曰：非是歸過於己。此事却是陳司敗欲使巫馬期以娶同姓之事，去問是知禮不知禮，却須要回報言語也。聖人只有一箇不言而已，若説道我爲諱君之惡，不可也，又不成却以娶同姓爲禮，亦不可也，只可道「丘也幸，苟有過，人必知之」。

問：「行不由徑」，徑是小路否？曰：只是不正當處，如履田疇之類，不必不由小路。昔有一人因送葬回，不覺被僕者引自他道歸，行數里方覺不是，却須要回就大路上。若此非中理，若使小路便於往來，由之何害？

問：古者何以不脩墓？曰：所以不脩墓者，欲初爲墓時必使至堅固，故須必誠必敬，若不誠敬，安能至久？曰：孔子爲墓，何以速崩如此邪？曰：非孔子也。孔子先反，脩虞事，使弟子治之，弟子誠敬不至，纔雨而墓崩，其爲之不堅固可知。然脩之亦何害？聖人言

「不脩」者，所以深責弟子也。

問：「先進於禮樂，野人也；後進於禮樂，君子也。」孔子何以不從君子而從野人？曰：請諸君細思之。曰：先儒有變文從質之説，是否？曰：固是。然君子、野人者，據當時謂之君子、野人也。當時謂之野人，是言文質相稱者也。當時謂之君子，則過乎文者也。是以不從後進而從先進也。蓋當時文弊已甚，故仲尼欲救之云爾。

「我不欲人之加諸我也，吾亦欲無加諸人。」中庸曰「施諸己而不願，亦勿施於人」，正解此兩句。然此兩句甚難行，故子曰：「賜也，非爾所及也。」

問：「質直而好義，察言而觀色，慮以下人」，何以爲達？曰：此正是達也。只「好義」與「下人」，已是達了。人所以不「下人」者，只爲不達，達則只是明達，「察言而觀色」，非明達而何？又問：子張之問達，如何？曰：子張之意，以人知爲達，纔達則人自知矣，此更不須理會。子張之意，專在人知，故孔子痛抑之，又曰：「夫聞也者，色取仁而行違，居之不疑也。」學者須是務實，不要近名方是。有意近名，則大本已失，更學何事？爲名而學，則是僞也。今之學者大抵爲名，爲名與爲利，清濁雖不同，然其利心則一也。今市井閭巷之人，却不爲名。爲名而學者，志於名而足矣，然其心猶恐人之不知。韓退之直是會道言語，曰：「内不足者急於人知，沛然有餘，厥聞四馳。」大抵爲名者只是内不足，内足者自是無意於名。如孔子言「疾没世而名不稱」，此一句人多錯理會，此只是言君子惟患無善之可稱，當汲汲爲善，非是使人求名也。

問：「在邦無怨，在家無怨」，不知怨在己在人？曰：在己。曰：既在己，舜何以有怨？曰：怨只是一箇怨，但其用處不同。舜自是怨，如舜不怨，却不是也。學須是通，不得如此執泥。如言「仁者不憂」，又却言「作易者其有憂患」，須要知用處各别也。天下只有一箇憂字，一箇怨字，既有此二字，聖人安得無之。如王通之言甚好，但爲後人附會亂却。如魏徵問：「聖人有憂乎？」曰：「天下皆憂，吾獨得不憂？」問疑，曰：「天下皆疑，吾獨得不疑？」謂董常曰：「樂天知命，吾何憂？窮理盡性，吾何疑？」如此自不相害，説得極好。至下面數句言心迹之判便不是，此皆後人附會，適所以爲贅也。

問：「民可使由之，不可使知之」，是聖人不使之知耶？是民自不可知也？曰：聖人非不欲民知之也。蓋聖人設教，非不欲家諭户曉，比屋皆可封也。蓋聖人但能使天下由之耳，安能使人人盡知之。此是聖人不能，故曰「不可使知之」。若曰聖人不使民知，豈聖人之心？是後世朝三暮四之術也。某嘗與謝景温説此一句，〔二四〕他争道朝三暮四之術亦不可無，聖人亦時有之。此大故無義理，説聖人順人情處亦有之，豈有爲朝三暮四之術哉！

「謝景温」一作「趙景平」。

問：爲政遲速。曰：仲尼嘗言之矣：「苟有用我者，期月而已可也，三年有成。」仲尼言有成者，蓋欲立致治之功業，如堯、舜之時，夫是之謂有成。此聖人之事，他人不可及。某嘗言後世之論治者皆不中理，漢公孫丞相言「三年而化，臣弘尚切遲之」，唐李石謂「十年責治太迫」，此二者皆率爾而言。〔二五〕聖人之言自有次序，所謂「期月而已可也」者，謂紀綱布也，「三年有成」，治功成也。聖人之事，後世雖不敢望如此，然二帝之治，惟聖人能之，三王以下事業，大賢可爲也。又問：孔子言用我者「三年有成」，言王者則曰「必世而後仁」，何也？曰：所謂仁者，風移俗易，民歸于仁。天下變化之時，此非積久，何以能致？其曰「必世」，理之然也。有成者，謂法度綱紀有成而化行也。如欲民仁，非「必世」安可？

問：「大則不驕，化則不吝」，此語何如？曰：若以「大而化之」解此則未是，然「大則不驕」此句却有意思，只爲小，便驕也。「化則不吝」，化煞高，「不吝」未足以言之。驕與吝兩字正相對，驕是氣盈，吝是氣歉。曰：吝何如則是？曰：吝，〔二六〕吝嗇也。且於嗇上看，便見得吝嗇止是一事。且人君吝時，〔二七〕於財上亦不足，於事上亦不足，凡百事皆不足，必有歉歉之色也。曰：「有周公之才之美，使驕且吝，其餘不足觀也已。」此莫是甚言驕吝之不可否？曰：是也。若言周公之德，則不可下驕吝字。此言雖才如周公，驕吝亦不可也。

仲尼當周衰，轍環天下，顏子何以不仕？曰：此仲尼之任也。使孔子得行其道，顏子不仕可矣。然孔子既當此任，則顔子足可閉户爲學也。

孟子有功於聖門不可言。〔二八〕如仲尼只説一箇仁義，〔二九〕「立人之道曰仁與義。」孟子開口便説仁義，仲尼只説一箇志，孟子便説許多養氣出來。只此二字，其功甚多。

未知道者如醉人，方其醉時，無所不至，及其醒也，莫不愧耻。〔三〇〕人之未知學者，自視以爲無缺，及既知學，反思前日所爲，則駭且懼矣。

聖人六經皆不得已而作，如耒耜陶治，一不制則生人之用熄。後世之言，無之不爲缺，有之徒爲贅，雖多何益也。聖人言雖約，無有包含不盡處。

言貴簡，言愈多，於道未必明。杜元凱却有此語云：「言高則旨遠，辭約則義微。」大率言語須是涵畜而有餘意，所謂「書不盡言，言不盡意」也。

中庸之書，其味無窮，極索玩味。

問：坎之六四「樽酒簋，貳用缶，納約自牖」，何義也？曰坎，險之時也。此是聖人論大臣處險難之法。「樽酒簋，貳用缶」，謂當險難之時，更用甚得，無非是用至誠也。「納約自牖」，言欲納約於君，當自明處。牖者，開明之處也。欲開悟於君，若於君所蔽處，何由入得。如漢高帝欲易太子，他人皆争以嫡庶之分。夫嫡庶之分，高祖豈不知得分明？直知不是了犯之，此正是高祖所蔽處，更豈能曉之？獨留侯招致「四皓」，此正高祖所明處。蓋高祖自匹夫有天下，皆豪傑之力，故憚之。留侯以「四皓」輔太子，高祖知天下豪傑歸心於惠帝，故更不易也。昔秦伐魏，欲以長安君爲質，太后不可，左師觸龍請見云云，遂以長安君爲質焉。夫太后止知愛子，更不察利害，故左師以愛子之利害開悟之也。

易八卦之位，元不曾有人說，先儒以爲乾位西北，坤位西南，言乾、坤任六子而自處於無爲之地，此大故無義理。風雷山澤之類，便是天地之用，豈天地外别有六子？如人生六子，則有各任以事，而父母自閑。風雷之類於天地間，如人身之有耳目手足，便是人之用也，豈可謂手足耳目皆用而身無爲乎？因見賣兔者曰：聖人見河圖洛書而畫八卦，然何必圖書，只看此兔亦可作八卦，數便此中可起。古聖人只取神物之至著者耳，只如樹木亦可見數。兔何以無尾有血無脂？只是爲陰物。大抵陽物尾長，陽盛者尾愈長。如雉是盛陽之物，故尾極長，又其身文明。今之行車者，多植尾於車上以候雨晴，如天將雨則尾先垂向下，纔晴便直立。

或問：劉牧言上經言形器以上事，下經言形器以下事。曰：非也。上經言「雲雷屯」，雲雷豈無形耶？曰：牧又謂上經是天地生萬物，下經是男女生萬物。曰：天地中只是一箇生，人之生於男女，即是天地之生，安得爲異？曰：牧又謂乾坤與坎離男女同生。曰：非也。譬如父母生男女，豈男女與父母同生？既有乾坤，方三索而得六子。若曰乾坤生時六子生理同有，則有此理。謂乾坤坎離同生，豈有此事！既是同生，則何言六子耶？

或曰：凡物之生，各隨氣勝處化。曰：何以見？曰：如木之生，根既長大，根却無處去。曰：克也。曰既克，則是土化爲木矣。曰：不是化，只是克。五行只古人説迭王字，説盡了只是箇盛衰自然之理也。人多言五行無土不得，木得土方能生火，火得土方能生金，故土寄王於四時。〔三一〕某以爲不然，木生火，火生土，土生金，金生水，水生木，只是迭盛也。

問：劉牧以坎、離得正性，艮、巽得偏性，如何？曰：非也。他據方位如此説，如居中位便言得中氣，其餘豈不得中氣也？或曰：五行是一氣。曰：人以爲一物，某道是五物。既謂之五行，豈不是五物也。五物備，然後能生。且如五常，誰不知是一箇道？既謂之五常，安得混而爲一也？

問：劉牧以下經四卦相交，如何？曰：怎生地交？若論相交，豈特四卦，如屯、蒙、師、比皆是相交。一顛一倒。卦之序皆有義理，有相反者，有相生者，爻變則義變也。下來却似義起，然亦是以爻也，爻變則義變。劉牧言兩卦相比，上經二陰二陽相交，下經四陰四陽相交，是否？曰：八卦已相交了，及重卦只取二象相交爲義，豈又於卦畫相交也？易須是默識心通，只如此窮文義徒費力。

問：「莫見乎隱，莫顯乎微」，何也？曰：人只以耳目所見聞者爲顯見，所不見聞者爲隱微，然不知理却甚顯也。且如昔人彈琴，見螳蜋捕蟬，而聞者以爲有殺聲。殺在心而人聞其琴而知之，豈非顯乎？人有不善，自謂人不知之，然天地之理甚著，不可欺也。曰：如楊震「四知」，然否？曰：亦是。然而若說人與我，固分得，若說天地，只是一箇知也。且如水旱亦有所致，如暴虐之政所感，此人所共見者，固是也。然人有不善之心，積之多者，亦足以動天地之氣，如疾疫之氣亦如此，不可道事至目前可見然後爲見也。更如堯、舜之民何故仁壽？桀、紂之民何故鄙夭？纔仁便壽，纔鄙便夭，壽夭乃是善惡之氣所致。仁則善氣也，所感者亦善，善氣所生，安得不壽。鄙則惡氣也，所感者亦惡，惡氣所生，安得不夭。

問：「天地明察，神明彰矣。」曰：事天地之義，事天地之誠，既明察昭著，則神明自彰矣。問：神明感格否？曰：感格固在其中矣。孝弟之至，通於神明。神明孝弟不是兩般事，只孝弟便是神明之理。又問：王祥孝感事，是通神明否？曰：此亦是通神明一事。此感格便是王祥誠中來，非王祥孝於此而物來於彼也。

問：行狀云「盡性至命，必本於孝弟」，不識孝弟何以能盡性至命也？曰：後人便將性命別作一般事說了。性命孝弟只是一統底事，就孝弟中便可盡性至命。至如灑掃應對與盡性至命亦是一統底事，無有本末，無有精粗，却被後來人言性命者別作一般高遠說。故舉孝弟是於人切近者言之。然今時非無孝弟之人，而不能盡性至命者，由之而不知也。

問：「窮神知化」，由通於禮樂，何也？曰：此句須自家體認。一作「玩索」。人往往見禮壞樂崩，便謂禮樂亡，然不知禮樂未嘗亡也。如國家一日存時，尚有一日之禮樂，蓋由有上下尊卑之分也。除是禮樂亡盡，然後國家始亡。雖盜賊至所謂不道者，然亦有禮樂，蓋必有總屬，必相聽順，乃能爲盜，不然則叛亂無統，不能一日相聚而爲盜也。禮樂無處無之，學者要須識得。問：明則有禮樂，幽則有鬼神，何也？曰：鬼神只是一箇造化，「天尊地卑，乾坤定矣」，「鼓之以雷霆，潤之以風雨」，是也。

「禮云禮云，玉帛云乎哉！樂云樂云，鍾鼓云乎哉！」此固有禮樂，不在玉帛鍾鼓。先儒解者，多引「安上治民，莫善於禮，移風易俗，莫善於樂」。此固是禮樂之大用也，然推本而言，禮只是一箇序，樂只是一箇和，只此兩字，含畜多少義理。又問：禮莫是天地之序？樂莫是天地之和？曰：固是。天下無一物無禮樂。且置兩隻倚子，纔不正便是無序，無序便乖，乖便不和。又問：如此則禮樂却只是一事。曰：不然。如天地陰陽，其勢高下甚相背，然必相須而爲用也。有陰便有陽，有陽便有陰，有一便有二，纔有一二便有一二之間，便是三，已往更無窮。老子亦曰「三生萬物」。此是「生生之謂易」，理自然如此。「維天之命，於穆不已」，自是理自相續不已，非是人爲之。如使可爲，雖使百萬般安排也，須有息時。只爲無爲，故不息。中庸言：「不見而彰，不動而變，無爲而成，天地之道可一言而盡也。」使釋氏千章萬句，說得許大無限說話，亦不能逃此三句。只爲聖人說得要，故包含無盡，釋氏空周遮說爾，只是許多。

問：「及其至也，聖人有所不能」，不知聖人亦何有不能不知也？曰：天下之理，聖人豈有不盡者，蓋於事有所不徧知不徧能也。至纖悉委曲處，如農圃百工之事，孔子亦豈能知哉？或曰：至之言極也，何以言事？曰：固是極至之至，如至微至細。上文言「夫婦之愚可以與知」，愚，無知者也，猶且能知，〔三〕乃若細微之事，豈可責聖人盡能？聖人固有所不能也。

「君子之道費而隱」，費，日用處。

「時措之宜」，言隨時之義，若「溥博淵泉而時出之」。

「王天下有三重」，言三王所重之事。「上焉者」，三王以上，三皇已遠之事，故無證。「下焉者」，非三王之道，如諸侯霸者之事，故民不尊。

「思曰睿，睿作聖。」致思如掘井，初有渾水，久後稍引動得清者出來。人思慮始皆溷濁，久自明快。

問：召公何以疑周公？曰：召公何嘗疑周公？書稱「召公不說」，何也？請觀君奭一篇，周公曾道召公疑他來否，古今人不知書之甚。書中分明説「召公爲保，周公爲師，相成王爲左右，召公不説，周公作君奭」。此已上是孔子説也。且召公初升爲太保，與周公並列，其心不安，故不説爾。但看此一篇，盡是周公留召公之意，豈有召公之賢而不知周公者乎？詩中言「周大夫刺朝廷之不知」，豈特周大夫？當時之人雖甚愚者，亦知周公刺朝廷之不知者爲成王爾。成王煞是中才。如「天大雷電以風」而「啓金縢之書」，〔三三〕成王無事而啓金縢之書作甚？蓋二公道之如此，欲成王悟周公爾。近人亦錯看却，其詩云「荀子書猶非孟子，召公心未説周公」，甚非也。

又問：金縢之書非周公欲以悟成王乎，何既禱之後藏其文於金縢也？曰：近世祝文或焚或埋，必是古人未有焚埋之禮，欲敬其事，故藏之金縢也。然則周公不知命乎？曰：周公誠心，只是欲代其兄，豈更問命邪！

或問：人有謂周公營洛，則成王既遷矣，或言平王東遷非也。周公雖聖，其能逆知數百載下有犬戎之禍乎？是説然否？曰：詩中自言「王居鎬京，將不能以自樂」，何更疑也？周公只是爲犬戎與鎬京相逼，知其後必有患，故營洛也。

問：高宗得傅説於夢，文王得太公於卜。古之聖賢相遇多矣，何不盡形於夢卜乎？曰：此是得賢之一事，豈必盡然。蓋高宗至誠，思得賢相，寤寐不忘，故朕兆先見於夢。如常人夢寐間事有先見者多矣，亦不足怪。至於卜筮亦然。今有人懷誠心求卜，有禱輒應，此理之常然。又問：高宗夢往求傅説邪？傅説來入高宗夢邪？曰：高宗只是思得賢人，如有賢人，自然應他感，亦非此往，亦非彼來。譬如懸鏡於此，有物必照，非鏡往照物，亦非物來入鏡也。大抵人心虛明，善則必先知之，不善必先知之。有所感必有所應，自然之理也。又問：或言高宗於傅説，文王於太公，蓋已素知之矣，恐羣臣未信，故托夢卜以神之。曰：此僞也，聖人豈僞乎！

問：舜能化瞽、象，使「不格姦」，何爲不能化商均？曰：所謂「不格姦」者，但能使之不害己與不至大惡也。若商均則不然。舜以天下授人，欲得如己者。商均非能如己爾，亦未嘗有大惡。大抵五帝官天下，故擇一人賢於天下者而授之。三王家天下，遂以與子。論其至理，治天下者，當得天下最賢者一人加諸衆人之上，則是至公之法。後世既難得人而爭奪興，故以與子。與子雖是私，亦天下之公法，但守法者有私心耳。

問：「四凶」堯不誅而舜誅之，何也？曰：「四凶」皆大才也，在堯之時未嘗爲惡，堯安得而誅之？及舉舜加其上，然後始有不平之心而肆其惡，故舜誅之耳。曰：堯不知「四凶」乎？曰：惟堯知之。知其惡而不去，何也？曰：在堯之時，非特不爲惡，亦賴以爲用。

「納於大麓」，麓，足也。百物所聚，故麓有大録萬機之意。若司馬遷謂「納舜于山麓」，豈有試人而納于山麓邪？此只是歷試舜也。

「放勳」非堯號，蓋史稱堯之道也，謂三皇而上以神道設教，不言而化，至堯方見於事功也。後人以「放勳」爲堯號，故記孟子者遂以「堯曰」爲「放勳曰」也。若以堯號「放勳」，則皐陶當號「允迪」，「禹曰文命」下言「敷于四海」，有甚義？

問：詩如何學？曰：只在大序中求。詩之大序，分明是聖人作此以教學者，後人往往不知是聖人作。自仲尼後一作「漢以來」。更無人理會得詩。如言「后妃之德」，皆以爲文王之后妃，文王諸侯也，豈有后妃？又如「樂得淑女，以配君子，憂在進賢，不淫其色」，以爲后妃之德如此。配惟后妃可稱，后妃自是配了，更何別求淑女以爲配？淫其色乃男子事，后妃怎生會淫其色？此不難曉，但將大序看數遍則可見矣。或曰：關雎是后妃之德當如此否？「樂得淑女」之類是作關雎詩人之意否？曰：是也。大序言：「是以關雎樂得淑女，以配君子，憂在進賢，不淫其色。哀窈窕，思賢才，而無傷善之心焉，是關雎之義也。」只著箇「是以」字，便自有意思。曰：如言「又當輔佐君子」，「則可以歸安父母」，「言能逮下」之類，皆爲其德當如此否？曰：是也。問：詩小序何人作？曰：但看大序即可見矣。曰：莫是國史作否？曰：序中分明言「國史明乎得失之迹」，蓋國史得詩於採詩之官，故知其得失之迹，如非國史，則何以知其所美所刺之人。使當時無小序，雖聖人亦辨不得。曰：聖人刪詩時曾刪改小序否？曰：有害義理處也須刪改。今之詩序却煞錯亂，有後人附之者。曰：關雎之詩是何人所作？曰：周公作。周公作此以風教天下，故曰：「用之鄉人焉，用之邦國焉，上以風化下，下以風刺上。」蓋自天子至於庶人，正家之道當如此也。二南之詩多是周公所作。如小雅六月所序之詩，亦是周公作。後人多言二南爲文王詩，蓋其中有文王事也。曰：非也。附文王詩於中者，猶言古人有行之者，文王是也。

問：「關雎樂而不淫，哀而不傷」，何謂也？曰：大凡樂必失之淫，哀必失之傷，淫傷則入於邪矣。若關雎則止乎禮義，故如「哀窈窕，思賢才」，言哀則思之甚切。以常人言之，直入於邪始得，然關雎却止乎禮義，故不至乎傷，則其思也，其亦異乎常人之思也矣。

唐棣乃今郁李，看此便可以見詩人興兄弟之意。

「執柯伐柯，其則不遠」，人猶以爲遠。君子之道，本諸身，發諸心，豈遠乎哉？

問：周禮有復讎事，何也？曰：此非治世事，然人情有不免者。如親被人殺，其子見之，不及告官，遂逐殺之，此復讎而義者，可以無罪。其親既被人殺，不自訴官，而他自謀殺之，此則正其專殺之罪可也。問：避讎之法如何？曰：此因赦罪而獲免，便使避之也。

問：周禮之書有訛缺否？曰：甚多。周公致治之大法亦在其中，須知道者觀之，可決是非也。又問：司盟有詛萬民之不信者，治世亦有此乎？曰：盛治之世固無此事，然人情亦有此事，爲政者因人情而用之。

問：「嚴父」「配天」稱周公其人，何不稱武王？曰：大抵周家制作皆周公爲之，故言禮者必歸之周公焉。

趙盾弑君之事，聖人不書趙穿，何也？曰：此春秋大義也。趙穿手弑其君，人誰不知？若盾之罪，非春秋書之，更無人知也。仲尼曰：「惜哉！越境乃免。」此語要人會得，若出境而反，又不討賊也，則不免；除出境遂不反，乃可免也。

「紀侯大去其國」，如「梁亡」，「鄭棄其師」，「齊師殲于遂」，「郭亡」之類。郭事實不明，如上四者是一類事也。國君守社稷，雖死，守之可也。齊侯、衛侯方遇于垂，紀侯遂去其國，豈齊之罪哉？故聖人不言齊滅之者，罪紀侯輕去社稷也。紀侯大名也。

問：王通。曰：隱德君子也。當時有些言語後來被人傅會，不可謂全書。若論其粹處，殆非荀、楊所及也。若續經之類，皆非其作。

楊雄去就不足觀。如言「明哲煌煌，旁燭無疆」，此甚悔恨不能先知。「遜于不虞，以保天命」，則是只欲全身也。若聖人先知，必不至於此，必不可奈何，天命亦何足保耶？問：太玄之作如何？曰：是亦贅矣。必欲撰玄，不如明易。邵堯夫之數，似玄而不同，數只是一般，一作「數無窮」。但看人如何用之，雖作十玄亦可，況一玄乎？

荀卿才高，其過多，楊雄才短，其過少。韓子稱其大醇，非也。若二子可謂大駁矣，然韓子責人甚恕。

韓退之頌伯夷甚好，然只說得伯夷介處。要知伯夷之心，須是聖人。語曰「不念舊惡，怨是用希」，此甚說得伯夷心也。

問：退之讀墨篇如何？曰：此篇意亦甚好，但言不謹嚴，便有不是處。且孟子言墨子愛其兄之子猶鄰之子，墨子書中何嘗有如此等言？但孟子拔本塞源，知其流必至於此。大凡儒者學道，差之毫釐，謬以千里。楊朱本是學義，墨子本是學仁，但所學者稍偏，故其流遂至於無父無君，孟子欲正其本，故推至此。退之樂取人善之心，可謂忠恕，然持教不知謹嚴，故失之。至若言孔子尚同兼愛與墨子同，則甚不可也。後之學者又不及楊、墨。楊、墨本學仁義，後人乃不學仁義。但楊、墨之過被孟子指出，後人無人指出，故不見其過也。

韓退之作羑里操，云「臣罪當誅兮，天王聖明」，道得文王心出來，此文王至德處也。

退之晚年爲文，所得處甚多。學本是脩德，有德然後有言。退之却倒學了，因學文，日求所未至，遂有所得。如曰：「軻之死，不得其傳。」似此言語非是蹈襲前人，又非鑿空撰得出，必有所見，若無所見，不知言所傳者何事。原性等文皆少時作。

退之正在好名中。

退之言「漢儒補綴，千瘡百孔」，漢儒所壞者不少，安能補也？

凡讀史不徒要記事跡，須要識治亂安危興廢存亡之理。且如讀高帝一紀，便須識得漢家四百年終始治亂當如何，是亦學也。

問：漢儒至有白首不能通一經，何也？曰：漢之經術安用？只是以章句訓詁爲事。且如解「堯典」二字，至三萬餘言，是不知要也。東漢則又不足道也。東漢士人尚名節，只爲不明理，若使明理，却皆是大賢也。自漢以來惟有三人近儒者氣象，大毛公、董仲舒、楊雄。本朝經術最盛，只近二三十年來論議專一，使人更不致思。

問：陳平當王諸呂時，何不極諫？曰：王陵争之不從，乃引去，如陳平復諍，未必不激呂氏之怒矣。且高祖與羣臣只是以力相勝，力強者居上，非至誠樂願爲之臣也。如王諸呂時，責他死節，他豈肯死？

周勃入北軍，問曰「爲劉氏左袒，爲呂氏右袒」，既知爲劉氏，又何必問？若不知而問，設或右袒，當如之何？己爲將，乃問士卒，豈不謬哉！當誅諸呂時，非陳平爲之謀，亦不克成。及迎文帝至霸橋，曰「願請間」，此豈請間時邪？至於罷相就國，每河東守行縣至絳，必令家人被甲執兵而見，此欲何爲？可謂至無能之人矣。

王介甫詠張良詩最好，曰：「漢業存亡俯仰中，留侯當此每從容。」人言高祖用張良，非也，張良用高祖爾。秦滅韓，張良爲韓報仇，故送高祖入關，既滅秦矣，故辭去，及高祖興義師，誅項王，則高祖之勢可以平天下，故張良助之。良豈願爲高祖臣哉？無其勢也。及天下既平，乃從赤松子遊，是不願爲其臣可知矣。張良才識儘高，若鴻溝既分而勸漢王背約追之，則無行也。或問：張良欲以鐵椎擊殺秦王，其計不已踈乎？曰：欲報君仇之急，使當時若得以鐵椎擊殺之，亦足矣，何暇自爲謀耶？

王通言「諸葛無死，禮樂其有興」，信乎？曰：諸葛近王佐才，禮樂興不興則未可知。問曰：亮果王佐才，何爲僻守一蜀而不能有爲於天下？曰：孔明固言明年欲取魏，幾年定天下，其不及而死，則命也。某嘗謂孫覺曰：「諸葛武侯有儒者氣象。」孫覺曰：「不然。聖賢行一不義，殺一不辜，雖得天下不爲。武侯區區保完一國，不知殺了多少人邪。」某謂之曰：「行一不義，殺一不辜，以利一己則不可，若以天下之力誅天下之賊，殺戮雖多，亦何害？」陳恒弒君，孔子請討，孔子豈保得討陳恒時不殺一人邪？蓋誅天下之賊，則有所不得顧爾。曰：三國之興，孰爲正？曰：蜀志在興復漢室，則正也。

漢文帝殺薄昭，李德裕以爲殺之不當，温公以爲殺之當，説皆未是。據史不見他所以殺之之故，須是權事勢輕重論之。不知當時薄昭有罪，漢使人治之，因殺漢使也，還是薄昭與漢使飲酒，因忿怒而致殺之也。漢文帝殺薄昭，而太后不安，奈何？既殺之，太后不食而死，奈何？若漢治其罪而殺漢使，太后雖不食，不可免也。須權他那箇輕那箇重，然後論他殺得當與不當也。論事須著用權。古今多錯用權字，纔說權便是變詐或權術，不知權只是經所不及者，權量輕重使之合義，纔合義便是經也。今人說權不是經，便是經也。權只是稱錘，稱量輕重。孔子曰：「可與立，未可與權。」

問：第五倫視其子之疾與兄子之疾不同，自謂之私，如何？曰：不特安寢與不安寢，只不起與十起便是私也。父子之愛本是公，才著些心做便是私也。又問：視己子與兄子有間否？曰：聖人立法曰「兄弟之子猶子也」，是欲視之猶子也。又問：天性自有輕重，疑若有間然。曰：只爲今人以私心看了。孔子曰：「父子之道，天性也。」此只就孝上說，故言父子天性，若君臣、兄弟、賓主、朋友之類，亦豈不是天性？只爲今人小看却，不推其本所由來故爾。己之子與兄之子所爭幾何，是同出於父者也，只爲兄弟異形，故以兄弟爲手足。人多以異形，故親己之子異於兄弟之子，甚不是也。又問：孔子以公冶長不及南容，故以兄之子妻南容，以己之子妻公冶長，何也？曰：此亦以己之私心看聖人也。凡人避嫌者，皆内不足也。聖人自是至公，何更避嫌。凡嫁女各量其才而求配，或兄之子不甚美，必擇其相稱者爲之配，己之子美，必擇其才美者爲之配，豈更避嫌邪？若孔子事，或是年不相若，或時有先後，皆不可知。以孔子爲避嫌，則大不是。如避嫌事雖賢者且不爲，況聖人乎？

素問書出於戰國之末，氣象可見。若是三皇五帝典墳，文章自別。其氣運處絶淺近，如將二十四氣移换名目，便做千百樣亦得。

陰符經非商末則周末人爲之。若是先王之時，聖道既明，人不敢爲異説。及周室下衰，道不明於天下，才智之士甚衆，既不知道所趨向，故各自以私知窺測天地，盜竊天地之機，分明是大盜，故用此以簧鼓天下。故云「天有五賊，見之者昌」，云云。豈非盜天地乎？

問：老子書若何？曰：老子書其言自不相入處如水炭，其初意欲談道之極玄妙處，後來却入做權詐者上去。如「將欲取之，必固與之」之類。然老子之後有申、韓，看申、韓與老子道甚懸絶，然其原乃自老子來。蘇秦、張儀則更是取道遠。初，秦、儀學於鬼谷，其術先揣摩其如何，然後捭闔，捭闔既動，然後用鉤鉗，鉤其端，然後鉗制之。其學既成，辭鬼谷去，鬼谷試之，爲張儀説所動。如入庵中説令出之。然其學甚不近道，人不甚惑之，孟子時已有置而不足論也。

問：世傳成王幼，周公攝政，荀卿亦曰「履天下之籍，聽天下之斷」，周公果踐天子之位，行天子之事乎？曰：非也。周公位冢宰，百官總己以聽之而已，安得踐天子之位？又問：君薨，百官聽於冢宰者三年爾，周公至於七年，何也？曰：三年謂嗣王居憂之時也，七年爲成王幼故也。又問：賜周公以天子之禮樂，當否？曰：始亂周公之法度者，是賜也，人臣安得用天子之禮樂哉？成王之賜，伯禽之受，皆不能無過。一作「罪」。記曰：「魯郊非禮也，其周公之衰乎！」聖人嘗譏之矣，説者乃云周公有人臣不能爲之功業，因賜以人臣所不得用之禮樂，則妄也。人臣豈有不能爲之功業哉？借使功業有大於周公，亦是人臣所當爲爾。人臣而不當爲，其誰爲之？豈不見孟子言「事親若曾子可也」。曾子之孝亦大矣，孟子纔言可也。蓋曰子之事父，其孝雖過於曾子，畢竟是以父母之身做出來，豈是分外事。若曾子者，僅可以免責爾。臣之於君，猶子之於父也。臣之能立功業者，以君之人民也，以君之勢位也。假如功業大於周公，亦是以君之人民勢位做出來，而謂人臣所不能爲，可乎？使人臣恃功而懷怏怏之心者，必此言矣。若唐高祖賜平陽公主葬以鼓吹則可，蓋征戰之事實，非婦人之所能爲也，故賜以婦人所不得用之禮樂。若太宗却不知此。太宗佐父平天下，論其功不過做得一功臣，豈可奪元良之位？太子之與功臣，自不相干。唐之紀綱，自太宗亂之，終唐之世無三綱者，自太宗始也。李光弼、郭子儀之徒，議者謂有人臣不能爲之功，非也。

秦以暴虐，焚詩書而亡。漢興，鑒其弊，必尚寬德，崇經術之士，故儒者多。儒者多，雖未知聖人之學，然宗經師古，識義理者衆，故王莽之亂，多守節之士。世祖繼起，不得不褒尚名節，故東漢之士多名節。知名節而不知節之以禮，遂至於苦節，故當時名節之士有視死如歸者。苦節既極，故魏晉之士變而爲曠蕩，尚浮虚而亡禮法。禮法既亡，與夷狄無異，故五胡亂華。夷狄之亂已甚，必有英雄出而平之，故隋、唐混一天下。隋不可謂有天下，第能驅除爾。唐有天下，如貞觀、開元間，雖號治平，然亦有夷狄之風，三綱不正，無父子、君臣、夫婦，其原始於太宗也。故其後世子弟皆不可使，玄宗纔使肅宗便篡，肅宗纔使永王璘便反。君不君，臣不臣，故藩鎮不賓，權臣跋扈，陵夷有五代之亂。漢之治過於唐，漢大綱正，唐萬國舉。本朝大綱甚正，然萬目亦未盡舉。因問「十世可知」，遂推此數端。

「洪水滔天」，堯時亦無許多大洪水，宜更思之。漢武帝問「禹、湯水旱，厥咎何由」？公孫弘對「堯遭洪水，使禹治之，不聞禹之有水也」，〔三四〕更不答其所由。公孫弘太是姦人。

問：東海殺孝婦而旱，豈國人冤之所致耶？曰：國人冤固是，然一人之意自足以感動得天地，不可道殺孝婦不能致旱也。或曰：殺姑而雨，是衆人怨釋否？曰：固是衆人冤釋，然孝婦冤亦釋也。其人雖亡，然冤之之意自在，不可道殺姑不能釋婦冤而致雨也。

問：人有不善，霹靂震死，莫是人懷不善之心，聞霹靂震懼而死否？曰：不然，是雷震之也。如是雷震之，還有使之者否？曰：不然。人之作惡有惡氣，與天地之惡氣相擊搏，遂以震死。霹靂，天地之怒氣也。如人之怒固自有正，〔三五〕然怒時必爲之作惡，是怒亦惡氣也。〔三六〕怒氣與惡氣相感故爾。且如今人種喬麥自有畦隴，〔三七〕霜降時殺麥，或隔一畦麥有不殺者，豈是此處無霜，蓋氣就相合處去也。曰：雷所擊處必有火，何也？曰：雷自有火，如鑽木取火，如使木中有火，豈不燒了木。蓋是動極則陽生，自然之理。不必木，只如兩石相戛亦有火出。惟鐵無火，然戛之久必熱，此亦是陽生也。

鑽木取火，人謂火生於木，非也。兩木相戛，用力極則陽生。今以石相軋便有火出，非特木也。蓋天地間無一物無陰陽。

「雨木冰」，上温而下冷。「隕霜不殺草」，上冷而下温。

天火曰災，人火曰火，人火爲害者亦曰災。

問：日月有定形，還自氣散，別自聚否？曰：此理甚難曉，究其極則此二説歸于一也。

問：月有定魄，而日遠於月，月受日光，以人所見爲有盈虧，然否？曰：日月一也，豈有日高於月之理。月若無盈虧，何以成歲，蓋月一分光則是魄虧一分也。

霜與露不同。霜，金氣，星月之氣。露亦星月之氣。看感得甚氣即爲露，甚氣即爲霜。如言露結爲霜，非也。雹是陰陽相搏之氣，乃是沴氣。聖人在上無雹，雖有不爲災。雖不爲災，沴氣自在。

問：「鳳鳥不至，河不出圖」，不知符瑞之事果有之否？曰：有之。國家將興，必有禎祥，人有喜事，氣見面目。聖人不貴祥瑞者，蓋因災異而脩德則無損，因祥瑞而自恃則有害也。問：五代多祥瑞，何也？曰：亦有此理，譬如盛冬時發出一朶花相似，和氣致祥，乖氣致異，此常理也，然出不以時，則是異也。如麟是太平和氣所生，然後世有以麟駕車者，却是怪也。譬如水中物生於陸，陸中物生於水，豈非異乎？又問：漢文多災異，漢宣多祥瑞，何也？曰：且譬如小人多行不義，人却不説，至君子未有一事，便生議論，此是一理也。至白者易污，此是一理也。詩中幽王大惡爲小惡，宣王小惡爲大惡，此是一理。又問：日食有常數，何治世少而亂世多，豈人事乎？曰：理會此到極處，煞燭理明也。天人之際甚微，宜更思索。曰：莫是天數人事看那邊勝否？曰：似之，然未易言也。又問：魚躍于王舟，火復于王屋，流爲烏，有之否？曰：魚與火則不可知，若兆朕之先，應亦有之。

問：十月何以謂之陽月？曰：十月謂之陽月者，陽盡恐疑於無陽也，故謂之陽月也。然何時無陽，如日有光之類，蓋陰陽之氣有常存而不移者，有消長而無窮者。

問：作文害道否？曰：害也。凡爲文不專意則不工，若專意則志局於此，又安能與天地同其大也？書曰「玩物喪志」，爲文亦玩物也。吕與叔有詩云：「學如元凱方成癖，文似相如始類俳。獨立孔門無一事，只輸一作「惟傳」。顔氏得心齊。」此詩甚好。古之學者惟務養情性，其他則不學。今爲文者專務章句，悦人耳目，既務悦人，非俳優而何？曰：古者學爲文否？曰：人見六經便以謂聖人亦作文，不知聖人亦一作「只」。攄發胸中所蘊，自成文耳。一作「章」。所謂「有德者必有言」也。曰：游、夏稱文學，何也？曰：游、夏亦何嘗秉筆學爲詞章也，且如「觀乎天文以察時變，觀乎人文以化成天下」，此豈詞章之文也。

或問：詩可學否？曰：既學時須是用功，方合詩人格，既用功，甚妨事。古人詩云：「吟成五箇字，用破一生心。」人謂「可惜一生心，用在五字上」，此言甚當。先生嘗說：王子真曾寄藥來，某無以答他。某素不作詩，亦非是禁止不作，但不欲爲此閑言語。且如今言能詩無如杜甫，如云「穿花蛺蝶深深見，點水蜻蜓欵欵飛」，如此閑言語道出做甚？某所以不嘗作詩。今寄謝王子真詩云：「至誠通化藥通神，遠寄衰翁濟病身。我亦有丹君信否，用時還解壽斯民。」子真所學只是獨善，雖至誠潔行，然大抵只是爲長生久視之術，止濟一身，因有是句。

問：先生曾定六禮，今已成未？曰：舊日作此已及七分，後來被召入朝，既在朝廷，則當行之朝廷，不當爲私書。既而遭憂，又疾病數年，今始無事，更一二年可成也。曰：聞有五經解，已成否？曰：惟易須親撰，諸經則屬中諸公分去，以某說撰成之。禮之名數，陝西諸公删定，已送與呂與叔，與叔今死矣，不知其書安在也。然所定只禮之名數，若禮之文亦非親作不可也。禮記之文亦删定未了，蓋其中有聖人格言，亦有俗儒乖謬之說。乖謬之說本不能混格言，只爲學者不能辨別，如珠玉之在泥沙，泥沙豈能混珠玉，只爲無人識，則不知孰爲泥沙，孰爲珠玉也。聖人文章自然與學爲文者不同，〔三八〕如繫辭之文，後人決學不得。譬之化工生物，且如生出一枝花，或有剪裁爲之者，或有繪畫爲之者，看時雖似相類，然終不若化工所生，自有一般生意。

冠昏喪祭，禮之大者，今人都不以爲事。某舊曾脩六禮，冠、昏、喪、祭、鄉、相見。將就後被召遂罷，今更一二年可成。家間多戀河北舊俗，未能遽更易，然大率漸使知義理，一二年書成，可皆如法。禮從宜，事從俗，有大故害義理者，須當去。每月朔必薦新，如仲春薦含桃之類。四時祭用仲月。用仲月，〔三九〕物成也。古者天子、諸侯於孟月者，爲首時也。時祭之外更有三祭：冬至祭始祖，厥初生民之祖。立春祭先祖，季秋祭禰。他則不祭。冬至，陽之始也；立春者，生物之始一作「初」。也；季秋者，成物之始一作「時」。也。祭始祖無主用祝，以妣配於廟中，正位享之。祭只一位者，夫婦同享也。祭先祖亦無主，先祖者自始祖而下，高祖而上，非一人也，故設二位。祖妣異位。〔四〇〕一云：二位異所者，舅婦不同享也。常祭止於高祖而下。自父而推至於三而止者，緣人情也。旁親有後者自爲祭，無後者祭之別位。爲叔伯父之後也，如殤亦各祭。凡配止以正妻一人，如諸侯用元妃是也。或奉祀之人是再娶所生者，即以所生母配。如葬亦惟元妃同穴，後世或再娶皆同穴而葬，甚瀆禮經，但於左右祔葬可也。忌日必遷主出，祭於正寢。今正廳正堂也。〔四一〕蓋廟中尊者所據，又同室難以獨享也。於正寢可以盡思慕之意。家必有廟，古者庶人祭於寢，士大夫祭於廟，庶人無廟，可立影堂。廟中異位，祖居中，左右以昭穆次序，皆夫婦自相配爲位，舅婦不同坐也。廟必有主。既祧，當理於所葬處，如奉祀人之高祖而上，即當祧也。其大略如此。且如豺獺皆知報本，今士大夫家多忽此，厚於奉養而薄於祖先，甚不可也。凡事死之禮，當厚於奉生者。至於嘗新必薦，享後方食，薦數則瀆，必因告朔而薦乃合宜。人家能存得此等事數件，雖幼者漸可使知禮義。凡物知母而不知父，走獸是也；知父而不知祖，飛鳥是也。惟人則能知祖，若不嚴於祭祀，殆與鳥獸無異矣。

問：祭酒用幾奠？曰：家中尋常用三奠，祭法中却用九奠。以禮有九獻，樂有九奏也。又問：既奠之酒，何以置之？曰：古者灌以降神，故以茅縮酌，謂求神於陰陽有無之間，故酒必灌於地。若謂奠酒，則安置在此。今人以澆在地上，甚非也。既獻則徹去可也。傾在他器。

或問：今拜掃之禮何據？曰：此禮古無，但緣習俗，然不害義理。古人直是誠質，專一也。葬只是藏體魄，而神則必歸於廟，既葬則設木主，既除几筵則木主安於廟，故古人惟專精祀於廟。今亦用拜掃之禮，但簡於四時之祭也。

木主必以栗，何也？曰：周用栗，土所産之木，取其堅也。今用栗，從周制也。若四方無栗，亦不必用，但取其木之堅者可也。

凡祭必致齊。齊之日，思其居處，思其笑語，此孝子平日思親之心，非齊也。齊不容有思，有思則非齊。「齊三日，必見其所爲齊者」，此非聖人之語。齊者湛然純一，方能與鬼神接。然能事鬼神，已是上一等人。

古者男爲男尸，女爲女尸。自周以來女無可以爲尸者，故無女尸。後世遂無尸，能爲尸者，亦非尋常人。

今無宗子法，故朝廷無世臣。若立宗子法，則人知尊祖重本，人既重本，則朝廷之勢自尊。古者子弟從父兄，今父兄從子弟，子弟爲強。由不知本也。且如漢高祖欲下沛時，只是以帛書與沛父老，其父老便能率子弟從之。又如相如使蜀，亦移書責父老，然後子弟皆聽其命而從之。只有一箇尊卑上下之分，〔四二〕然後順從而不亂也。若無法以聯屬之安可？且立宗子法亦是天理。譬如木必從根直上一幹，如大宗。亦必有旁枝。〔四三〕又如水雖遠必有正源，亦必有分派處，自然之勢也。然又有旁枝達而爲幹者。故曰古者「天子建國」，「諸侯奪宗」云。

凡言宗者，以祭祀爲主，言人宗於此而祭祀也。「別子爲祖」，上不敢宗諸侯，故不祭，下亦無人宗之，此「無宗亦莫之宗」也。別子之嫡子，即繼祖爲大宗，此「有大宗無小宗」也。

別子之諸子，祭其別子，別子雖是祖，然是諸子之禰，繼禰者爲小宗，此「有小宗而無大宗」也。「有小宗而無大宗」，此句極難理會。蓋本是大宗之祖，別子之諸子稱之却是禰也。

今人多不知兄弟之愛。且如閭閻小人，得一食必先以食父母，夫何故？以父母之口重於己之口也；得一衣必先以衣父母，夫何故？以父母之體重於己之體也。至於犬馬亦然，待父母之犬馬必異乎己之犬馬也。獨愛父母之子，却輕於己之子，甚者至若仇敵，舉世皆如此，惑之甚矣。

伯叔父之兄弟，伯是長，叔是少，今人乃呼伯父、叔父爲伯叔，大無義理。呼爲伯父、叔父者，言事之之禮與父同也。

或曰：事兄盡禮，不得兄之歡心，奈何？曰：但當起敬起孝，盡至誠，不求伸己可也。曰：接弟之道如何？曰：盡友愛之道而已。

問：妻可出乎？曰：妻不賢，出之何害？如子思亦嘗出妻。今世俗乃以出妻爲醜行，遂不敢爲，古人不如此，妻有不善便當出也。只爲今人將此作一件大事，隱忍不敢發，或有隱惡，爲其陰持之，以至縱恣養成不善，豈不害事？人脩身刑家最急，纔脩身便到刑家上也。又問：古人出妻有以對姑叱狗，藜蒸不熟者，亦無甚惡而遽出之，何也？曰：此古人忠厚之道也。古之人絶交不出惡聲，君子不忍以大惡出其妻，而以微罪去之，以此見其忠厚之至也。且如叱狗於親前者，亦有甚大故不是處，只爲他平日有故，因此一事出之耳。或曰：彼以此細故見逐，安能無辭？兼他人不知是與不是，則如之何？曰：彼必自知其罪，但自己理直可矣，何必更求他人知，然有識者當自知之也。如必待彰暴其妻之不善，使他人知之，是亦淺丈夫而已，君子不如此。大凡人說話多欲令彼曲我直，若君子自有一箇含容意思。或曰：古語有之，「出妻令其可嫁，絶友令其可交」，乃此意否？曰：是也。

問：士未仕而昏，用命服，禮乎？曰：昏姻重禮，重其禮者當盛其服。況古亦有是，士乘墨車之類。今律亦許假借。曰：無此服而服之，恐僞。曰：不然。今之命服乃古之下士之服，古者有其德則仕，士未仕者也，服之其宜也。若農商則不可，非其類也。或曰：不必用可否？曰：不得不可以爲悦，今得用而用之何害，過期非也。

昏禮不用樂，幽陰之義，此說非是。昏禮豈是幽陰，但古人重此大禮，嚴肅其事，不用樂也。昏禮不賀，人之序也，此說却是。婦質明而見舅姑，成婦也。三日而後宴樂，禮畢也。宴不以夜，禮也。

問：臣拜君必於堂下，子拜父母如之何？對曰：君臣以義合，有貴賤，故拜於堂下。父子主恩，有尊卑無貴賤，故拜於堂上。若婦於舅姑亦是義合，有貴賤，故拜於堂下，禮也。

問：嫂叔古無服，今有之，何也？曰：禮記曰「推而遠之也」，此說不是。嫂與叔且遠嫌，姑與嫂何嫌之有？古之所以無服者，只爲無屬。其夫屬乎父道者，妻皆母道也。其夫屬乎子道者，妻皆婦道也。今上有父有母，下有子有婦。叔父、伯父，父之屬也，故叔母、伯母之服，與叔父、伯父同。兄弟之子，子之屬也，故兄弟之子之婦服，與兄弟之子同。若兄弟則己之屬也，難以妻道屬其妻，此古者所以無服。以義理推，不行也。今之有服亦是，豈有同居之親而無服者。又問：既是同居之親，古却無服，豈有兄弟之妻死而已恝然無事乎？曰：古者雖無服，若哀戚之心自在。且如鄰里之喪，尚「舂不相」、「不巷歌」，「匍匐救之」，况至親乎？

服有正有義有從有報。古者婦喪舅姑以期，今以三年，於義亦可，但名未正，此可謂之從服。〔四四〕從夫也，蓋與夫同奉几筵，而已不可獨無服。報服，若姑之子爲舅之子服是也。異姓之服只推得一重，若爲母而推，則及舅而止，若爲姑而推，則可以及其子。故舅之子無服，却爲既與姑之子爲服，姑之子須當報之也。故姑之子、舅之子，其服同。

八歲爲下殤，十四爲中殤，十九爲上殤，七歲以下爲無服之殤。無服之殤更不祭。下殤之祭，父母主之，終父母之身。中殤之祭，兄弟主之，終兄弟之身。上殤之祭，兄弟之子主之，終兄弟之子之身。若成人而無後者，兄弟之孫主之，亦終其身。凡此皆以義起也。

問：女既嫁而爲父母服三年，可乎？曰：不可。既歸夫家，事他舅姑，安得伸己之私。

問：人子事親學醫，如何？曰：最是大事。今有璞玉於此，必使玉人彫琢之，蓋百工之事不可使一人兼之，故使玉人彫琢之也。若更有珍寶物，須是自看，却必不肯任其自爲也。今人視父母疾，乃一任醫者之手，豈不害事。必須識醫藥之道理，别病是如何，藥當如何，故可任醫者也。或曰：己未能盡醫者之術，或偏見不到，適足害事，奈何？曰：且如識圖畫，人未必畫得如畫工，然他却識别得工拙。如自己曾學，令醫者說道理，便自見得，或己有所見，亦可說與他商量。陳本止此，以下八段，别本所增。

上古之時，自伏羲、堯、舜歷夏、商以至于周，或文或質，因襲損益，其變既極，其法既詳。於是孔子參酌其宜，以爲百王法度之中制，此其所以春秋作也。孫明復主以無王而作，亦非是。但顏淵問爲邦，聖人對之以「行夏之時，乘殷之輅，服周之冕，樂則韶舞」，則是。大抵聖人以道不得用，故考古驗今，參取百王之中制，斷之以義也。

禘者，魯僭天子之大祭也。灌者，祭之始也。以其僭上之祭，〔四五〕故自灌以往，不欲觀之。

凡觀書不可以相類泥其義，不爾則字字相梗，當觀其文勢上下之意，如「充實之謂美」與詩之美不同。

學者後來多耽莊子。若謹禮者不透，則是他須看莊子，爲他極有膠固纏縛，則須求一放曠之説以自適。譬之有人於此久困纏縛，則須覓一箇出身處。如東漢之末尚節行，尚節行太甚，須有東晉放曠，其勢必然。

冬至書雲，亦有此理。如周禮觀祲之義，古太史既有此職，必有此事。又如太史書，不知周公一一曾與不曾看過，但甚害義理，則必去之矣。如今靈臺之書，須十去八九乃可行也。今歷法甚好，其他禁忌之書，如葬埋昏嫁之類，極有害。

論語問同而答異者至多，或因人才性，或觀人之所問意思，而言及所到地位。

「極高明，道中庸」，所以爲民極。極之爲物，中而能高者也。

「君子不成章不達」，易曰「美在其中，暢於四支」，成章之謂也。

予官吉之永豐簿，沿檄至臨川，見劉元承之子縣丞諴，問其父所録伊川先生語，〔四六〕蒙示以元承手編，伏讀歎仰，因乞傳以歸。建炎元年十月晦日菴山陳淵謹書。

校勘記

〔一〕如四端固具於心　弘治本、康熙本無「如」字。

〔二〕及公孫大娘舞劍　「及」，弘治本、康熙本作「又」。
〔三〕書曰　弘治本、康熙本此段接上段。
〔四〕煞有深淺　「煞」，弘治本、康熙本作「然」。
〔五〕得他言語便終身守之　「語」，弘治本、康熙本作「説」。
〔六〕然亦不可怠緩　「緩」，弘治本、康熙本作「纔」，屬下讀。
〔七〕人能戒慎恐懼於不覩不聞之間　「間」，弘治本、康熙本作「時」。
〔八〕亦不可知　「亦」字原闕，據弘治本、康熙本補。
〔九〕皆呼爲望夫石　「石」字原闕，據弘治本、康熙本補。
〔一〇〕政之化人宜甚於蒲盧矣　「化」，弘治本、康熙本作「祝」。
〔一一〕其無形　「其」，弘治本、康熙本作「如」。
〔一二〕是有光輝之時也　「光輝」二字原倒，據弘治本、康熙本乙正。
〔一三〕便爲波濤洶洶　「洶洶」，弘治本、康熙本作「洶湧」。
〔一四〕窮得論孟　「論」原作「語」，據弘治本、康熙本及上下文改。
〔一五〕卓爾躍如　「爾」原訛「如」，弘治本同，據康熙本及上下文改。
〔一六〕則自知之不固　「自」字原無，據弘治本、康熙本補。
〔一七〕至于親在　「于」，弘治本、康熙本作「如」。

〔一八〕一人大醉臥在地下 「下」，弘治本同，康熙本作「上」。
〔一九〕有親不在不可許友以死者 「者」字原無，弘治本同，據康熙本及上下文補。
〔二〇〕後來惟曾子善形容聖人氣象 「惟」，弘治本、康熙本作「如」。
〔二一〕天道甚大 「甚」，弘治本、康熙本作「之」。
〔二二〕李覯是也 「覯」原作「遘」，弘治本同，據康熙本及宋史本傳改。
〔二三〕一作二 「二」原訛「三」，據弘治本、康熙本改。
〔二四〕某嘗與謝景温説此一句 「一」原訛「二」，據弘治本、康熙本改。
〔二五〕此二者皆率爾而言 「二」原訛「三」，據弘治本、康熙本改。
〔二六〕吝 弘治本、康熙本「吝」下有「是」字。
〔二七〕且人君吝時 「君」，弘治本、康熙本作「若」。
〔二八〕孟子有功於聖門不可言 「門」，弘治本、康熙本作「人」。
〔二九〕如仲尼只説一箇仁義 「義」，弘治本、康熙本作「字」。
〔三〇〕莫不愧耻 「耻」原訛「取」，據弘治本、康熙本改。
〔三一〕故土寄王於四時 「王」原訛「旺」，據弘治本、康熙本改。
〔三二〕猶且能知 「知」，弘治本、康熙本作「之」。
〔三三〕啟金縢之書 「啟」原作「起」，據弘治本、康熙本及尚書改。

〔三四〕不聞禹之有水也　「聞」原訛「問」，據弘治本、康熙本改。
〔三五〕如人之怒固自有正　「固自」二字原闕，據弘治本、康熙本補。
〔三六〕是怒亦惡氣也　「是」下原有「正」字，「怒」下原有「者」字，據弘治本、康熙本删。又「惡」原作「怒」，弘治本漫漶，據康熙本改。
〔三七〕且如今人種喬麥自有畦隴　「有」原作「存」，據弘治本、康熙本改。
〔三八〕聖人文章自然與學爲文者不同　「然」，弘治本、康熙本作「深」。
〔三九〕用仲月　「月」原訛「見」，弘治本漫漶，據康熙本及上下文改。
〔四〇〕祖妣異位　「位」原作「坐」，據弘治本、康熙本改。
〔四一〕今正廳正堂也　「廳」，弘治本、康熙本作「寢」。
〔四二〕只有一箇尊卑上下之分　「箇」，弘治本、康熙本作「節」。
〔四三〕亦必有旁枝　「旁」原訛「方」，據弘治本、康熙本改。
〔四四〕此可謂之從服　「可」，弘治本、康熙本作「亦」。
〔四五〕以其僭上之祭　「上」，弘治本、康熙本作「王」。
〔四六〕問其父所録伊川先生語　「語」，弘治本、康熙本作「説」。

程氏遺書第十九

楊遵道録

伊川先生語五

問：格物是外物，是性分中物？曰：不拘，凡眼前無非是物。物物皆有理。〔一〕如火之所以熱，水之所以寒，至於君臣父子間皆是理。又問：只窮一物，見此一物，還便見得諸理否？曰：須是徧求。雖顔子亦只能聞一知十，若到後來達理了，雖億萬亦可通。又問：如荆公窮物，一部字解多是推五行生成。如今窮理亦只如此著工夫，如何？曰：荆公舊年説話煞得，後來却自以爲不是，晚年盡支離了。

問：「古之學者爲己」，不知初設心時，是要爲己，是要爲人？曰：須先爲己，方能及人。初學只是爲己。鄭宏中云學者先須要仁，仁所以愛人，正是顛倒説却。

「新民」，以明德新民。

問：「日新」有進意，抑只是無弊意？曰：有進意。學者求有益，須是日新。

問：「有所忿懥、恐懼、憂患，心不得其正。」是要無此數者，心乃正乎？曰：非是謂無，只是不以此動其心。學者未到不動處，須是執持其志。

「師出以律，否臧凶。」律有二義，有出師不以義者，有行師而無號令節制者，皆失律也。師出當以律，不然雖臧亦凶。今人用師，惟務勝而已。

「弟子輿尸，貞凶。」帥師以長子，今以弟子衆主之，亦是失律，故雖貞亦凶也。

「豶豕之牙」，豕牙最能噬害人，只制其牙，如何制得？今人爲惡，却只就他惡禁之，便無由禁止。此見聖人機會處。

「喪羊于易」，羊群行而觸物。大壯衆陽並進，六五以陰居位，惟和易然後可以喪羊。易非難易之易，乃和易、樂易之易。

易有百餘家，難爲偏觀。如素未讀，不曉文義，且須看王弼、胡先生、荆公三家，理會得文義，且要熟讀，然後却有用心處。

讀易須先識卦體。如乾有元亨利貞四德，缺却一箇便不是乾，須要認得。

「反復道也」，言「終日乾乾」，往來皆由於道也。三位在二體之中，可進而上，可退而下，故言反復。「知至至之」，如今學者且先知有至處，便從此至之，是「可與幾也」，非知幾者安能先識至處？「知終終之」，知學之終處而終之，然後可與守義。王荆公云「九三知九五之位可至而至之」，大煞害事。使人臣常懷此心，大亂之道，亦自不識湯、武。「知至至之」，只是至其道也。

荆公言用九只在上九一爻，非也。六爻皆用九，故曰「見羣龍無首吉」。用九便是行健處。「天德不可爲首」，言乾以至剛健，又安可更爲物先？爲物先則有禍，所謂「不敢爲天下先」。乾順時而動，不過處便是不爲首，六爻皆同。

問：胡先生解九四作太子，恐不是卦義。先生云：亦不妨，只看如何用。當儲貳則做儲貳，使九四近君，便作儲貳亦不害，但不要拘一。若執一事，則三百八十四爻，只作得三百八十四件事便休也。

看易且要知時。凡六爻人人有用，聖人自有聖人用，賢人自有賢人用，衆人自有衆人用，〔一〕學者自有學者用，君有君用，臣有臣用，無所不通。因問：坤卦是臣之事，人君有用處否？先生曰：是何無用？如「厚德載物」，人君安可不用。

陰爲小人，利爲不善，不可一概論。夫陰助陽以成物者君子也，其害陽者小人也。夫利和義者善也，其害義者不善也。

「利貞者性情也」，言利貞便是乾之性情。因問：利與「以利爲本」之利同否？先生曰：凡字只有一箇，用有不同，只看如何用。凡順理無害處便是利，君子未嘗不欲利，然孟子言「何必曰利」者，蓋只以利爲心則有害。如「上下交征利而國危」，便是有害；「未有仁而遺其親，未有義而後其君」，不遺其親，不後其君，便是利，仁義未嘗不利。

謝師直爲長安漕，明道爲鄠縣簿，論易及春秋。明道云：「運使春秋猶有所長，易則全理會不得。」師直一日説與先生。先生答曰：「據某所見，二公皆深知易者。」師直曰：「何故？」先生曰：「以運使能屈節問一主簿，以一主簿敢言運使不知易，非深知易道者不能。」

「雲行雨施」，是乾之亨處。

乾六爻，如欲見聖人曾履處，當以舜可見，在側陋便是「潛」，陶漁時便是「見」，升聞時便是「乾乾」，納于大麓時便是「躍」。

介甫以武王觀兵爲九四，大無義理，兼觀兵之説亦自無此事。如今日天命絶，則今日便是獨夫，豈容更留之三年，今日天命未絶，便是君也，爲人臣子豈可以兵脅其君，安有此義。又紂鷙狠若此，太史公謂有七十萬衆，未知是否，然書亦自云紂之衆「若林」，三年之中，豈肯容武王如此便休得也。只是太誓一篇前序云「十有一年」，後面正經便説「惟十有三年」，先儒誤妄，遂轉爲觀兵之説。先王無觀兵之事，不是前序一字錯却，便是後面正經三字錯却。

先儒以六爲老陰，八爲少陰，固不是。介甫以爲進君子而退小人，則是聖人旋安排義理也。此且定陰陽之數，豈便説得義理。九六只是取純陰純陽，惟六爲純陰，只取河圖數見之，過六則一陽生，至八便不是純陰。

或以小畜爲臣畜君，以大畜爲君畜臣。先生云：不必如此。大畜只是所畜者大，小畜只是所畜者小，不必指定一件事，便是君畜臣，臣畜君，皆是這箇道理，隨大小用。

陳瑩中答吴國華書「天在山中」説云，便是芥子納須彌之義。先生謂正南北説却須彌無體，芥子無量。

問：瑩中嘗愛文中子，或問學易，子曰「終日乾乾可也」，此語最盡。文王所以聖，亦只是箇不已。先生曰：凡説經義，如只管節節推上去，可知是盡。夫「終日乾乾」，未盡得易，據此一句，只做得九三使。若謂乾乾是不已，不已又是道，漸漸推去，則自然是盡，只是理不如此。

「子在川上曰：『逝者如斯夫。』」言道之體一作「往」。如此，這裏須是自見得。張繹曰：此便是無窮。先生曰：固是道無窮，然怎生一箇無窮便了得他。一作「便道了却他」。

問：「括囊」事還做得在位使否？先生曰：六四位是在上，然坤之六四却是重陰，故云「賢人隱」，便做不得在位。又問：恐後人緣此謂有朝隱者。先生曰：安有此理？向林希嘗有此説，謂楊雄爲禄隱。楊雄後人只爲見他著書，便須要做他是。怎生做得是？因問：

如劇秦文莫不當作？先生云：或云非是美之，乃譏之也。然王莽將來族誅之，亦未足道，又何足譏？譏之濟得甚事？或云且以免死，然已自不知「明哲煌煌」之義，何足以保身。作太元本要明易，却尤晦如易，其實無益，真屋下架屋，牀上疊牀。他只是於易中得一數爲之，於曆法須有合，只是無益。今更於易中推出來，做一百般太元亦得，要尤難明亦得，只是不濟事。

「大明終始。」人能大明乾之終始，便知「六位時成」，却「時乘六龍」，以當天事。

「先迷後得」是一句，「主利」是一句。蓋坤道惟是主利，文言「後得主而有常」處，脱却一利字。

介甫解「直方大」云：「因物之性而生之，直也；成物之形而不可易，方也。」人見似好，只是不識理。如此是物先有箇性，坤因而生之。是甚義理？全不識也。

「至大」、「至剛」、「以直」，此三者不可闕一，闕一便不是浩然之氣。如坤所謂「直方大」是也。但坤卦不可言剛，言剛則害坤體。然孔子於文言又曰「坤至柔而動也剛」，方即剛也。因問：見李籲録明道語中却與先生説别，解「至剛」處云「剛則不屈」，則是於至剛已帶却直意。又曰「以直道順理而養之」，則是以直字連下句，在學者著工夫處説却。先生曰：先兄無此言，便不講論到此。舊嘗令學者不要如此編録，纔聽得轉動便别。舊曾看只有李籲一本無錯編者。他人多只依説時不敢改動，或脱忘一兩字便大别。李籲却得其意，不拘言語，往往録得都是。不知尚有此語，只「剛則不屈」亦未穩當。

孔子教人各因其才，有以政事入者，有以言語入者，有以德行入者。

性出於天，才出於氣，氣清則才清，氣濁則才濁。譬猶木焉，曲直者性也，可以爲棟樑，可以爲榱桷者，才也。才則有善與不善，性則無不善。「惟上智與下愚不移」，非謂不可移也，而有不移之理。所以不移者，只有兩般焉，自暴自棄，不肯學也。使其肯學，不自暴自棄，安不可移哉？

楊雄、韓愈説性，正説著才也。

韓退之説叔向之母聞楊食我之生，知其必滅宗。此無足怪，其始便禀得惡氣，便有滅宗之理，所以聞其聲而知之也。使其能學，以勝其氣，復其性，可無此患。

「性相近也」，此言所禀之性，不是言性之本。孟子所言便正言性之本。

問：先生云性無不善，才有善不善，楊雄、韓愈皆説著才。然觀孟子意，却似才亦無有不善，及言所以不善處，只是云「舍則失之」，不肯言初禀時有不善之才。如云「非天之降才爾殊」，是不善不在才，但以遇凶歲陷溺之耳。〔三〕又觀牛山之木，「人見其濯濯也，以爲未嘗有才焉，此豈山之性」，是山之性未嘗無才，只爲斧斤牛羊害之耳。又云「人見其禽獸也，以爲未嘗有才焉，是豈人之情也哉」，所以無才者，只爲「旦晝之所爲，有梏亡之」耳。又云「乃若其情，則可以爲善矣，乃所謂善，若夫爲不善，非才之罪也」，則是以情觀之，而才未嘗不善。觀此數處，切疑才是一箇爲善之資，譬如作一器械，須是有器械材料方可爲也。如云：「惻隱之心，仁也。云云。故曰求則得之，舍則失之，或相倍蓰而無筭者，不能盡其才也。」則四端者便是爲善之才，所以不善者，以不能盡此四端之才也。觀孟子意，似言性情才三者皆無不善，亦不肯於所稟處説不善。今謂才有善不善，何也？或云善之地便是性，欲爲善便是情，能爲善便是才，如何？先生云：上智下愚便是才，以堯爲君而有象，以瞽瞍爲父而有舜，亦是才。然孟子只云「非才之罪」者，蓋公都子正問性善，孟子且答他正意，不暇一一辨之，又恐失其本意。如萬章問象殺舜事，夫堯已妻之二女，迭爲賓主，當是時已自近君，豈復有完廩浚井之事？象欲使二嫂治棲，當是時堯在上，象還自度得道殺却舜後取其二女，堯便了得否？必無此事。然孟子未暇與辨，且答這下意。

「生而知之」，「學而知之」亦是才。問：生而知之要學否？先生曰：生而知固不待學，然聖人必須學。

先生每與司馬君實説話，不曾放過，如范堯夫十件事只爭得三四件便已。先生曰：君實只爲能受盡言，儘人忤逆終不怒，便是好處。

君實嘗問先生云：欲除一人給事中，誰可爲者，願爲光説一人。先生曰：相公何爲若此言也，如當初泛論人才却可，今既如此，某雖有其人，何可言？君實曰：出於公口，入於光耳，又何害？先生終不言。一本云：先生曰：「某斷不説。」

「先進」「後進」，如今人説前輩後輩。「先進於禮樂」，謂舊時前輩人於禮樂，在今觀之以爲朴野。「後進於禮樂」，謂今晚進之人於禮樂，在今觀之以爲君子。君子者，文質彬彬之名。蓋周末文盛，故以前人爲野，而自以當時爲君子，不知其過於文也，故孔子曰「則吾從先進」。

孔門弟子善問，〔四〕直窮到底。如問「鄉人皆好之何如」，曰「未可也」，便又問「鄉人皆惡之何如」。又説「足食足兵，民信之矣」，便問「必不得已而去，於斯三者何先」，纔説「去兵」，便問「不得已而去，於斯二者何先」，自非聖人不能答，便云「去食，自古皆有死，民無信不立」。不是孔子弟子不能如此問，不是聖人不能如此答。

禮記儒行經解全不是，因舉吕與叔解亦云儒行誇大之語，非孔子之言，然亦不害義理。先生曰：煞害義理，恰限易便只「潔静精微」了却，〔五〕詩便只「温柔敦厚」了却，皆不是也。

祭法如夏后氏郊鯀一片，皆未可據。

問：聖人有爲貧而仕者否？曰：孔子爲乘田委吏是也。又問：或云乘田委吏非爲貧，爲之兆也。先生曰：乘田委吏却不是爲兆，爲魯司寇便是爲兆。一本此下有十六字云：有人云先生除國子監之命不受，是固也。先生因言：近煞有人以此相勉，某答云待飢餓不能出門户時，當別相度。

荀、楊性已不識，更説甚道。

鄧文孚問：孟子還可爲聖人否？曰：未敢便道他是聖人，然學已到至處。又問：孟子書中有不是處否？曰：只是門人録時錯一兩字。如説「大人則藐之」，夫君子毋不敬，如有心去藐他人，便不是也。更説夷、惠處云「皆古聖人」，須錯字，若以夷、惠爲「聖之清」、「聖之和」則可，便以爲聖人則不可。看孟子意，必不以夷、惠爲聖人。如伊尹又別，初在畎畝，湯使人問之，曰「我何以湯之幣聘爲哉」，是不肯仕也，及湯盡禮，然後翻然而從之，亦是「聖之時」。如五就湯，五就桀，自是後來事，蓋已出了，則當以湯之心爲心，所以五就桀，不得不如此。

荆公嘗與明道論事不合，因謂明道曰：「公之學如上壁。」言難行也。明道曰：「參政之學如捉風。」及後來逐不附己者，獨不怨明道，且曰：「此人雖未知道，亦忠信人也。」

張戩嘗於政事堂與介甫争辨事，因舉經語引證。介甫乃曰：「安石却不會讀書，賢却會讀書。」戩不能答。先生因云：「却不向道只這箇便是不會讀書。」

佛家有印證之説，極好笑，豈有我曉得這箇道理後，因他人道是了方是，他人道不是便不是。又五祖令六祖三更時來傳法，如期去便傳得，安有此理？

謝良佐與張繹説：某到山林中静處便有喜意，覺著此不是。先生曰：人每至神廟佛殿處便敬，何也？則是每常不敬，見彼乃敬，若還常敬，則到佛殿廟宇亦只如此。不知在閙處時此物安在，直到静處乃覺。繹言：伊云只有這些子已覺。先生曰：這回比舊時煞長進。這些子已覺固是，若謂只有這些子，却未敢信。胡本註云：朱子權親見謝先生云某未嘗如此説，恐傳録之誤也。

「屢空」兼兩意，惟其能虚中，所以能屢空。貨殖便生計較，纔計較便是不受命，不受命者，不能順受正命也。吕與叔解作如貨殖。先生云：傳記中言子貢貨殖處亦多，此子貢始時事。

萬物皆有良能，如每常禽鳥中做得窠子極有巧妙處，〔六〕是他良能，不待學也。人初生只有喫乳一事不是學，其他皆是學，人只爲智多害之也。

「人心」私欲也，「道心」正心也，「危」言不安，「微」言精微。惟其如此，所以要精一。「惟精惟一」者，只要精一之也。精之一之，始能「允執厥中」，中是極至處。或云介甫説以一守，以中行，只爲要事事分作兩處。

詩小序便是當時國史作，如當時不作，雖孔子亦不能知，況子夏乎？如大序則非聖人不能作。

「用之鄉人焉，用之邦國焉。」如二南之詩及大雅、小雅，是當時通上下皆用底詩，蓋是脩身治家底事。

「關雎樂得淑女，以配君子」，淑女即后妃也，故言配荇菜以興后妃之柔順。「左右流之」，左右者隨水之貌。「左右采之」者，順水而采之。「左右芼之」者，順水而芼之。皆是言荇菜柔順之貌，以興后妃之德。「琴瑟友之，鍾鼓樂之」，言后妃之配君子，和樂如此也。「憂在進賢，不淫其色，哀窈窕，思賢才，而無傷善之心焉。」自是關雎之義如此，非謂后妃也。此一行甚分明，人自錯解却。

口目耳鼻四支之欲，性也。然有分焉，不可謂我須要得，是有命也。仁義禮智，天道在人，賦於命有厚薄，是命也。然有性焉可以學，故君子不謂命。

「則以學文」，便是讀書。人生便知有父子兄弟，須是先盡得孝弟，然後讀書，非謂已前不可讀書。

禮勝則離，故「禮之用，和爲貴，先王之道，斯爲美，小大由之」。樂勝則流，故「有所不行，知和而和，不以禮節之，亦不可行」。禮以和爲貴，故先王之道以此爲美，而小大由之。然却有所不行者，以「知和而和，不以禮節之」，故亦不可行也。

「望道而未之見」，言文王視民如傷，以紂在上，望天下有道而未之見。「湯執中，武王不泄邇」，非謂武王不能執中，湯却泄邇，蓋各因一件事言之。人謂各舉其最盛者，非也，聖人亦無不盛。

魯得用天子禮樂，使周公在，必不肯受，故孔子曰：「周公之衰乎！」孔子以此爲周公之衰，是成王之失也。介甫謂周公有人臣不能爲之功，故得用人臣所不得用之禮，非也。臣子身上没分外過當底事，凡言舜言曾子爲孝，不可謂曾子、舜過於孝也。

「克明峻德」，只是説能明峻德之人。「凡爲天下國家有九經」，曰脩身也，尊賢也，親親也。蓋先尊賢，然後能親親。夫親親固所當先，然不先尊賢則不能知親親之道。禮記言「克明峻德，顧諟天之明命，皆自明也」者，皆由於明也。

「平章百姓」，百姓只是民，凡言百姓處皆只是民。百官族姓，已前無此説。

陳平只是幸而成功，當時順却諸吕亦只是畏死。漢之君臣當恁時，豈有樸實頭爲社稷者？使後來少主在，事變却時，他也則隨却。如令周勃先入北軍，陳平亦不是推功讓能底人，只是占便宜，令周勃先試難也。其謀甚拙，其後成功亦幸。如人臣之義，當以王陵爲正。

周勃當時初入北軍亦甚拙，何事令左袒則甚？忽然當時皆右袒，後還如何？當時已料得必左袒，又何必更號令？如未料得，豈不生變？只合驅之以義，管他從與不從。

韓信初亡，蕭何追之，高祖如失左右手，却兩日不追。及蕭何反，問之曰：「何亡也？」曰：「臣非亡，乃追亡者也。」當時高祖豈不知此二人，乃肯放與項羽，兩日不追邪？乃是蕭何與高帝二人商量做來，欲致韓信之死爾。時史官已被高祖瞞過，後人又被史官瞞。

惜乎韓信與項羽，諸葛亮與司馬仲達不曾合戰，更得這兩箇戰得幾陣，不妨有可觀。

先生每讀史到一半，便掩卷思量，〔七〕料其成敗，然後却看有不合處，又更精思，其間多有幸而成，不幸而敗。今人只見成者便以爲是，敗者便以爲非，不知成者煞有不是，敗者煞有是底。

讀史須見聖賢所存治亂之機，賢人君子出處進退，便是格物。今人只將他見成底事，便做是使，不知煞有誤人處。

先生在講筵，嘗典錢使。諸公因問必是俸給大段不足，後乃知到任不曾請俸。諸公遂牒户部，問不支俸錢。户部索前任曆子，先生云：「某起自草萊，無前任曆子。」舊例初入京官時，用下狀出給料錢曆。其意謂朝廷起我，便當「廩人繼粟，庖人繼肉」也。遂令户部自爲出券曆。

户部只欲與折支。諸公又理會，舘閣尚請見錢，豈有經筵官只請折支？又檢例已無崇政殿説書多時。户部遂定，已前未請者只與折支，自後來爲始支見錢。先生後自涪陵歸，復官半年，不曾請俸。糧料院吏人忽來索請券狀子，先生云：「自來不會寫狀子。」受事人不去，只令子弟録與受官月日。

先生在經筵時，與趙侍郎、范純甫同在後省行，見曉示至節令命婦進表賀太皇及太后、太妃。趙、范更問備辨，因問先生。先生云：「某家無命婦。」二公愕然，問：「何不叙封？」先生曰：「某當時起自草萊，三辭然後受命，豈有今日乃爲妻求封之理？」其夫人至今無封號。問：「今人陳乞恩例，義當然否？人皆以爲本分者，不一作「不以」。爲害。」先生曰：「只爲而今士大夫道得箇乞字慣却，動不動又是乞也。」因問：「陳乞封父祖如何？」先生曰：「此事體又別。」再三請益，但云：「其説甚長，待別時説。」

范堯夫爲蜀漕，成都帥死，堯夫權府。是時先生隨侍過成都，堯夫出送，先生已行二里，急遣人追及之，回至門頭僧寺相見。堯夫因問：「先生在此有何所聞？」先生曰：「聞公嘗言：當使三軍之士知事帥君如事父母。不知有此語否？」堯夫愕然，疑其言非是。先生曰：「公果有此語，一國之福也。」堯夫方喜，先生却云：「恐公未能使人如此。」堯夫再三問之，先生曰：「只如前日公權府，前帥方死，便使他臣子張樂大排，此事當時莫可罷？」堯夫云：「便是純仁當時不就席，只令通判伴坐。」〔八〕先生曰：「此尤不是。」堯夫驚愕，即應聲曰：「悔當初，只合打散便是。」先生曰：「又更不是。夫小人心中，只得些物事時便喜，不得便不足。他既不得物事，却歸去思量，因甚不得此物，元來是爲帥君。小人須是切己乃知思量，若只與他物事，他自歸去，豈更知有思量？」堯夫乃嗟嘆曰：「今日不出，安得聞此言？」

先生云：韓持國服義最不可得。一日某與持國、范夷叟泛舟于潁昌西湖。須臾，客將云有一官員上書謁見大資。某將謂有甚急切公事，乃是求知己。某云：「大資居位，却不求人，乃使人倒來求己，是甚道理？」夷叟云：「只爲正叔一作「姨夫」。太執，求薦章，常事也。」某云：「不然，只爲曾有不求者不與，來求者與之，遂致人如此。」持國便服。

先生初受命便在假，欲迤邐尋醫，既而供職。門人尹焞深難之，謂供職非是。先生曰：新君即位，首蒙大恩，自二千里放回，亦無道理不受。某在先朝則知某者也，當時執政大臣皆相知，故不當如此受。今則皆無相知，朝廷之意只是憐其貧，不使飢餓於我土地。某須領他朝廷厚意，與受一月料錢，然官則某必做不得。既已受他誥，却不供職，是與不受同。且略與供職數日，承順他朝廷善意了，然後惟吾所欲。

先生因言：今日供職，只第一件便做他底不得，吏人押申轉運司狀，某不曾簽。國子監自繫臺省，臺省繫朝廷官，外司有事，合行申狀，豈有臺省倒申外司之理？只爲從前人只計較利害，不計較事體，直得恁地。須看聖人欲正名處，見得道名不正時，便至禮樂不興，自然住不得。夫禮樂，豈玉帛之交錯，鍾鼓之鏗鏘哉？今日第一件便如此，人不知，一似好做作只這些子。某便做他官不得，若久做他底時，須一一與理會。

謝某曾問：涪州之行，知其由來，乃族子與故人耳。族子謂程公孫，故人謂邢恕。先生答云：族子至愚不足責，故人至一作「情」。厚不敢疑。孟子既知一作「繫之」。天，安用尤臧氏？因問：邢七雖爲惡，然必不到更傾先生也。先生曰：然邢七亦有書到某，云「屢於權宰處言之」，不知身爲言官，却説此話。未知傾與不傾，只合救與不救，便在其間。又問：邢七久從先生，想都無知識，後來極狼狽。先生曰：謂之全無知則不可，只是義理不能勝利欲之心，便至如此也。

先生云：某自十七八讀論語，當時已曉文義，讀之愈久，但覺氣味深長。論語有讀了後全無事者，有讀了後其中得一兩句喜者，有讀了後知好之者，有讀了後不知手之舞之足之蹈之者。

今人不會讀書。如「誦詩三百，授之以政，不達，使於四方，不能專對，雖多亦奚以爲？」須是未讀詩時，授以政不達，使四方不能專對，既讀詩後便達於政，能專對四方，始是讀詩。「人而不爲周南、召南，其猶正牆面而立。」須是未讀周南、召南，一似面牆，到讀了後便不面牆，方是有驗。大抵讀書，只此便是法。如讀論語，舊時未讀是這箇人，及讀了後又只是這箇人，便是不曾讀也。

大率上一爻皆是師保之任，足以當此爻也。

若要不學佛，須是見得他小，便自然不學。

文中子本是一隱君子，世人往往得其議論，附會成書。其間極有格言，荀、楊道不到處。又有一件事半截好半截不好。如魏徵問：「聖人有憂乎？」曰：「天下皆憂，吾獨得不憂？」問疑，曰：「天下皆疑，吾獨得不疑？」徵退，謂董常曰：「樂天知命吾何憂？窮理盡性吾何疑？」此言極好。下半截却云：「徵所問者迹也，吾告汝者心也，心迹之判久矣。」便亂道。

文中子言「封禪之費非古也，其秦漢之侈心乎」，此言極好。古者封禪非謂誇治平，乃依本分祭天地，後世便把來做一件矜誇底事。如周頌告成功，乃是陳先王功德，非謂誇自己功德。

文中子續經甚謬，恐無此。如續書始於漢，自漢已來制詔，又何足記？續詩之備六代，如晉、宋、後魏、北齊、後周、隋之詩，又何足采？

韓退之言「孟子醇乎醇」，此言極好，非見得孟子意，亦道不到。其言「荀、楊大醇小疵」，則非也。荀子極偏駁，只一句性惡，大本已失。楊子雖少過，然已自不識性，更説甚道？

韓退之言「博愛之謂仁，行而宜之之謂義，由是而之焉之謂道，足乎己無待於外之謂德」，此言却好。只云「仁與義爲定名，道與德爲虚位」，便亂説。只如原道一篇極好。退之每有一兩處直是摶得親切，直似知道，然却只是摶也。

問：文中子謂「諸葛亮無死，禮樂其有興乎」，諸葛亮可以當此否？先生曰：禮樂則未敢望他，只是諸葛已近王佐。〔九〕又問：如取劉璋事如何？先生曰：只有這一事大不是，便是計較利害。當時只爲不得此則無以爲資，然豈有人特地出迎，他却於坐上執之。大段害事，只是箇爲利。君子則不然，只一箇義不可便休，豈可苟爲！又問：如湯兼弱攻昧如何？先生曰：弱者兼之，非謂并兼，取他只爲助他，與之相兼也。昧者乃攻，亂者乃取，亡者乃侮。

張良亦是箇儒者，進退間極有道理。人道漢高祖能用張良，却不知是張良能用高祖。良計謀不妄發，發必中。如後來立太子事，皆是能使高祖必從，使之左便左，使之右便右，豈不是良用高祖乎？良本不事高祖，常言爲韓王送沛公，觀良心只是爲天下，且與成就却事。後來與赤松子遊，只是箇不肯事高祖如此。

五德之運却有這道理，凡事皆有此五般，自小至大不可勝數。一日言之便自有一日陰陽，一時言之便自有一時陰陽，一歲言之便自有一歲陰陽，一紀言之便自有一紀陰陽，氣運不息，如王者一代又是一箇大陰陽也。唐是土德，便少河患，本朝火德，多水一作「火」。災。蓋亦有此理，只是須於這上有道理。如關朗卜百年事最好，其間須言如此處之則吉，不如此處之則凶，每事如此。蓋雖是天命，可以人奪也。如仙家養形以奪既衰之年，聖人有道以延已衰之命，只爲有這道理。

或云：尋常觀人出辭氣便可知人。先生曰：亦安可盡？昔橫渠嘗以此觀人，未嘗不中，然某不與他如此。後來其弟戩亦學他如此觀人，皆不中。此安可學？

觀素問文字氣象，只是戰國時人作，謂之三墳書則非也，道理却總是。想當時亦須有來歷，其間只是氣運使不得，錯不錯未說，就使其法不錯亦用不得，除是堯舜時十日一風五日一雨始用得。且如說潦旱，今年運氣當潦，然有河北潦、江南旱時，此且做各有方氣不同，又却有一州一縣之中潦旱不同者，怎生定得？

學佛者多要忘是非，是非安可忘得？自有許多道理，何事忘爲？夫事外無心，心外無事，世人只被爲物所役，便覺苦事多。若物各付物，便役物也。世人只爲一齊在那昏惑迷暗海中，拘滯執泥坑裏，便事事轉動不得，没著身處。

莊子齊物，夫物本齊，安俟汝齊？凡物如此多般，若要齊時，別去甚處下脚手？不過得推一箇理一也。物未嘗不齊，只是你自家不齊，不干物不齊也。

先生在經筵，聞禁中下後苑作坊取金水桶貳隻，因見潞公問之。潞公言：「無。」彦博曾入禁中，見只是朱紅，無金爲者。」某遂令取文字示潞公，潞公始驚怪。某當時便令問，欲理會，却聞得是長樂宫，遂已。當時恐是皇帝閤中，某須理會。

先生舊在講筵，説論語「南容三復白圭」處，見内臣貼却「容」字，因問之。内臣云是上舊名。先生講罷，因説：「適來臣講書，見内臣貼却『容』字。夫人主處天下之尊，居億兆之上，只嫌怕人尊奉過當，便生驕心，皆是左右近習之人養成之也。嘗觀仁宗時宫嬪謂正月爲初月，蒸餅爲炊餅，皆此類。請自後只諱正名，不諱嫌名及舊名。」纔説了，次日孫莘老講論語，讀「子畏於匡」爲「正」。先生云：「且著箇地名也得，『子畏於正』是甚義理？」又講「君祭先飯」處，因説：「古人飲食必祭，食穀必思始耕者，食菜必思始圃者，先王無德不報如此。夫爲人臣者，居其位，食其禄，必思何所得爵禄來處，乃得於君也。必思所以報其君，凡勤勤盡忠者，爲報君也。如人主所以有崇高之位者，蓋得之於天，與天下之人共戴也，必思所以報民。古之人君視民如傷，若保赤子，皆是報民也。」每講一處，有以開導人主之心處便説。始初内臣宫嬪門皆携筆在後抄録，後來見説著佞人之類，皆惡之。吕微仲使人言：「今後且刻可傷觸人。」范堯夫云：「但不道著名字，儘説不妨。」〔一〇〕

或問：横渠言聖人無知，因問有知。先生曰：纔説無知，便不堪是聖人。當人不問時，只與木石同也。

先生云：吕與叔守横渠學甚固，每横渠無説處皆相從，纔有説了更不肯回。

蘇炳録横渠語云：和叔言香聲，横渠云：「香與聲猶是有形，隨風往來，可以斷續，猶爲麤耳。不如清水，今以清泠水置之銀器中，隔外便見水珠，曾何漏隙之可通？此至清之神也。」先生云：此亦見不盡，却不説此是水之清銀之清，若云是水，因甚置磁椀中不如此。

校勘記

〔一〕物物皆有理　弘治本、康熙本少一「物」字。

〔二〕衆人自有衆人用　下「人」字原訛「天」，據弘治本、康熙本改。

〔三〕但以遇凶歲陷溺之耳　「遇」原訛「富」，據弘治本、康熙本改。

〔四〕孔門弟子善問　「孔子」，弘治本、康熙本作「孔門」。

〔五〕恰限易便只潔静精微了却　「限」，弘治本、康熙本作「恨」。

〔六〕如每常禽鳥中做得窠子極有巧妙處　「窠」，弘治本、康熙本作「窩」。

〔七〕便掩卷思量　「便」原訛「夜」，弘治本作「使」，據康熙本改。

〔八〕只令通判伴坐　「伴」字原無，據弘治本、康熙本補。

〔九〕只是諸葛已近王佐　「是」，弘治本、康熙本作「説」。

〔一〇〕儘説不妨　弘治本、康熙本句下有「又講君祭以下莆田本添」十小字。

程氏遺書第二十

周伯忱本

伊川先生語六

問：左氏言子路助衛輒，觀其學已升堂，肯如是否？曰：子路非助輒，只爲孔悝陷於不義，欲救之耳。蓋蒯聵不用君父之命而入立，強盟孔悝，孔悝不合從之故也。曰：子路當時可以免難否？曰：不可免。

問：左傳可信否？曰：不可全信，信其可信者耳。某年二十時看春秋，黄聱隅問某如何看，答之曰：「有兩句法云：以傳考經之事迹，以經別傳之真僞。」又問：公、穀如何？曰：又次於左氏。左氏即是丘明否？曰：傳中無丘明字，不可考。

問：「此之謂自慊」與「吾何慊乎哉」之「慊」同否？曰：慊字則一也，不足謂之慊，動於中亦謂之慊，看用處如何。

程氏遺書第二十一上

伊川先生語七上

門人張繹録

師説

宣仁山陵，程子往赴，吕汲公爲使。時朝廷以館職授子，子固辭。公謂子曰：「仲尼亦不如是。」程子對曰：「公何言哉，某何人而敢比仲尼！雖然某學仲尼者，於仲尼之道固不敢異。公以謂仲尼不如是，何也？」公曰：「陳恒弑其君，請討之，魯不用則亦已矣。」子未及對。會殿帥苗公至，子辟之幕府，見公壻王讜。讜曰：「先生不亦甚乎，欲朝廷如何處先生也？」子曰：「且如朝廷議北郊，所議不合禮，取笑天下。後世豈不曰有一程某亦嘗學禮，何爲而不問也？」讜曰：「北郊如何？」曰：「此朝廷事，朝廷不問而子問之，非可言之所也。」其後有問：「汲公所言陳恒之事是歟？」曰：「於傳，仲尼是時已不爲大夫，公誤言也。」

吕汲公以百縑遺子，子辭之。時子族兄子公孫在旁，謂子曰：「勿爲已甚，姑受之。」子曰：「公之所以遺某者，以某貧也。公位宰相，能進天下之賢，隨才而任之，則天下受其賜也。何獨某貧也，天下貧者亦衆矣，公帛固多，恐公不能周也。」

殿帥苗公問程子曰：「朝廷處先生如何則可？」程子對曰：「且如山陵事，苟得專處，雖永安尉可也。」

程子曰：古之學者易，今之學者難。古自八歲入小學，十五入大學，有文采以養其目，聲音以養其耳，威儀以養其四體，歌舞以養其血氣，義理以養其心。今則俱亡矣，惟義理以養其心爾，可不勉哉！

范公堯夫攝帥成都，程子將告歸，别焉。公曰：「願少留，某將别。」子曰：「既别矣，何必復勞輿衛。」遂行。公使人要於路，曰：「願一見也。」既見，曰：「先生何以教我？」子曰：「公嘗言爲將帥當使士卒視己如父母，然後可用，然乎？」公曰：「如何？」子曰：「公言是也。然公爲政不若是，何也？」公曰：「可得聞與？」子曰：「舊帥新亡，而公張樂大饗將校於府門，是教之視帥如父母乎？」曰：「亦疑其不可，故使屬官攝主之也。」子曰：「是尤不可也。公與舊帥同僚也，失同僚之義其過小，屬官於主帥其義重。」曰：「廢饗而頒之酒食如何？」曰：「無頒也。武夫視酒食爲重事，弗頒則必思其所以而知事帥之義，乃因事而教也。」公曰：「若從先主言而不來，則不聞此矣。」其喜聞義如此。

程子在講筵，執政有欲用之爲諫官者。子聞，以書謝曰：「公知射乎？有人執弓于此，發而多中，人皆以爲善射矣。一日使羿立於其傍，道之以彀率之法，不從，羿且怒而去矣，從之則戾其故習而失多中之功。一作「巧」。故不若處羿於無事之地，則羿得盡其言，而用舍羿不恤也。某才非羿也，然聞羿之道矣，慮其害公之多中也。」

謝氏自蜀之京師，〔一〕過洛而見程子。子曰：「爾將何之？」曰：「將試教官。」子弗答，湜曰：「何如？」子曰：「吾嘗買婢，欲試之，其母怒而弗許，曰吾女非可試者也。今爾求爲人師而試之，必爲此媪笑也。」湜遂不行。一本云：湜不能用。又云：謝湜求見者三，不許，因陳經正以請。先生曰：「聞其來問易，遂爲説以獻貴人。」注云：獻蔡卞，如「用説桎梏」之類。

謝愔見程子，子留語，因請曰：「今日將沐。」子曰：「豈無他日？」曰：「今日吉也。」子曰：「豈爲士而惑此耶？」曰：「愔固無疑矣，在己庸何卹？第云不利父母。」子曰：「有人呼於市者曰，毀瓦劃墁則利父母也，否則不利父母。子亦將毀瓦劃墁乎？」曰：「此狂人之言也，何可信？」「然則子所信者，亦狂言爾。」

先生謂繹曰：吾受氣甚薄，三十而浸盛，四十五十而後完，今生七十二年矣，校其筋骨，於盛年無損也。又曰：人待老而求保生，是猶貧而後畜積，雖勤亦無補矣。繹曰：先生豈以受氣之薄而後爲保生邪？夫子默然，曰：吾以忘生徇欲爲深恥。

程子與客語爲政。程子曰：「甚矣，小人之無行也，牛壯食其力，老則屠之。」客曰：

「不得不然也，牛老不可用，屠之猶得半牛之價，復稱貸以買壯者，不爾則廢耕矣，且安得芻粟養無用之牛乎？」子曰：「爾之言，知計利而不知義者也。爲政之本，莫大於使民興行，民善俗而衣食不足者，未之有也。水旱螟虫之災，皆不善之致也。」

邵堯夫謂程子曰：「子雖聰明，然天下事亦衆矣，子能盡知邪？」子曰：「天下之事某所不知者固多，然堯夫所謂不知者何事？」是時適雷起，堯夫曰：「子知雷起處乎？」子曰：「某知之，堯夫不知也。」堯夫愕然，曰：「何謂也？」子曰：「既知之，安用數推也？以其不知，故待推而後知。」堯夫曰：「子以爲起於何處？」子曰：「起於起處。」堯夫瞿然稱善。

張子厚罷太常禮院，歸關中，過洛而見程子。子曰：「比太常禮院所議，可得聞乎？」子厚曰：「大事皆爲禮房檢正所奪，所議惟小事爾。」子曰：「小事謂何？」子厚曰：「如定謚及龍女衣冠。」子曰：「龍女衣冠如何？」子厚曰：「當依夫人品秩，蓋龍女本封善濟夫人。」子曰：「某則不然，〔二〕既曰龍，則不當被人衣冠。矧大河之塞，本上天降祐，宗廟之靈，朝廷之德，而吏士之勞也，龍何功之有？又聞龍有五十三廟，皆曰三娘子，一龍邪？五十三龍邪？一龍則不當有五十三廟，五十三龍則不應盡爲三娘子也。」子厚默然。

韓持國帥許，程子往見，謂公曰：「適市中聚浮圖，何也？」公曰：「爲民祈福也。」子曰：「福斯民者，不在公乎！」

韓公持國使掾爲亭，成而蓮已生其前，蓋掾盆植而置之。公甚喜。程子曰：「斯可惡也。使之爲亭而更爲此以説公，非端人也。」公曰：「奈何人見之則喜。」

韓公持國與范公彝叟、程子爲泛舟之游，典謁白有士人堅欲見公。程子曰：「是必有故，亟見之。」頃之遽還，程子問：「客何爲者？」曰：「上書。」子曰：「言何事？」曰：「求薦爾。」子曰：「如斯人者，公缺「一」字。無薦。夫爲國薦賢，自當求人，豈可使人求也。」公曰：「子不亦甚乎。」范公亦以子爲不通。子曰：「大抵今之大臣好人求己，故人求之，如不好，人豈欲求怒邪？」韓公遂以爲然。

韓持國罷門下侍郎，出帥南陽，已出國門，程子往見之。子時在講筵，公驚曰：「子來見我乎！子亦危矣！」程子曰：「只知履安地，不知其危。」坐頃之，公不言。子曰：「公有不豫色，何也？」公曰：「在維固無足道，所慮者貽兄姊之憂耳。」子曰：「領帥南陽，兄姊何所憂？」公悟曰：「正爲定力不固耳。」

謝公師直與程子論易，程子未之許也。公曰：「昔與伯淳亦謂景温於春秋則可，易則未也。」程子曰：「以某觀之，二公皆深於易者也。」公曰：「何謂也？」子曰：「以監司論學而主簿敢以爲非，爲監司者不怒，爲主簿者敢言，非深於易而何？」

張閎中以書問易傳不傳，及曰「易之義本起於數」。程子答曰：易傳未傳，自量精力未衰，尚冀有少進爾，然亦不必直待身後，覺老耄則傳矣。書雖未出，學未嘗不傳也，第患無受之者爾。來書云「易之義本起於數」，謂義起於數則非也。有理而後有象，有象而後有數，易因象以知數，得其義則象數在其中矣。必欲窮象之隱微，盡數之毫忽，乃尋流逐末，術家之所尚，非儒者之所務也，管輅、郭璞之學是也。又曰：理無形也，故因象以明理，理見乎辭矣，則可由辭以觀象，故曰得其義則象數在其中矣。

子言范公堯夫之寬大也。昔余過成都，公時攝帥，有言公於朝者，朝廷遣中使降香峨眉，實察之也。公一日訪予欵語，予問曰：「聞中使在此，公何暇也？」公曰：「不爾則拘束。」已而中使果怒，以鞭傷傳言者耳。屬官喜謂公曰：「此一事足以塞其謗，請聞於朝。」公既不折言者之爲非，又不奏中使之過也。其有量如此。

程子過成都，時轉運判官韓宗道議減役，至三大户亦減一人焉。子曰：「只聞有三大户，不聞兩也。」宗道曰：「三亦可，兩亦可，三之名不從天降地出也。」子曰：「乃從天降地出也。古者朝有三公，國有三老，『三人占則從二人之言』，『三人行則必得我師焉』。若止二大户，〔三〕則一人以爲是，一人以爲非，何從而決？三則從二人之言矣。雖然近年諸縣有使之分治者，亦失此意也。」

繹曰：鄒浩以極諫得罪，世疑其賣直也。先生曰：君子之於人也，當於有過中求無過，不當於無過中求有過。

程子之埶屋，時樞密趙公瞻持喪居邑中，杜門謝客，使侯隲語子以釋氏之學。子曰：「禍莫大於無類，釋氏使人無類可乎？」隲以告趙公，公曰：「天下知道者少，不知道者衆，自相生養，何患乎無類也。若天下盡爲君子，則君子將誰使？」侯子以告，程子曰：「豈不欲人人盡爲君子哉？病不能耳，非利其爲使也。若然則人類之存，不賴於聖賢，而賴於下愚也。」趙公聞之，笑曰：「程子未知佛道弘大耳。」程子曰：「釋氏之道誠弘大。吾聞傳者以佛逃父入山，終能成佛。若儒者之道，則當逃父時已誅之矣，豈能俟其成佛也？」

韓公持國與程子語，歎曰：「今日又暮矣。」程子對曰：「此常理從來如是，何歎爲？」公曰：「老者行去矣。」曰：「公勿去可也。」公曰：「如何能勿去？」子曰：「不能則去可也。」

校勘記

〔一〕謝氏自蜀至京師 「氏」，康熙本作「湜」。案此卷弘治本闕。

〔二〕某則不然 「然」，康熙本作「能」。

〔三〕若止二大户 「二」原訛「三」，據康熙本改。

程氏遺書第二十一下

伊川先生語七下

附師說後

幽王失道，始則萬物不得其性，而後恩衰於諸侯以及其九族，其甚也，至於視民如禽獸。魚藻之什，其序如此。

孔子之時，諸侯甚強大，然皆周所封建也。周之典禮雖甚廢壞，然未泯絕也。故齊、晉之霸，非挾尊王之義則不能自立。至孟子時則異矣，天下之大國七，非周所命者四，先王之政絕而澤竭矣。夫王者，天下之義主也。民以爲王，則謂之天王、天子，民不以爲王，則獨夫而已矣。二周之君雖無大惡見絕於天下，然獨夫也。故孟子勉齊、梁以王者，與孔子之所以告諸侯不同。君子之救世，時行而已矣。

「不動心」有二：有造道而不動者，有以義制心而不動者。此義也，此不義也，義吾所當取，不義吾所當捨，此以義制心者也。義在我，由而行之，從容自中，非有所制也。此不動之異。

凡有血氣之類皆具五常，但不知充而已矣。

勇者所以敵彼者也。苟爲造道而心不動焉，則所以敵物者，不賴勇而裕如矣。

理也，性也，命也，三者未嘗有異。窮理則盡性，盡性則知天命矣。天命猶天道也，以其用而言之則謂之命，命者造化之謂也。

書言「天叙」、「天秩」。天有是理，聖人循而行之，所謂道也。聖人本天，釋氏本心。

忠者，無妄之謂也。忠，天道也。恕，人事也。忠爲體，恕爲用。「忠恕違道不遠」，非「一以貫之」之忠恕也。

真近誠，誠者無妄之謂。

氣有善不善，性則無不善也。人之所以不知善者，氣昏而塞之耳。孟子所以養氣者，養之至則清明純全，〔一〕而昏塞之患去矣。或曰養心，或曰養氣，何也？曰養心則勿害而已，養氣則志有所帥也。〔二〕

賤妾得進御於君，是其僭恣可行，而分限得踰之時也。乃能謹於「抱衾與裯」，而知「命之不猶」，則教化至矣。

心生道也，有是心，斯具是形以生。惻隱之心，人之生道也。雖桀、跖不能無是以生，但戕賊之以滅天耳。始則不知愛物，俄而至於忍，安之以至於殺，充之以至於好殺，豈人理也哉！

有欲亂之人而無與亂者，則雖有強力弗能爲也。今有劫人以殺人者，則先治劫者，而殺者次之。將以垂訓於後世，則先殺者而後劫者。春秋書「鄭公子歸生弑其君夷」是也。

諸葛瑾使蜀，其弟亮與瑾非公會不覿，亮之處瑾爲得矣。使吳知瑾如備之遇亮，〔三〕復何嫌而不得悉兄弟之懽也。

春秋喪昏無譏，蓋日月自見，不必譏也。唯哀姜以禫中納幣，則重疊譏之，曰「逆婦」，曰「夫人至」，恐後世不以爲非也。他皆曰「逆女」，此獨云「婦」而又不曰「夫人」，蓋已納幣則爲婦，違理而昏則不可謂之夫人。

「貞而不諒」，〔四〕猶大信不約也。

智出於人之性。人之爲智，或入於巧僞，而老、莊之徒遂欲棄智，是豈性之罪也哉！善乎孟子之言：「所惡於智者，爲其鑿也。」

孔子之時，道雖不明，而異端之害未甚，故其論伯夷也以德。孟子之時，道益不明，異端之害滋深，故其論伯夷也以學。道未盡乎聖人，則推而行之，必有害矣，故孟子推其學術而言之也。夫闢邪說以明先王之道，非援本塞源不能也。

青蠅詩言樊、棘、榛，言二人、四國。自樊而觀之，則樊爲近而棘、榛爲遠，自二人而觀之，則二人爲小而四國爲大。讒人之情，常欲污白以爲黑也。而其言不可以直達，故必營營往來，或自近而至於遠，或自小而至於大，然後其説得行矣。

文王之德正與天合，「明明于下」者，乃「赫赫于上」者也。

孟子曰：「强恕而行，求仁莫近焉。」有忠矣而行之以恕，則以無我爲體，以恕爲用。所謂「强恕而行」者，知以己之所好惡處人而已，未至於無我也。故「己欲立而立人，己欲達而達人」，所以「爲仁之方」也。

富文忠公辭疾歸第，以其俸券還府，府受之。先生曰：受其納券者固無足議，然納者亦未爲得也，留之而無請可矣。

名分正則天下定。

「人心惟危，道心惟微。」心，道之所在；微，道之體也。心與道渾然一也。對放其良心者言之，則謂之道心，放其良心則危矣。「惟精惟一」，所以行道也。

伊川先生病革，門人郭忠孝往視之，子瞑目而卧。忠孝曰：「夫子平生所學，正要此時用。」子曰：「道著用便不是。」忠孝未出寢門而子卒。一本作：或人仍載尹子之言曰：「非忠孝也，忠孝自黨事起不與先生往來，先生卒亦不致奠。」

校勘記

〔一〕養之至則清明純全　「則」，弘治本、康熙本作「斯」。

〔二〕養氣則志有所帥也　「志」原訛「在」，據弘治本、康熙本改。

〔三〕使吴知瑾如備之遇亮　「瑾」上，弘治本有「其」字，康熙本有「之」字。

〔四〕貞而不諒　「不」字原闕，據弘治本、康熙本及論語補。

程氏遺書第二十二上

伊川先生語八上

宜興唐棣彦思編

伊川雜録

棣初見先生，問：初學如何？〔一〕曰：入德之門無如大學，今之學者賴有此一篇書存，其他莫如論、孟。

先生曰：古人有聲音以養其耳，采色以養其目，舞蹈以養其血脉，威儀以養其四體。今之人只有理義以養心，又不知求。

又問：如何是格物？先生曰：格，至也。言窮至物理也。又問：如何可以格物？曰：但立誠意去格物，其遲速却在人明暗也。明者格物速，暗者格物遲。

先生曰：孔子弟子，顔子而下有子貢。〔二〕伯温問：子貢，後人多以貨殖短之。曰：子貢之貨殖，非若後世之豐財，但此心未去耳。周恭先，字伯温。

潘子文問：「由之瑟奚爲於丘之門」，如何？曰：此爲子路於聖人之門有不和處。伯温問：子路既於聖人之門有不和處，何故學能至於升堂？曰：子路未見聖人時乃暴悍之人，雖學至於升堂，終有不和處。潘旻，字子文。

先生曰：古人有言曰：「共君一夜話，勝讀十年書。」若一日有所得，何止勝讀十年書也。嘗見李初平問周茂叔云：「某欲讀書，如何？」茂叔曰：「公老矣，無及也，待某只說與公。」初平遂聽說話，二年乃覺悟。

先生語子良曰：納拜之禮不可容易，非己所尊敬有德義服人者不可。余平生只拜二人，其一呂申公，其一張景觀奉議也。昔有數人同坐，說一人短，其間有二人不說。問其故，其一曰某曾拜他，其一曰某曾受他拜。王拱辰君貺初見周茂叔，爲與茂叔世契，便受拜。及坐上，大風起，說大畜卦。一作「說風大小畜卦」。君貺乃起曰：「某適來不知，受却公拜，今某却當納拜。」茂叔走避。君貺此一事亦過人。謝用休問：當受拜不當受拜？曰：分已定，不受乃是。謝天申，字用休，温州人。

先生曰：曾見韓持國說，有一僧甚有所得，遂招來相見，語甚可愛。一日謁之，其僧出，暫憩其室，見一老行，遂問其徒曰：「爲誰？」曰：「乃僧之父，今則師孫也。」因問：「僧如何待之？」曰：「待之甚厚，凡晚參時，必曰此人老也，休來。」以此遂更不見之，父子之分尚已顛倒矣。

先生曰：祭祀之禮，難盡如古制，但以義起之可也。富公問配享，先生曰：合葬用元妃，配享用宗子之所出。又問：祭用三獻何如？曰：公是上公之家，三獻太薄。古之樂九變，乃是九獻。曰：兄弟可爲昭穆否？曰：國家弟繼兄則是繼位，故可爲昭穆，士大夫則不可。

棣問：禮記言「有忿懥、憂患、恐懼、好樂，則心不得其正」，如何得無此數端？曰：非言無，只言有此數端則不能正心矣。又問：聖人之言可踐否？曰：苟不可踐，何足以垂教萬世？

伯温問：學者如何可以有所得？曰：但將聖人言語玩味久，則自有所得。當深求於論語，將諸弟子問處便作己問，將聖人答處便作今日耳聞，自然有得。孔、孟復生，不過以此教人耳。若能於論、孟中深求玩味，將來涵養成甚生氣質！

又問：顔子如何學孔子到此深邃？曰：顔子所以大過人者，只是「得一善則拳拳服膺」，與能「屢空」耳。棣問：去驕吝可以爲屢空否？曰：然。驕吝最是不善之總名，驕只爲有己，吝如不能改過亦是吝。

伯温又問：心術最難，如何執持？曰：敬。

棣問：看春秋如何看？先生曰：某年二十時看春秋，黄聱隅問某如何看，某答曰：

「以傳考經之事迹，以經別傳之真僞。」

先生曰：史記載宰予被殺，孔子羞之。嘗疑田氏不敗，無緣被殺，若爲齊君而死，是乃忠義，孔子何羞之有。及觀左氏，乃是闞止爲陳恒所殺，亦字子我，謬誤如此。

用休問：夫子賢於堯、舜，如何？子曰：此是說功。堯、舜治天下，孔子又推堯、舜之道而垂教萬世。門人推尊，不得不然。伯温又問：堯、舜非孔子，其道能傳後世否？曰：無孔子，有甚憑據處。

子文問：「師也過，商也不及」，如論交，可見否？曰：氣象間亦可見。又曰：子夏、子張皆論交，子張所言是成人之交，子夏是小子之交。又問：「主忠信，毋友不如己者」，如何？曰：毋友不忠信之人。

棣問：使孔、孟同時，將與孔子並駕其說於天下邪？將學孔子邪？曰：安能並駕？雖顏子亦未達一間耳。顏、孟雖無大優劣，觀其立言，孟子終未及顏子。昔孫莘老嘗問顏、孟優劣，答之曰：「不必問，但看其立言如何。」凡學者讀其言便可以知其人，若不知其人，是不知言也。

又問：大學「知本」止說：「聽訟，吾猶人也，必也使無訟乎！無情者不得盡其辭，大畏民志。」何也？曰：且舉此一事，其他皆要知本，聽訟則必使無訟，是本也。

李嘉仲問：「裁成天地之道，輔相天地之宜」，如何？曰：天地之道不能自成，須聖人裁成輔相之。如歲有四時，聖人春則教民播種，秋則教民收穫，是裁成也，教民耕耘灌溉，是輔相也。又問：「以左右民」，如何？古之盛時未嘗不教民，故立之君師，設官以治之。周公「師保萬民」，與此卦言「左右民」，皆是也。後世未嘗教民，任其自生自育，只治其鬭而已。李處遜，字嘉仲。

張思叔問：「賢賢易色」，如何？曰：見賢即變易顏色，愈加恭敬。

棣問：春秋書王如何？曰：聖人以王道作經，故書王。范文甫問：杜預以謂周王，如何？曰：聖人假周王以見意。棣又問：漢儒以謂王加正月上，是正朔出於天子，如何？曰：此乃自然之理，不書春王正月，將如何書？此漢儒之惑也。

先生將傷寒藥與兵士，因曰：在墳所與莊上常合藥與人，有時自笑以此濟人何其狹也，然只做得這箇事。

思叔告先生曰：前日見教授夏侯旄，甚歎服。曰：前時來相見，問後極說與他。來既問，〔三〕却不管他好惡，須與盡說與之。學之久，染習深，不是盡說，力抵介甫，無緣得他覺悟。亦曾說介甫不知事君道理，觀他意思只是要「樂子之無知」。如上表言：「秋水既至，因知海若之無窮；大明既升，豈宜爝火之不息。」皆是意思常要己在人主上。自古主聖臣賢乃常理，何至如此。又觀其說魯用天子禮樂云：「周公有人臣所不能爲之功，故得用人臣所不得用之禮樂。」此乃大段不知事君。大凡人臣身上豈有過分之事？凡有所爲皆是臣職所當爲之事也。介甫平居事親最孝，觀其言如此，其事親之際，想亦洋洋自得，以爲孝有餘也。臣子身上皆無過分事，惟是孟子知之，説曾子只言「事親若曾子可矣」，不言有餘，只言可矣。唐子方作一事，後無聞焉，亦自以爲報君足矣，當時所爲，蓋不誠意。嘉仲曰：陳瓘亦可謂難得矣。先生曰：陳瓘却未見其已。夏侯旄，字節夫。

伯温問：「西狩獲麟」已後又有二年經，不知如何？曰：是孔門弟子所續，當時以謂必能盡得聖人作經之意，及再三考究，極有失作經意處。

亨仲問：表記言「仁右也，道左也，仁者人也，道者義也」，如何？曰：本不可如此分别，然亦有些子意思。又問：莫是有輕重否？曰：却是有陰陽也。此却是儒者説話，如經解只是弄文墨之士爲之。

又問：「臧武仲之智，〔四〕公綽之不欲，卞莊子之勇，冉求之藝，文之以禮樂，亦可以爲成人矣。」曰：須是合四人之能，又文之以禮樂，亦可以爲成人。然而論大成則不止此，如今之成人則又其次也。

又問：介甫言「堯行天道以治人，舜行人道以事天」，如何？曰：介甫自不識道字。道未始有天人之别，但在天則爲天道，在地則爲地道，在人則爲人道。如言堯典於舜、丹朱、共工、驩兜之事皆論之，未及乎升黜之政，至舜典然後禪舜以位，四罪而天下服之類，皆堯所以在天下，舜所以治。是何義理？「四凶」在堯時亦皆高才，職事皆脩，堯如何誅之？然堯已知其惡，非堯亦不能知也。及堯一旦舉舜於側微，使「四凶」北面而臣之，「四凶」不能堪，遂逆命，鯀功又不成，故舜然後遠放之。如吕刑言「遏絶苗氏」，亦只是舜，孔安國誤以爲堯。

又問：伯夷、叔齊逃，是否？曰：讓不立則可，何必逃父邪？叔齊承父命，尤不可逃也。又問：中子之立，是否？曰：安得是？只合招叔一作「夷」。齊歸立則善。伯温曰：孔子稱之曰仁，何也？曰：如讓國亦是清節，故稱之曰仁，如與季札是也。札讓不立，又不爲立賢而去，卒有殺僚之亂。故聖人於其來聘，書曰「吴子使札來聘」。去其公子，言其不得爲公子也。

嘉仲問：「否之匪人。」曰：泰之時，天地交泰而萬物生。凡生於天地之間者，皆人道也。至否之時，天地不交，萬物不生，無人道矣，故曰「否之匪人」。

亨仲問：「自反而縮」，如何？曰：縮只是直。又問：曰「北宫黝似子夏」，「孟施舍似曾子」，如何？曰：北宫黝之養勇也，必爲而已，未若舍之能無懼也。無懼則能守約也。子夏之學雖博，然不若曾子之守禮爲約。故以黜似子夏，舍似曾子也。

棣問：「考仲子之宮」，非與？曰：聖人之意又在下句，見其「初獻六羽」也。言初獻則見前此八羽也。春秋之書，百王不易之法。三王已後，相因既備，周道衰，而聖人慮後世聖人不作，大道遂墜，故作此一書。此義門人皆不得聞，惟顔子得聞，嘗語之曰「行夏之時，乘殷之輅，服周之冕，樂則韶舞」，是也。此書乃文質之中，寬猛之宜，是非之公也。

范季平問：「博學而篤志，切問而近思，仁在其中」，如何？曰：仁即道也，百善之首也。苟能學道，則仁在其中矣。亨仲問：如何是近思？曰：以類而推。

亨仲問：「吾與女弗如也」之「與」，比「吾與點也」之「與」，如何？曰：與字則一般，用處不同。孔子以爲「吾與女弗如」者，〔五〕勉進學者之言。使子貢喻聖人之言，則知勉進己也，不喻其言，則以爲聖人尚不可及，不能勉進，則謬矣。

棣問：紀裂繻爲君逆女，何如？曰：逆夫人是國之重事，使卿逆亦無妨。先儒説親逆，甚可笑。且如秦君娶於楚，豈可越國親迎耶？所謂親逆者，迎於館耳。文王迎於渭，亦不是出疆遠迎，周國自在渭傍。先儒以此遂泥於親迎之説，直至謂天子須親迎。況文王親迎之時，乃爲公子，未爲君也。

貴一問：齊王謂時子欲養弟子以萬鍾，而使國人有所矜式，孟子何故拒之？曰：王之意非尊孟子，乃欲賂之爾，故拒之。

用休問：「温故而知新」如何「可以爲師」？曰：不然，只此一事可師。如此等處，學者極要理會得。若只指認温故知新便可爲人師，則窄狹却氣象也。凡看文字，非只是要理會語言，要識得聖賢氣象。如孔子曰：「盍各言爾志。」而由曰：「願車馬，衣輕裘，與朋友共，敝之而無憾。」顔子曰：「願無伐善，無施勞。」孔子曰：「老者安之，朋友信之，少者懷之。」觀此數句，便見聖賢氣象大段不同。若讀此不見得聖賢氣象，他處也難見。學者須要理會得聖賢氣象。

嘉仲問：「韶盡美矣，又盡善也。」先生曰：非是言武王之樂未盡善，言當時傳舜之樂則盡善盡美，傳武王之樂則未盡善耳。

先生曰：「子在齊聞韶，三月不知肉味」，非是「三月」，本是「音」字。「文勝質則史」，史乃周官府史胥徒之史。史管文籍之官，故曰「史掌官書以贊治」。文雖多而不知其意，「文勝」正如此也。

又曰：學者須要知言。

同伯温見，〔六〕問：「回也，其心三月不違仁」，如何？曰：不違處只是無纖毫私意，一作「欲」，下同。有少私意便是不仁。又問：博施濟衆，何故仁不足以盡之？曰：既謂之博施濟衆，則無盡也。堯之治，非不欲四海之外皆被其澤，遠近有間，勢或不能及。以此觀之，能博施濟衆，則是聖也。又問：孔子稱管仲「如其仁」，何也？曰：但稱其有仁之功也。管仲其初事子糾，所事非正。春秋書「公伐齊，納糾」，稱糾而不稱子糾，不當立者也。不當立而事之，失於初也。及其敗也，可以死，亦可以無死。與人同事而死之，理也，知始事之爲非而改之，義也。召忽之死，正也。管仲之不死，權其宜，可以無死也。故仲尼稱之曰「如其仁」，謂其有仁之功也。使管仲所事子糾正而不死，後雖有大功，聖人豈復稱之耶？若以爲聖人不觀其死不死之是非，而止稱其後來之是非，則甚害義理也。又問：如何是仁？曰：只是一箇公字。學者問仁，則常教他將公字思量。

又問：「鄭人來渝平。」曰：更成也。國君而輕變其平，反復可罪。又問：終隱之世，何以不相侵伐？曰：不相侵伐固足稱，然輕欲變平，是甚國君之道！

又問：宋穆公立與夷，是否？曰：大不是，左氏之言甚非。穆公却是知人，但不立公子馮，是其知人處，若以其子享之爲知人則非也。後來卒致宋亂，宣公行私惠之過一作「罪」。也。

先生曰：凡看語、孟，且須熟玩味，將聖人之言語切己，不可只作一場說話。人只看得此二書切己，終身儘多也。

榇問：「退而省其私，亦足以發」，如何？曰：孔子退省其中心，〔七〕亦足以開發也。又問：豈非顏子見聖人之道無疑歟？曰：然也。孔子曰「一以貫之」，曾子便理會得，遂曰「唯」，其他門人便須辯問也。

又問：「祭如在，祭神如神在。」曰：「祭如在」，言祭祖宗。「祭神如神在」，則言祭神也。祭先主於孝，祭神主於恭敬。

又問：祭起於聖人制作以教人否？曰：非也。祭先本天性，如豺有祭，獺有祭，鷹有祭，皆是天性，豈有人而不如物乎？聖人因而裁成禮法以教人耳。又問：今人不祭高祖，如何？曰：高祖自有服，不祭甚非。某家却祭高祖。又問：天子七廟，諸侯五，大夫三，士二，如何？曰：此是禮家如此說。又問：今士庶家不可立廟，當如何也？庶人祭於寢，今之正廳是也。凡禮，以義起之可也。如富家及士，置一影堂亦可，但祭時不可用影。又問：用主如何？曰：白屋之家不可用，只用牌子可矣。如某家主式是殺諸侯之制也。大凡影不可用祭，若用影祭，須無一毫差方可，若多一莖鬚便是別人。

榇又問：「克己復禮」，如何是仁？曰：非禮處便是私意，既是私意，如何得仁？凡人須是克盡己私後，只有禮，始是仁處。

謝用休問：「入太廟，每事問。」曰：雖知亦問，敬慎之至。又問：旅祭之名，如何？

曰：古之祭名皆有義，如旅亦不可得而知。

棣問：如儀禮中禮制，可考而信否？曰：信其可信。如言昏禮云問名、納吉、納幣皆須卜，豈有問名了而又卜？苟卜不吉，事可已邪？若此等處難信也。又嘗疑卜郊亦非，不知果如何？曰：春秋却有卜郊，但卜上辛不吉，則當卜中辛，中辛又不吉，則當便用下辛，不可更卜也。如魯郊三卜，四卜，五卜，而至不郊，非禮。又問：三年一郊，與古制如何？曰：古者一年之間祭天甚多，春則因民播種而祈穀，夏則恐旱暵而大雩，以至秋則明堂，冬則圓丘，皆人君爲民之心也。凡人子不可一日不見父母，國君不可一歲不祭天，豈有三年一親郊之理？

用休問：北郊之禮。曰：北郊不可廢。元祐時朝廷議行，只爲五月間天子不可服大裘，皆以爲難行。不知郊天郊地，禮制自不同。天是資始，故凡用物皆尚純，籍用藁秸，器用陶匏，服用大裘是也。地則資生，安可亦用大裘？當時諸公知大裘不可服，不知別用一服。向日宣仁山陵，吕汲公作大使，某與坐説話次，吕相責云：「先生不可如此，聖人當時不曾如此，今先生教朝廷怎生則是。」答曰：「相公見聖人不如此處怎生，聖人固不可跂及，然學聖人者不可輕易看了聖人。只如今朝廷一北郊禮不能行得，又無一人道西京有程某，復問一句也。」吕公及其壻王某等便問：「北郊之禮當如何？」答曰：「朝廷不曾來問，今日豈當對諸公説邪？」是時蘇子瞻便據「昊天有成命」之詩，謂郊祀同。文潞公便謂譬如祭父母，作一處何害？曰：「此詩冬至夏至皆歌，豈不可邪？郊天地又與共祭父母不同也。此是報本之祭，須各以類祭，豈得同時邪？」

又問：「六天」之説。曰：此起於讖書，鄭玄之徒從而廣之，甚可笑也。帝者，氣之主也。東則謂之青帝，南則謂之赤帝，西則謂之白帝，北則謂之黑帝，中則謂之黄帝。豈有上帝而别有五帝之理？此因周禮言祀昊天上帝，而後又言祀五帝亦如之，故諸儒附此説。又問：周禮之説果如何？曰：周禮中説祭祀便不可考證，〔八〕「六天」之説，正與今人説「六子」是乾坤退居不用之時同也。不知乾坤外甚底是「六子」？譬如人之四肢，只是一體耳，〔九〕學者大惑也。

又問：郊天冬至當卜邪？曰：冬至祭天，夏至祭地，此何待卜邪？又曰：天與上帝之説如何？曰：以形體言之謂之天，以主宰言之謂之帝，以功用言之謂之鬼神，以妙用言之謂之神，以性情言之謂之乾。

又問：易言「知鬼神之情狀」，〔一〇〕果有情狀否？曰：有之。又問：既有情狀，必有鬼神矣。曰：易説鬼神，便是造化也。又問：如名山大川能興雲致雨，何也？曰：氣之蒸成耳。又問：既有祭，則莫須有神否？曰：只氣便是神也。今人不知此理，纔有水旱便去廟中祈禱，不知雨露是甚物，從何處出，復於廟中求耶。名山大川能興雲致雨，却都不說著，却只於山川外木土人身上討雨露，木土人身上有雨露邪？又問：莫是人自興妖？曰：只妖亦無，皆人心興之也。世人只因祈禱而有雨，遂指爲靈驗耳，豈知適然。某嘗至泗州，恰值大聖見，及問人曰如何形狀，一人曰如此，一人曰如彼，只此可驗其妄，興妖之人皆若此也。昔有朱定亦嘗來問學，但非信道篤者，曾在泗州守官，值城中火，定遂使兵士舁僧伽避火。某後語定曰：「何不舁僧伽在火中，若爲火所焚，即是無靈驗，遂可解天下之惑，若火遂滅，因使天下人尊敬可也。此時不做事，待何時邪？」惜乎定識不至此。

貴一問：「日月有明，容光必照。」曰：日月之明有本，故凡容光必照。君子之道有本，故無不及也。

用休問：「老者安之，少者懷之，朋友信之。」曰：此數句最好。先觀子路、顏淵之言，〔一一〕後觀聖人之言，分明聖人是天地氣象。

孟敦夫問：莊子齊物論如何？曰：莊子之意欲齊物理耶？物理從來齊，何待莊子而後齊？若齊物形，物形從來不齊，如何齊得？此是莊子見道淺，不奈胸中所得何，遂著此論也。

伯溫問：祭用祝文否？曰：某家自來相承不用，今待用也。又曰：有五祀否？曰：

不祭，〔一二〕此全無義理。釋氏與道家説鬼神甚可笑。道家狂妄尤甚，以至説人身上耳目口鼻皆有神。

同伯温見，〔一三〕問：「至大」、「至剛」、「以直」，以此三者養氣否？曰：不然，是氣之體如此。又問：養氣以義否？曰：然。又問：「配義與道」，如何？曰：配道言其體，配義言其用。又問：「我知言，我善養吾浩然之氣」，如何？曰：知言然後可以養氣，蓋不知言無以知道也。此是答公孫丑「夫子惡乎長」之問，不欲言我知道，故以知言、養氣答之。又問：「夜氣」如何？曰：此只是言休息時氣清耳。至平旦之氣，未與事接亦清。只如小兒讀書，早辰便記得也。又問：孔子言血氣，如何？曰：此只是大凡言血氣，如禮記説「南方之強」是也。南方人柔弱，所謂強者是義理之強，故君子居之。北方人強悍，所謂強者是血氣之強，故小人居之。凡人血氣須要理義勝之。

又問：「吾不復夢見周公」，如何？曰：孔子初欲行周公之道，至於夢寐不忘，及晚年不遇，哲人將萎之時，自謂「不復夢見周公」矣。因此説夢便可致思，思聖人與衆人之夢如何，夢是何物。「高宗夢得説」，如何？曰：此是誠意所感，故形於夢。

又問：金縢周公欲代武王死，如何？曰：此只是周公之意。又問：有此理否？曰：不問有此理無此理，只是周公人臣之意，其辭則不可信，只是本有此事，後人自作文足此一篇。此事與舜喜象意一般，須詳看舜、周公用心處。尚書文顛倒處多，如金縢尤不可信。高宗好賢之意，與易姤卦同。九五「以杞包瓜，含章，有隕自天」，杞生於最高處，瓜美物生低處，「以杞包瓜」則至尊逮下之意也。既能如此，自然有賢者出，故「有隕自天」也。後人遂有天祐生賢佐之説。

棣問：福善禍淫如何？曰：此自然之理，善則有福，淫則有禍。又問：天道如何？曰：只是理，理便是天道也。且如説皇天震怒，終不是有人在上震怒，只是理如此。又問：今人善惡之報如何？曰：幸不幸也。

「智者樂水，仁者樂山」，言其體動静如此。智者樂，所一作「凡」。運用處皆樂；仁者壽，以静而壽。仁可兼智，而智不可兼仁。〔一四〕如人之身，統而言之則只謂之身，別而言之則有四肢。

世間術數多，惟地理之書最無義理。祖父葬時亦用地理人，尊長皆信，惟先兄與某不然。後來只用昭穆法。或問：憑何文字擇地？曰：只昭穆兩字一作「眼」。便是書也。〔一五〕但風順地厚處足矣。某用昭穆法葬一穴，既而尊長召地理人到葬處，曰：「此是商音絶處，何故如此下穴？」某應之曰：「固知是絶處，且試看如何。」某家至今，人已數倍矣。

在講筵時，曾説與温公云：「更得范純夫在筵中尤好。」温公彼時一言亦失却，道他見修史自有門路。某應之曰：「不問有無門路，但筵中須得他。」温公問何故，某曰：「自度少温潤之氣，純夫色温而氣和，尤可以開陳是非，道人主之意。」後來遂除侍講。

用休問：井田今可行否？曰：豈有古可行而今不可行者？或謂今人多地少，不然。譬諸草木，山上著得許多，便生許多。天地生物常相稱，豈有人多地少之理？

嘉仲問：封建可行否？曰：封建之法，本出於不得已。柳子厚有論，亦窺測得分數。秦法固不善，亦有不可變者，罷侯置守是也。

伯温問：「夢帝與我九齡。」曰：與齡之説不可信，安有壽數而與人移易之理？棣問：孔子「夢坐奠於兩楹之間」，如何？曰：於理有之。

陳貴一問：人之壽數可以力移否？曰：蓋有之。棣問：如今人有養形者，是否？曰：然，但甚難。世間有三件事至難，可以奪造化之力：爲國而至於祈天永命，養形而至於長生，學而至於聖人。此三事功夫一般分明，人力可以勝造化，自是人不爲耳。故關朗有「周能過歷，秦止二世」之説，誠有此理。

棣問：孔、孟言性不同，如何？曰：孟子言「性之善」，是性之本；孔子言「性相近」，謂其禀受處不相遠也。人性皆善，所以善者，於四端之情可見。故孟子曰：「是豈人之情也哉？」至於不能順其情而悖天理，則流而至於惡。故曰：「乃若其情，則可以爲善矣。」若，順也。又問：才出於氣否？曰：氣清則才善，氣濁則才惡。稟得至清之氣生者爲聖人，稟得至濁之氣生者爲愚人，如韓愈所言，公都子所問之人是也。然此論生知之聖人，若夫學而知之，氣無清濁，皆可至於善而復性之本。所謂「堯、舜性之」，是生知也；「湯、武反之」，是學而知也。孔子所言上知下愚不移，亦無不移之理，所以不移只有二，自暴自棄是也。又問：如何是才？曰：如材植是也。譬如木，曲直者性也，可以爲輪轅，可以爲梁棟，可以爲榱桷者才也。今人說有才，乃是言才之美者也。才乃人資質，循性脩之，雖至惡可勝而爲善。又問：性如何？曰：性即理也。所謂理，性是也。天下之理，原其所自，未有不善。喜怒哀樂未發，何嘗不善，發而中節，則無往而不善。凡言善惡皆先善而後惡，言吉凶皆先吉而後凶，言是非皆先是而後非。又問：佛說性如何？曰：佛亦是說本善，只不合將才做緣習。又問：說生死如何？曰：譬如水漚亦有些意思。又問：佛言生死輪迴，果否？曰：此事說有說無皆難，須自見得。聖人只一句盡斷了，故對子路曰：「未知生，焉知死？」佛亦是西方賢者，方外山林之士，但爲愛脅持人說利害，其實爲利耳。其學譬如以管窺天，謂他不見天不得，只是不廣大。

問：喪止於三年，何義？曰：歲一周則天道一變，人心亦隨以變。惟人子孝於親，至此猶未忘，故必至於再變；猶未忘，又繼之以一時。

伯温問：「盡其心則知其性，知其性則知天矣」，如何？曰：盡其心者，我自盡其心，能盡心則自然知性知天矣。如言「窮理盡性，以至於命」，以序言之不得不然，其實只能窮理便盡性至命也。又問：事天。曰：奉順之一本無「之」字。而已。

富公嘗語先生曰：「先生最天下閑人。」曰：「某做不得天下閑人。相公將誰作天下最忙人？」曰：「先生試爲我言之。」曰：「禪伯是也。」曰：「禪伯行住坐卧無不在道，何謂最忙？」曰：「相公所言乃忙也。今市井賈販人，至夜亦息，若禪伯之心，何時休息？」

先生嘗與一官員一僧同會，一官員説條貫。既退，先生問僧曰：「曉之否邪？」僧曰：「吾釋子不知條貫。」曰：「賢將竟一作「作」。三界外事邪？天下豈有二理！」

貴一問：「興於詩」如何？曰：古人自小諷誦，如今人謳唱，自然善心生而興起。今人不同，雖老師宿儒不知詩也。「人而不爲周南、召南」，此乃爲伯魚而言，蓋恐其未能盡治家之道爾。欲治國治天下，須先從脩身齊家來，不然則猶「正墻面而立。」

或問：「伯夷、叔齊不念舊惡」，如何？曰：觀其清處，其衣冠不正，便望望然去之，可謂隘矣。疑若有惡矣，然却能不念舊惡，故孔子特發明其情。武王伐紂，伯夷只知君臣之分不可，不知武王順天命誅獨夫也。問：武王果殺紂否？曰：武王不曾殺紂，人只見洪範有殺紂字爾。武王伐紂而紂自殺，亦須言殺紂也。向使紂曾殺帝乙，則武王却須殺紂也。

石曼卿有詩言伯夷，「恥居湯、武干戈地，來死唐、虞揖讓墟」，亦有是理。首陽乃在河中府虞鄉也。問：「不食周粟」如何？曰：不食禄耳。

用休問：陳文子之清，令尹子文之忠，使聖人爲之，則是仁否？曰：不然。聖人爲之，亦只是清忠。

鄉黨分明畫出一箇聖人出。「降一等」是自堂而出降階，當此時放氣不屏，故「逞顔色」。「復其位」，復班位之序。「過位」是過君之虚位。「享禮有容色」，此享燕賓客之時有容色者，蓋一在於莊，則情不通也。「私覿」則又和悦矣。皆孔子爲大夫出入起居之節。「緇衣羔裘，素衣麑裘，黄衣狐裘」各有用，不必云緇衣是朝服，素衣是喪服，黄衣是蜡服。麑是鹿兒。「齊必有明衣布」，欲其潔，明衣如今凉衫之類。緇衣、明衣，皆惡其文之著而爲之也。「非帷裳必殺之」，〔一六〕帷裳固不殺矣，其他衣裳亦殺也。「吉月必朝服而朝」者，子在魯致仕時，月朔朝也。「鄉人儺」，古人以驅厲氣。亦有此理，天地有厲氣，而至誠作威嚴以驅之。〔一七〕式凶服、負版，蓋在車中。〔一八〕

「居敬」則自然簡。「居簡而行簡」則似乎簡矣，然乃所以不簡。蓋先有心於簡，則多却一簡矣。「居敬」則心中無物，是乃簡也。

「仁者先難而後獲」，何如？曰：有爲而作，皆先獲也，如「利仁」是也。古人惟知爲仁而已，今人皆先獲也。

又問：「述而不作」，如何？曰：此聖人不得位，止能述而已。公山弗擾、佛肸召，「子欲往」者，聖人以天下無不可與有爲之人，亦無不可改過之人，故欲往。然終不往者，知其必不能故也。子路遂引「親於其身爲不善」爲問，孔子以堅白、匏瓜爲對。「繫而不食」者，匏瓜繫而不爲用之物，不食不用之義也。匏瓜亦不食之物，故因此取義也。

唐棣之華乃千葉郁李，本不偏反，喻如兄弟，今乃偏反，則喻兄弟相失也。兄弟相失，豈不爾思，但居處相遠耳。孔子曰：「未之思也，夫何遠之有？」蓋言權實不相遠爾。權之爲義，猶稱錘也。能用權乃知道，亦不可言權便是道也。自漢以下更無人識權字。

「我不欲人之加諸我，吾亦欲無加諸人」，正中庸所謂「施諸己而不願，亦勿施於人。」

「蓋有不知而作之者」，凡人作事皆不知，惟聖人作事無不知。

或問：善人之爲邦，如何可勝殘去殺？曰：只是能使人不爲不善。善人，「不踐迹亦不入於室」之人是也。不踐迹是不踐已前爲惡之迹，然未入道也。

又問：「王者必世而後仁」，何如？曰：「三十曰壯有室」之時，父子相繼爲一世。王者之效則速矣。又問：「善人教民七年，亦可以即戎矣。」曰：教民戰至七年，則可以即戎矣。

凡看文字，如七年、一世、百年之事，皆當思其如何作爲乃有益。

畜君。

問：「小畜」。曰：小畜是所畜小，及所畜雖又而少，皆小畜也。不必專言君畜臣，臣

問：「大德不踰閑，小德出入可也。」曰：大德是大處，小德是小處，出入如「可以取，可以無取」之類是也。又問：「言不必信，行不必果」，是出入之事否？曰：亦是也。然不信乃所以爲信，不果乃所以爲果。

范文甫將赴河清尉，問：到官三日，例須謁廟，如何？曰：正者謁之，如社稷及先聖是也。其他古先賢哲亦當謁之。又問：城隍當謁否？曰：城隍不典。土地之神，社稷而已，何得更有土地邪？又問：只恐駭衆爾。曰：唐狄仁傑廢江浙間淫祠千七百處，所存惟吴太伯、伍子胥二廟爾。今人做不得，以謂時不同，是誠不然，只是無狄仁傑耳。當時子胥廟存之亦無謂。

暢中伯問：「密雲不雨，自我西郊。」曰：西郊陰所。凡雨須陽倡乃成，陰倡則不成矣。今雲過西則雨，過東則否，是其義也。所謂「尚往」者，陰自西而往，不待陽矣。

凡看文字先須曉其文義，然後可求其意，未有文義不曉而見意者也。學者看一部論語，見聖人所以與弟子許多議論而無所得，是不易得也。讀書雖多，亦奚以爲？

子文問：「民可使由之，不可使知之。」曰：「不可使知之」者，非民不足與知也，不能使

之知爾。

或問：諸葛孔明亦無足取，大凡「殺一不辜而得天下」，則君子不爲，亮殺戮甚多也。先生曰：不然，所謂「殺一不辜」，非此之謂。亮以天下之命，誅天下之賊，雖多何害？

同伯温見先生，〔一九〕先生曰：從來覺有所得否？學者要自得。六經浩渺，乍來難盡曉，且見得路逕後，各自立得一箇門庭，歸而求之可矣。伯温問：如何可以自得？曰：思。「思曰睿，睿作聖」，須是於思慮間得之，大抵只是一箇明理。棣問：學者見得這道理後，篤信力行時亦有見否？曰：見亦不一，果有所見後，和信也不要矣。又問：莫是既見道理，皆是當然否？曰：然。凡理之所在，東便是東，西便是西，何待信？凡言信，只是爲彼不信，故見此是信爾。孟子於四端不言信，亦可見矣。

伯温又問：孟子言心、性、天，只是一理否？曰：然。自理言之謂之天，自稟受言之謂之性，自存諸人言之謂之心。又問：凡運用處是心否？曰：是意也。棣問：意是心之所發否？曰：有心而後有意。又問：孟子言心「出入無時」，如何？曰：心本無出入，孟子只是據操舍言之。伯温又問：人有逐物，是心逐之否？曰：心則無出入矣，逐物是欲。

校勘記

〔一〕初學如何　「初」字原闕，據弘治本、康熙本補。

〔二〕顔子而下有子貢　弘治本、康熙本無「有」字。

〔三〕來既問　弘治本、康熙本無「來」字。

〔四〕臧武仲之智　弘治本、康熙本句上有「如」字。

〔五〕孔子以爲吾與女弗如者　「者」，弘治本、康熙本作「也」。

〔六〕同伯温見　「同」，弘治本、康熙本作「周」，且無「見」字。

〔七〕孔子退省其中心　「中心」，弘治本、康熙本作「心中」。

〔八〕周禮中説祭祀便不可考證　「便」，弘治本、康熙本作「更」。

〔九〕譬如人之四肢只是一體耳　「耳」，弘治本、康熙本作「爾」。

〔一〇〕易言知鬼神之情狀　「之」字原無，據弘治本、康熙本及周易補。

〔一一〕先觀子路顔淵之言　「先」字原無，據弘治本、康熙本補。

〔一二〕不祭　「不」，弘治本、康熙本作「否」，則「祭」屬下讀。

〔一三〕同伯温見　「同」，弘治本、康熙本作「周」，且無「見」字。

〔一四〕仁可兼智而智不可兼仁　弘治本、康熙本二「可」字下均有「以」字，且無「而」字。
〔一五〕只昭穆兩字一作眼便是書也　弘治本、康熙本「書」上有「地理」二字，且無「便」字。
〔一六〕非帷裳必殺之　「之」字原無，據弘治本、康熙本及論語補。
〔一七〕而至誠作威嚴以驅之　「而」字原空闕，據弘治本、康熙本補。
〔一八〕蓋在車中　「中」字原闕，據弘治本、康熙本補。
〔一九〕同伯温見先生　「同」，弘治本、康熙本作「周」，且無「見」字。

程氏遺書第二十二下

伊川先生語八下

附雜録後

問：「鄭伯以璧假許田」，左氏以謂易祊田，黎淳以隱十一年入許之事破左氏，謂許田是許之田，如何？曰：左氏説是也，既是許之田，如何却假之於魯？十一年雖入許，許未嘗滅，許叔已奉祀也。

問：桓四年無秋冬，如何？曰：聖人作經，備四時也。如桓不道，背逆天理，故不書秋冬。春秋只有兩處如此，皆言其無天理也。

用休問：「哀公問社於宰我」之事。曰：社字本是主字，文誤也。宰我不合道「使民戰栗」，故仲尼有後來言語。

先生曰：「誠不以富，亦祇以異」，本不在「是惑也」之後，乃在「齊景公有馬千駟」之上，文誤也。

問：「揖讓而升，下而飲」，是下堂飲否？曰：古之制，罰爵皆在堂下。又問：唯不勝下飲否？〔一〕曰：恐皆下堂，但勝者飲不勝者也。

思叔問：荀彧如何？曰：彧才高，識不足。孟純問：何顒常稱其有王佐才。曰：不是王佐才。嘉仲問：如霍光、蕭、曹之徒如何？曰：此可爲漢時王佐才。棣問：史稱董仲舒是王佐才，如何？曰：仲舒是言其學術，若論至王佐才，須是伊、周，其次莫如張良、諸葛亮、陸宣公。

問：「夏逆婦姜于齊」，何故便書「婦」？曰：此是文公在喪服將滿之時納幣，故聖人於其逆時，便成之爲婦，罪其居喪而取也。春秋微顯闡幽，乃在如此處。凡事分明可見者，聖人更不微文以見意，只直書而已。如桓三年及宣元年逆女，皆分明在喪服中成昏，故只書「逆女」也。文公則但在喪服納幣，至逆女却在四年。聖人欲顯其居喪納幣之罪，故書「婦姜」，便成之爲婦也。其意言雖至四年方逆女，其實與喪昏同也。

先生曰：周公之於兄，舜之於弟，皆一類。觀其用心爲如何哉！推此心以待人，亦只如此，然有差等矣。

問：春秋書日食如何？曰：日食有定數，聖人必書者，蓋欲人君因此恐懼脩省。如治世而有此變，則不能爲災，亂世則爲災矣。人氣血盛，雖遇寒暑邪穢不能爲害，其氣血衰，則爲害必矣。

問：熒惑退舍，果否？〔二〕曰：觀宋景公，不能至是。問：反風如何？曰：亦未必然。成王一中才之主，聖人爲之臣，尚幾不能保，金縢書成王亦安知？只是二公知之，因此以示王。弭變，非有動天之德不能至也。

問：「四岳」一人否？曰：然。以二十二人數考之固然。觀對堯言衆則曰「僉」，四岳則曰「岳」，亦可見也。

晉侯之執曹伯，是否？曰：曹伯有弑逆之罪，即執之是也。晉與之同盟而後執之，故書「曹伯」而不去其爵。晉侯不奪爵，未至於奪爵也。「歸自京師」，則言若無罪，而歸罪天王不能行爵賞也。凡言「歸」者，易辭。「歸之」者，强歸之辭。

問：龍能有能無，如何？曰：安能無？但能隱見耳。所以能隱見者，爲能屈伸爾。非特龍，凡小物甚有能屈伸者。

問：書「至」如何？曰：告廟而書，亦有不緣告廟而書者。又問「還復」，曰：還只是歸，復如今所謂倒廻。又問：隱皆不書「至」。曰：告廟之禮不行。

先生指庭下群雀示諸弟子曰：地上元有物，則群雀集而食之，人故與之則不即來食，〔三〕須是久乃集，蓋人有意在爾。若負粟者過，適遺下則便集而食矣。

問：「禘于太廟，用致夫人」，是哀姜否？曰：文姜也。文姜與桓公如齊，終啓弑桓之惡，其罪大矣。故聖人於其遜于齊，致于廟，皆止曰「夫人」，而去其「姜氏」，以見大義與國人已絶矣。然弑桓之惡，文姜實不知，但緣文姜而啓爾，莊公母子之情則不絶，故書「夫人」焉。文姜遜齊，止稱夫人，此禘致于廟，亦只稱夫人，則是文姜明矣。此最是聖人用法致嚴處，可以見大義，又以見子母之義。本朝太祖皇帝立法極合春秋之意，〔四〕法中有夫因婦而被殺者，以婦爲首，正與此合。

問：禘是如何？曰：禘是天子之祭，五年一禘，祭其祖之所自出也。又問祫，曰：祫，合祭也。諸侯亦祭，祫只是祠、禴、嘗、烝之祭，爲廟禮煩，故每年於四祭中，三祭合食於祖廟，惟春則徧祭諸廟也。

問：祧廟如何？曰：祖有功，宗有德，文、武之廟永不祧也。所祧者，文、武以下廟。曰：兄弟相繼如何？曰：此皆自立廟。然如吴太伯兄弟四人相繼如何？〔五〕若上更有二廟不祧，則遂不祭祖矣。故廟雖多亦不妨祧，只祧得服絶者，以義起之可也。如本朝太祖、太宗皆萬世不祧之廟，河東、閩、浙諸處皆太宗取之，無可祧之理。

問：孀婦於理似不可取，如何？曰：然。凡取，以配身也。若取失節者以配身，是己失節也。又問：或有孤孀貧窮無託者，可再嫁否？曰：只是後世怕寒餓死，故有是説。然餓死事極小，失節事極大。

或問：漢高祖可比太祖否？曰：漢高祖安能比太祖？太祖仁愛，能保全諸節度使，極有術。天下既定，皆召歸京師，節度使竭土地而還，所畜不貲，多財，亦可患也。太祖逐人賜地一方，蓋第所費皆數萬。又嘗賜宴，酒酣，乃宣各人子弟一人扶歸。太祖送至殿門，謂其子弟曰：「汝父各許朝廷十萬緡矣。」諸節度使醒，問所以歸，不失禮於上前否，子弟各以緡事對，翌日各以表進如數。此皆英雄御臣之術。

宣仁山陵時，會呂汲公於陵下。公曰：「國家養兵乃良策，凡四方有警，百姓皆不知。」先生曰：「相公豈不見景德中事耶？驅良民刺面，以至及士人。蓋有限之兵，忽損三五千人，將何自而補？要知兵須是出於民可也。」

太祖初有天下，士卒人許賞二百緡，及即位，以無錢久不賜，士卒至有題詩於後苑。太祖一日遊後苑，見詩，乃曰好詩，遂索筆和之。以故每於郊時，各賜賞給，至今因以爲例，不能去。或問：今欲新兵不給郊賞，數十年後可革否？〔六〕曰：新兵本無此望，不與可也，不數十年可革。

思叔問：孟子言「善推其所爲」，是歟？曰：聖人則不待推。

霍光廢昌邑，其始乃光之罪，當時不合立之，只被見是武帝孫，擔當不過，須立之也。

此又與伊尹立太甲不同也。伊尹知太甲必能思庸，故放之桐三年。當時湯既崩，太丁未立而死，外丙方二歲，仲壬方四歲，故須立太甲也。太甲又有思庸之資，若無是質，伊尹亦不立也。史記以孟子二年四年之言，遂言湯崩六年之後太甲方立，不知年只是歲字。頃呂望之曾問及此，亦曾說與他。後來又看禮，見王巡狩問百年者，益知書傳亦稱歲爲年。二年四年之說，縱别無可證，理亦必然。且看尚書，分明說「成湯既没，太甲元年」，又看「王徂桐宫居憂」，三年，終能思庸，「伊尹以冕服奉嗣王」，可知凡文字理是後，不必引證。

問：「東向西向以南方爲上，南向北向以西方爲上」，如何？曰：此言坐位，非祭祀昭穆之位。昭穆之位，太祖面東，左昭右穆，自内以及外。古之坐位皆以右爲尊。范文甫問：韓信得廣武君，使東向坐而西面師事之，是否？曰：今則以左爲尊，是或一道也。

問：「僑如以夫人姜氏至」，書「以」如何？曰：當然。此却言公子能主其事，以夫人至也。如書「公與夫人如齊」，只書「與」而不書「及」，却有意。蓋言「及」則主在公也，言「與」則公不能制明矣。

孔子願乘桴浮于海，居九夷，皆以天下無一賢，君道不行，故言及此爾。子路不知其意，便謂聖人行矣。「無所取材」，言其不能斟酌也。

問：「肆大眚」，如何？曰：大眚而肆之，其失可知。書言「眚災肆赦」者，言眚則肆之，眚是自作之罪也，災則赦之，災是過失之事故也。凡赦何嘗及得善人？諸葛亮在蜀，十年不赦，審此爾。

兵強弱亦有時。往時陳、許號勁兵，今陳、許最近畿，亦不聞勁。今河東最盛。

學者不可不通世務。天下事譬如一家，非我爲則彼爲，非甲爲則乙爲。

子路「片言可以折獄」，〔七〕故魯願與小邾射盟，而射止願得季路一言，乃其證也。

曰「予欲無言」，蓋爲子貢多言，故告之以此。

問「務民之義」，曰：如項梁立義帝，謂從民望者是也。

棣問：「天王使宰咺來歸惠公、仲子之賵」，如何？答曰：書「天王」者，以春秋之始，周方書此一件事，且存天王之號以正名分，非謂此事當理而書也，故書宰之名以示貶。仲子是惠公再娶之夫人，諸侯無再娶理，故只書「惠公、仲子」，不稱夫人也。又問：左氏以爲「未薨」，「預凶事，非禮也」。曰：不然，豈有此理？夫人子氏自是隱公之妻，不干仲子事。又問：再娶皆不合禮否？曰：大夫以上無再娶禮。凡人爲夫婦時，豈有一人先死一人再娶一人再嫁之約，只約終身夫婦也。但自大夫以下有不得已再娶者，蓋緣奉公姑或主內事爾。如大夫以上至諸侯天子，自有嬪妃可以供祀，禮所以不許再娶也。

春秋書盟如何？先王之時有盟否？或疑周官「司盟」者。曰：先王之時所以有盟者，亦因民而爲之，未可非司盟也。但春秋時信義皆亡，日以盟詛爲事，上不遵周王之命，春秋書皆貶也。唯胥命之事稍爲近正，故終齊、衛二君之世不相侵伐，亦可喜也。

「紀子伯、莒子盟于密」，此是「伯」上脱一字也。必是三人同盟，若不是脱字，别無義理。

「齊高固來逆叔姬」，公、穀有子字，如何？曰：子者言是公女，其他則姊妹之類也。

又問：「丁丑，夫人姜氏入」，何故獨書曰「入」？曰：此娶仇女，故書「入」，言宗廟不受也。

又問：「公子結媵陳人之婦于鄄，遂及齊侯、宋公盟。」曰：此是本去媵婦，却遂及諸侯盟，聖人罪之之意在遂事也。

又問：「祭公來，遂逆王后于紀」，如何？曰：此祭公受命逆后，却因過魯，遂行朝會之禮。聖人深罪之，故先書其來，使若以朝魯爲主而逆后爲遂也。曰：或説逆王后亦使魯爲主，如何？曰：「築王姬之館」，「單伯送王姬」之類，皆是魯爲主。蓋只是王姬下嫁，則同姓諸侯爲主，如逆王后，無使諸侯爲主之理。

問：獨宋共姬書首尾最詳，何故？曰：賢伯姬，故詳録之。昔胡先生常説伯姬是婦人中伯夷，爲其不下堂而死也。曰：如成八年、九年、十年三書「來媵」，皆以伯姬之故書否？曰：然。媵之禮如何？曰：古有之。

又問：漢儒談春秋災異如何？曰：自漢以來無人知此。〔八〕董仲舒說天人相與之際，亦畧見些模樣，只被漢儒推得太過，亦何必說某事有某應。

校勘記

〔一〕唯不勝下飲否　「唯」原訛「雖」，據宋本、弘治本、康熙本改。

〔二〕果否　宋本同，弘治本、康熙本「果」下有「然」字。

〔三〕人故與之則不即來食　「與」原訛「興」，據宋本、弘治本、康熙本改。

〔四〕本朝太祖皇帝立法極合春秋之意　「意」，宋本同，弘治本、康熙本作「義」。

〔五〕然如吴太伯兄弟四人相繼如何　「如何」二字原闕，據宋本、弘治本、康熙本補。

〔六〕數十年後可革否　「否」字原闕，據宋本、弘治本、康熙本補。

〔七〕子路片言可以折獄　「片」原訛「出」，據宋本、弘治本、康熙本改。

〔八〕自漢以來無人知此　「知」，宋本同，弘治本、康熙本作「如」。

程氏遺書第二十三

鮑若雨録

伊川先生語九

今語小人曰不違道，則曰不違道，然卒違道；語君子曰不違道，則曰不違道，終不肯違道。譬如牲牢之味，君子曾嘗之，説與君子，君子須增愛，説與小人，小人非不道好，只是無增愛心，甚實只是未知味。「守死善道」，人非不知，終不肯爲者，只是知之淺，信之未篤。

志不可不篤，亦不可助長。志不篤則忘廢，助長於文義上也且有益，若於道理上助長反不得。杜預云：「優而柔之，使自求之；厭而飫之，使自趨之；若江海之浸，膏澤之潤，渙然冰釋，怡然理順，然後爲得也。」此數句煞好。

論語是孔門高弟所撰，觀其立言，直是得見聖人處。如「閔子侍側，誾誾如也，子路行行如也，冉有、子貢侃侃如也，子樂」，不得聖人處，怎生知得子樂？「誾誾」、「行行」、「侃侃」亦是門人旁觀見得。如「子温而厲，威而不猛，恭而安」，皆是善觀聖人者。

夫子删詩贊易敘書，皆是載聖人之道，然未見聖人之用，故作春秋。春秋，聖人之用也。如曰：「知我者，其惟春秋乎！罪我者，其惟春秋乎！」便是聖人用處。

人謂盡己之謂忠，盡物之謂恕。盡己之謂忠固是，盡物之謂恕則未盡。推己之謂恕，盡物之謂信。

問：武未盡善處如何？曰：說者以征誅不及揖讓。征誅固不及揖讓，〔一〕然未盡善處不獨在此，其聲音節奏亦有未盡善者。樂記曰「有司失其傳也」，若非有司失其傳，則武王之志荒矣。孔子「自衛反魯，然後樂正，雅、頌各得其所」，是知既正之後，不能無錯亂者。

小人之怒在己，君子之怒在物。小人之怒出於心，作於氣，形於身，以及於物，以至無所不怒，是所謂遷也。若君子之怒，如舜之去「四凶」。

問：「吾道一以貫之」，而曰「忠恕而已矣」，則所謂一者，便是仁否？曰：固是，只這一字須是子細體認，一還多在忠上？多在恕上？曰：多在恕上。曰：不然，多在忠上。纔忠便是一，恕即忠之用也。

又問：令尹子文忠矣，孔子不許其仁，何也？曰：此只是忠，不可謂之仁。若比干之忠，見得時便是仁也。

螟蛉蜾蠃本非同類，爲其氣同，故祝則肖之。又况人與聖人同類者，大抵須是自強不息，將來涵養成就到聖人田地，自然氣貌改變。

問：「有殺身以成仁，無求生以害仁」，竊謂苟所利者大，一身何足惜也。曰：但看生與仁孰重。夫子曰：「朝聞道，夕死可矣。」人莫重於生，至於捨得死，道須大段好如生也。曰：既死矣，敢問好處如何？曰：聖人只睹一箇是。

問：夫子曰「吾不復夢見周公」，聖人固嘗夢見周公乎？曰：不曾。孔子昔嘗寤寐間思周公，後不復思爾。若謂夢見周公大段害事，即不是聖人也。又曰：聖人果無夢乎？曰：有。夫衆人日有所思，夜則成夢，設或不思而夢，亦是舊習氣類相應。若是聖人，夢又別。如高宗夢傅説，真箇有傅説在傅巖也。

問：富貴、貧賤、壽夭固有分定，君子先盡其在我者，則富貴、貧賤、壽夭可以命言，若在我者未盡，則貧賤而夭，理所當然，富貴而壽，是爲徼倖，不可謂之命。曰：雖不可謂之命，然富貴、貧賤、壽夭是亦前定。孟子曰：「求則得之，舍則失之，是求有益於得也，求在我者也；求之有道，得之有命，是求無益於得也，求在外者也。」故君子以義安命，小人以命安義。

中庸之説，其本至於「無聲無臭」，其用至於「禮儀三百，威儀三千」。自「禮儀三百，威儀三千」，復歸於「無聲無臭」，此言聖人心要處，與佛家之言相反，儘教説無形迹無色，其實不過「無聲無臭」，必竟有甚見處，大抵語論間不難見。如人論黃金曰黃色，此人必是不識金，若是識金者更不言，設或言時，別自有道理。〔二〕張子厚嘗謂佛如大富貧子，橫渠論此一事甚當。

聖人與理爲一，故無過無不及，中而已矣。其他皆以心處這箇道理，故賢者常失之過，不肖者常失之不及。

陳恒弑其君，孔子沐浴而朝，請討之。左氏載孔子之言謂：「陳恒弑其君，民之不與者半，以魯之衆加齊之半，可克也。」恁地是聖人以力角勝，都不問義理也。孔子「請伐齊」，以弑君之事討之，當時哀公能從其請，孔子必有處置，須使顏回事周，子路事晉，〔三〕天下大計可立而遂。孔子臨老有此一件事好做，奈何哀公不從其請，可惜。

問：橫渠言「由明以至誠，由誠以至明」，此言恐過當。曰：「由明以至誠」，此句却是，「由誠以至明」則不然，誠即明也。孟子曰：「我知言，我善養吾浩然之氣。」只「我知言」一句已盡。橫渠之言不能無失，類若此。若西銘一篇，誰説得到此。今以管窺天，固是見北斗，別處雖不得見，然見北斗不可謂不是也。

問：孔子對冉求曰「其事也，非政」，政與事何異？曰：閔子騫不肯爲大夫，曾晳不肯爲陪臣，皆知得此道理。若季路、冉求，未能知此。夫政出於國君，冉求爲季氏家臣，只是家事，安得爲政？當時季氏專政，孔子因以明之。或問：季路、冉求稍明聖人之道，何不知此？曰：當時陪臣執國命，目見耳聞，習熟爲常，都不知有君，此言不足怪。季氏問：「季路、冉求可謂大臣歟？」孔子曰：「所謂大臣者，以道事君，不可則止。今由與求也，可謂具臣矣。」「然則從之者與？」曰：「弑父與君，亦不從也。」除却弑父與君，皆爲之。

「期月而已，三年有成」，何也？曰：公孫弘謂「三年有成，臣切遲之」。唐文宗時，李石責以宰相之職，謂「臣猶以爲太速」。二者皆不是，須是知得遲速之理。昔嘗對哲宗説此事曰：「陛下若問如何措置三年有成，臣即陳三年有成之事，若問如何措置期月而已，臣即陳期月之事。」當時朝廷無一人問著，只李邦直但云稱職稱職，亦不曾問著一句。

春秋書「隕石」、「隕霜」，何故不言石隕、霜隕？此便見得天人一處。昔嘗對哲宗説，天人之間甚可畏，作善則千里之外應之，作惡則千里之外違之。昔子陵與漢光武同寢，太史奏客星侵帝座甚急。子陵匹夫，天應如此，況一人之尊，舉措用心可不戒慎？

「暴其民甚，則身弑國亡，不甚則身危國削，名之曰幽、厲，雖孝子慈孫，百世不能改也。」漢之君都爲美謚。何似休因問：桀、紂是謚否？曰：不是，天下自謂之桀、紂。

「王天下有三重」，三重即三王之禮。三王雖隨時損益，各立一箇大本，無過不及，此與春秋正相合。

先生前日教某思「君子和而不同」。某思之數日，便覺胸次廣闊，其意味有不可以言述。竊有一喻，願留嚴聽。今有人焉，久寓遠方，一日歸故鄉，至中途，適遇族兄者俱抵旅舍，異居而食，相視如途人。彼豈知爲族弟，此亦豈知爲族之兄邪？或告曰：彼之子，公之族兄某人也，彼之子，公之族弟某人也。既而懽然相從，無有二心。向之心與今之心豈或異哉？知與不知而已。今學者苟知大本，則視天下猶一家，亦自然之理也。先生曰：此乃善諭也。

先生教某思「孝弟爲仁之本」。某竊謂人之初生，受天地之中，稟五行之秀，方其稟受之初，仁固已存乎其中。及其既生也，幼而無不知愛其親，長而無不知敬其兄，而仁之用於是見乎外。當是時，唯知愛敬而已，固未始有事物之累。及夫情欲竇於中，事物誘於外，事物之心日厚，愛敬之心日薄，本心失而仁隨喪矣。故聖人教之曰：「君子務本，本立而道生。孝弟也者，其爲仁之本與！」蓋謂脩爲其仁者，必本於孝弟故也。先生曰：能如此尋究甚好。夫子曰：「敬親者不敢慢於人，愛親者不敢惡於人。」不敢慢於人，不敢惡於人，便是孝弟。盡得仁，斯盡得孝弟，盡得孝弟便是仁。又問：爲仁先從愛物上推來，如何？曰：「不敬其親而敬他人者，謂之悖禮；不愛其親而愛他人者，謂之悖德。」故君子「親親而仁民，仁民而愛物」。能親親豈不仁民？能仁民豈不愛物？若以愛物之心推而親親，却是墨子也。因問：舜與曾子之孝優劣如何？曰：家語載耘瓜事雖不可信，却有義理。曾子耘瓜，誤斬其根。曾晳建大杖以擊其背。曾子仆地不知人事，良久而蘇，欣然起，進曰：「大人用力教參，得無疾乎？」乃退，援琴而歌，使知體康。孔子聞而怒。曾子至孝如此，亦有這些失處。若是舜，百事從父母，只殺他不得。又問：如申生待烹之事如何？曰：此只是恭也。若舜，須逃也。

問：先生曰「盡其道謂之孝弟」，夫以一身推之，則身者資父母血氣以生者也。盡其道者則能敬其身，敬其身者則能敬其父母矣；不盡其道則不敬其身，不敬其身則不敬父母，其斯之謂歟？曰：今士大夫受職於君，尚期盡其職事，又況親受身於父母，安可不盡其道？

夫民，合而聽之則聖，散而聽之則愚。合而聽之，則大同之中有箇秉彝在前，是是非非無不當理，故聖。散而聽之則各任私意，是非顛倒，故愚。蓋公義在，私欲必不能勝也。

校勘記

〔一〕征誅固不及揖遜 「讓」原作「遜」，據弘治本、康熙本改。

〔二〕別自有道理 「道」原訛「逆」，據弘治本、康熙本改。

〔三〕須使顏回事周子路事晳 弘治本、康熙本二「事」字均作「使」。

程氏遺書第二十四

伊川先生語十

鄒德久本

「天下雷行，物與无妄」，先天後天皆合于天理者也。人欲則僞矣。

脩身當學大學之序。大學聖人之完書也。其間先後失序者已正之矣。

詩言后妃之德，非指人而言，或謂太姒，大失之矣。周公作樂章，欲一作「歌之」。以感化天下，其後繼以文王詩者，言古之人有行之者文王是也。周南天子之事，故繫之周，周王室也。召南諸侯之事，故繫之召，召諸侯長也，曰公者，後人誤加之也。夫婦道一，關雎雖后妃之事，亦可歌於下。至若鹿鳴以下，則各主其事，皇華遣使臣之類是也。頌有二：或美盛德，則燕亨通用之；或告成功，則祭祀專用之。

詩有六義：曰風者，謂風動之也；曰賦者，謂鋪陳其事也；曰比者，直比之，「温其如玉」之類是也；曰興者，因物而興起，「關關雎鳩」，「瞻彼淇澳」之類是也；曰雅者，雅言正道，「天生蒸民，有物有則」之類是也；曰頌者，稱頌德美，「有斐君子，終不可諼兮」之類是也。

國風、大小雅、三頌，詩之名也。六義，詩之義也。篇之中有備六義者，有數義者。一本章首云：能治亂絲者，可以治詩。

十五國風各有次序，看詩可見。

「四始」猶「四端」也。

詩大序孔子所爲，其文似繫辭，其義非子夏所能言也。小序國史所爲，非後世所能知也。

人心私欲，故危殆；道心天理，故精微。滅私欲則天理明矣。

太誓書曰「一月」，曰：商歷已絶，周歷未建，故用人正，今之正月也。不書商歷，以見紂自絶于天矣。聖人一言一動無不合於天理如此。

看書須要見二帝三王之道，如二典即求堯所以治民，舜所以事君。

「五年須暇」者，聖人討伐必不太早，自當緩之，非「再篤」之謂也。此周公所知，無顯迹可推也。

犬、牛、人知所去就，其性本同，但限以形，故不可更相。如隙中日光，方圓不移，其光一也。惟所稟各異，故「生之謂性」，告子以爲一，孟子以爲非也。

庾公之斯遇子濯孺子，虛發四矢，甚無謂也。國之安危在此舉，則殺之可也。舍之而無害於國，權輕重可也。何用虛發四矢乎？

「堯、舜性之」，生知也；「湯、武身之」，學而知之也。

「仁之於父子」至「知之於賢者」，謂之命者，以其稟受有厚薄清濁故也。然其性善可學而盡，故謂之性焉。稟氣有清濁，故其材質有厚薄。稟於天謂性，感爲情，動爲心，質幹爲才。

「生之謂性」與「天命之謂性」同乎？性字不可一概論。「生之謂性」，止訓所稟受也。「天命之謂性」，此言性之理也。今人言天性柔緩，天性剛急，俗言天成，〔一〕皆生來如此，此訓所稟受也。若性之理也，則無不善，曰天者，自然之理也。

「天下言性則故而已」者，言性當推其元本，推其元本，無傷其性也。

伊尹受湯委寄，必期天下安治而已。太甲如不終惠，可廢也。孟子言貴戚之卿與此同。然則始何不擇賢？蓋外丙二歲，仲壬四歲，惟太甲長耳。使太甲有下愚之質，初不立也。苟無三人，必得於宗室；宗室無人，必擇於湯之近戚；近戚無人，必擇於天下之賢者而與之，伊尹不自爲也。劉備託孔明以嗣子，「不可，使自爲之」，非權數之言，其利害昭然也。立者非其人，則劉氏必爲曹氏屠戮，寧使孔明爲之也。霍光廢昌邑，不待放，知其下愚不移也，始之不擇，則光之罪大矣。若尹與光是太甲、昌邑所用之臣，而不受先王之委寄，諫不用，去之可也，放廢之事不可爲也，義理自昭然。

先生始看史傳，及半則掩卷而深思之，度其後之成敗，爲之規畫，然後復取觀焉。然成敗有幸不幸，不可以一概看。

看史必觀治亂之由，及聖賢修己處事之美。

孔明有王佐之心，道則未盡。王者如天地之無私心焉，行一不義而得天下不爲。孔明必求有成而取劉璋。聖人寧無成耳，此不可爲也。若劉表子琮將爲曹公所并，取而興劉氏可也。

孔明不死，三年可以取魏。且宣王有英氣，久不得伸，必沮死不久也。

孔明庶幾禮樂。

孔明營五丈原，宣王言無能爲，此僞言安一軍耳。兵自高地來可勝。先生嘗自觀五丈原，非「非」一作「曰言」。此地不可據。英雄欺人，不可盡信。

荀爽從董卓辟，遜迹避禍，君子亦有之。然聖人明哲保身，亦不至轉身不得處，如楊子投閣，失之也。荀爽自度其材，能興漢室乎，起而圖之可也，知不足而強圖之，非也。

西漢儒者有風度，惟董仲舒、毛萇、楊雄。萇解經雖未必皆當，然味其言大概然耳。

東漢趙苞爲邊郡守，虜奪其母，招以城降，苞遽戰而殺其母，非也。以君城降而求生其母固不可，然亦當求所以生母之方，奈何遽戰乎？不得已，身降之可也。王陵母在楚，而使楚質以招陵，陵降可也。徐庶得之矣。

義訓宜，禮訓別，智訓知，仁當何訓？説者謂訓覺訓人，皆非也。當合孔、孟言仁處，大概研窮之，二三歲得之未晚也。

先生云：吾四十歲以前讀誦，五十以前研究其義，六十以前反復紬繹，六十以後著書。著書不得已。

人思如湧泉，浚之愈新。

釋、道所見偏，非不窮深極微也，至窮神知化，則不得與矣。

先生在經筵時，上服藥，即日就醫官問動止。天子方幼，建言選宫人四十以上者侍左右，所以遠紛華，養心性。

盡己爲忠，盡物爲信，極言之則盡己者盡己之性也，盡物者盡物之性也。信者無僞而已，於天性有所損益則爲僞矣。易无妄曰「天下雷行，物與无妄」，動以天理故也。其大略如此，更須研究之，則自有得處。

韓文不可漫觀，晚年所見尤高。

在天曰命，在人曰性。貴賤壽夭命也，仁義禮智亦命也。

動物有知，植物無知，其性自異，但賦形於天地，其理則一。

「四端」不言信者，既有誠心爲四端，則信在其中矣。

「充實而有光輝」，所謂脩身見於世也。

昏禮執鴈者，取其不再偶爾，非隨陽之物。

亞夫夜半軍擾，直至帳下，堅卧不動，安在其持重也。

聖人無優劣，有則非聖人也。

主一者謂之敬。一者謂之誠，主則有意在。

荀氏「八龍」豈盡賢者？但得一二賢子弟相薰習皆然耳。

犬吠屠人，世傳有物隨之，非也。此正如海上鷗爾。

校勘記

〔一〕俗言天成　「成」原訛「戒」，弘治本漫漶，據康熙本改。

程氏遺書第二十五

伊川先生語十一

暢潛道本

胡氏注云：識者疑其間多非先生語。

大學曰：「物有本末，事有終始，知所先後，則近道矣。」人之學莫大於知本末終始。致知在格物，則所謂本也始也；治天下國家，則所謂末也終也。治天下國家必本諸身，其身不正而能治天下國家者無之。格猶窮也，物猶理也，猶曰窮其理而已也。窮其理然後足以致之，不窮則不能致也。格物者適道之始，欲思格物則固已近道矣。是何也？以收其心而不放也。

知者吾之所固有，然不致則不能得之，而致知必有道，故曰「致知在格物」。

大學論意誠已下，皆窮其意而明之，獨格物則曰「物格而後知至」，蓋可以意得而不可以言傳也。自格物而充之，然後可以至聖人。不知格物而先欲意誠心正身脩者，未有能中於理者。

「致知在格物」，非由外鑠我也，我固有之也。因物有遷，迷而不知，則天理滅矣，故聖人欲格之。

隨事觀理，而天下之理得矣，天下之理得，然後可以至於聖人。君子之學，將以反躬而已矣。反躬在致知，致知在格物。

學莫貴於自得，得非外也，故曰自得。

學莫大於平心，平莫大於正，正莫大於誠。

君子之學，在於意必固我既亡之後，而復於喜怒哀樂未發之前，則學之至也。

心至重，雞犬至輕。雞犬放則知求之，心放則不知求。豈愛其至輕而忘其至重哉？弗思而已矣。今世之人，樂其所不當樂，不樂其所當樂，慕其所不當慕，不慕其所當慕，皆由不思輕重之分也。

顏淵嘆孔子曰：「仰之彌高，鑽之彌堅，瞻之在前，忽然在後。夫子循循然善誘人，博我以文，約我以禮，欲罷不能，既竭吾才，如有所立卓爾。雖欲從之，未由也已。」此顏子所以善學孔子而深知孔子者也。

有學不至而言至者，循其言亦可以入道。荀子曰：「真積力久則入。」杜預曰：「優而柔之，使自求之，饜而飫之，使自趨之。」管子曰：「思之思之，又重思之，思之而不通，鬼神將通之，非鬼神之力也，精神之極也。」此三者循其言皆可以入道，而荀子、管子、杜預初不能及此。

自其外者學之而得於內者，謂之明；自其內者得之而兼於外者，謂之誠。誠與明一也。

聞見之知，非德性之知。物交物則知之，非內也，今之所謂博物多能者是也。德性之知，不假聞見。

君子不以天下爲重而身爲輕，亦不以身爲重而天下爲輕，凡盡其所當爲者，如「可以仕則仕」，「入則孝」之類是也。此孔子之道也。蔽焉而有執者，楊、墨之道也。

能盡飲食言語之道，則可以盡去就之道，能盡去就之道，則可以盡死生之道。飲食言語，去就死生，小大之勢一也。故君子之學，自微而顯，自小而章。

易曰：「閑邪存其誠。」閑邪則誠自存，而閑其邪者，乃在於言語飲食進退與人交接之際而已矣。

人皆可以至聖人，而君子之學必至於聖人而後已，不至於聖人而後已者，皆自棄也。孝其所當孝，弟其所當弟，自是而推之，則亦聖人而已矣。

多權者害誠，好功者害義，取名者賊心。

君貴明不貴察，臣貴正不貴權。

稱性之善謂之道，道與性一也。以性之善如此，故謂之性善。性之本謂之命，性之自然者謂之天，自性之有形者謂之心，自性之有動者謂之情，凡此數者皆一也。聖人因事以制名，故不同若此，而後之學者隨文析義，求奇異之説，而去聖人之意遠矣。

自性而行皆善也。聖人因其善也，則爲仁義禮智信以名之，以其施之不同也，故爲五者以别之，合而言之皆道，别而言之亦皆道也。舍此而行，是悖其性也，是悖其道也。而世之人皆言性也道也與五者異，其亦弗學歟！其亦未體其性也歟！其亦不知道之所存歟！

道孰爲大？性爲大。千里之遠，數千歲之日，其所動静起居隨若亡矣，然時而思之，則千里之遠在於目前，數千歲之久無異數日之近，人之性則亦大矣。噫！人之自小者亦可哀也已。人之性一也，而世之人皆曰吾何能爲聖人，是不自信也，其亦不察乎！

自得者所守固，而自信者所行不疑。

學貴信，信在誠。誠則信矣，信則誠矣。不信不立，不誠不行。

或問：周公勳業，人不可爲也已。曰：不然。聖人之所爲，人所當爲也。盡其所當爲，則吾之勳業亦周公之勳業也。凡人之弗能爲者，聖人弗爲。

君子之學，要其所歸而已矣。

民可明也，不可愚也；民可教也，不可威也；民可順也，不可強也；民可使也，不可欺也。

孔子曰：「棖也欲，焉得剛？」甚矣，欲之害人也。人之爲不善，欲誘之也。誘之而弗知，則至於天理滅而不知反。故目則欲色，耳則欲聲，以至鼻則欲香，口則欲味，體則欲安，此皆有以使之也。然則何以窒其欲？曰思而已矣。學莫貴於思，唯思爲能窒欲。曾子之三省，窒欲之道也。

好勝者滅理，肆欲者亂常。

「可以仕則仕，可以止則止，可以久則久，可以速則速」，此皆時也，未嘗不合中，故曰「君子而時中」。

「喜怒哀樂之未發謂之中」，中也者，言寂然不動者也，故曰「天下之大本」。「發而皆中節謂之和」，和也者，言感而遂通者也，故曰「天下之達道」。

學也者，使人求於内也。不求於内而求於外，非聖人之學也。何謂求於外？以文爲主者是也。學也者，使人求於本也。不求於本而求於末，非聖人之學也。何謂不求於本而求於末？考詳略採同異者是也。是二者皆無益於身，君子弗學。

墨子之德至矣，而君子弗學也，以其舍正道而之他也。相如、太史遷之才至矣，而君子弗貴也，以所謂學者非學也。

莊子叛聖人者也，而世之人皆曰矯時之弊。矯時之弊固若是乎？伯夷、柳下惠矯時之弊者也，其有異於聖人乎？抑無異乎？莊周、老聃，其與伯夷、柳下惠類乎？不類乎？子夏曰：「雖小道，必有可觀者焉，致遠恐泥。」子曰：「攻乎異端，斯害也已。」此言異端有可取，而非道之正也。

君子以識爲本，行次之。今有人焉，力能行之，而識不足以知之，則有異端者出，彼將流宕而不知反。內不知好惡，外不知是非，雖有尾生之信，曾參之孝，吾弗貴矣。

學莫貴於知言，道莫貴於識時，事莫貴於知要。所聞者所見者外也，不可以動吾心。

孟子曰：「其爲氣也，至大至剛，以直養而無害。」此蓋言浩然之氣至大至剛且直也，能養之則無害矣。

伊尹之耕於有莘，傅說之築於傅嚴，天下之事非一一而學之，天下之賢才非一一而知之，明其在己而已矣。

君子不欲才過德，不欲名過實，不欲文過質。才過德者不祥，名過實者有殃，文過質者莫之與長。

或問：顏子在陋巷而不改其樂，與貧賤而在陋巷者，何以異乎？曰：貧賤而在陋巷者，處富貴則失乎本心。顏子在陋巷猶是，處富貴猶是。

「通乎晝夜之道而知」，晝夜，死生之道也。

知生之道則知死之道，盡事人之道則盡事鬼之道。死生人鬼，一而二，二而一者也。

孔子曰「有德者必有言」，何也？和順積於中，英華發於外也。故言則成文，動則成章。

學不貴博，貴於正而已矣；言不貴多，貴於當而已矣；政不貴詳，貴於順而已矣。

意必固我既亡之後，必有事焉，此學者所宜盡心也。夜氣之所存者，良知也，良能也。苟擴而充之，化旦晝之所害爲夜氣之所存，然後可以至於聖人。

孟子曰：「盡其心者知其性也，知其性則知天矣。」心也，性也，天也，非有異也。

人皆有是道，唯君子爲能體而用之，不能體而用之者，皆自棄也。故孟子曰：「苟能充之，足以保四海；苟不充之，不足以事父母。」夫充與不充，皆在我而已。

德盛者，物不能擾而形不能病。形不能病，以物不能擾也。故善學者，臨死生而色不變，疾痛慘切而心不動，由養之有素也，非一朝一夕之力也。

心之躁者，不熱而煩，不寒而慄，無所惡而怒，無所悅而喜，無所取而起。君子莫大於正其氣，欲正其氣，莫若正其志。其志既正，則雖熱不煩，雖寒不慄，無所怒，無所喜，無所取，去就猶是，死生猶是，夫是之謂不動心。

志順者氣不逆，氣順志將自正，志順而氣正，浩然之氣也。然則養浩然之氣也，乃在於持其志，無暴其氣耳。

中庸曰：「道不可須臾離也，可離非道也。」又曰：「道不遠人。」此特聖人爲始學者言之耳。論其極，豈有可離與不可離而遠與近之説哉？

學爲易，知之爲難。知之非難也，體而得之爲難。

「致曲」者，就其曲而致之也。

人人有貴於己者，此其所以人皆可以爲堯、舜。

學者當以論語、孟子爲本，論語、孟子既治，則六經可不治而明矣。讀書者當觀聖人所以作經之意，與聖人所以用心，與聖人所以至聖人，而吾之所以未至者，所以未得者，句句而求之，晝誦而味之，中夜而思之，平其心，易其氣，闕其疑，則聖人之意見矣。

人之生也，小則好馳騁弋獵，大則好建立功名，此皆血氣之盛使之然耳。故其衰也，則有不足之色；其病也，則有可憐之言。夫人之性至大矣，而爲形氣之所役使而不自知，哀哉！

吾未見嗇於財而能爲善者也，吾未見不誠而能爲善者也。

君子之學也，「使先知覺後知，使先覺覺後覺」。而老子以爲「非以明民，將以愚之」，其

亦自賊其性歟。〔一〕

有求爲聖人之志，然後可與共學；學而善思，然後可與適道；思而有所得，則可與立；立而化之，則可與權。

「非禮勿視，非禮勿聽，非禮勿言，非禮勿動」，視聽言動一於禮之謂仁，仁之與禮非有異也。孔子告仲弓曰：「出門如見大賓，使民如承大祭。己所不欲，勿施於人。」夫君子能如是用心，能如是存心，則惡有不仁者乎！而其本可以一言而蔽之曰「思無邪」。

無好學之志，則雖有聖人復出亦無益矣。然聖人在上而民多善者，以涵泳其教化深且遠也，習聞之久也。

禮記除中庸、大學，唯樂記爲最近道。學者深思自求之，禮記之表記，其亦近道矣乎，其言正。

學者必求其師，記問文章不足以爲人師，以所學者外也。故求師不可不慎。所謂師者何也？曰理也義也。

「少成若天性，習慣成自然」，雖聖人復出，不易此言。孔子曰：「性相近也，習相遠也，唯上智與下愚不移。」下愚非性也，不能盡其才也。

君子所以異於禽獸者，以有仁義之性也。苟縱其心而不知反，則亦禽獸而已。

形易則性易。性非易也，氣使之然也。

「禮儀三百，威儀三千」，非絶民之欲而強人以不能也，所以防其欲，戒其侈，而使之入道也。

「多識於鳥獸草木之名」，所以明理也。

至顯者莫如事，至微者莫如理，而事理一致，微顯一源。古之君子所謂善學者，以其能通於此而已。

君子之學貴乎一，一則明，明則有功。

德盛者言傳，文盛者言亦傳。

名數之學，君子學之而不以爲本也。言語有序，君子知之而不以爲始也。

孔子之道，發而爲行，如鄉黨之所載者，自誠而明也。由鄉黨之所載而學之，以至於孔子者，自明而誠也。及其至焉，一也。

「聞善言則拜」，禹所以爲聖人也。「以能問不能，以多問寡」，顔子所以爲大賢也。後之學者有一善而自足，哀哉！

爲學之道，必本於思，思則得之，不思則不得也。故書曰：「思曰睿，睿作聖。」思所以睿，睿所以聖也。

學以知爲本，取友次之，行次之，言次之。信不足以盡誠，猶愛不足以盡仁。

董仲舒曰：「正其誼不謀其利，明其道不計其功。」此董子所以度越諸子。

堯、舜之爲善，與桀、跖之爲惡，其自信一也。

老子曰：「失道而後德，失德而後仁，失仁而後義，失義而後禮。」則道德仁義禮分而爲五也。

聖人無優劣，堯、舜之讓，禹之功，湯、武之征伐，伯夷之清，柳下惠之和，伊尹之任，周公在上而道行，孔子在下而道不行，其道一也。

不深思則不能造於道，不深思而得者，其得易失。然而學者有無思無慮而得者，何也？曰：以無思無慮而得者，乃所以深思而得之也。以無思無慮爲小思而自以爲得者，未之有也。

原始則足以知其終，反終則足以知其始，死生之説，如是而已矣。故以春爲始而原之，其必有冬；以冬爲終而反之，其必有春。死生者，其與是類也。

「其次致曲」者，學而後知之也，而其成也，與生而知之者不異焉。故君子莫大於學，莫害於畫，莫病於自足，莫罪於自棄。學而不止，此湯、武所以聖也。

「古之學者爲己」，其終至於成物；今之學者爲物，其終至於喪己。

「杞柳」，荀子之說也。「湍水」，楊子之說也。

聖人所知，宜無不至也；聖人所行，宜無不盡也。然而書稱堯、舜，不曰刑必當罪，賞必當功，而曰：「罪疑惟輕，功疑惟重，與其殺不辜，寧失不經。」異乎後世刻核之論矣。

自夸者近刑，自喜者不進，自大者去道遠。

君子之學必「日新」，日新者日進也。不日新者必日退，未有不進而不退者。唯聖人之道無所進退，以其所造者極也。

事上之道莫若忠，待下之道莫若恕。

中庸之書，學者之至也。而其始則曰：「戒慎乎其所不睹，恐懼乎其所不聞。」蓋言學者始於誠也。

楊子無自得者也，故其言蔓衍而不斷，優游而不決，其論性則曰：「人之性也善惡混，修其善則爲善人，修其惡則爲惡人。」荀子悖聖人者也，故列孟子於十二子，而謂人之性惡。性果惡邪？聖人何能反其性以至於斯邪！

聖人之言遠如天，近如地。其遠也，若不可得而及；其近也，亦可得而行。楊子曰：「聖人之言遠如天，賢人之言近如地。」非也。

或問賈誼，曰：誼之言曰「非有孔子、墨翟之賢」，孔與墨一言之，其識末矣，其亦不善學矣。

必井田，必封建，必肉刑，非聖人之道也。善治者，放井田而行之而民不病，放封建而使之而民不勞，放肉刑而用之而民不怨。故善學者，得聖人之意而不取其迹也。迹也者，聖人因一時之利而制之也。

夫人幼而學之，將欲成之也。既成矣，將以行之也。學而不能成其學，成而不能行其學，則烏足貴哉？

待人有道，不疑而已。使夫人有心害我邪，雖疑不足以化其心。使夫人無心害我邪，疑則己德内損，人怨外生。故不疑則兩得之矣，疑則兩失之矣，而未有多疑能爲君子者也。

昔者聖人，「立人之道，曰仁曰義」。孔子曰：「仁者人也，親親爲大；義者宜也，尊賢爲大。」唯能親親，故「老吾老以及人之老，幼吾幼以及人之幼」。唯能尊賢，故「賢者在位，能者在職」。唯仁與義，盡人之道，盡人之道則謂之聖人。

學者不可以不誠，不誠無以爲善，不誠無以爲君子。修學不以誠則學雜，爲事不以誠則事敗，自謀不以誠，則是欺其心而自棄其忠，與人不以誠，則是喪其德而增人之怨。今小道異端亦必誠而後得，而況欲爲君子者乎！故曰學者不可以不誠。雖然，誠者在知道本而誠之耳。

古者卜筮將以決疑也。今之卜筮則不然，計其命之窮通，校其身之達否而已矣。噫！亦惑矣。

不思故有惑，不求故無得，不問故不知。

世之服食欲壽者，其亦大愚矣。夫命者受之於天，不可增損加益，而欲服食而壽，悲哉！

見攝生者而問長生，謂之大愚。見卜者而問吉凶，謂之大惑。

或問性，曰：順之則吉，逆之則凶。

孔子没，曾子之道日益光大。孔子没，傳孔子之道者曾子而已，曾子傳之子思，子思傳之孟子，孟子死，不得其傳，至孟子而聖人之道益尊。

孟子曰：「可以仕則仕，可以止則止，可以久則久，可以速則速，孔子也。孔子，聖之時者也。」故知易者，莫若孟子。孟子曰：「王者之迹熄而詩亡，詩亡然後春秋作。春秋無義戰，彼善於此則有之矣。」征者上伐下也，敵國不相征也。故知春秋者，莫若孟子。

禮之本，出於民之情，聖人因而道之耳。禮之器，出於民之俗，聖人因而節文之耳。聖人復出，必因今之衣服器用而爲之節文。其所謂「貴本而親用」者，亦在時王斟酌損益之耳。

校勘記

〔一〕其亦自賊其性歟　「歟」，弘治本、康熙本作「矣」。

程氏遺書附録

明道先生行狀 見伊川先生文集。

門人朋友叙述 并序，序見伊川先生文集。

河間劉立之曰：先生幼集有「而」字。有奇一作「異」。質，明慧驚人。年數歲，即有成人之度。嘗賦酌貪泉詩曰：「中心如自固，外物豈能遷？」當世先達，許其志操。及長，豪勇自奮，不溺於流俗。從汝南周茂叔問學，窮性命之理，率性會道，體道成德，出處孔、孟，從容不勉。踰冠，應書京師，聲望藹然，老儒宿學，皆自以爲不及，莫不造門願交。釋褐，主永興軍鄠縣簿。永興帥府，〔一〕其出守皆禁密大臣，待先生莫不盡禮。爲令晉城，其俗朴陋，民不知學，中間幾百年無登科者。先生擇其秀異，爲置學舍糧具，聚而教之，朝夕督厲，誘進學者，風靡日盛。熙寧、元豐間，應書者至數百，登科者十餘人。先生爲政，集無「爲政」二字。條教精密，而主之以誠心。晉城之民，被服先生之化，暴桀子弟至有恥不犯。迄先生去，三年間編户數萬衆，罪入極典者纔一人，然鄉閭猶以不遵教令集無「令」字。爲深恥。熙寧七年，立之得官晉城，拒先生去已十餘年，見民有聚口衆而不析異者，問其所以，云守程公之化集有「者」字。也。其誠心感人如此。薦爲御史，神宗召對，問所以爲御史。對曰：「使臣拾遺補闕裨贊朝廷則可，使臣掇拾臣下短長以沽直名則不能。」神宗歎賞，以爲得御史體。神宗厲精求治，王荆公執政，議法改令，言者攻之甚力，至有發憤肆罵，無所不至者。先生獨以至誠開納君相，疏入輒削藁，不以示子姪。常曰：「揚已矜衆，吾所不爲。」嘗被旨赴中堂議事，荆公方怒言者，厲色待之。先生徐曰：「天下之事非一家私議，願公平氣以聽。」荆公爲之愧屈善談。太中公得請領崇福，先生求折資監當以便養。歸洛，從容親庭，日以讀書勸學爲事。先生經術通明，義理精微，樂告不倦。士大夫從之講學者，日夕盈門，虚往實歸，人得所欲。先生在御史，有南士遊執政門者，方自南還，未至集無「未至」二字。而附會之説先布都下，且其人素議虧闕，先生奏言其行。後先生被命判武學，其人已位通顯，懼先生復進，乃抗章言先生新法之初集作「行」。首爲異論。先生笑曰：「是豈誣我耶？」復以便親乞汝州監局。先生高才遠業，淪屈卑冗，人爲先生歎息，而先生處之恪勤匪懈，曰：「執事安得不謹！」今皇帝即位，以宗正丞召。朝廷方且用之，未赴闕，得疾以終。先生有天下重望，士民以其出處卜時隆污，聞訃之日，識與不識，莫不隕涕。自孟軻没，聖學失傳，學者穿鑿妄作，不知入德。先生傑然自立于千載之後，芟闢榛穢，開示本原，聖人之庭户曉然可入，學士大夫始知所向。然高才世希，集作「希世」。能集作「得」。造其藩閾集作「閫」。者蓋集無「蓋」字。鮮，况堂奥乎？先生德性充完，粹和之氣盎於面背，樂易多恕，終日怡悦。立之從先生三十年，未嘗見其一有「有」字。忿厲之容。接人温然，無賢不肖皆使之集無「之」字。款曲自盡。聞人一善，咨嗟奬勞，惟恐其不篤，人有不及，開導誘掖，惟恐其不至。故雖桀傲不恭，見先生莫不感悦而化服。風格高邁，不事標飾，而自有畦畛。望其容色，聽其言教，則放心邪氣不復萌于胸中。太中公告老而歸，家素清窶，僦居洛城。先生以禄養，族大食衆，菽粟僅足，而老幼各盡其歡。中外幼孤窮無託者，皆收養之，撫育誨導，期于成人。嫁女聚婦，皆先孤遺，而後及己子。食無重肉，衣無兼副。女長過期，至無貲以遺。先生達於從政，以仁愛爲本，故所至，民戴之如父母。立之嘗問先生以臨民，曰：「使民集作「人」。各得輸其情。」集有「又嘗」二字。問御吏，曰：「正己以集無「以」字。格物。」雖愚不肖，佩服先生之訓，不敢忘怠。集作「忽」。先生抱經濟大器，有開物成務之才，雖不用于時，然至誠在天下，惟恐一物不得其所。見民疾苦，如在諸己，聞朝廷興作小失，則憂形顔色。嘗論所以致君堯、舜，措俗成、康之意，其言感激動人。千五百年一生斯人，時命不會如此，美志不行，利澤不施，惜哉！立之家集無「家」字。與先生有累世之舊，先人高爽有奇操，集無此上五字。與先生集有「情」字。好尤密。先人早世，立之方數歲，先生兄弟取以歸，教養視子姪，卒立其門户。末世俗薄，朋友道衰，聞先生之風，宜有愧恥。集無此上四十三字。立之從先生最久，聞先生教最多，得先生行事爲最集無此「最」字。詳。先生終，繫官朔陲，不得與於行服之列，哭泣之哀，承訃悲號，摧裂肝膈。集無此上二十七字。先生大節高誼，天下莫不聞，至於集作「乎」。委曲纖細，集作「悉」。一言一行，足以垂法來世，而人所不及知者，大懼堙没不傳，以爲門人羞，輒書所知，以備採摭。

沛國朱光庭曰：嗚呼！道之不明不行也久矣。自子思筆之於書，其後孟軻倡之，軻死而不得其傳，退之之言信矣。大抵先生之學，以誠爲本。仰觀乎天，清明穹窿，日月之運行，陰陽之變化，所以然者，誠而已；俯察乎地，廣博持載，山川之融結，草木之蕃殖，所以然者，誠而已。人居天地之中，參合無間，純亦不已者，其在兹乎！蓋誠者，天德也。聖人自誠而明，其静也淵停，其動也神速，天地之所以位，萬物之所以育，何莫由斯道也。先生得聖人之誠者也。自始學至於成德，雖天資穎徹，絶出等夷，然卓約之見，一主於誠。〔一〕故推而事親則誠孝，事君則誠忠，友于兄弟則綽綽有裕，信於朋友則久要不忘，修身慎行則不愧於集無「於」字。屋漏，臨政愛民則如保乎集無「乎」字。赤子。非得夫聖人之誠，孰能與於斯？才周萬物而不自以爲高，學際三才而不自以爲足，行貫神明而不自以爲異，識照古今而不自以爲得。至於六經之奥義，百家之異説，研窮搜抉，判然胸中。天下之事，雖萬變交於前，而燭之不失毫釐，權之不失輕重。凡貧賤富貴死生，皆不足以動其心，真可謂大丈夫者。集有「歟」字。非所得之深，所養之厚，能至於是歟？嗚呼！天之生斯人，使之平治天下，功德豈小補哉！方當聖政日新，賢者彙進，殆將以斯道覺斯民，而天奪之速，可謂不幸之甚矣。孔子曰：「朝聞道，夕死可矣。」自孟軻以來千有餘歲，先王大道得先生而後傳，其補助天地之功，可謂盛矣。雖不得高位以澤天下，然而以斯道倡之于人。亦已較著，其間見而知之，尚能似之，先生爲不亡矣。

河間邢恕曰：先生德性絶人，外和内剛，眉目清峻，語聲鏗然。恕早從先生之弟學，初見先生於磁州。其氣貌清明夷粹，其接人和以有容，其斷義剛而不犯，其思索集有「微」字。妙造精義，其言近而測之益遠。恕蓋始恍然自失，而知天下有成德君子所謂完人者，若先生是已。先生爲澶州幕官，歲餘罷歸。恕後過澶州，問村民，莫不稱先生，咨嗟嘆息。蓋先生之從政，其視民如子，憂公如家，其誠心感人，雖爲郡僚佐，又止歲餘而去，至使田父野人皆知其姓名，又稱嘆其賢。使先生爲一郡，又如何哉！使先生行乎天下，又如何哉！既不用於朝廷，而以奉親之故，禄仕於筦庫以爲養。居洛幾十年，玩心於道德性命之際，有以自養其渾浩沖融，而集無「而」字。必合集作「由」。于規矩準繩。蓋真顔氏之流，黄憲、劉迅之徒不足道也。洛實别都，乃士人之區藪。在仕者皆慕化之，從之質疑解惑；閭里士大夫皆高仰之，樂從之游；學士皆宗師之，講道勸義；行李之往來過洛者，苟知名有識，必造其門，虚而往，實而歸，莫不心醉斂衽而誠服。於是先生身益退，位益卑，而名益高於天下。今皇帝即位，太皇太后同聽斷，凡集無「凡」字。政事之利者存，害者去，復起司馬公君實以爲門下侍郎，用吕公晦叔爲尚書左丞，而先生亦以宗正丞召。執政日須其來，將大集作「白」。用之。訃至京師，諸公人人歎嗟，爲朝廷惜；士大夫下至布衣諸生聞之，莫不相弔，以爲哲人云亡也。嗚呼！惟先生以直道言事不合，去國十有七年。今太母制政下令，不出房闥，天下固已晏然。方大講求政事之得失，救偏矯枉，資人材以成治功之時，如先生之材，大小左右内外用之無不宜。蓋其所知，上極堯、舜、三代帝王之治，其所以包涵博大，悠遠纖悉上下與天地同流，其化之如時雨者，先生固已默而識之。至於興造禮樂，制度文爲，下至行師用兵戰陣之法，無所不講，皆造其極。外之夷狄情狀，山川道路之險易，邊鄙防戍城寨斥堠控帶之要，靡不究知。其吏事操决，文法簿書，又皆精密詳練。若先生，可謂通儒全才矣，而所有不試其萬一，又不究於高年，此有志之士所以慟哭而流涕也。

成都范祖禹曰：先生爲人，清明端潔，内直外方。其學本於誠意正心，以聖賢之道可以必至，〔三〕勇於力行，不爲空文。其在朝廷，與道行止，主於忠信，不崇虚名。其爲政，視民如子，慘怛教愛，出於至誠，建利除害，所欲必得。故先生所至，民賴之如父母，去久集無「久」字。而思之不忘。先生嘗言，縣之政可達於天下，一邑者天下之式也。先生以親老求爲閒官，居洛陽殆十餘集無「餘」字。年，與弟伊川先生講學于家，化行鄉黨。家貧，疏食或不繼，而事親務養其志，賙贍族人必盡其力。士之從學者不絶于館，有不遠千里而至者。先生於經，不務解析爲枝詞，要其用在己而明於知天。其教人曰：「非孔子之道不可學也。」蓋自孟子没而中庸之學不傳，後世之士不循其本而用心於末，故不可與入堯、舜之道。先生以獨智自得，去聖人千有餘歲，發其關鍵，直睹堂奥，一天地之理，盡事物之變。故其貌肅而氣和，志定而言厲，望之可畏，即之可親，叩之者無窮，從容以應之，其出愈新，真學者之師也。成就人才，於時爲多。雖久去朝廷，而人常以其出處爲時之通塞。既除宗正丞，天下日望先生入朝，以爲且大用。及聞其亡，上自公卿，下至閭巷士民，莫不哀之曰：時不幸也，其命矣夫！

書行狀後

游酢

建安游酢曰：先生道德之高致，經綸之遠圖，進退之大節，伊川季先生與門人高第既論其實矣，酢復何言？謹拾其遺事，備採録云。先生生而有妙質，聞道甚早。年逾冠，明誠夫子張子厚友而師之。子厚少時自喜其才，謂提騎卒數萬，可横行匈奴，視叛羌爲易與耳。故從之游者，多能道邊事。既而得聞先生論議，乃歸謝其徒，盡棄其舊學，以從事於道。其視先生，雖外兄弟之子，而虚心求益之意，懇懇如不及，逮先生之官，猶以書抵扈，以定性未能不動致問。先生爲破其疑，使内外動静，道通爲一，讀其書可考而知也。其後子厚學成德尊，識者謂與孟子比，然猶秘其學，不多爲人講之。其意若曰：「雖復多聞，不務畜德，徒善口耳而已，故不屑與之言。」先生謂之曰：「道之不明於天下久矣，人善其所習，自謂至足，必欲如孔門不憤不啓，不悱不發，則師資勢隔，而先王之道或幾乎熄矣。趣今之時，且當隨其資而誘之，雖識有明暗，志有淺深，亦各有得焉，而堯、舜之道庶可馴致。」子厚用其言，故關中學者躬行之多，與洛人並。推其所自，先生發之也。擢爲御史，睿眷甚渥，亟承德音，所獻納必據經術，事常辨早而戒於漸。一日，神宗縱言及於辭命。先生曰：「人主之學，唯當務爲急，辭命非所先也。」神宗爲之動顔。會同天節宮嬪争獻奇巧，爲天子壽。先生既言於朝，又顧謂執政戒之。執政曰：「宫嬪實爲，非上意也，庸何傷？」先生曰：「作淫巧以蕩上心，所傷多矣。公之言非是。」執政辭遂屈。是時有同在臺列者，志未必同，然心慕其爲人，嘗語人曰：「他人之賢者，猶可得而議也。乃若伯淳，則如美玉然，反覆視之，表裏洞徹，莫見疵瑕。」先生平生與人交無隱情，雖僮僕必託以忠信，故人亦不忍欺之。嘗自澶淵遣奴持金詣京師貿用物，計金之數可當二百千。奴無父母妻子，同列聞之，莫不駭且誚，既而奴持物如期而歸，衆始歎服。蓋誠心發於中，暢於四支，見之者信慕，事之者革心，大抵類此。先生少長親闈，視之如傷，又氣象清越，灑然如在塵外，宜不能勞苦。及遇事，則每與賤者同起居飲食，人不堪其難，而先生處之裕如也。嘗董役，雖祁寒烈日，不擁裘，不御蓋，時所巡行，衆莫測其至，故人自致力，常先期畢事。異時夫伍，中夜多譁，一夫或怖，萬夫競起，姦人乘虚爲盗者不可勝數。先生以師律處之，遂訖去無譁者。及役罷夫散，部伍猶肅整如常。初至鄠，有監酒税者以賄播聞，然怙力文身，自號能殺人，衆皆憚之，雖監司州將未敢發。先生至，將與之同事，其人心不自安，輒爲言曰：「外人謂某自盗官錢，新主簿將發之，某勢窮必殺人。」言未訖，先生笑曰：「人之爲言，一至於此！足下食君之禄，詎肯爲盗？萬一有之，將救死不暇，安能殺人？」其人默不敢言，後亦私償其所盗，卒以善去。州從事有既孤而遭祖母喪者，身爲嫡孫，未果承重。先生爲推典法意，告之甚悉，其人從之，至今遂爲定令，而天下搢紳始習爲常。蓋先生御小人使不麗於法，助君子使必成其美，又大抵類此。先生雖不用，而未嘗一日忘朝廷，然久幽之操確乎如石，胸中之氣冲如也。所至，士大夫多棄官從之學，朝見而夕歸，飲其和，茹其實，既久而不能去。其徒有貧者，以單衣御冬，累年而志不變，身不屈。蓋先生之教，要出於爲己，而士之游其門者，所學皆心到自得，無求於外。以故甚貧者忘飢寒，已仕者忘爵禄，魯重者敏，謹細者裕，強者無拂理，願者有立志，可以修身，可以齊家，可以治國平天下。非若世之士，妄意空無，追詠昔人之糟粕而身不與焉，及措之事業，則倀然無據而已也。方朝廷圖任真儒，以惠天下，天下有識者謂先生行且大用矣，不幸而先生卒。嗚呼！道之行與廢，果非人力所能爲也。悲夫！哭而爲之贊曰：天地之心，其太一之體歟！天地之化，其太和之運歟！確然高明，萬物覆焉，隤然博厚，萬物載焉，非以其一歟！陽自此舒，陰自此凝，消息滿虚，莫見其形，非以其和歟！夫子之德，其融心滌慮，默契於此歟！不然，何穆穆不已，渾渾無涯，而能言之士，莫足以頌其美歟！嗟乎，孰謂此道未施，此民未覺，而先覺者逝歟！百世之下，有想見夫子而不可得者，亦能觀諸天地之際歟！

哀詞

吕大臨

嗚呼！去聖遠矣，斯文喪矣。先王之流風善政，泯没而不可見，明師賢弟子傳授之學，斷絶而不得聞。以章句訓詁爲能窮遺經，以儀章度數爲能盡儒術，使聖人之道玩於腐儒諷誦之餘，隱於百姓日用之末，反求諸己則罔然無得，施之於天下則若不可行，異端争衡，猶不與此。先生負特立之才，知大學之要，博文强識，躬行力究，察倫明物，極其所止，涣然心釋，洞見道體。其造於約也，雖事變之感不一，知應以是心而不窮；雖天下之理至衆，知反之吾身而自足。其致於一也，異端並立而不能移，聖人復起而不與易。其養之成也，和氣充浹，见于聲容，然望之崇深，不可慢也；遇事優爲，從容不迫，然誠心懇惻，弗之措也。其自任之重也，寧學聖人而未至，不欲以一善成名；寧以一物不被澤爲己病，不欲以一時之利爲己功。其自信之篤也，吾志可行，不苟潔其去就；吾義所安，雖小官有所不屑。夫位天地育萬物者，道也。傳斯道者，斯文也。振已墜之文，達未行之道者，先生也。使學不卒傳，志不卒行，至於此極者，天也。先生之德，可形容者，猶可道也；其獨智自得，合乎天，契乎先聖者，不可得而道也。元豐八年六月，明道先生卒，門人學者皆以所自得者名先生之德。先生之德未易名也，亦各伸其志爾。汲郡吕大臨書。

墓表

見伊川先生文集。

伊川先生年譜

先生名頤，字正叔，明道先生之弟也。明道生於明道元年壬申，伊川生於明道二年癸酉。幼有高識，非禮不動。見語録。年十四五，與明道同受學於舂陵周茂叔先生。見哲宗、徽宗實録。皇祐二年，年十八，上書闕下，勸仁宗以王道爲心，生靈爲念，黜世俗之論，期非常之功；且乞召對，面陳所學，不報。間遊太學，時海陵胡翼之先生方主教導，嘗以「顔子所好何學論」試諸生，得先生所試大驚，即延見，處以學職。見文集。吕希哲原明與先生鄰齋，首以師禮事焉。既而四方之士從游者日益衆。見吕氏童蒙訓。舉進士，嘉祐四年廷試報罷，遂不復試。太中公屢當得任子恩，輒推與族人。見涪陵記善録。治平、熙寧間，近臣屢薦，自以爲學不足，不願仕也。見文集。又按吕申公家傳云：「公判太學，命衆博士即先生之居，敦請爲太學正。先生固辭，公即命駕過之。」又雜記：「治平三年九月，公知蔡州，將行，言曰：『伏見南省進士程頤，年三十四，有特立之操，出羣之姿。嘉祐四年已與殿試，自後絶意進取，往來太學，諸生願得以爲師。臣方領國子監，親往敦請，卒不能屈。臣嘗與之語，洞明經術，通古今治亂之要，實有經世濟物之才，非同拘士曲儒，徒有偏長。使在朝廷，必爲國器。伏望特以不次旌用。』」明道行狀云：「神宗嘗使推擇人材，先生所薦數十人，以父表弟張載暨弟頤爲稱首。」元豐八年，哲宗嗣位，門下侍郎司馬公光、尚書左丞吕公公著及西京留守韓公絳上其行義於朝。見哲宗、徽宗實録。案温公集與吕申公同薦劄子曰：「臣等切見河南處士程頤，力學好古，安貧守節，言必忠信，動遵禮義，年踰五十，不求仕進，真儒者之高蹈，聖世之逸民。伏望特加召命，擢以不次，足以矜式士類，禪益風化。」又案胡文定公文集云：「是時諫官朱光庭又言，頤道德純備，學問淵博，材資勁正，有中立不倚之風，識慮明徹，至知幾其神之妙，言行相顧而無擇，仁義在躬而不矜。若用斯人，俾當勸講，必能輔養聖德，啓道天聰，一正君心，爲天下福。」又謂頤「究先王之藴，遠當世之務，乃天民之先覺，聖代之真儒。俾之日侍經筵，足以發揚聖訓，兼掌學校，足以丕變斯文」。又論「祖宗時起，陳摶、种放，高風素節，聞於天下。揆頤之賢，摶、放未必能過之，頤之道則有摶、放所不及知者。觀其所學，真得聖人之傳，致思力行，非一日之積，有經天緯地之才，有制禮作樂之具。乞訪問其至言至論，所以平治天下之道」。又謂頤「以言乎道，則貫徹三才而無一毫之爲間；以言乎德，則并包衆美而無一善之或遺；以言乎學，則博通古今而無一物之不知；以言乎才，則開物成務而無一理之不總。是以聖人之道，至此而傳。況當天子進學之初，若俾真儒得專經席，豈不盛哉！」十一月丁巳，授汝州團練推官，西京國子監教授。見實録。先生再辭，尋召赴闕。元祐元年三月，至京師。王巖叟奏云：「伏見程頤，學極聖人之精微，行全君子之純粹，早與其兄顥，俱以德名顯於時。陛下復起頤而用之，頤趣召以來，待詔闕下，四方俊乂，莫不翹首向風，以觀朝廷所以待之者如何，處之者當否，而將議焉。則陛下此舉，繫天下之心。臣願陛下加所以待之之禮，擇所以處之之方，而使高賢得爲陛下盡其用，則所得不獨頤一人而已，四海潛光隱德之士，皆將相招而爲朝廷出矣。」除宣德郎，祕書省校書郎。先生辭曰：「祖宗時，〔四〕布衣被召，自有故事。今臣未得入見，未敢祗命。」王巖叟奏云：「臣伏聞聖恩特除程頤京官，仍與校書郎，足以見陛下優禮高賢，而使天下之人歸心於盛德也。然臣區區之誠，尚有以爲陛下言者，願陛下一召見之，試以一言，問爲國之要。陛下至明，遂可自觀其人。臣以頤抱道養德之日久，而潛神積慮之功深，靜而閱天下之義理者多，必有嘉言以新聖聽，此臣所以區區而進頤。然非爲頤也，欲成陛下之美耳。陛下一見而後命之以官，則頤當之而無愧，陛下與之而不悔，授受之間，兩得之矣。」於是召對。太皇太后面喻，將以爲崇政殿説書。先生辭，不獲，始受西監之命。且上奏，論經筵三事。其一，以上富於春秋，輔養爲急，宜選賢德以備講官，因使陪侍宿直，陳説道義，所以涵養氣質，薰陶德性。其二，請上左右内侍宫人，皆選老成厚重之人，不使侈靡之物、淺俗之言接於耳目，仍置經筵祗應内臣十人，使伺上在宫中動息，以語講官，其或小有違失，得以隨事規諫。其三，請令講官坐講，以養人主尊儒重道之心，寅畏祗懼之德。而曰：「若言可行，敢不就職。如不可用，願聽其辭。」劄子三道，見文集。又案劉忠肅公文集，有章疏論先生辭卑居尊，未被命而先論事爲非是。蓋不知先生出處語默之際，其義固已精矣。既而命下，以通直郎充崇政殿説書。見實録。先生再辭，而後受命。四月，例以暑熱罷講。先生奏言，輔導少主，不宜疎略如此。乞令講官以六參日上殿問起居，因得從容納誨，以輔上德。見文集。五月，差同孫覺、顧臨及國子監長貳看詳國子監條制。見實録。先生所定，大概以爲學校禮義相先之地，而月使之争，殊非教養之道，請改試爲課，有所未至，則學官召而教之，更不考定高下；制尊賢堂以延天下道德之士，鐫解額以去利誘，省繁文以專委任，勵行檢以厚風教，及置待賓吏師齋，立觀光法，如是者亦數十條。見文集。舊實録云：「禮部尚書胡宗愈謂，先帝聚士以學，教人以經，三舍科條固已精密，宜一切仍舊。因是深詆先生，謂不宜使在朝廷。」六月，上疏太皇太后，言今日至大至急，爲宗社生靈長久之計，惟是輔養上德，而輔養之道，非徒涉書史覽古今而已，要使跬步不離正人，乃可以涵養薰陶，成就聖德。今間日一講，解釋數行，爲益既少，又自四月罷講，直至中秋不接儒臣，殆非古人旦夕承弼之意。請俟初秋，即令講官輪日入侍，陳説義理，仍選臣僚家十一二歲子弟三人，侍上習業。且以邇英迫隘暑熱，恐於上體非宜，而講日宰臣史官皆入，使上不得舒泰悦懌。請自今一月再講於崇政殿，然後宰臣史官入侍，餘日講於延和殿，則後楹垂簾，而太皇太后時一臨之。不惟省察主上進業，其於后德未必無補，且所講官欲有所言，易以上達，所繫尤大。又講讀官例兼他職，請亦罷之，使得積誠意以感上心。皆不報。八月，差兼判登聞鼓院。先生引前説，且言入談道德，出領訴訟，非用人之體，再辭不受。見文集。楊時曰：「事道與禄仕不同。常夷甫以布衣入朝，神宗欲優其禄，令兼數局，如鼓院、染院之類，夷甫一切受之。及伊川先生爲講官，朝廷亦欲使兼他職，則固辭。蓋前日所以不仕者爲道也，則今日之仕，須其官足以行道乃可受，不然是苟禄也。然後世道學不明，君子辭受取舍，人鮮知之。故常公之受，人不以爲非，而先生之辭，人亦不以爲是也。」二年，又上疏論延和講讀垂簾事，且乞時召講官至簾前，問上進學次第。又奏邇英暑熱，乞就崇政、延和殿或他寬涼處講讀。給事中顧臨以殿上講讀爲不可，有旨修展邇英閣。先生復上疏，以爲修展邇英，則臣所請遂矣。然祖宗以來並是殿上坐講，自仁宗始就邇英，而講官立侍，蓋從一時之便耳，非若臨之意也。今臨之意，不過以尊君爲説，而不知尊君之道。若以其言爲是，則誤主上知見。臣職當輔導，不得不辨。先生在經筵，每當進講，必宿齋豫戒，潛思存誠，冀以感動上意。見文集。而其爲説，常於文義之外，反復推明，歸之人主。一日當講「顔子不改其樂」章，門人或疑此章非有人君事也，將何以爲説。及講，既畢文義，乃復言曰：「陋巷之士，仁義在躬，忘其貧賤。人主崇高，奉養備極，苟不知學，安能不爲富貴所移？且顔子王佐之才也，而簞食瓢飲，季氏魯國之蠹也，而富於周公。魯君用捨如此，非後世之監乎！」聞者歎服。見胡氏論語詳説。而哲宗亦常首肯之。見文集。不知者或誚其委曲已甚，先生曰：「不於此盡心竭力，而於何所乎？」上或服藥，即日就醫官問起居，見語録。然入侍之際，容貌極莊。時文潞公以太師平章重事，或侍立終日不懈，上雖喻以少休，不去也。人或以問先生曰：「君之嚴，視潞公之恭，孰爲得失？」先生曰：「潞公四朝大臣，事幼主不得不恭。吾以布衣職輔導，亦不敢不自重也。」見邵氏見聞録。嘗聞上在宮中起行漱水必避螻蟻，因請之曰：「有是乎？」上曰：「然，誠恐傷之爾。」先生曰：「願陛下推此心以及四海，則天下幸甚。」見語録。一日，講罷未退，上忽起憑檻，戲折柳枝，先生進曰：「方春發生，不可無故摧折。」上不悦。見馬永卿所編劉諫議語録，且云：「温公聞之亦不悦。」或云恐無此事。所講書有容字，中人以黄覆之，曰：「上藩邸嫌名也。」先生講罷，進言曰：「人主之勢不患不尊，患臣下尊之過甚而驕心生爾。此皆近習輩養成之，不可以不戒。請自今舊名嫌名皆勿復避。」見語録。時神宗之喪未除，而百官以冬至表賀。先生言節序變遷，時思方切，請改賀爲慰。及除喪，有司又將以開樂致宴。先生又奏請罷宴，曰：「除喪而用吉禮，則因事用樂可矣。今特設宴，是喜之也。」見文集。嘗聞後苑以金製水桶，問之，曰崇慶宫物也。先生曰：「若上所御，則吾不敢不諫。」在職累月，不言禄，吏亦弗致。既而諸公知之，俾户部特給焉。又不爲妻求邑封，或問之，先生曰：「某起於草萊，三辭不獲而後受命，今日乃爲妻求封乎？」

見語録。經筵承受張茂則嘗招諸講官啜茶觀畫，先生曰：「吾平生不啜茶，亦不識畫。」竟不往。見龜山語録。或云恐無此事。文潞公嘗與吕、范諸公入侍經筵，聞先生講説，退相與歎曰：「真侍講也。」一時人士歸其門者甚盛，而先生亦以天下自任，論議褒貶無所顧避。由是同朝之士有以文章名世者，疾之如讐，與其黨類巧爲謗詆。見龜山語録、王公繫年録、吕申公家傳及先生之子端中所撰集序。又按蘇軾奏狀亦自云：「臣素疾程某之姦，未嘗假以辭色。」又按侍御史吕陶言：「明堂降赦，臣僚稱賀訖，而兩省官欲往奠司馬光。是時程頤言曰：『子於是日哭則不歌，豈可賀赦才了，却往弔喪？』坐客有難之曰：『子於是日哭則不歌，即不言歌則不哭，今已賀赦了，却往弔喪，於禮無害。』蘇軾遂以鄙語戲程頤，衆皆大笑，結怨之端，蓋自此始。」又語録云：「國忌行香，伊川令供素饌。子瞻詰之曰：『正叔不好佛，胡爲食素？』先生曰：『禮居喪不飲酒不食肉，忌日，喪之餘也。』子瞻令具肉食，曰：『爲劉氏者左袒。』於是范醇夫輩食素，秦、黄輩食肉。」又鮮于綽傳信録云：「舊例行香齋筵，兩制以上及臺諫官並設蔬饌，然以麤糲，遂輪爲食會，皆用肉食矣。元祐初，崇政殿説書程正叔以食肉爲非是，議爲素食，〔五〕衆多不從。一日，門人范淳夫當排食，遂具蔬饌。内翰蘇子瞻因以鄙語戲正叔，〔六〕正叔門人朱公掞輩銜之，遂立敵矣。是後蔬饌亦不行。」又語録云：「時吕申公爲相，凡事有疑，必質于伊川。進退人才，二蘇疑伊川有力，故極詆之。」又曰：「朝廷欲以游酢爲某官，蘇右丞沮止，毁及伊川。宰相蘇子容曰：『公未可如此，頌觀過其門者，無不肅然。』」〔七〕又按劉諫議盡言集亦有異論，劉非蘇黨，蓋不相知耳。一日赴講，會上瘡疹，不坐已累日。先生退，詣宰臣，問上不御殿知否，曰不知。先生曰：「二聖臨朝，上不御殿，太皇太后不當獨坐。且人主有疾而大臣不知，可乎？」翌日，宰臣以先生言奏請問疾，由是大臣亦多不悦。而諫議大夫孔文仲因奏先生污下憸巧，素無鄉行，經筵陳説，僭横忘分，遍謁貴臣，歷造臺諫，騰口間亂，以償恩讎，致市井目爲五鬼之魁，請放還田里，以示典刑。八月，差管勾西京國子監。見舊實録。又文仲傳載呂申公之言曰：「文仲爲蘇軾所誘脅，其論事皆用軾意。」又呂申公家傳亦載其與呂大防、劉摯、王存同駁文仲所論朱光庭事，語甚激切。且云：「文仲本以抗直稱，然惷不曉事，爲浮薄輩所使，以害善良。晚乃自知爲小人所給，憤鬱嘔血而死。」按舊録固多妄，然此類亦不爲無據，新録皆删之，失其實矣。又范太史家傳云：「元祐九年，奏曰：『臣伏見元祐之初，陛下召程頤對便殿，自布衣除崇政殿説書，天下之士皆謂得人，實爲希闊之美事。而纔及歲餘，即以人言罷之。頤之經術行誼天下共知。司馬光、呂公著皆與頤相知二十餘年，然後舉之。此二人者，非爲欺罔以誤聖聰也。頤在經筵，切於皇帝陛下進學，故其講説，語常繁多。草茅之人，一旦入朝，與人相接，不爲關防，未習朝廷事體。而言者謂頤大佞大邪，貪黷請求，奔走交結。又謂頤欲以故舊傾大臣，以意氣役臺諫。其言皆誣罔非實也。蓋當時臺諫官王巖叟、朱光庭、賈易，皆素推伏頤之經術〔八〕，故不知者指以爲頤黨。陛下慎擇經筵之官，如頤之賢，乃足以輔導聖學。至如臣輩，叨備講職，實非敢望頤也。臣久欲爲頤一言，懷之累年，猶豫不果，使頤受誣罔之謗於公正之朝，臣每思之，不無愧也。今臣已乞去職，若復召頤勸講，必有輔於聖明，臣雖終老在外，無所憾矣。』」先生既就職，再上奏乞歸田里，曰：「臣本布衣，因説書得朝官。今以罪罷，則所授官不當得。」三年，又請，皆不報，乃乞致仕至再，又不報。五年正月，丁太中公憂去官。七年，服除，除直祕閣，判西京國子監。王公繫年録云：「元祐七年三月四日，延和奏事，三省進呈，程頤服除，欲與館職判檢院。簾中以其不靖，令只與西監，遂除直祕閣，判西京國子監。初，頤在經筵，歸其門者甚盛，而蘇軾在翰林，亦多附之者，遂有洛黨蜀黨之論。二黨道不同，互相非毁，頤竟爲蜀黨所擠。今又適軾弟轍執政，纔進稟，便云但恐不肯靖。簾中入其説，故頤不復得召。」先生再辭，極論儒者進退之道。見文集。而監察御史董敦逸奏，以爲有怨望輕躁語。五月，改授管勾崇福宫，見舊録。未拜，以疾尋醫。元祐九年，哲宗初親政，申祕閣西監之命，先生再辭不就。見文集。紹聖間，以黨論放歸田里。四年十一月，送涪州編管。見實録。門人謝良佐曰：「是行也，良佐知之，乃族子公孫與邢恕之爲爾。」先生曰：「族子至愚不足責，故人情厚不敢疑。孟子既知天，焉用尤臧氏？」見語録。元符二年正月，易傳成而序之。三年正月，徽宗即位。移峽州。四月，以赦復宣德郎，任便居住，制見曲阜集。還洛。記善録云：「先生歸自涪州，氣貌容色髭髮皆勝平昔。」十月，復通直郎，權判西京國子監。先生既受命，即謁告，欲遷延爲尋醫計，既而供職。門人尹焞深疑之。先生曰：「上初即位，首被大恩，不如是則何以仰承德意，然吾之不能仕，蓋已决矣。受一月之俸焉，然後唯吾所欲爾。」見文集、語録。又劉忠肅公家私記云：「此除乃李邦直、范彝叟之意。」建中靖國二年五月，追所復官，依舊致仕。前此未嘗致仕，而云「依舊致仕」，疑西監供職不久，即嘗致仕也。未詳。崇寧二年四月，言者論其本因姦黨論薦得官，雖嘗明正罪罰，而敘復過優，已追所復官，又云「敘復過優」，亦未詳。今復著書，非毀朝政。於是有旨追毀出身以來文字，其所著書，令監司覺察。語録云：「范致虛言程某以邪説詖行惑亂衆聽，而尹焞、張繹爲之羽翼。事下河南府體究，盡逐學徒，復隸黨籍。」先生於是遷居龍門之南，止四方學者曰：「尊所聞，行所知可矣，不必及吾門也。」見語録。五年，復宣義郎，致仕。見實録。時易傳成書已久，學者莫得傳授，或以爲請。先生曰：「自量精力未衰，尚覬有少進耳。」其後寢疾，始以授尹焞、張繹。尹焞曰：「先生踐履盡易，其作傳只是因而寫成，熟讀玩味即可見矣。」又云：「先生平生用意惟在易傳，求先生之學者，觀此足矣。語録之類，出於學者所記，所見有淺深，故所記有工拙，蓋未能無失也。」見語録。大觀元年九月庚午，卒于家，年七十有五。見實録。於疾革，門人進曰：「先生平日所學，正今日要用。」先生力疾微視，曰：「道著用便不是。」其人未出寢門而先生没。見語録。一作門人郭忠孝。尹子云：「非也，忠孝自黨事起不與先生往來，及卒亦不致奠。」初，明道先生嘗謂先生曰：「異日能使人尊嚴師道者，吾弟也。若接引後學，隨人材而成就之，則予不得讓焉。」見語録，侯仲良曰：「朱公掞見明道于汝州，踰月而歸，語人曰：〔九〕『光庭在春風中坐了一月。』游定夫、楊中立來見伊川，一日先生坐而瞑目，二子立侍不敢去。久之，先生乃顧曰：『二子猶在此乎，日暮矣，姑就舍。』二子者退，則門外雪深尺餘矣。其嚴厲如此。晚年接學者乃更平易，蓋其學已到至處，但於聖人氣象差少從容爾。明道則已從容，惜其蚤死，不及用也。使及用於元祐間，則不至有今日事矣。」先生既没，昔之門人高第多已先亡，無有能形容其德美者。然先生嘗謂張繹曰：「我昔狀明道先生之行，我之道蓋與明道同。異時欲知我者，求之於此文可也。」見集序。尹焞曰：「先生之學，本於至誠，其見於言動事爲之間，處中有常，疏通簡易，不爲矯異，不爲狷介，寬猛合宜，莊重有體。或説匍匐以弔喪，誦孝經以追薦，皆無此事。衣雖紬素，冠襟必整，食雖簡儉，蔬飯必潔。太中年老，左右致養無違，以家事自任，悉力營辦，細事必親，贍給内外親族八十餘口。」又曰：「先生於書無所不讀，於事無所不能。」謝良佐曰：「伊川才大，以之處大事，必不動聲色，指顧而集矣。」或曰：「人謂伊川守正則盡，通變不足，子之言若是，何也？」謝子曰：「陜右錢以鐵，舊矣，有議更以銅者，已而會所鑄子不踰母，謂無利也，遂止。〔一〇〕伊川聞之曰：『此乃國家之大利也。利多費省，私鑄者衆，費多利少，盗鑄者息。民不敢盗鑄，則權歸公上，非國家之大利乎？』又有議增解鹽之直者，伊川曰：『價平則鹽易泄，〔一一〕人人得食，無積而不售者，歲入必倍矣，增價則反是。』已而果然。司馬公既相，薦伊川而起之。伊川曰：『將累人矣，使韓、富當國時，吾猶可以有行也。』及司馬公大變熙、豐，復祖宗之舊，伊川曰：『役法當討論，未可輕改也。』公不然之，既而數年紛紛不能定。由是觀之，亦可以見其梗概矣。」

祭文

張繹

嗚呼！利害生於身，禮義根於心。伊此心喪于利害，而禮義以爲虚也，故先生踽踽獨行斯世，一作「於世」。而衆乃以爲迂也。惟尚德者以爲卓絶之行，而忠信者以爲乎也；立義者以爲不可犯，而達權者以爲不可拘也。在吾先生，曾何有意？〔一二〕心與道合，一作「道會」。泯然無際。無欲可以繫覊兮，自克者知其難也；不立意以爲言兮，知言者識其要也。「德輶如毛，毛猶有倫」，「無聲無臭」，夫何可親？嗚呼！先生之道不可得而名也，一作「某等不而名也」。伊言者反以爲病兮，此心終不得而形也。惟泰山「惟」一作「維」。以爲高兮，日月以爲明也；春風以爲和兮，嚴霜以爲清也。在昔諸儒，各行其志，或得于數，或觀于禮，學者趣之，一作「逄之」。世濟其美。獨吾先生，淡乎無味，得味之真，死其乃已。自某之見，一作「某等受教」。七年于兹，含孕化育，以蕃以滋。天地其容我兮，父母其生之；君親其臨我兮，夫子其成之。欲報之心，何日忘之。先生有言，一本上有「昔」字。見于文字者有七分之心，繪于丹青者有七分之儀。七分之儀，固不可益，七分之心，猶或可推。而今而後，將築室于伊、雒之濱，望先生之墓，以畢吾此生也。一無「吾」字。嗚呼！夫子没而微言絶，則固不可得而聞也。一本上有「某等」字。然天不言而四時行，地不言而百物生。惟與二三子一本無此五字，有「益當」字。洗心去智，格物去意，斯默契斯道，在先生爲未亡也。嗚呼！二三子之志，一作「某等之志」。不待物而後見；先生之行，不待誄而後徵。然而山頹梁壞，何以寄情？淒風一奠，敬祖于庭，百年之恨，併此以傾。

尹子曰：「先生之葬，洛人畏入黨，無敢送者，故祭文惟張繹、范域、孟厚及焞四人。乙夜，有素衣白馬至者，視之邵溥也，乃附名焉。蓋溥亦有所畏而薄暮出城，是以後。」又按語録云：先生以易傳授門人，曰：「只説得七分，學者更須自體究。」故祭文有七分之語云。

奏狀 節略

胡安國

伏見元祐之初，宰臣司馬光、吕公著秉政當國，急於得人，首薦河南處士程頤，乞加召命，擢以不次，遂起韋布，超居講筵。自司勸講，不爲辯辭，解釋文義，所以積其誠意，感通聖心者，固不可得而聞也。及當官而行，舉動必由乎禮；奉身而去，進退必合乎義。其修身行法，規矩準繩，獨出諸儒之表，門人高第莫獲繼焉。雖崇寧間曲加防禁，學者向之，私相傳習，不可遏也。其後頤之門人，如楊時、劉安節、許景衡、馬伸、吴給等，稍稍進用，於是士大夫争相淬礪。而其間志於利禄者，託其説以自售，學者莫能别其真僞，而河洛之學幾絶矣。壬子年，臣嘗至行闕，有仲并者言伊川之學近日盛行。臣語之曰：「伊川之學不絶如綫，可謂孤立，而以爲盛行何也？豈以其説滿門，人人傳寫，耳納口出，而以爲盛乎？」自是服儒冠者，以伊川門人妄自標榜，無以屈服士人之心，故衆論洶洶，深加詆誚。夫有爲伊洛之學者，皆欲屏絶其徒，而乃上及於伊川，臣竊以爲過矣。夫聖人之道，所以垂訓萬世，無非中庸，非有甚高難行之説，此誠不可易之至論也。然中庸之義不明久矣，自頤兄弟始發明之，然後其義可思而得。不然則或謂高明所以處己，中庸所以接物，本末上下析爲二途，而其義愈不明矣。士大夫之學，宜以孔孟爲師，庶幾言行相稱，可濟時用，此亦不可易之至論也。然孔孟之道不傳久矣，自頤兄弟始發明之，而後其道可學而至也。不然則或以六經、語、孟之書資口耳，取世資而干利禄，愈不得其門而入矣。今欲使學者蹈中庸，師孔孟，而禁使不得從頤之學，是入室而不由户也，不亦誤乎！夫頤之文，於易則因理以明象，而知體用之一源；於春秋則見諸行事，而知聖人之大用；於諸經、語、孟則發其微旨，〔一三〕而知求仁之方，入德之序。然則狂言怪語，淫説鄙喻，〔一四〕豈其文也哉？頤之行，其行己接物，則忠誠動於州里；其事親從兄，則孝弟顯于家庭；其辭受取捨，非其道義則一介不以取與諸人，雖禄之千鍾，有必不顧也。其餘則亦與人同爾。然則幅巾大袖，〔一五〕高視闊步，豈其行也哉？昔者伯夷、柳下惠之賢，微仲尼，則西山之餓夫、東國之黜臣爾。〔一六〕本朝自嘉祐以來，西都有邵雍、程顥及弟頤，關中有張載，此四人者皆道學德行名於當世。會王安石當路，重以蔡京得政，曲加排抑，故有西山、東國之阨，其道不行，深可惜也。今雍所著有皇極經世書，載有正蒙書，頤有易、春秋傳，顥雖未及著述，而門弟子質疑請益答問之語存於世者甚多，又有書疏銘詩並行於世，而傳者多失其真。臣愚伏望陛下，特降指揮，下禮官討論故事，以此四人加之封號，載在祀典，以見聖世雖當禁暴誅亂，奉詞伐罪之時，猶有崇儒重道，尊德樂義之意。仍詔館閣裒集四人之遺書，委官校正，取旨施行，使於學者傳習，羽翼六經，以推尊仲尼、孟子之道，使邪説者不得乘間而作，而天下之道術定，豈曰小補之哉！

校勘記

〔一〕永興帥府　「帥」原訛「師」，據弘治本、康熙本改。

〔二〕然卓約之見一主於誠　「約」，弘治本同，康熙本作「然」；「主」，弘治本、康熙本作「本」。

〔三〕以聖賢之道可以必至　「道」，弘治本、康熙本作「學」。

〔四〕祖宗時　「祖」，弘治本、康熙本作「神」。

〔五〕議爲素食　「議」原訛「義」，據弘治本、康熙本改。

〔六〕内翰蘇子瞻因以鄙語戲正叔　「戲」字原漫漶，據弘治本、康熙本補。

〔七〕無不肅然　「然」，弘治本、康熙本作「也」。

〔八〕皆素推伏頤之經術　「術」原訛「行」，據弘治本、康熙本改。

〔九〕語人曰　「語」，弘治本、康熙本作「告」。

〔一〇〕遂止　弘治本、康熙本「止」下有「之」字。

〔一一〕價平則鹽易洩　「平」，弘治本、康熙本作「卑」。

〔一二〕曾何有意　「曾」原訛「會」，據弘治本、康熙本改。

〔一三〕語孟則發其微旨　「發其微旨」，弘治本、康熙本作「發明其旨」。

〔一四〕淫説鄙喻　「喻」，弘治本同，康熙本作「論」。

〔一五〕然則幅巾大袖　「袖」原訛「紳」，據弘治本、康熙本改。

〔一六〕東國之黜臣爾　「東」，弘治本、康熙本作「魯」。

程氏外書目録

第一

朱公掞録拾遺 朱光庭，字公掞，從二先生學，元祐中爲給諫。此篇本與師訓、入關等篇相雜，疑朱公自記所聞，又抄諸人所記以附其後。今不可考，特拾其遺如此云。

第二

朱公掞問學拾遺 本别爲一篇，而多與前篇重複，今已删去。

第三

陳氏本拾遺 延平陳淵，字幾叟，楊文靖公門人。

第四

程氏學拾遺 李參録。參，端伯之弟，學於伊川先生。此書十卷，其五卷乃劉質夫春秋解，其五卷雜有端伯、質夫、入關諸篇。

第五

馮氏本拾遺 汝州馮理，字聖先，學於伊川先生，自號東皋子。其子忠恕，字貫道，學於尹氏，編此，雜有入關等篇。

第六

羅氏本拾遺 延平羅從彥，字仲素，楊文靖公門人。

第七

胡氏本拾遺 胡文定公家本，又有别本文，其言而每章冠以「子曰」字者，今亦取其不見於諸篇者附于此。

第八

游氏本拾遺 游定夫察院家本。

第九

春秋録拾遺　吴人王蘋信伯，學於伊川先生。集録諸言春秋者爲此篇。

第十

大全集拾遺　建陽印本。

第十一

時氏本拾遺　時紫芝所集，號程子微言，凡二十五卷，多改易本語者。

第十二

傳聞雜記　王氏麈史　呂氏家塾記　發明義理　酬酢事變　范公日記　朱公手帖

邵氏見聞録　上蔡語録　龜山語録　庭聞藁録　侯子雅言　涪陵記善　和靖語録

震澤語録　晁景迂集　晁氏客語　呂氏童蒙訓　雜志　汪端明記　孔文仲疏

右程氏外書十二篇，熹所序次，可繕寫。始熹序次程氏遺書二十五篇，皆諸門人當時記録之全書，足以正俗本紛更之繆，而於二先生之語，則不能無所遺也。於是取諸集録，參伍相除，得此十有二篇，以爲外書。夫先生之言非有精粗之異，而兩書皆非一手所記，其淺深工拙又未可以一概論。其曰外書云者，特以取之之雜，或不能審其所自來，其視前書，學者尤當精擇而審取之耳。乾道癸巳六月乙亥新安朱熹謹書。

程氏外書第一

朱公掞録拾遺

性静者可以爲學。淳

學在知其所有，又養其所有。淳

實是，實非能辨則循實是，天下之事歸於一是。是乃理也，循此理乃可進學至形而上者也。正

學如不及，猶恐失之，不得放過也。正

忠信爲基本，所以進德也。辭修誠意立，所以居業也。此乃乾道，由此二句可至聖人也。淳

得意則可以忘言，然無言又不見其意。正

心得之，然後可以爲己物。淳

「君子敬以直內，義以方外」，爲學本。

「默而識之」，吾不得而見之矣，得見善問者，斯可矣。

治其器必求其用，學道者當如何爾。

學始於不欺闇室。

學者多蔽於解釋，注疏不須用功深。

大率把捉不定皆是不仁。

去不仁則仁存。

仁載此四事由，行而宜之謂義，履此之謂禮，知此之謂智，誠此之謂信。

神也者，妙萬物而爲言，若上竿弄瓶至於斲輪。誠至則不可得而知。上竿初習數尺，而後至於百尺，習化其高。矧聖人誠至之事，豈可得而知？——淳

人必以忠信爲本，無友不如己者，無忠信者也。子以四教：文、行、忠、信。忠信禮之本，人無忠信則不可以爲學。

士大夫必建家廟，廟必東向其位，取地潔不喧處設席，坐位皆如事生。以太祖面東，左昭右穆而已，男女異位，蓋舅婦生無共坐也。姑婦之位，亦同太祖之設。其主皆刻木牌，取生前行第或銜位而已，婦各從夫。每月告朔，茶酒四時。春以寒食，夏以端午，秋以重陽，

冬以長至，此時祭也。每祭訖則藏主於北壁夾室。拜墳則十月一日拜之，感霜露也。寒食則又從常禮祭之。飲食則稱家有無，祭器坐席皆不可雜用。廟門非祭則嚴扃之，童孩奴妾皆不可使褻而近也。

仁者在己，何憂之有？凡不在己，逐物在外，皆憂也。「樂天知命，故不憂」，此之謂也。若顏子簞瓢，在他人則憂，而顏子獨樂者，仁而已。

作詩者未必皆聖賢，當時所取者，取其意思，止於禮義而已，其言未必盡善。如比君以碩鼠、狡童之類。

詩有取其意思可取者，如無衣之詩。亦有時而迫切，取興有一事含數件事者，如「瞻彼日月，悠悠我思」。

詖辭偏蔽，淫辭陷溺深，邪辭信其說，至於䀌惑，遁辭生於不正，窮著便遁，如「墨者夷之」之辭。此四者，楊、墨兼有。

「不以文害辭」。文，文字之文，舉一字則是文，成句是辭。詩爲解一字不行，却遷就他說，如「有周不顯」，自是作文當如此。

「予見南子，子路不説」，以孔子本以見衛君行道，反以非禮見迫。孔子歎「予所否者，天厭之」，天喪予之意。否，否泰之否。天厭吾道也。

「性與天道」，此子貢初時未達，此後能達之，故發此歎辭，非謂孔子不言。其意義淵奥如此，人豈易到？

曰「山梁雌雉，時哉時哉」，「色斯舉矣，翔而後集」，子路聞之，竦然共立，後「三嗅而作」。文如此順，恐後人編簡脱錯。嗅字又不知古作甚字，又近唄字。薄貴切。

「日知其所亡，月無忘其所能」，今人不爲也。

信之不篤，執德無由弘。

「立則見其參於前也，在輿則見其倚於衡也」，然後可以祈益。

無衣若以王道出軍行師，我則「修我戈矛，與子同仇」。

七月豳風大意憂思深遠，有終久底意，不惟豳國當如此。又成王中變，自然發起周公言終久意思。「一之日」、「二之日」，語辭如此，今人尚道甚時如何又如何，不可謂變月言日。「女心傷悲」，采蘩女功之時，悲則思慮意。當女功事，思慮一家之所須，君子之奉，殆及君子同享。此不須執詞，此是終久底意。

鴟鴞惡鳥，謂之「既取我子，無毁我室」，言惜巢之甚。在鳥如此，在人則是不壞王室。不必以子爲管、蔡，鴟鴞是管、蔡。此一篇闕文難解。

出車「喓喓草蟲」意，是南征西夷，怨「薄伐西戎」時如此。

采薇「彼爾」，戍役。戍役「維何」，「維常之華」，言與將師相承副，如「棠棣之華」。「路」，路車也。「君子」，將率也。「君子所依，小人所腓」，喻君子之憑依，士衆小人則腓也。易「咸其腓」，腓，脚肚動貌。「作止」、「柔止」，喻時。

皇華送之以禮樂，君不能自行，故遣使以諭誠意於四方。若無忠信，安得誠意言？此詩是如此，不必詩中求。

九罭「遵渚」不宜刺朝廷，言公之不歸，「於女信」安乎？得「無以我公歸」乎？

詩若還以「樂天知命」處之，則一時都無事。其中也有君子情意不到處。

詩「可以怨」，譏刺總是。

小弁與舜之怨別，舜是自怨，小弁直怨，「我罪伊何」？

大要則止乎禮儀，其情則是國人之情。

考槃觀其名，早已可見君子之心處之已安，知天下決然不可復爲。雖然如此退處，至於其心，寤寐間永思念，不得復告於君，畎畝不忘君之意。

候人言不稱其君臣相遇。「薈兮蔚兮」，草木蘩茂貌。山有薈蔚之草木，便「朝躋」而采之，室有婉孌之少女，人便「斯飢」而思之。薈蔚言其林，婉孌言其德。

「白華」自是漚之爲菅，「白茅」自是爲束，各自爲用，如后妾各自有職分。「之子」却遠此義理。雲結爲雨露，所以均被菅茅，王之遇妃妾貴賤，亦當均被我，天運艱難，故「之子不猶」。「碩人」，幽王也。「樵彼桑薪」，薪之善者也。申后宜待之以禮，今反薄鼓「聲聞於外」，我之誠意反不能感動於君，此「有鶖」得所之不若也。「鴛鴦」戢翼，其常如此。扁石登高以升車，今舍此履卑，如舍中適褒。

丘中有麻大都言丘言阿言山，多喻朝廷。丘山是物所生聚處，麻是亦生其間。不謂丘中更豐美，但言「丘中有麻」，麻能衣人，有用底物，喻賢者有益於人，言朝廷當有賢者。今「彼留」乃小人，賢者却咨嗟不見用。「將其來施施」，思其來，當有賢者以施惠澤也。麥人所賴以食，亦喻賢者，却反在鄉國，故思其來食。李徒能悦人口，而不足以濟人，如小人在位，徒能悦人，而無實効及於民。又「貽我佩玖」，止以其玩好而不切於用，賢者則如麻麥之衣食人。

「丘中有麻」，不是所宜有處。一本無「不」字。〔一〕

「碩人頎頎」，「碩人敖敖」，疑頎頎、敖敖兩句先言莊公，衣「褧衣」非婦人服。「説于農郊」，言其勤政。已下始言莊姜「翟茀以朝」，勸勉莊公，使「大夫夙退，無使君勞」。不説使驕上僭，却言其勤政，見莊姜賢處，舍怒不妬爭意。「施罛濊濊，鱣鮪發發」，言罛非取魚之意，不能得大魚，興莊姜不見答，徒有「葭菼揭揭」，似「庶姜孽孽」，驕且上僭。故「庶士有朅」，言國人閔而優之也。罛，小器也。鱣鮪，大魚也。葭菼，冗雜貌。罛中又隱無子意。

「自牧歸荑」，卑以自牧之意。荑，柔順意。自牧歸順，「信美且異」，此非是女能如此美，乃賢美人貽之如此深，美之所以切責之。序言衛君無道，夫人無德。

「式微式微」，〔一〕微衛君之故，故字以其職而言，以其爲方伯連帥故，暴露於中野。微衛君之躬，指其人也，又切指其人者，以仁人君子望之。泥中，泥塗之中也。大率詩意貴優柔，不迫切，此乃治詩之法。以爲君若不在此，我胡爲在此？斥黎君也，乃是脅君以歸，又迫切時幾乎罵。

「旄丘」，地名，前高後下。「誕之節兮」，言葛節短也，延蔓相屬。叔伯何故却不相救䘏，「何」字之一作「文」。意，黎在衛之西，狄在衛之北，我黎之臣子非無車，但汝不與我同故也。

「中谷有蓷」，蓷，菼葦，當在水，不當在谷中，是失所意。脩字非脩長之脩，疑同周禮脩脯之脩，過於乾底意。暵，暴也。「其乾」猶未甚，但遇爾「艱難」，我便不善去。「濕」則其性之濕都無，言其恩意已絶。「啜其泣矣，何嗟及矣」，嗟時也。

「三英粲兮」，粲然光明貌，英乃若五紽類，自是衣服禮數制度，非三德也。

芄蘭，蔓生草，柔弱不能自立，須依附方成枝葉，興惠公柔弱。童子佩成人之服，雖佩人君成人之服，其才能却「不我知」。「垂帶悸兮」，臨朝悸悸然，執心不定。甲，長也，才能却不能君長我庶民。

「兔爰」，兔，奔走意。詩序閔周由桓王失信，故諸侯背叛，構怨連禍，而使王師傷敗，却周人受其禍難。羅本以置兔，今却「雉罹于羅」，如諸侯不軌，周人受害。

「雄雉于飛，泄泄其羽」，雙飛之意。此男怨之辭，言雄雉尚得其配匹，己反不如。「我之懷」，思自罹此阻隔。次章女怨，「下上其音」，相應和之辭，「日月」取其迭往迭來之意，〔三〕又日月陰陽相配而不相見，又旦暮所見動人情思，總意包其間。「百爾君子」，責爲政者，汝豈「不知德行」！〔四〕戰國間惟是報怨，不然貪人土地，未嘗有以義興師動衆。言汝但「不忮不求」，何所用而不臧。〔五〕忮，報怨也。求，貪土地也。若以義發師，婦人何怨之有？婦人猶勉之正也。若謂夫從役婦便怨，成何義理！

狡童、褰裳，此兩篇都只一意，别無異義。然謂君爲狡童，於義有害。離騷之中憂君之心則至，然謂之不合道者。後面比君爲禽，又況目之曰狡童。言「不與我」，即是鄭國人「臣罪當誅」，「天王聖明」，文王之心以紂爲聖明，何可比君爲禽，〔六〕又況目之狡童？但作詩者未必皆聖人，孔子各有所取，此則取其不能與賢人圖事。

清人一篇却是詠歌其事，含情意在其間。「消」、「彭」、「軸」，莫也是地名？「左旋右抽，中軍作好」，不必言射，猶言高克之進不以禮。

摽有梅，汲汲惟恐不及時。

有女同車，前説忽不娶齊女，後言齊女却失却本意。忽不娶齊，謂齊大非偶，却不因色。此則是設辭，下言「彼美」結，他詩中似如此者亦多。

丰以諸事豐備。此詩主意言男則須言女，是「俟我於巷」，非不下我，又「俟我於堂」，非不有禮。「將」，迎，不可訓作送，但女家因事不得將迎也。「衣錦」、「裳錦」即是丈夫，若婦人則惟欲其顯，安有惡其文之著？古之錦疑今之綾，是褧錦相副之物，如男女相配。「叔兮伯兮」，故「駕予與行」，都主男女怨思失期意。

東門之楊，言婚自昏時，〔七〕今則「明星煌煌」而不至。楊最得陽氣之先者，言人反不及時。

凡説婚姻男女多言東，東取生育之意。人君多言南，凶喪多言北。又有各就其國所有而言者，如周詩多言南。

「羔裘豹袪」不是相稱，猶君臣民須一體，今反不相卹，民則惟惠之懷，言「豈無他人，惟子之故」。

「汾沮洳」，沮洳，水浸下濕之地，雖有生物，衆人亦棄之不采，而君去采之，言其儉嗇太過。衆人棄之如此，「彼其之子」反美愛之「無度」。「公路」、「公行」，非公道。如此非衆人所共取，即非公道。「公族」，公類。「公路」，衆人所共由之路。

「伐檀」，檀，材可適用者。言君子雖不得進，亦自致身於清潔之地。檀美材，須是作梁棟用，至於輪輻，非檀可爲。

東門之墠，除地曰墠，茹藘可以染色，言以禮則坦平如墠，以色則姦阻如阪。所以致民如此者，正謂其室家則邇，「其人甚遠」。大抵丰、東門之楊，盡是已許昏後，以禮不足不能成昏，至於過時後，上又不能使人殺禮，故使人至淫奔。婦人脯修棗栗若以禮時，則是踐履此室家之道，豈不思欲得以禮如此？但「子不我即」，〔八〕故待禮不得也。

葛屨，儉嗇便機巧，計校所得也。「糾糾」，牢固意。言牢做葛屨，亦以履霜。「摻摻」，貴者。言衣服亦分貴賤，禮「諸母不漱裳」。「褄之襋之」，補綻意。「提提」，據字義，勞意。「宛然左辟」，右插衣。古者短右袂，謂便於事。此皆賤者之事，却佩「象揥」貴者之服，此等總生於「褊心」。

無衣，武公始并晉國，而能請命於天子之使，故美其可美也。當時使來到國，故請之七與六衣中一箇數目，無以六爲節。此惟美其能請命一事。以篡國殺君不以爲羞，至於衣服僭侈何難。然其心不安，至於請命然後安，此意思却可取。又聖人不獨取其如此，亦以見當時之善，雖大惡，有如此詩亦可取。魯風詩非無大惡，然聖人録其頌不録其風，此則爲君諱也。觀其頌之善止於此，其他則可知。

揚之水，「白石鑿鑿」，同介甫說。「素衣朱襮」，見其美於外。如桓叔在下，反見其德澤於民，使晉人從之。

「采苓」，〔九〕苓是甘草，喻讒最好，若「首陽」之上却無。

校勘記

〔一〕一本無不字　「不」原訛「下」，據弘治本、康熙本改。

〔二〕式微式微　下「微」上原衍「辭」字，據弘治本、康熙本删。

〔三〕取其迭往迭來之意　下「迭」字原闕，據弘治本、康熙本補。

〔四〕汝豈不知德行　「不」原訛「入」，據弘治本、康熙本改。

〔五〕何所用而不臧　「臧」原訛「藏」，據弘治本、康熙本改。

〔六〕何可比君爲禽　「可」，弘治本同，康熙本作「況」。

〔七〕言婚自昏時　「自」，弘治本、康熙本作「姻」。

〔八〕但子不我即　「但」，弘治本、康熙本作「即」。

〔九〕采苓　「采」原訛「來」，據弘治本、康熙本改。

程氏外書第二

朱公掞問學拾遺

「在邦無怨，在家無怨」，在理可使無怨，於事亦難，天地之大也，人猶有所憾。伯淳

子貢問爲仁，孔子告以爲仁之資，非極力言仁也。正叔

「知及之，仁不能守之」，無得也。「有始有卒」，先後之序也。

凡下學人事，便是上達天理。正叔

毋意，毋私意也，毋必爲，毋固滯，毋彼我，乃曾子所言也。伯淳

「人無遠慮，必有近憂」，思慮當在事外。正叔

忠者天下大公之道，恕所以行之也。忠言其體天道也，恕言其用人道也。正叔

「其言之不怍」，所爲言之不愧。伯淳

「畏天命」則可以不失付畀之重。「畏大人」，如此尊嚴而亦自可畏。「畏聖人之言」則

可以進德。伯淳

周，至也。君子周至而不阿比。正叔

「動容貌」，舉一身而言也，「動容周旋中禮」，「斯遠暴慢矣」。「正顔色」則不妄，「斯近信矣」。「出辭氣」正由中出，「斯遠鄙倍矣」。正身而不外求，故曰「籩豆之事，則有司存」。伯淳

尊五美，屏四惡，爲政在己。伯淳

「聞道」，知所以爲人也。「夕死可矣」，是不虚生也。伯淳

「性與天道」，非自得之則不知，故曰「不可得而聞」。伯淳

如「形而上者謂之道」，不可移「謂」字在「之」字下。此孔子文章。伯淳

弘，寬廣也；毅，奮然也。弘而不毅則無規矩，毅而不弘則隘陋。伯淳

君子以矜莊自持，不與人爭。正叔

「九思」各專其一。伯淳

「何莫由斯道也」，可離非道。伯淳

「吾斯之未能信」，不先自信，何以治人？伯淳

「里仁爲美」，里人之所止。伯淳

「見賢」便「思齊」，有爲者亦若是。「見不賢而内自省」，蓋莫不在己。伯淳

「生」理本「直」，「罔」不直也，亦「生」者，「幸而免」也。伯淳

「知之者」，在彼而我知之也，「好之者」，雖篤而未能有之，至於「樂之」，則爲己之所有。正叔

「民」亦人也，務人之義乃知也。鬼神不敬則是不知，不遠則至於瀆，敬而遠之，所以爲知。伯淳

「先難」，克己也。伯淳

聖乃仁之成德，謂仁爲聖，譬由雕木爲龍。〔一〕木乃仁也，龍乃聖也，指木爲龍可乎？故「博施」、「濟衆」乃聖之事，舉仁而言之，則「能近取譬」是也。伯淳

「能近取譬」，反身之謂也。伯淳

「以能問於不能，以多問於寡，有若無，實若虚，犯而不校」，顔子當之。正叔

彼之事是，則吾當師之，彼之事非是，則吾又何校焉？是以君子未嘗校也。伯淳

「司馬牛問仁，子曰：『仁者其言也訒』。」司馬牛多言，〔二〕故及此，然聖人之言亦止此爲是。正叔

貧不怨則諂，諂尤甚於怨，蓋守不固而有所爲也。伯淳

君子爲善，只有「上達」，小人爲不善，只有「下達」。伯淳

「古之學者爲己」，爲己，在己也。伯淳

「不怨天，不尤人」，在理當如此。伯淳

「樂取於人」爲善，便是與人爲善，與人爲善乃公也。正叔

知性善以忠信爲本，此先立其大者。伯淳

公孫丑問孟子「加齊之卿相」，恐有所不勝而動心。北宫黝之勇，氣亦不知守也。孟施舍之勇，知守氣而不知守約也。曾子之所謂勇，乃守約，守約乃義也，與孟子之勇同。伯淳

告子「不得於言，勿求於心」，蓋不知義在内也。志，帥氣也。持定其志，無暴亂其氣，兩事也。志專一則動氣，氣專一則動志，然志動氣爲多。且若志專在淫辟，豈不動氣？氣專在喜怒，豈不動志？故「蹶者趨者」，「反動其心」。志者，心之所之也。伯淳

自曾子守義，皆説篤實自内正本之學，則觀人可以「知言」，「詖」「淫」「邪」「遁」「窮」，皆離本也。「宰我、子貢善爲説辭，冉牛、閔子、顔淵善言德行，孔子兼之。」蓋有德者必不言，而曰「我於辭命不能」者，不尚言也。易所謂「尚口乃窮也」。伯淳

宰我、子貢、有若，其「智足以知聖人」，污曲亦「不至阿其所好」。以孔子之道彌綸天壤，固賢於堯舜，而觀生民以來，有如夫子者乎？然而未爲盡論，但不至阿其所好也。伯淳

「所存者神」，在己也；「所過者化」，及物也。伯淳

「驩虞」，有所造爲而然，豈能久也？耕田鑿井，帝力何有於我哉？如天之自然，乃王者之政。伯淳

色形，所有也。聖人人倫之至，故可以「踐形」。伯淳

「盎於背」，厚也。正叔

「此亦妄人也」，是以義斷，在聖人如天地涵容，但哀矜而已。子厚

「自反而忠」，而「横逆」者猶若是，君子曰「又何難焉」，此一事已處了，若聖人哀矜，又别一事。正叔

「不下帶」，言近也。正叔

「不祥」，凶也。君子好成物，故吉；小人好敗物，故凶。正叔

日月之明，但容光者無不照。正叔

「保民如赤子」，此所以爲大人。謂「不失嬰兒之心」，不若「保民如赤子」爲大。

「湯、武反之也」，「湯、武身之也」。身，踐履也。反，復也，復則至聖人之地。伯淳

「羞惡」則有所不爲，「知所止」乃義之端。伯淳

舜明於庶物，察於人倫，然後由仁義行。正叔

仁推之及人，若「老吾老以及人之老」，於民則可，於物則不可。統而言之則皆仁，分而言之則有序。正叔

坤六二文言云云，坤道也。誠爲統體，敬爲用。敬則内自直，誠合内外之道，則萬物流形，故「義以方外」。

聖人齋戒敬也，以「神明其德」，惡人齋戒亦敬也，故可以「事上帝」。

「先見」則吉可知，不見故致凶。伯淳

「幽贊於神明而生蓍」，用蓍以求卦，非謂有蓍而後畫卦。伯淳

「祗」與「底」通，使底至也，無至於悔。伯淳

「巽以行權」，義理所順處，所以行權。伯淳

「安安」，安於理之所安者。伯淳

聖人無過，「湯、武反之也」。其始未必無過，所謂「如日月之食」，乃君子之過。

「人心」，人欲；「道心」，天理。正叔

大學之道，在明其「明德」，明德乃「止於至善」也。知既至，自然意誠。顔子有不善，未嘗不知，知之至也。知之至，故未嘗復行。他人復行，知之不至也。正叔

「致知在格物」，格，至也，物，事也。事皆有理，至其理，乃格物也。然致知在所養，養

知莫過於「寡欲」二字。正叔

君子所不可及者，其惟人之所不見乎！詩云：「相在爾室，尚不愧于屋漏。」君子慎獨。伯淳

敬則自然「儼若思，安定辭」，其德可以安民。伯淳

「有餘」便是過。慥，篤實貌。

正其理，則萬事一一以貫之也。正叔

「君子而時中」，無時不中。伯淳

荀子曰「養心莫善於誠」，周茂叔謂荀子元不識誠。伯淳曰：既誠矣，心焉用養邪？荀子不知誠。

校勘記

〔一〕譬由雕木爲龍　「由」，弘治本、康熙本作「猶」。

〔二〕司馬牛多言　「牛」字原無，據弘治本、康熙本補。

程氏外書第三

陳氏本拾遺

「朝聞道，夕死可矣」，死得是也。

「三月不違仁」，言其久，過此則「從心」、「不踰矩」，聖人也。聖人則渾然無間斷，故不言三月。此孔子所以惜其未止也。

聖人，天地之用也。

「養心莫善於寡欲」，多欲皆自外來，公欲亦寡矣。

「興於詩」者，吟咏情性，涵暢道德之中而歆動之，有「吾與點」之氣象。

「老者安之，朋友信之，少者懷之」，乃天道也。

由孟子可以觀易。

「復其見天地之心」，一言以蔽之，天地以生物爲心。

聖人無一事不順天時，故「至日閉關」。

人之一肢病，不知痛癢，謂之不仁，人之不仁亦猶是也。蓋不知仁道之在己也，知仁道之在己而由之，乃仁也。

克者勝也，難勝莫如己，勝己之私則能「有諸己」，是「反身而誠」者也。凡言仁者，能「有諸己」也，一作「凡言克者未能有諸己也」。必誠之在己，然後爲克己。禮亦理也，「有諸己」則無不中於理。君子慎獨，「敬以直內，義以方外」，所以爲「克己復禮」也。「克己復禮」則事事皆仁，故曰「天下歸仁」。人之視最先，非禮而視，則所謂開目便錯了。次聽次言次動，有先後之序。人能克己一作「充仁」。則心廣體胖，仰不愧，俯不怍，其樂可知，有息則餒矣。

一言可以興邦，公也；一言可以喪邦，私也。公生明。

「極高明而道中庸」，非二事。中庸，天理也。天理固高明，不極乎高明，不足以道中庸，中庸乃高明之極。伯淳

君子有義有命，「求則得之，舍則失之，是求有益於得也，求在我者也」，此言義也；「求之有道，得之有命，是求無益於得也，求在外者也」，此言命也。至於聖人，則惟有義而無命，行一不義，殺一不辜而得天下，不爲也。此言義不言命也。

「人心惟危」，人欲也；「道心惟微」，天理也。

爲惡之人未嘗知有思，有思則爲善矣。思至于再則已審，三則惑矣。

「艮其背」，止欲於無見。若欲見於彼而止之，所施各異，若「艮其止，止其所也」，止各當其所也。聖人所以應萬變而不窮一作「勞」。者，事各止當其所也。若鑒在此，而物之妍媸自見於彼也。聖人不與焉，「時止則止，時行則行」。時行對時止而言，亦「止其所也」。艮「思不出其位」，乃「止其所也」。「動静不失其時」，皆「止其所也」。「艮其背」，乃止也。背，無欲無思也，故可止。

「加我數年，五十以學易」，時年未五十也。孔子未發明易道之時，如八索之類不能無謬亂，既贊易道，黜八索，則易之道可以無過謬。言「學」與「大」，皆謙也。

子貢善形容孔子德美，「温」以接物，「良」乃善心，「恭」則不侮，「儉」則無欲，「讓」則不好勝。「至於是邦，宜必聞政」。

孔子「生而知之」者也。自十五以下事，皆「學而知之」者，所以教人也。三十有所立，四十能不惑，五十知天命而未至命，六十聞一以知百，耳順心通也。凡人聞一言則滯於一言，一事則滯於一事，不能貫通。耳順者聞言則喻，無所不通。七十從心，然後至於命。

「願無伐善」則不私矣，「無施勞」則仁矣，顔子之志則可謂大而無以加矣。然以孔子之言觀之，則顔子之言出於有心者也。〔一〕至於「老者安之，朋友信之，少者懷之」，猶天地之化，付與萬物而已不勞焉，此聖人之所爲也。今夫羈靮以御馬而不以制牛，人皆知羈靮之制在乎人，而不知羈靮之生由於馬。聖人之化，亦猶是也。

孔子之見南子，禮當見之也。南子之欲見孔子，亦其善心也。聖人豈得而拒之？子路不悦，故夫子陳之曰：「予所否塞者，天厭之。」言使我至此者，天命也。

孔子曰：「二三子以我爲隱乎？吾無隱乎爾。」無知之謂也。聖人之教人，俯就之若此，猶恐衆人以爲高遠而不親也。聖人之言，必降而自卑，不如此則人不親。賢人之言，必引而自高，不如此則道不尊。觀孔子、孟子則可見矣。

「叩其兩端」者，如樊遲問仁，子曰「愛人」，問知，子曰「知人」。舉其近者，衆人之所知，極其遠者，雖聖人亦如是矣。其與人莫不皆然，終始兩端，皆竭盡矣。

聖人愈自卑而道已高，賢人不高則道不尊，聖賢之分也，「不爲酒困」是也。

子路、冉有、公西華，皆欲得國而治之，故孔子不取。曾晳狂者也，〔二〕未必能爲聖人之事，而能知孔子之志，故曰：「浴乎沂，風乎舞雩，詠而歸。」言樂而得其所也。孔子之志，在於「老者安之，朋友信之，少者懷之」，使萬物莫不遂其性。曾點知之，故孔子喟然歎曰：「吾與點也！」

仲尼「三年有成」，因周之舊。

喜怒在事，則理之當喜怒也，不在血氣則「不遷」。

於義理無害，雖貧亦樂，有害則慊慊一有「則」字。不樂。

桀溺言天下衰亂無道者滔滔皆是也，孔子雖欲行其教，而誰可以化而易之？孔子言如使天下有道，我則無所治，「不與易」之也，今所以周流四方，爲時無道故也。聖人不敢有忘天下之心，知其不可而猶爲之，故其言如此。

二帝三王之道，後世無以加焉，孔子之所常言，故弟子聚而記之。「夫子得邦家」，亦猶是也。堯曰篇

「語之」而敬，故「不惰」，言其好學也。

「瞻之在前」，過者；「忽然在後」，不及也；「如有所立卓爾」，聖人之中也。

「子在，回何敢死？」死當爲先死，非回之所當爲。所當爲者，上告天子，下告方伯，以討其罪爾。

舉前代之善者，準此以損益之，此成法也。「鄭聲」使人淫溺，「佞人」使人危殆，放遠之，然後可守成法。

「不踰閑」者，不踰矩也。「小德出入」於法度之中，大德如孔子，小德如顏子，有一不善，是亦出入也。

聖人之教，未嘗私厚其子，學詩學禮，止可告之若此，學必待其自肯。然而孔子與惡人言，故以遜辭免禍，「言不必信，行不必果，惟義所在」，此之謂也。孔子未嘗不欲仕，但仕於陽虎之時則不可。「吾將仕矣」，未爲非信也。公山「召我」「而豈徒哉」，是孔子意他雖叛而召我，其心不徒，然往而教之遷善，使不叛則已。此則於義直，有可往之理，而孔子亦有實知其不能改而不往者。佛肸召亦然。

「禘自既灌而往」，皆不足觀，從首至末皆非也。知孔子「不欲觀」之說，則於天下知萬事各正其名，則其治「如示諸掌」。

「獲罪於天」時，無所祈禱。何爲媚奧？何爲媚竈？奥，尊者所居，喻貴臣。竈，一家所切，喻當權。

孔門弟子自孔子没後各自離散，只有曾子便別。如子夏、子張欲以所事孔子事有若，獨曾子便道不可，自子貢以上必皆不肯。某自涪陵歸，見門人皆已支離，不知他日身後又如何也。但得箇信時，便自有長進處。孔子弟子甚多，亦不能皆合於孔子。如子路言「子之迂也」，又曰「末之也已」，及其退思，終合於孔子，只爲他信，便自然思量到也。此一段蕭田本。

「皆不及門」，今不在焉。

「德不孤，必有鄰」，一德立而百善從之。

「唐棣之華，偏其反而，豈不爾思，室是遠而」，只取不遠之意。

「山梁雌雉，時哉時哉」，此聖人嘆雉在山梁得其時，而民不得其時也。子路不察，乃「共之，三嗅而作」，使子路知我意不在是也。

「毋意」，毋非禁止之辭，聖人絶此四者，何用禁止。「毋意」與「毋我」相近，「毋固」與「毋必」相近，須要分别不同。意與志别，志是所存處，意是發動處，如「先意承志」自别也。意發而當，即是理也，非意也，發而不當，是私意也。又問：聖人莫是任理而不任意否？曰：是。

校勘記

〔一〕則顔子之言出於有心者也　弘治本、康熙本無「者」字。

〔二〕曾皙狂者也　「皙」，弘治本、康熙本作「點」。

程氏外書第四

程氏學拾遺

李參録

「格物」者，格，至也，物者，凡遇事皆物也。欲以窮至物理也。窮至物理無他，唯思而已矣。「思曰睿」，「睿作聖」，聖人亦自思而得，况於事物乎？

惟聖人「可以踐形」者，人生稟五行之秀氣，頭圓足方以肖天地，則「形色天性也」。惟聖人爲能盡人之道，故「可以踐形」。人道者，君臣、父子、兄弟、夫婦之類皆是也。

「唯仁者能好人能惡人」，仁者用心以公，故能好惡人。公最近仁，人循私欲則不忠，公理則忠矣，以公理施於人，所以恕也。

「天下之言性也，則故而已矣，故者以利爲本。」故者舊也，言凡性之初，未嘗不以順利爲主，謂之利者，唯不害之謂也。一篇之義，皆欲順利之而已。

文王「望道而未之見」，謂望天下有治道太平而未得見也。「武王不泄邇，不忘遠」者，謂遠邇之人之事也。

人心之所「同然」者何也？謂理也，義也。何謂理？何謂義？學者當深思。

漢之儒者所以從學數百人，非惟風俗，亦皆篤行君子也。晉人高尚不足道矣。

質夫曰：盡心知性，佛亦有至此者；存心養性，佛本不至此。先生曰：盡心知性不假，存養其惟聖人乎！

質夫云：「頻復」不已，遂至「迷復」。

程氏外書第五

馮氏本拾遺

春秋書災異，蓋非偶然，不云「霜隕」而云「隕霜」，不云「夷伯之廟震」而云「震夷伯之廟」，分明是有意於人也。天人之理自有相合，人事勝則天不爲災，人事不勝則天爲災。人事常隨天理，天變非應人事。如祁寒暑雨，天之常理，然人氣壯則不爲疾，氣羸弱則必有疾，非天固欲爲害，人事德不勝也。如漢儒之學，皆牽合附會不可信。

自孔子贊易之後，更無人會讀易。先儒不見於書者有則不可知，見於書者皆未盡。如王輔嗣、韓康伯只以莊、老解之，是何道理。某於易傳殺曾下工夫，如學者見問，儘有可商量，書則未欲出之也。

今時人看易皆不識得易是何物，只就上穿鑿，若念得不熟，與就上添一德亦不覺多，就上減一德亦不覺少。譬如不識此兀子，若減一隻脚亦不知是少，添一隻脚亦不知是多，若識則自添減不得也。

庶母亦當爲主，但不可入廟，子當祀於私室，主之制度則一。蓋有法象，不可增損，增損則不成矣。

「祭如在」，言祭自己祖先。「祭神如神在」，言其他所祭者，如天地山川皆是也。「非其鬼」，言己不當祭者。既知其非，然且爲之，是「無勇」也。「無勇」雖因上文，然不止於此一事。

論語、孟子，只剩讀着便自意足。學者須是玩味，若以語言解着，意便不足。某始作此二書文字，既而思之，又似剩只有些先儒錯會處，却待與整理過。

某嘗謂世間有三事工夫一般：國家之祈天永命，道家之長生久視，儒者之入于聖人，理道皆一。

釋氏之學，正似用管窺天，一直便見。道他不是不得，只是却不見全體。不信神怪事，亦不得便放猛，須是知道理。若是只放猛，〔一〕不知道理，撞出來後如何處置？

月令儘是一部好書，未易破他。柳子厚破得他不是。若春行賞，秋行刑，只是舉大綱如此。如云湯「執中」，文王「視民如傷」，武王「不泄邇，不忘遠」，不成聖人各只有一事可稱也，且據一處言之耳。又如冬日則飲湯，夏日則飲水，不成冬日不得飲水，夏日不得飲湯也。

四時改火，不得不然。蓋水之爲患常少，火之爲患常多。「龍見而雩」，可見寒食禁火只是將出新火，必盡熄天下之火，然後出之也。世間風俗，蓋訛謬之甚耳。四時取火，用本各異，必據時之所宜，不必盡考也。

儒者只合言人事，不得言有數，直到不得已處，然後歸之於命可也。

顏子「有不善未嘗不知，知之未嘗復行」。如顏子地位，豈有不善？所謂不善者，只是微有差失，才差失便能知之，知之便更不萌作。顏子大率與聖人皆同，只這便有分別，若無則便是聖人。曾子三省只是緊約束，顏子便能三月之久。到這些地位，工夫尤難，直是峻絶，又大段着力不得。

合葬須以元妃，配享須以宗子之嫡母，此不易之道。

校勘記

〔一〕若是只放猛　「只」，弘治本、康熙本作「直」。

程氏外書第六

羅氏本拾遺

凡看書各有門庭，詩、易、春秋不可逐句看，尚書、論語可以逐句看。

「赤舃几几」，只是形容周公一箇氣象，乃孟子所謂睟面盎背，「四體不言而喻」之意。「雍雍在宫，肅肅在廟」，亦只是形容文王氣象。大抵古人形容聖人多此類，如「倬彼雲漢」，「爲章于天」，亦是形容聖人也。

「不識不知」，言文王化其民日用不知，皆由天理也。

「與子游聞之」，當作「於子游聞之」。若兩人同聞，安得一箇知一箇不知？

「利」字不聯「牝馬」爲義，如云「利牝馬之貞」，則坤便只有三德。

陰必從陽，然後乃終有慶也。

黄中色，裳宜在下，則元吉。

他卦皆有悔凶咎，惟謙未嘗有。他卦有待而亨，惟謙則便亨。「謙君子」，所以「有終」，〔一〕故不言吉。裒取其多而增益其寡，天理也。六二「鳴謙」，處中得正而有德者，故「鳴謙」者乃「中心得也」。上六「鳴謙」乃有求者也。有求之小，止於征國邑而已，故曰「志未得也」。

蹇「以反身脩德」，故往者在外也，在外必蹇；來者在内也，在内則有譽。「無尤」、「來連」、「朋來」、「來碩」，皆「反身脩德」之謂也。「蹇蹇」，不暴進，内顧之象也。暴進出外則無事矣。「連」音平，連則無窮也。「朋來」則衆來，言「朋來」未免於有思也。至於「來碩」，則來處於大人之事也，故曰「從貴」。

闔闢便是易，一闔一闢謂之變。

堯之「親九族」，以「明俊德」之人爲先。蓋有天下國家者，以知人爲難，以親賢爲急。善學者要不爲文字所梏，故文義雖解錯而道理可通行者，不害也。

論語，曾子、有子弟子論譔。所以知者，唯曾子、有子不名。伊川

「學而時習之」，鷹乃學習之義。「子路有聞，未之能行，唯恐有聞。」説在心，樂主發散在外。伊川

孝弟本其所以生，乃爲仁之本。孝弟有不中理，或至於犯上，然亦鮮矣。孟子曰：「孰

不爲事？事親，事之本也。孰不爲守？守身，守之本也。」不失其身而事親，乃誠孝也。推此亦可以知爲仁之本。明道

「敬事而信」以下事，論其所存，未及治具，故不及禮樂刑政。伊川

「行有餘力」者，當先立其本也。有本而後學文，然有本則文自至矣。明道

致身猶言致力，乃委質也。明道

人安重則學堅固。伊川

「禮之用，和爲貴」，有不可行者，偏也。伊川

貧而能樂，富而能好禮，隨貧富所治當如此。子貢引「切」「磋」「琢」「磨」，蓋治之之謂也。若貧而言好禮，則至於卑；富而言樂，則至於驕。然貧而樂，非好禮不能；富而好禮，非樂不能。明道

「爲政以德」，然後無爲。伊川

回於孔子之道無所不説，故「如愚」，退而省其所自得，亦足以開發矣，故曰「不愚」。

「視其所以」，所爲也；「觀其所由」，所從也；「察其所安」，所處也。察其所處，則見其心之所存在己者，能知言窮理，則能以此察人如聖人也。明道

「君子不器」，無所不施也。若一才一藝，則器也。伊川

子貢問君子，孔子告以「先行其言而後從之」，而可以爲君子，因子貢多言而發也。伊川

「先行其言而後從之」，謂觀人者，彼能先行其言，吾然後信之。伊川

「周」謂周旋，「不比」謂不相私比也。伊川

「學而不思」則無得，故「罔」。「思而不學」則不進，故「殆」。「博學之，審問之，慎思之，明辨之，篤行之」，五者廢其一，非學也。伊川

「尤」，罪自外至也。「悔」，理自内出也。脩天爵則人爵至，禄在其中矣。子張學干禄，故告之以此，使定其心而不爲利禄動。若顔淵則不然矣，「君子謀道不謀食」，「學也，禄在其中矣」。然學不必得禄，猶耕之不必得食，亦有「餒在其中」矣。君子知其如此，故「憂道不憂貧」，此所以告干禄也。伊川

奢自文生，文過則爲奢，不足則爲儉。文者稱實而爲飾，文對實已爲兩物。奢又文之過，則去本遠矣。儉乃文不足。此所以爲禮之本。伊川

「仁者如射」，射而不中，「不怨勝己者，反求諸己而已」，豈有争也？故曰：「其争也君子乎！」伊川

「下而飲」，非謂下堂而飲，離去射位而飲也。若下堂而飲則辱之，甚無此。伊川

「素」喻質，「繪」喻禮。凡繪先施素地而加采，如有美質而更文之以禮。伊川

「不灌以降神，禘之始也。「既灌而往」者，自始以至終，皆無足觀，言魯祭之非禮也。「不知」者，蓋爲魯諱。如自此事而正之，其於天下如指掌之易。伊川

「爲力」猶言爲功。射有五善，爲功不一，故曰「不同科」。所謂五善者，觀德行，别邪正，辨威儀云云。伊川

事君盡禮，在他人言之，必曰「小人以爲諂也」，聖人道弘，故止曰「人以爲諂也」。伊川

樂得淑女以配君子，不淫其色，是「樂而不淫」。哀窈窕，思賢才，求之不得，展轉反側，是「哀而不傷」。明道

「成事不説」至「既往不咎」者，大概相似，重言之，所以深責之也。如今人嗟惜一事，未嘗不再三言之也。伊川

「成湯放桀，惟有慙德」，武王亦然，敵未盡善。堯、舜、湯、武，其揆一也。征伐非其所欲，所遇之時然耳。伊川

里居也，擇仁而處之爲美。明道

「知者利仁」，知者以仁爲利而行之。至若欲有名而爲之之類，皆是以爲利也。知者知仁爲美，擇而行之，是「利仁」也。心有其仁，故曰利。伊川

「君子懷德」，惟善之所在。「小人懷土」，惟事之所在。「君子懷刑」，惟法之所在。「小人懷惠」，惟利之所在。伊川

子貢問「賜也何如」？賜自矜其長，而孔子以「瑚璉」之器答者，但瑚璉可施禮，容於宗廟，如子貢之才，可使於四方，可使與賓客言而已。伊川

未能自信，不可以治人，孔子所以説漆雕開之對。明道

子貢常方人，故孔子答以不暇，而又問「與回也孰愈」？所以抑其方人也。聞一知十，聞一知二，舉多少而言也。曰「吾與汝弗如也」，使子貢喻其言，知其在勉，不喻則亦可使慕之，皆有教也。

「不欲人之加諸我」者，「施諸己而不願」者也。「無加諸人」者，「己所不欲，勿施於人」者也。此「無伐善」、「無施勞」者能之，故非子貢所及。伊川

「夫子言性與天道，不可得而聞」，唯子貢親達其理，故能爲是嘆美之辭，言衆人不得聞也。伊川

「蔡」與「采」同，大夫有采地而爲「山節藻棁」之事，不知也。山節藻棁，諸侯之事也。伊川

「三月不違仁」，言其久也，然非成德之事。

祝鮀之佞，所謂「巧言」，宋朝之美，所謂「令色」。當衰世，非此難免。伊川

「上」知高遠之事，非「中人以下」所可告，蓋踰涯分也。伊川

民之所宜者務之，所欲與之聚，所惡勿施爾也。人之所以近鬼神而褻之者，蓋惑也。故有非鬼而祭之，淫祀以求福。知者則敬而遠之。明道

知如水之流，仁如山之安。動靜，仁、知之體也。動則自樂，靜則自壽。非體仁、知之深者，不能如此形容之。伊川

觚之爲器，不得其法制則非觚也。舉一器而天下之物莫不皆然，天下之事亦猶是也。伊川

宰我言：如井中「有仁」，〔二〕仁者當下而從之否？子曰：君子可使之往，不可陷以非其所履，可欺以其方，難罔以非其道。明道

「博學於文」而不「約之以禮」，必至於汗漫。所謂「約之以禮」者，能守禮而由於規矩者也。未及知之也，止可以不畔道而已。「多聞，擇其善者而從之，多見而識之，知之次也」，與此相近。顏淵曰：「博我以文，約我以禮，欲罷不能。」是已知之而進不止者也。明道

中庸之德不可須臾離，民鮮有久行其道者也。伊川

聖則無大小，至於仁，兼上下大小而言之，博施濟衆亦仁也，愛人亦仁也。「堯、舜其猶

病諸」者，猶難之也。博則廣而無極，衆則多而無窮。聖人必欲使天下無一人之惡，無一物不得其所，然亦不能，故曰「病諸」。「脩己以安百姓」，亦猶是也。伊川

人於文采，皆不曰吾猶人也，皆曰勝於人爾。至於「躬行君子」，則吾未見其人也。伊川

泰伯知王季之賢，必能開基成王業，故爲天下而三讓之，言其公也。明道

泰伯「三以天下讓」者，立文王則道被天下，故泰伯以天下之故而讓之也，不必革命。使紂賢，文王爲三公矣。伊川

凡人有所計校者，皆私意也。孟子曰：「惟仁者爲能以大事小。」仁者欲人之善而矜人之惡，不計校小大强弱而事之，故能保天下。「犯而不校」，亦樂天順理者也。伊川

人而不仁，君子當教養之，不盡教養而惟疾之甚，必至於亂。明道

爲學三年而不至於善，是不善學也。明道

亂，治也。師摯始治關雎之樂，其聲「洋洋乎，盈耳哉」，美之也。明道

「洋洋」、「盈耳」，美也。孔子反魯，「樂正，雅頌各得其所」。其後自太師而下，入河蹈海，由樂正，魯不用而放棄之也。伊川

「禹，吾無間然矣」，言德純完，無可非間。明道

「子罕言利」，非使人去利而就害也。蓋人不當以利爲心。易曰「利者義之和」，以義而致利，斯可矣。「罕言仁」者，以其道大故也。論語一部，言仁豈少哉？蓋仁者大事，門人一一紀録，盡平生所言如此，亦不爲多也。伊川

「吾有知乎哉，無知也」者，盡以告人他無知也，與「吾無隱乎爾」同。伊川

叩，就也。「兩端」猶曰兩頭，謂終始，告鄙夫也。伊川

「鳳鳥不至，河不出圖，吾已矣夫」者，嗜欲將至，有開必先也。伊川

「可與共學」，所以求之也。「可與適道」，知其所往也。「可與立」者，篤志固執而不變也。權與權衡之權同，稱物而知其輕重者也。人無權衡則不能知輕重，聖人則不以權衡而知輕重矣，聖人則是權衡也。伊川

寢食不當言語，時「必齊如也」，臨祭則敬也。明道

「色斯舉矣」，不至悔吝。「翔而後集」，審擇其處。明道

「山梁雌雉」，得其時，遂其性，而人逢亂世反不得其所。子路不達，故共具之。孔子俾子路復審言詳意，故「三嗅」而起，庶子路知之也。伊川

「先進」猶言前輩也，「後進」猶言後輩也。「先進」之於禮樂，有其誠意而質也，故曰「野人」；「後進」之於禮樂，習其容止而文者也，故曰「君子」。孔子患時之文弊，而欲救之以

質，故曰「如用之則吾從先進」，取其誠意之多也。明道

「先進於禮樂，野人也」，謂其質朴；「後進於禮樂，君子也」，謂其得宜。周末文弊，當時之人自謂得宜，而以古人爲質朴。故孔子欲從古人，古人非質朴也。伊川

「從我於陳、蔡者，皆不及門」，言此時皆無及孔子之門者。思其人，故數顔子以下十人，有德行者、政事者、言語者、文學者，皆從於陳、蔡者也。明道

四科乃從夫子于陳、蔡者爾，門人之賢者固不止此，曾子傳道而不與焉。故知「十哲」，世俗之論也。明道

閔子之於父母昆弟，盡其道而處之，故人無非間之言。伊川

「過猶不及」，如琴張、曾皙之狂，皆過也。然而行不掩焉，是無實也。明道

才高者過，過則一出一入。卑者不及，則怠惰廢弛。明道

師、商過不及，其弊爲楊、墨。楊出於義，墨出於仁。仁義雖天下之美，然如此者，失之毫釐，謬以千里。伊川

曾子少孔子，始也魯，觀其後明道，豈魯也哉！明道

「善人」，非豪傑特立之士不能自達者也。苟不履聖賢之迹，則亦不入其奧。故「爲邦」必至於「百年」，乃「可以勝殘去殺」也。孟子以樂正子爲「善人」、「信人」，「有諸己之謂信」，

能充實之，可以至於聖賢，然其始必循轍迹而後能入也。「論篤」，言之篤厚者也。取於人者，惟言之篤厚者是與，「君子者乎」、「色莊者乎」，未可知也。不可以論篤遂與之，必觀其行事乃可也。明道

伊川

「一日克己復禮，天下歸仁」者，言一旦能克己復禮，則天下稱其仁，非一日之間也。

子路之言信，故片言可以折獄。伊川

宿謂預也，非一宿之宿也。伊川

子張少仁，無誠心愛民，則必倦而不盡心者也，故孔子因問而告之。伊川

「先之勞之」者，昔周公「師保萬民」，易曰「以左右民」，師保、左右，先之也。勞，勉也，又勞勉之。伊川

子路問政，孔子既告之矣，及請益，則曰「無倦」而已。未嘗復有所告，姑使深思之也。

明道

凡有物，有形則有名，有名則有理。如以大爲小，以高爲下，則言不順，至於民無所措手足也。伊川

「苟有用我者，朞月而已可也，三年有成」，如何？曰：昔在經筵時嘗説，因言陛下若以

朞月之事問臣，臣便以朞月之事對，若以三年之事問臣，臣便以三年之事對。「朞月而已」者，整頓大綱也。若夫「有成」，則在「三年」也。然朞月、三年之說，今世又不同，須從頭整理可也。漢公孫弘言三年而化，臣竊遲之。李石對唐文宗，以謂陛下責治太急，皆率爾之言，本不知朞月、三年之事。伊川

三十年爲一世，三十壯有室也。「必世而後仁」，化浹也。伊川

冉子謂季氏之所行爲政。孔子抑之曰「其事也」，言季氏之家事而已，謂之政者，僭也。如國「有政」，吾雖不用，猶當「與聞」之也。伊川

「言不必信，行不必果，唯義所在」，大人之事。「言必信，行必果，硜硜然」，小人之事。小人對大人爲小，非爲惡之小人也，故亦可以爲士。明道

「剛」者堅之體，發而有勇曰「毅」，「木」者質朴，「訥」者遲鈍。此四者比之「巧言令色」，則近於仁，亦猶「不得中行而與」之「狂狷」也。伊川

「切切」如體之相磨，「偲偲」則以意。此言告子路，故曰：「切切偲偲，怡怡如也。」明道

「善人教民七年，亦可以即戎」，聖人度其時可矣，如小國五年，大國七年云。伊川

原憲，孔子高弟，問有所未盡。蓋克、伐、怨、欲四者無，然後可以爲仁，有而不行，未至於無，故止告之以「爲難」。伊川

「邦有道，穀；邦無道，穀恥也」，此況舉也。「直哉史魚」，不若「君子哉蘧伯玉」，然則「危言危行」，「危行言遜」，乃孔子事也。危猶獨也，與衆異，不安之謂。邦無道，行雖危而言不可不遜也。明道

「直哉史魚」，不若「君子哉蘧伯玉」，「卷而懷之」，乃「危行言遜也」。危行者嚴厲其行，而不苟言則當遜。伊川

「晉文公譎而不正，齊桓公正而不譎」，此爲作春秋而言也。晉文公實有勤王之心，而不知召王之爲不順，故譎掩其正。齊桓公伐楚，責包茅，雖其心未必尊王，而其事則正，故正掩其譎。孔子言之以爲戒。正者，正行其事耳，非大正也。亦猶管仲之仁，止以事功而言也。伊川

桓公殺公子糾，管仲不死而從之。殺兄之人固可從乎？曰：桓公、子糾，襄公之二弟也，桓公兄而子糾弟也。襄公死則桓公當立，此以春秋知之也。春秋書桓公則曰「齊小白」，言當有齊國也，於子糾則止曰「糾」不言「齊」，以不當有齊也，不言「子」，非君嗣子也。公、穀并注，四處皆書「納糾」，左傳獨言「子糾」，誤也。然書「齊人取子糾殺之」者，齊大夫嘗與魯盟于蔇，既欲納糾以爲君，又殺之，故書「子」，是二罪也。管仲始事糾，不正也，終從于正，義也。召忽不負所事，亦義也。如魏徵、王珪不死建成之難而從太宗，可謂害於義

矣。伊川

「君子固窮」者，固守其窮也。伊川

「知及之，仁不能守之」，此言中人以下也。若夫真知，未有不能行者。伊川

民於爲仁，甚於畏水火，水火猶有「蹈而死者」，言民之不爲仁也。伊川

爲仁在己，無所與讓也。明道

諒與信異。自大體是信，亮必爲也。明道

諒，固執也，與亮同，古字通用。孟子曰：「君子不亮，烏乎執？」伊川

「性相近」對「習相遠」而言，相近猶相似也。上智下愚，才也，性則皆善。自暴自棄，然後不可移，不然則可移。伊川

「吾其爲東周乎」，若用孔子，必行王道，東周衰亂，所不肯爲也。亦非革命之謂也。明道

「恭則不侮」，蓋一恭則仁道盡矣。又寬以得衆，信爲人所任，敏而有功，惠以使人。行五者於天下，其仁可知矣。明道

佛肸召子必不徒，〔三〕然其往，義也。然終不往者，度其不足與有爲也。

「六言六蔽」，正與「恭而無禮則勞」，「寬而栗，剛而無虐」之義。蓋「好仁」而「不好學」，

乃所以愚，非能仁而愚，〔四〕徒好而不知學乃愚。明道

二南人倫之本，王化之基，苟不爲之，則無所自入。古之學者必興於詩，「不學詩，無以言」，故猶正墻面而立。明道

孟子曰：「教亦多術矣，予不屑之教誨也，是亦教誨之而已矣。」孔子不見孺悲，所以深教之也。明道

「君子不施其親」，施，與也，言其不私其親暱也。伊川

與人交際之道，則子張爲廣，聖人亦未嘗拒人也。明道

「日知其所亡，月無忘其所能」，此可以爲人師法矣，非謂此可以爲人師道。

學不博則不能守約，志不篤則不能力行，切問近思在己者，則仁在其中矣。明道

「望之儼然」，秉天陽，高明氣象。「即之也温」，中心和易而接物也。温，備人道也。「聽其言也厲」，則如東西南北正，定地道也，蓋「非禮勿言」也。君子之道，三才備矣。明道

「大德不踰閑」，指君臣父子之大義。小德如援溺之事，更推廣之。伊川

學既優則可以仕，仕既優則可以學。優裕、優閑，一也。伊川

「子張既除喪而見，子之琴，和之而和，彈之而成聲，作而曰：『先王制禮，不敢不至焉。』」推此言之，子張過於薄，故「難與並爲仁矣」。明道

子貢言「性與天道」，以夫子聰明而言。「綏之斯來，動之斯和」，以夫子德性而言。伊川

「因民之所利而利之」，若耕稼陶漁，皆因其順利而道之。〔五〕明道

知言之善惡是非，乃可以知人，孟子所謂「知言」是也。必「有諸己」，然後「知言」，知之則能格物而窮理。伊川

今之城郭，不爲保民。明道

君子道宏，故可大受而不可小了知測。此孟子所以四十不動心，小人反是。明道

有若等自能知夫子之道，假使污下，必不爲阿好而言，謂其論可信也。伊川

惻，惻然；隱，如物之隱應也。此仁之端緒，「赤子入井」，「其顙有泚」，推之可見。伊川

墨子愛其兄之子猶鄰之子，墨子書中未嘗有如此等言。但孟子拔本塞源，知其流必至於是，故直之也。伊川

「廣居」、「正位」，大道一也。不處小節即是「廣居」。

「事親若曾子」而曰「可」者，非謂曾子未盡善也。人子事親豈有大過？曾子、孟子之心皆可見矣。明道

「君仁莫不仁，君義莫不義」，天下之治亂，繫乎人君仁不仁耳。離是而非則生於其心，必害於其政，豈待乎作之於外哉？昔者孟子三見齊王而不言事，門人疑之。孟子曰：我先攻其邪心，心既正，然後天下之事可從而理也。夫政事之失，用人之非，知者能更之，直者能諫之。然非心存焉，則一事之失，救而正之，後之失者，將不勝救矣。格其非心，使無不正，非大人，其孰能之？伊川

君子小人澤及五世者，善惡皆及後世也。伊川

「可以仕則仕，可以止則止，可以久則久，可以速則速」，此皆時也。未嘗不合中，故曰「君子而時中」。伊川

孔子於孺悲，所謂「不屑之教誨」者也。伊川

命皆一也，「莫之致而至者」，正命也。桎梏而死者，君子不謂命。伊川

恕者入仁之門。伊川

仁，理也；人，物也。以仁合在人身言之，乃是人之道也。伊川

「充實而有光輝」，所謂「脩身見於世」也。伊川

「帶」蓋指其近處，「下」猶舍也，離也。古人於一帶，必皆有意義。「不下帶而道存」，猶云只此便有至理存焉。此一段伊川語，得之馬時仲。

「經德不回」，乃教上等人禍福之説，使中人以下知所畏懼脩省，亦自然之理耳。若釋氏怖死以學道，則立心不正矣。明道

校勘記

〔一〕所以有終　「有」原訛「自」，據弘治本、康熙本改。

〔二〕如井中有仁　「仁」，弘治本、康熙本作「人」。

〔三〕佛肸召子必不徒　「徒」，原訛「往」，據弘治本、康熙本改。

〔四〕非能仁而愚　「非」原訛「能」，據弘治本、康熙本改。

〔五〕皆因其順利而道之　「因」字原漫漶，據弘治本、康熙本補。

程氏外書第七

胡氏本拾遺

明道曰：「維天之命，於穆不已」，不其忠乎。「天地變化草木蕃」，不其恕乎。

伊川曰：「維天之命，於穆不已」，忠也。「乾道變化，各正性命」，恕也。

心敬則内自直。

匹夫悍卒，見難而能死者有之矣，惟情慾之牽，妻孥之愛，斷而不惑者鮮矣。

思慮不得至於苦。

合天人，通義命，此大賢以上事。

人之多聞識，却似藥物須要博識，是所切用也。

爲天下安可求近效？才計較著利害便不是。

程子與侯仲良語及牛、李事，因言温公在朝，欲盡去元豐間人。程子曰：作新人才難，變化人才易。今諸人之才皆可用，且人豈肯甘爲小人？在君相變化如何爾。若宰相用之爲君子，孰不爲君子？此等事教他們自做，〔一〕未必不勝如吾曹。仲良曰：若然則無紹聖間事也。尹子親注云：此一段可疑。

世事與我了不相關。明道

勇，一也，而用不同。有勇於氣者，有勇於義者，君子勇於義，小人勇於氣。

伊川在經筵，已聞上盥漱噴水避蟻。他日，先生進曰：「願陛下推此心以及天下。」

程子葬父，使周恭叔主客。客欲酒，恭叔以告先生曰：「勿陷人於惡。」

風竹便是感應無心。如人怒我，勿留胸中，須如風動竹。

或謂伊川曰：先生於上前委曲已甚，不亦過乎？曰：不於此致力盡心，而於何所？

聖人之責人也常緩，便見只欲事正，無顯人過惡之意。

聖人凡一言，便全體用。

聖人責己，感也處多，責人，應也處少。

有人疑祖殺其父，則告之，其罪如何？律，孫告祖當死，此不可告明矣。然則父殺其子如何？律，徒一年。以理考之，當徒二年。雖是子，亦天子之民也。不當殺而專殺之，是違制也。違制，徒二年。

吾嘗見一貴人，吾進退以禮，而彼巍巍，其自視也，惟恐不中節，豈不勞哉？「君子而時中」，謂即時而中。如禹、稷當顔子之時，不爲顔子所爲，非中也。顔子亦然。

自信則無所疑而不動心。公孫丑不知孟子，故問「不動心有道」。如數子者，皆中有主便心不動。

性無不善，其所以不善者才也。受於天之謂性，禀於氣之謂才。才之善不善，由氣之有偏正也。乃若其性則無不善矣。〔二〕今夫木之曲直，其性也。或以爲車，或可以爲輪，其才也。然而才之不善亦可以變之，在養其氣以復其善爾。故能持其志，養其氣，亦可以爲善。故孟子曰：「人皆可以爲堯、舜。」惟自棄自暴則不可「與爲善」。

凡聲皆陽聲，大鳴則大震，小鳴則小震。

或問：維摩詰云「火中生蓮花，是可謂希有，在欲而行禪，希有亦如是」，此豈非儒者事？子曰：此所以與儒者異也。人倫者，天理也。彼將其妻子當作何等物看，〔三〕望望然以爲累者，文王不如是也。有生者必有死，有始者必有終，此所以爲常也。爲釋氏者以成壞爲無常，是獨不知無常乃所以爲常也。今夫人生百年者常也，一有百年而不死者，非所謂常也。釋氏推其私智所及而言之，至以天地爲妄，何其陋也。張子厚尤所切齒者，此耳。

問：張子曰「陰陽之精互藏其宅」，然乎？曰：此言甚有味，由人如何看。水離物不得，故水有離之象；火能入物，故火有坎之象。

作易，自天地幽明至于昆蟲草木微物，無不合。

春秋有三傳及三本正經，共是六本書。子糾事五處皆言「糾」，獨左氏言「子糾」。且糾與小白皆公子，非當立，而小白長則當立也。今糾爭立，故皆不言「子」。及殺之，然後言「子糾」，蓋謂既已立之矣，故須以未喻年君稱之。以此校之，則管仲之去糾事小白皆非正，去就輕也。非如建成既爲太子而秦王奪之，魏徵去建成而事秦王，不義之大也。

「學而時習之」，所以學者，將以行之也，時習之則所學者在我，故説習如禽之習飛。

「孝弟也者，其爲仁之本與」，非謂孝弟即是仁之本，蓋謂爲仁之本當以孝弟，猶忠恕之爲道也。

飾過則失實，故「寧儉」。喪主於哀戚。

「我不欲人之加諸我也，吾亦欲無加諸人。」恕也，近於仁。故曰：「賜也，非爾所及也。」然未至於仁也，以其有欲字爾。

「邦無道」則能沈晦以免患，故曰「不可及也」。亦有不當愚者，比干是也。

「仁之方」，方，術也。

「三月不違仁」，三月言其久，天道小變之節。蓋言顏子經天道之變而爲仁如此，其能久於仁也。

鮮于侁問伊川曰：顏子何以能不改其樂？正叔曰：顏子所樂者何事？侁對曰：樂道而已。伊川曰：使顏子而樂道，不爲顏子矣。侁未達，以告鄒浩。浩曰：夫人所造如是之深，吾今日始識伊川面。胡文定公集記此事云：安國嘗見鄒至完論近世人物，因問：「程明道如何？」至完曰：「此人得志，使萬物各得其所。」又問：「伊川如何？」曰：「却不得比明道。」又問：「何以不得比？」曰：「爲有不通處。」又問：「侍郎先生言伊川不通處，必有言行可證，願聞之。」至完色動，徐曰：「有一二事，恐門人或失其傳。」後來在長沙再論河南二先生學術，至完却曰：「伊川見處極高。」因問：「何以言之？」曰：「昔鮮于侁曾問：『顏子在陋巷不改其樂，不知所樂者何事？』伊川却問曰：『尋常説顏子所樂者何？』侁曰：『不過是説顏子所樂者道。』伊川曰：『若説有道可樂，便不是顏子。』以此知伊川見處極高。」又曰：浩昔在潁昌，有趙均國者自洛中來，浩問曾見先生有何語。均國曰：「先生語學者曰：『除却神祠廟宇，人始知爲善。古人觀象作服，便是爲善之具。』」又震澤語録云：伊川問學者顏子所樂者何事，或曰樂道，伊川曰：「若説顏子樂道，孤負顏子。」鄒志完曰：「吾雖未識伊川面，已識伊川心，何其所造之深也。」

樂山樂水，氣類相合。

「文莫吾猶人也」，文皆欲勝人，至「躬行」則未嘗得也。

古之學者必先學詩。學詩則誦讀，其善惡是非勸戒，有以起發其意，故曰興。人無禮以爲規矩，則身無所處，故曰立，此禮之文也。中心斯須不和不樂，則鄙詐之心入之，不和樂則無所自得，故曰成，此樂之本也。古者玉不去身，無故不徹琴瑟，自成童入學，四十而出仕，所以教養之者備矣。理義以養其心，禮樂一作「舞蹈」。以養其血氣，故其才高者爲聖賢，下者亦爲吉士，由養之至也。

所謂利者一而已，財利之利與利害之利實無二義，以其可利，故謂之利。聖人於利不能全不較論，但不至妨義耳。乃若惟利是辨，則忘義矣，故「罕言」。

「色斯舉矣」，知幾莫如聖人。「翔而後集」，不止擇君，凡事必詳審也。

兼四人之所長，而又「文之以禮樂，〔四〕亦可以爲成人矣」。成人之難也，「武仲之智」非正也，若「文之以禮樂」，則無不正者。「今之成人」者，「見利思義，見危授命」，謂忠也。「久要不忘平生之言」，信也。有忠信而不及禮樂，亦可以爲成人，又其次也。

伊川先生將屬纊時，顧謂端中曰：「立子。」蓋指其適子端彥也。語絶而没。既除喪，明道之長孫昂自以當立。侯師聖不可。昂曰：「明道不得入廟耶？」師聖曰：「我不敢容私。明道先太中而卒，繼太中主祭者伊川也。今繼伊川，非端彥而何？」議始定。或謂師聖曰：〔五〕「明道既死，其長子不當立乎？」曰：「立廟自伊川始。又明道長子死已久。況古者有諸侯奪宗，庶姓奪嫡之説，可以義起矣，況立廟自伊川始乎。」尹子親注云：此一段差誤。

學者必知所以入德，不知所以入德，未見其能進也。故孟子曰：「不明乎善，不誠其身。」易曰：「知至至之。」

别本拾遺

明道見神宗，論人材。上曰：朕未之見也。明道曰：陛下奈何輕天下士？上聳然曰：朕不敢，朕不敢。此段見行狀，無「上曰朕未之見也」一句。

子曰：游酢得西銘誦之，即涣然不逆於心，曰此中庸之理也，能求於語言之外者也。此一條已見於大全集，然頗有缺誤，故復出此條。

崇寧黨禁方嚴，子徙居龍門之南，止南方學者曰：苟能尊所聞，力行所知，則可矣，不必及門也。

或問范祖禹曰：〔六〕或謂夫子有言曰「人有篤學力行而不知道者」，信乎？祖禹曰：吾嘗聞之，夫子有所指而言之也。時范公在温公通鑑局中。

校勘記

〔一〕此等事教他們自做　「們」原訛「門」，據弘治本、康熙本改。

〔二〕乃若其性則無不善矣　「性」，弘治本、康熙本作「情」。

〔三〕彼將其妻子當作何等物看　「當」原訛「常」，據弘治本、康熙本改。

〔四〕而又文之以禮樂　「又」字原闕，據弘治本、康熙本補。

〔五〕或謂師聖曰　「或」原訛「式」，據弘治本、康熙本改。

〔六〕或問范祖禹曰　「問」下原有「乎」字，據弘治本、康熙本删。

程氏外書第八

游氏本拾遺

問：文中子「圓者動，方者静」。先生曰：此正倒説了。静體圓，動體方。

問：管仲設使當時有必死之理，管仲還肯死否？曰：董仲舒道得好，惟仁人「正其義不謀其利，明其道不計其功」。

問：「知崇禮卑。」曰：崇底便是知，卑底便是禮。

問：充塞乎天地之間，莫是用於天地間無窒礙處否？曰：此語固好，然孟子却是説氣之體。

問：「寢不尸。」曰：「毋不敬。」

因論「持其志」，先生曰：只這箇也是私，然學者不恁地不得。

古者大亨，夫人有見賓之禮。南子雖妾，靈公既以夫人處之，使孔子見，於是時豈得不見？

「天且不違」，「况於鬼神乎」？鬼神言其功用，天言其主宰。

「天下雷行，物與无妄」，先天後天皆合乎天理也，人欲則僞矣。

古人「善推其所爲而已矣」，此特告齊王云爾，〔一〕聖人則不待推。

仲尼聖人，其道大。當定、哀之時，人莫不尊之。後弟子各以其所學行，異端遂起，至孟子時，不得不辨也。

「歲寒然後知松栢之後彫」，只取堅不變之義。

「鼓萬物而不與聖人同憂」，聖人有爲之功，天地不宰之功。

孔子之時，周室雖微，天下諸侯尚知尊周爲美，故春秋之法以尊周爲本。至孟子時，七國争雄，而天下不知有周。然而生民塗炭，諸侯是時能行王道，則可以王矣。蓋王者，天下之義主也。故孟子所以勸齊之可以王者，此也。

初見先生，次日先生復禮，因問安下飯食穩便，因謂：「君子食無求飽，居無求安」，顔子簞瓢陋巷，不改其樂。簞瓢陋巷何足樂？蓋别有所樂以勝之耳。伊川

問：佛戒殺生之説如何？曰：儒者有兩説。一説天生禽獸，本爲人食。此説不是，豈有人爲蟣虱而生耶？一説禽獸待人而生，殺之則不仁。此説亦不然，大抵力能勝之者皆可

食，但君子有不忍之心爾。故曰：「見其生不忍見其死，聞其聲不忍食其肉，是以君子遠庖廚也。」舊先兄嘗見一蝎，不忍殺，放去。頌中有一句云：「殺之則傷仁，放之則害義。」伊川「敬以直内，義以方外」，與「德不孤」一也。爲善者以類應，「有朋自遠方來」，充之至於塞乎天地，皆不孤也。

伯夷，孟子言其迹得聖人之清。孔子言清而有量，故曰：「不念舊惡，怨是用希。」又曰：「求仁而得仁，又何怨？」若曰「餓于首陽之下」，但不食周粟，貧且餓爾，非謂不食周粟，至于采薇而食之，如史遷之説也。

樂隨風氣，至韶則極備。若堯之洪水方割，「四凶」未去，和有未至也。至舜以聖繼聖，治之極，和之至，故韶爲備。

舜巡狩，每五載一方。

仁在己，讓不可也。若善名在外，則不可不讓。

管仲不死，觀其九合諸侯，不以兵車，乃知其仁也。若無此，則貪生惜死，雖匹夫匹婦之諒亦無也。

校勘記

〔一〕此特告齊王云爾　「王」，弘治本、康熙本作「宣」。

程氏外書第九

春秋録拾遺

詩、書、易言聖人之道備矣，何以復作春秋？蓋春秋聖人之用也。詩、書、易如律，春秋如斷案；詩、書、易如藥方，春秋如治法。

始隱，周之衰也；終麟，感之始也。世衰道不行，有述作之意舊矣，但因麟而發耳。麟不出，春秋亦須作也。

元年，標始年耳，猶人家長子呼大郎。先儒穿鑿不可用。

或言絶筆後王者可革命，大非也。孔子時唯可尊周，孟子時方可革命，時變然也。前一日不可，後一日不可。

范文甫問「趙盾弑其君夷臯」，又問「許世子試其君買」，皆從傳説。

春秋書戰，以戰之者爲客，受戰者爲主，以此見聖人深意。蓋彼無義來戰，則必上告于天子，次告于方伯，近赴於鄰國，不如是而與之戰者，是以聖人深責之也。若不得已而與之戰者，則異文以示意，來「戰于乾時」是也。

公羊說春秋，書「弟」謂「母弟」，此大害義。禽獸則知母而不知父，人必知本，豈論同母與不同母乎！〔一〕

桓、宣「與聞乎弑」，然聖人如其意而書「即位」，與僖、文等同辭，則其惡自見，乃所以深責之也。定公至六月方即位，又以見季氏制之也。

始隱，孫明復之說是也。孫大概唯解春秋之法，不見聖人所寓微意。若如是者，有何意味乎？

蒯聵得罪於父，不得復立，輒亦不得背其父而不與其國。委於所可立，使不失先君之社稷而身從父，則義矣。

春秋大抵重嫡妾之分，及用兵土功。嘗因說「伐顓臾」事，〔二〕對上言春秋重兵，如「來戰于郎」，潞公甚喜。

校勘記

〔一〕豈論同母與不同母乎　上「同」字原闕，據弘治本、康熙本補。

〔二〕嘗因説伐顓臾事　「臾」原訛「史」，據弘治本、康熙本改。

程氏外書第十

大全集拾遺

聖人未嘗無喜也，「象喜亦喜」；聖人未嘗無怒也，「一怒而安天下之民」；聖人未嘗無哀也，「哀此煢獨」；聖人未嘗無懼也，「臨事而懼」；聖人未嘗無愛也，「仁民而愛物」；聖人未嘗無欲也，「我欲仁，斯仁至矣」。但中其節，則謂之和。

荀卿才高學陋，以禮爲僞，以性爲惡，不見聖賢，雖曰尊子弓，然而時相去甚遠。聖人之道，至卿不傳。楊子雲仕莽賊，謂之「旁燭無疆」，可乎？隱可也，仕不可也。

劉子之學甚支離，〔一〕只立名做法語便不是了。

游酢於西銘，讀之已能不逆於心，言語之外別立得這箇義理，便道中庸矣。「道」一作「到」。

向日與向火意思別，火只是一箇酷烈底性，日則自然一般生底氣，便與人氣接。

問星辰，曰：星是二十八宿，辰是日月五星。

井泉之異，全由地脉一溜之别。伯淳在扶溝，扶溝水皆鹹，惟僧舍井小甘，不欲令婦女往汲之，乃禁之。既禁之，又一縣無水，乃相一端鑿一井，其味適别，地脉是一溜也。又如在襄城，寺中水鹹，寺外即甘。一日，觀其牆下有地皮一旋裂，於是試令近牆鑿井，遂亦甘。只是要相地脉如何。

冬桃，今視之似先春，其實晚桃也，直到如今方發。

南京三十六岡改葬，只是臺中人爲之，要得自振其術以營利也。有人葬埋，至有毁伐其親之屍以祈福利，然偶獲禍。其事雖未必然，然據理安得不招此禍。

冬至與諸友賀，先生不出，云有司法服慰乃出。

子夏易雖非卜商作，必非杜子夏所能爲，必得於師傳也。

易因爻象論變化，因變化論神，因神論人，因人論德行。大體通論易道，而終于「默而成之，不言而信，存乎德行」。

復者，反本也。本有而去之，今來復，乃見天地之心也，乃天理也。此賢人之事也。

「惟聖罔念作狂」，如周官「六德」之「聖」通「明」之謂也。

「徽柔懿恭」，四事也。徽、懿皆美也。懿，美中似有寬裕意，研其意味乃得之。若淵亦深也，淵則深中有奧意。

周禮不全是周公之禮法，亦有後世隨時添入者，亦有漢儒撰入者。如呂刑、文侯之命，通謂之周書。

學者有所得，不必在談經論道間，當於行事動容周旋中禮得之。

學者不學聖人則已，欲學之，須是熟玩聖人氣象，不可止於名上理會。如是，只是講論文字。

易學後來曾子、子夏學得瞰到上面也。

君實近年病漸較，瞰放得下也。

「致知在格物」，格，至也。窮理而至於物，則物理盡。

先生曰：司馬遷爲近古書中多有前人格言，如作紀本尚書，但其間有曉不得書意，有錯用却處。嘉仲問：項籍作紀，如何？曰：紀只是有天下方可作。又問：班固嘗議遷之失，如何？曰：後人議前人固甚易。

天下寧無魏公之忠亮，而不可無君臣之義。昔事建成而今事太宗，可乎？

薛公言黥布出上策則關東非漢有。非也，使出上策亦敗。

趙襄子姊爲代國夫人，襄子既殺代王，將奪其國，夫人距戰是也。身爲代國夫人，社稷無主，獨當其任，義不可棄社稷以與弟，則戰而殺之，非姊殺弟也，代國夫人殺賊也。

陳寔見張讓，是故舊見之可也，不然則非矣。此所謂「太丘道廣」。

唐之有天下數百年，自是無綱紀，太宗、肅宗皆篡也，更有甚君臣父子！其妻則取之不正，又妻殺其夫篡其位，無不至也。若太宗言以功取天下，此必不可，〔二〕最啓僭奪之端。其惡大是殺兄篡位，又取元吉之妻。後世以爲聖明之主，不可會也。太宗與建成，史所書却是也。肅宗則分明是乘危而篡。若是則今後父有事，安敢使其子！

新書且未説義中否，且如與小人説能，亦有主言，〔三〕然只是一箇氣象。今日新書讀之便有一箇支離氣象。疑有誤字。

觀太學諸生數千人，今日之學，要之亦無有自信者。如游酢、楊時等二三人遊其間，諸人遂爲之警動，敬而遠之。

先生自少時未嘗乘轎。頃在蜀與二使者遊三峽，使者相強乘轎，不可。詰其故，語之曰：「某不忍乘，分明以人代畜，若疾病及泥濘則不得已也。」二使者亦將不乘，某語之曰：「使者安可不乘？」既至，留題壁間，先生曰：「毋書某名。」詰其故，曰：「以使者與一閑人遊，若錚客。」當時竟不乘轎，亦不留名。

村酒肆，要之蠹米麥，聚閑人，妨農工，致辭訟，藏賊盜，州縣極有害。

正叔謂子厚在禮院所定龍女衣冠，使依封號夫人品秩爲準，正叔語其非，此事合理會。夫大河之塞，莫非上天降鑒之靈，官吏勤職，士卒効命，彼龍，水獸也，何力焉？今最宜與他正人畜分，不宜使畜産而用人之衣服。

汝之多癭，以地氣壅滯。嘗有人以器雜貯州中諸處水，例皆重濁，至有水脚如膠者，食之安得無癭。治之之術，於中開鑿數道溝渠，洩地之氣，然後少可也。

介甫言律是八分書，是他見得。又有學律者言今之人析言破律。正叔謂律便是此律否，但恐非也。學者以傳世已來，未之或能改也。惟近年改了一字，舊言指斥乘輿，言理惡者死，今改曰情理，亦非也。今有人極一場凶惡，無禮於上，猶不當死，須是反逆得死也邪？

酒是麴蘖爲之，以亂其氣。人苟持其志，則不到於亂。乃知飲酒須德持之，未有害也。志之爲力極可怪。

石炭穴中遺火，則連蔓火不絶，故有數百千年。今火山蓋爲山中時有火光，必是此箇火時發於山間也。

昔聶覺唱不信鬼神之説，故身殺湫魚。其同行者有不食魚而病死者，有食魚亦不病不死者，只是其心打得過。或食而病，或不食而病，要之山中陰森之氣，心懷憂思，以致動其氣血也。如太一湫魚，自唐以來自不敢取，今當不可容。然亦只如此者，蓋自相食及亦有死傷也。若晉祠之魚則極多，必是吞魚之魚不衆也。伯淳嘗到其水濱，魚可俯拾，然衆人不取，以神爲畏而特不殘及於此魚也。

今人家買乳婢，亦多有不得已者，或不能自乳，須着使人。然食己子而殺人之子，不是道理。必不得已，用二乳而食三子，我之子又足備他虞，或乳母病且死則不能爲害。或以勢要二人，又不更爲己子而殺人子。要之只是有所費，若不幸致誤其子，害孰大焉！

今人居覆載中，却不知天地，在照臨之內，却不理會得日月。此冥然而行者也。

凡人有斗筲之量，有鍾鼎之量，有釜斛之量。江海亦大矣，然尚有限。惟聖人之量與天地並，故至多不盈，至少不虛。凡人爲器量所拘，到滿後自然形見。本朝向敏中號有度量，至作相，却與張齊賢争取一妻，爲其有十萬囊槖故也。王隨亦有德行，仁宗嘗稱「王隨德行，李淑文章」，至作相，蕭端公欲得作三路運使，及退，隨語堂中人曰：「何不以溺自照面，看做得三路運使無。」皆量所動也。今人何嘗不動，只得綾寫一卷與便動，又干他身分甚事。

程、蘇之姓傳于天下者不蕃，至如張、王、李、趙，雖其出不一，要之其姓蕃衍。此亦受姓之祖，其流之盛，固有定分也。

「日再中」只是新垣平詐言也，史册實之，後世遂以爲誠然。如丁謂「天書」之類，當時人却未必全信，却是後世觀史者已信矣。

太行山千里一塊石，〔四〕更無間，故於石上起峯。天下獨高處，無如河東上黨者，言上與天爲黨也。澤州北望有桑林村，蓋湯自爲犧牲處。湯十一遷，所居皆言亳，却似今言京師之比。

佛畢竟不知性命。世之人相詆曰：爾安知性命？是果報知之。

問：古人所謂衣冠不正無容止爲身之恥，今學佛者反以爲幻妄，此誠爲理否？曰：只如一株樹，春華秋枯乃是常理，若是常華則無此理，却是妄也。今佛氏以死爲無常。有死則有常，無死却是無常。

周茂叔謂一部法華經只消一箇艮卦可了。

要之釋氏之學，他只是一箇自私姦黠，閉眉合眼，林間石上自適而已。

明言吾理，使學者曉然審其是非始得。

釋氏之説，其歸欺詐。今在法，欺詐雖赦不原，〔五〕爲其罪重也。及至釋氏，自古至今欺詐，天下人莫不溺其説而不自覺也，豈不謂之大惑耶！原釋祖只是一箇黠胡，亦能窺測因緣轉化，其始亦只似譬喻，其徒識卑看得入於形器，〔六〕故後來只去就上結果。其説始以世界爲幻妄，而謂有天宫，後亦以天爲幻，卒歸之無。佛有髮而僧復毁形，佛有妻子舍之而僧絶其類。若使人盡爲此，則老者何養，幼者何長。以至翦帛爲衲，夜食欲省，舉事皆反常不近人情。至如夜食後睡要敗陽氣，其意尤不美，直如此奈何不下。

太宗小宗圖子，六七年前被人將出，後來京師印却，便是這本。

校勘記

〔一〕劉子之學甚支離　「劉子」，弘治本同，康熙本下有「文」字。

〔二〕此必不可　「必」，弘治本、康熙本作「尤」。

〔三〕亦有主言　「主」，弘治本同，康熙本作「至」。

〔四〕太行山千里一塊石　「塊」原訛「瑰」，據弘治本、康熙本改。

〔五〕欺詐雖赦不原　「欺詐」原作「詐欺」，據弘治本、康熙本改。下同。

〔六〕其徒識卑看得入於形器　「看」，弘治本同，康熙本作「者」。

程氏外書第十一

時氏本拾遺

或問：老子言「天地不仁」，「聖人不仁」，如何？曰：謂「天地不仁，以萬物爲芻狗」，是也，謂「聖人不仁，以百姓爲芻狗」，非也。聖人豈有不仁？所患者不仁也。天地何意於仁？鼓舞萬物而不與聖人同憂。聖人則仁，此其爲能弘道也。

或問：記曰：「康誥曰『若保赤子』，〔一〕心誠、求之，雖不中，不遠矣。未有學養子而後嫁者也。」先生曰：今母保養赤子，其始何嘗學來，當保養之時，自然中所欲。若推此心保民，設不中其所欲，亦不遠。因説昔楊軾爲宣州簽判，一日，差王某爲杖直，當日晚，有同姓名者來陳狀乞分産，軾疑其杖直，便決替了。赤子不能言，尚能中其欲，民能言，却不知其情，大抵只是少察。

學者今日無可添，唯有可減，減盡便無事。

大學「舉而不能先，命也」，「命」當作「怠」字之誤也。

窮理、盡性、至命，一事也。纔窮理便盡性，盡性便至命。因指柱曰：此木可以爲柱，理也；其曲直者，性也；其所以曲直者，命也。理、性、命，一而已。

或問忠恕之别，曰：猶形影也。無忠則不能爲恕矣。

尹子曰：伊川先生嘗言中庸乃孔門傳授心法。

郭忠孝議易傳序曰：「易即道也，又何從道？」或以問伊川，伊川曰：人隨時變易爲何？爲從道也。

范文甫問「四象」，子曰：左右前後。楊中立問「四象」，子言：四方。

雋不疑説春秋則非，處事應機則不異於古人。董仲舒論事先引春秋，論事則是，引春秋則非。

王道與儒道同，皆通貫天地，學純則純王、純儒也。

或問劉蕡，曰：「浚恒之凶，始求深也。」曰：然則宜如何？曰：尺蠖之屈，以求伸也。

踈遜小臣，〔一〕一旦欲以新間舊，難矣。

或問：貞觀之治，不幾三代之盛乎？曰：關雎、麟趾之意安在？德至於無我者，雖善言美行，無非所過之化也。

教人者養其善心而惡自消，治民者導之敬讓而爭自息。

天地之化，一息不留，疑其速也。然寒暑之變甚漸。

世之人務窮天地萬物之理，不知反之一身，五臟六腑毛髮筋骨之所存，鮮或知之。善學者取諸身而已，自一身以觀天地。

李朴字先之。請教，先生曰：當養浩然之氣。又問，曰：觀張子厚所作西銘，能養浩然之氣者也。

子謂尹焞魯，張繹俊。俊恐他日過之，魯者終有守也。

尹子、張子見先生，曰：二子於某言如何？尹子對曰：聞先生之言，言下領意，焞不如繹，能終守先生之學，繹亦不如焞。先生欣然曰：各中其病。

王信伯問學於伊川曰：願聞一言。先生曰：勿信吾言，但信取理。

先生過成都，坐于所館之堂讀易。有造桶者前視之，指未濟卦問。先生曰：「何也？」曰：「三陽皆失位。」先生異之，問其姓與居，則失之矣。易傳曰：「聞之成都隱者。」酉室所聞云「田夫釋耒者」誤。

朝廷議授游定夫以正言，蘇右丞沮止，毀及伊川。宰相蘇子容曰：「公未可如此。頌觀過其門者，〔三〕無不肅也。」

朱公掞以諫官召，過洛，見伊川，顯道在坐，公掞不語。伊川指顯道謂之曰：此人爲切問近思之學。

張思叔請問，其論或太高。伊川不答，良久曰：累高必自下。

尹子問范淳夫之爲人，子曰：其人如玉。

有死而復蘇者，故禮三日而斂。然趙簡子七日猶蘇，雖蛆食其舌鼻猶不害，唯伏地甚者，遂致并腹腫背冷。故未三日而斂，皆有殺之之理。

知德斯知言，故言使不動。孟子知武王，故不信漂杵之説。

學者要先會疑。

邵堯夫詩曰：「梧桐月向懷中照，楊柳風來面上吹。」明道曰：真風流人豪也。

伊川曰：邵堯夫在急流中，被渠安然取十年快樂。

石曼卿詩云「樂意相關禽對語，生香不斷樹交花」。明道曰：此語形容得浩然之氣。

龜山語録潘千之云：張師雍曾問伊川云：「昔明道嘗與學者論浩然之氣，因舉古詩云云，如何？」伊川沉吟，看着師雍曰：「好。」

或問：「孝，天之經」，何也？曰：本乎天者親上，輕清者是也；本乎地者親下，重濁者是也。天地之常，莫不反本，人之孝亦反本之謂也。

元經天子之史也，書「帝正月」非也。

章氏之子與明道之子，王氏婿也。明道子死，章納其婦。先生曰：「豈有生爲親友，死娶其婦者？」他日，王氏來餽送，一皆謝遣。章來欲見其子，先生曰：「母子無絶道，然君乃其父之罪人也。」

范堯夫經筵坐睡，先生語人曰：「堯夫胸中無事如此。」有朝士入朝倒執手板，先生曰：「此人胸中不是無事。」

陳經正問曰：據貴一所見，盈天地間皆我之性，更不復知我身之爲我。伊川笑曰：他人食飽，公無餒乎？

不能「克己」則爲楊氏「爲我」，不能「復禮」則爲墨氏「兼愛」。故曰「親親而仁民，仁民而愛物」，此之謂也。

或問涵養，曰：若造得到，更説甚涵養。

易无妄曰「天不雷行，物與无妄」，動以天理故也。其大略如此，又須研究之，則自有得處。

三代忠、質、文，其因時之尚然也。夏近古，人多忠誠，故爲忠；忠弊，故捄之以質；質弊，故捄之以文。非道有弊也，後世不守，故浸而成弊。雖不可以一二事觀之，大概可知。

如堯、舜、禹之相繼，其文章氣象亦自小異也。

心定者，其言重以舒；不定者，其言輕以疾。

立宗必有奪宗法，如卑幼爲大臣，以今之法自合立廟，不可使從宗子以祭。

楊子曰「觀乎天地，則見聖人」。伊川曰：不然，觀乎聖人，則見天地。

朱公掞爲御史，端笏正立，嚴毅不可犯，班列肅然。蘇子瞻語人曰：「何時打破這敬字。」

尹子曰：馮理自號東皋居士，曰：「二十年聞先生教誨，今有一奇特事。」先生曰：「何如？」理曰：「夜間宴坐，室中有光。」先生曰：「頤亦有奇特事。」理請聞之，先生曰：「每食必飽。」

崇寧初，范致虚言程頤以邪説詖行惑亂衆聽，尹焞、張繹爲之羽翼，遂下河南府體究。學者往别，因言世故。先生曰：三代之治不可復也。有賢君作，能致小康則有之。

尹子曰：邵堯夫家以墓誌屬明道，許之。太中、伊川不欲，因步月於庭。明道曰：「顥已得堯夫墓誌矣。堯夫之學，可謂安且成。」太中乃許。

吕與叔作横渠行狀，有見二程，「盡棄其學」之語。尹子言之，先生曰：「表叔平生議論，謂頤兄弟有同處則可，若謂學於頤兄弟則無是事。頃年屬與叔删去，不謂尚存斯言，幾於無忌憚。」按行狀今有印本，一本云「盡棄其學而學焉」，一本云「於是盡棄異學，淳如也」，恐是後來所改。

西室所聞云：聖人氣數順，無橫逆死，學入聖域，其數亦隨氣幹轉。先生曰：「學而至聖，爲奪造化者以此。」

又問：聰明如何磨去？曰：使之則有，不使則亡。一作「無」。

崇寧間，言者范致虚攻先生爲元祐邪説，朝廷下河南府，盡逐學徒。後數月，馬伸時舉。及門求見，先生辭之。伸欲先棄官而來。先生曰：「近日盡逐學徒，恐非公仕進所利。公能棄官，則官不必棄也。」建炎間伸爲御史，論事公論與之。

范淳夫之女，讀孟子「出入無時，莫知其鄉，惟心之謂與」，語人曰：「孟子不識心，心豈有出入？」先生聞之曰：「此女雖不識孟子，却能識心。」後嫁耿氏而卒。〔四〕

或謂：孔子尊周，孟子欲齊王行王政，何也？先生曰：譬如一樹，有可栽培之理則栽培之，不然須別種。賢聖何心？視天命之改與未改爾。

有患心疾，見物皆獅子。伊川教之以見即直前捕執之，無物也。久之疑疾遂愈。

或問：世傳有人化虎，理有之乎？曰：有之。昔在涪，見村民爪甲漸變如虎，毛班班然通身。夜開關，延虎食其牢中之豕。化雖未成，而氣類相感，其情已通矣。

温公薨，朝廷命伊川先生主其喪事。是日也，祀明堂，禮成，而二蘇往哭温公，道遇朱公掞，問之。公掞曰：「往哭温公，而程先生以爲慶吊不同日。」二蘇悵然而反，曰：「鏖糟陂裏，叔孫通也。」言其山野。自是時時謔伊川。他日國忌，禱于相國寺，伊川令供素饌。子瞻詰之曰：「正叔不好佛，胡爲食素？」正叔曰：「禮居喪不飲酒食肉。忌日，喪之餘也。」子瞻令具肉食，曰：「爲劉氏者左袒。」於是范淳夫輩食素，秦、黄輩食肉。吕申公爲相，凡事有疑必質于伊川，進退人才。二蘇疑伊川有力，故極口詆之云。

伊川主温公喪事，子瞻周視無闕禮，乃曰：「正叔喪禮何其熟也。」又曰：「軾聞居喪未葬讀喪禮，太中康寧，何爲讀喪禮乎？」伊川不答。鄒至完聞之曰：「伊川之母先亡，獨不可以治喪禮乎？」

范淳夫嘗與伊川論唐事，及爲唐鑑，盡用先生之論。先生謂門人曰：淳夫乃能相信如此。

或謂科舉事業奪人之功，是不然。且一月之中以十日爲舉業，餘日足可爲學。然人不志此，必志于彼。故科舉之事不患妨功，惟患奪志。

或謂：漢史「天子建中和之極」，學者甚病「中」與「極」之語。曰：此亦有理，中和猶木材也，極猶屋之極。有中和斯有極，如有木材斯可建屋之極。學者須識此氣象。此一段温州傳録。

程氏自先生兄弟，所葬以昭穆定穴，不用墓師，以五色帛埋旬日，視色明暗，卜地氣善否。

官婢行酒，暢大隱力拒之。先生聞而不善之也。暢字潛道。

明道先生每與門人講論，有不合者，則曰「更有商量」。伊川則直曰「不然」。

謝顯道崇寧間上殿不稱旨，先生聞之喜。已而就監門之職，陳貴一問：謝顯道如何人？先生曰：由、求之徒。或云建中間。

尹子曰：先生謂侯師聖議論只好隔壁聽。〔五〕

尹子曰：先生年七十四，得風痺疾，服大承氣湯，則小愈。是年九月，服之輒利。醫者語家人曰：「侍講病不比常時。」時大觀元年九月也。十六日，入視，先生以白夾被被體，坐竹牀，舉手相揖。焞喜，以爲疾去。先生曰：「疾去而氣復者安候也，頤愈覺羸劣。」焞既還，十七日，有叩門者報先生傾殂。

司馬温公辭副樞，名冠一時，天下無賢不肖，浩然歸重。吕申公亦以論新法不合罷歸。熙寧末，申公起知河陽，明道以詩送行。復爲詩與温公，蓋恐其以不出爲高也。及申公自河陽乞在京宫祠，神宗大喜，召登樞府。人以二公出處爲優劣。二先生曰：吕公世臣，不得不歸見上。司馬公諍臣，不得不退處。

西室所聞云：顔子得淳和之氣，何故夭？曰：衰周天地和氣有限，養得仲尼已是多也。聖賢以和氣生，須和氣養。常人之生，亦藉外養也。

問：「踧踖如也，與與如也。」曰：「恭而安。」與與，容與之貌，有雍容氣象。又王信伯語云：問「踧踖如也」，曰：「恭而安。」王信伯問，伊川又曰：「與與，容與之貌。」又問：「孔子言舜之韶盡善，武之武未盡善，何也？」曰：「此聖人之心有所未足。」

伊川以易傳示門人，曰：只説得七分，後人更須自體究。

釋氏談道，非不上下一貫，觀其用處便作兩截。

問：呂與叔云不倚之謂中，先生謂近之而詞未瑩，如何？曰：無倚着處。

陳經邦問：詩説言唐、魏已變先代之風，又言先聖流風遺俗盡，故次以陳。兩意似不異，何以分先後？先生曰：聖人之都，風化所厚，聖人之國，典法所存。唐、魏，聖人之都，其風雖變而典法尚在。陳，舜之後，聖人之國亦被夷狄之風，則典法隨而亡矣。三代之後有志之士，欲復先王之治而不能者，皆由典法不備。故典法尚存，有人舉而行之無難矣。

張思叔作商税院題名記，先生以爲得體。李邦直卒，委思叔作祭文，多溢美。先生顧思叔曰：「商税院題名記是公所爲乎？」思叔唯唯。他日别製祭文用之，曰：「世推文章，位登丞輔。編簡見其才華，廊廟存其步武。」

范溫譏張思叔曰：「買取錦屏三畝地，蒲輪未至且躬耕。」先生聞之曰：「於張繹有何加損也。」

范淳夫之葬，先生爲之經理，掘地深數丈，不置一物。葬之日，招左近父老，犒以酒食，示之。其後發塚者相繼，而淳夫墓獨完。

橫渠學堂雙牖，右書訂頑，左書砭愚。伊川曰：「是起爭端。」改之曰東銘、西銘。

内直則其氣浩然，養之至則爲大人。〔六〕

孟子「知言」即知道也，「詖」「淫」「邪」「遁」是觀人之言，而知之亦可以考其書，然本意唯爲觀人之言也。

或問：旱乾水溢則變置社稷。社稷，土地之神，如何變置？曰：勾龍配食於社，棄配食於稷，諸侯之國亦各以其有功水土者爲配。旱乾水溢則變置所配之人。曰：所配者果能致力於水旱乎？曰：古之人作事唯實而已，始以其有功水土，故祀之，今以其水旱，故易之。

「精一」便是「執中」底道理。

或問：孔子何譏大閱？曰：講武必於農隙。魯之八月，夏之六月也。盛夏閱兵，妨農害人，其失甚矣。有警而爲之則無及也，無事而爲之則妄動也。

子言左傳非丘明作，「虞」、「不臘矣」并「庶長」，皆秦官秦語。

子謂「事親舍藥物可也」，是非君子之言。

校勘記

〔一〕康誥曰若保赤子　「若」原作「如」，據弘治本、康熙本改。

〔二〕踈逖小臣　「逖」，弘治本、康熙本作「遠」。

〔三〕頌觀過其門者　「門」原訛「問」，據弘治本、康熙本改。

〔四〕後嫁耿氏而卒　「耿氏」原訛「取氏」，據弘治本、康熙本改。

〔五〕先生謂侯師聖議論只好隔壁聽　「聖」原訛「正」，據弘治本、康熙本改。

〔六〕養之至則爲大人　弘治本、康熙本無「至」字。

程氏外書第十二

傳聞雜記

「可以死，可以無死，死傷勇。」夫人之於死也，何以知可不可哉？蓋視義爲去就耳。予嘗曰「死生之際，惟義所在」，則義所以對死者也。程伯淳聞而謂予曰：「義無對。」

御史俸薄，故臺中有「聚廳向火，分廳喫飯」之語。熙寧初，程伯淳入臺爲裏行則反之，遂聚廳喫食，分廳向火。伯淳爲予言。

右二事見塵史。〔一〕王得臣，字彦輔。

程正叔先生曰：樞密院乃虛設，大事三省同議，其他乃有司之事，兵部尚書之職。然藝祖用此以分宰相之權，神宗改官制亦循此意。

治平中見正叔先生云：今之守令，唯制民之産一事不得爲，其他在法度中甚有可爲者，患人不爲耳。

右二事見呂氏家塾記。呂希哲，字原明。

二程之學，以聖人爲必可學而至，而已必欲學而至於聖人。

温公薨，門人或欲遺表中入規諫語。程正叔云：是公平生未嘗欺人，可死後欺君乎！

右二事見呂氏發明義理。同上。〔二〕

程正叔言：同姓相見當致親親之意，而不可叙齒以拜，蓋昭穆高下未可知也。

右一事見呂氏酬酢事變。同上。

元祐二年正月二十五日戊寅，内侍至資善傳旨權罷講一日。二十七日庚辰，資善吏報馮宗道云：〔三〕「上前日微傷食物，曾取動藥，〔四〕恐未能久坐，令講讀少進説。」是日正叔略講畢，奏云：「臣等前日臨赴講筵，忽傳聖旨權罷講，臣等甚驚。聖躬別無事否？」上曰：「別無事。」自初御邇英，至是始發德音。

二月十五日戊戌，正叔講一言可終身行之，其恕乎。因言人君當推己欲惡，知小民飢寒稼穡艱難。明宗年六十餘即位，猶書田家詩二首于殿壁，其詩云云。進說甚多。

三月二十六日戊寅，正叔獨奏，乞自四月就寬涼處講讀。二十八日，移講讀就延和。〔五〕

四月六日丁亥，講讀依舊邇英閣。顧子敦封駁，以爲延和執政得一賜坐啜茶已爲至榮，豈可使講讀小臣坐殿上，違咸造勿褻之義。持國、微仲進呈，令脩邇英閣，多置軒窗。已得旨，而吕公方入，令脩延義閣。簾内云「此待别有壁畫」，未知何所也。

十五日丙申，邇英進講，文公以下預焉。邇英新脩，展御坐比舊近後數尺，門南北皆朱漆，釣牕前簾設青幕障日，殊寬涼矣。

右范太史日記。范祖禹，字淳夫。

先生離京，曾面言，令光庭説與淳夫，爲資善堂見畜小魚，恐近冬難畜，託淳夫取來投之河中。數次朝中不遇，故因循至此。專奉手啓，幸便爲之。

右朱給事與范太史帖朱光庭，字公掞。

元符末，徽宗即位，皇太后垂簾聽政，有旨復哲宗元祐皇后孟氏位號。時有論其不可者，曰：「上於元祐后，叔嫂也。叔無復嫂之禮。」伊川先生謂邵伯温曰：「元祐后之賢固也，論者之言亦未爲無理。」伯温曰：「子甚宜其妻，父母不悦，出。子不宜其妻，父母曰是善事我，子行夫婦之禮焉。太后於哲廟，母也，於元祐后，姑也。母之命，姑之命，何爲不可？非上以叔復嫂也。」先生喜曰：「子之言得之矣。」

元豐八年，神宗升遐，遺詔至洛。程宗丞伯淳爲汝州酒官，以檄來舉哀府治。既罷，謂留守韓康公之子宗師兵部曰：「顥以言新法不便忤大臣，同列皆謫官，顥獨除監司，顥不敢當。念先帝見知之恩，終無以報。」已而泣。兵部問：「今日朝廷之事如何？」宗丞曰：「司馬君實、吕晦叔作相矣。」「二公果作相，〔六〕當如何？」宗丞曰：「當與元豐大臣同。若先分黨與，他日可憂。」兵部曰：「何憂？」宗丞曰：「元豐大臣皆耆利者，若使自變其已甚害民之法，則善矣，不然，衣冠之禍未艾也。君實忠直，難與議，晦叔解事恐力不足耳。」既而皆驗。宗丞論此時，范醇夫、朱公掞、杜孝錫、伯温同聞之。

荆公置條例司，用程伯淳爲屬。一日盛暑，荆公與伯淳對語。公子雱因首跣足，携婦人冠以出，問荆公曰：「所言何事？」荆公曰：「新法數爲人沮，與程君議。」雱箕踞以坐，大言曰：「梟韓琦、富弼之首於市，則新法行矣。」荆公遽曰：「兒誤矣。」伯淳正色曰：「方與參政論國事，子弟不可預，姑退。」雱不樂去。伯淳自此與荆公不合。

元祐初，文潞公以太師、平章軍國重事召程正叔爲崇政殿説書。正叔以師道自居，侍上講，色甚莊，以諷諫，上畏之。潞公對上甚恭，進士唱名，侍立終日。上屢曰太師少休，頓首謝立不去，時年八十矣。或謂正叔曰：「君之倨，視潞公之恭，議者以爲未盡。」正叔曰：「潞公三朝大臣，事幼主不得不恭。吾以布衣爲上師傅，其敢不自重？吾與潞公所以不同也。」識者服其言。

伯淳先生嘗曰：熙寧初，王介甫行新法，並用君子小人。君子正直不合，介甫以爲俗學，不通世務，斥去。小人苟容諂佞，介甫以爲有才，知變通，適用之。君子如司馬君實不拜副樞以去，范堯夫辭脩注得罪，張天祺以御史面折介甫被責。介甫性狠愎，衆人以爲不可，則執之愈堅。君子既去，所用小人爭爲刻薄，故害天下益深。使衆君子未與之敵，俟其勢久，自緩委曲，平章尚有聽從之理，則小人無隙可乘，其害不至如此之甚也。

伊川先生貶涪州，渡漢江。中流，舡幾覆，舟中人皆號哭，伊川獨正襟安坐如常。已而及岸，同舟有老父問曰：「當船危時，君正坐色甚莊，何也？」伊川曰：「心存誠敬耳。」老父曰：「心存誠敬固善，然不若無心。」伊川欲與之言，而老父徑去。

宗丞先生謂伯温曰：「人之爲學，忌先立標準，若循循不已，自有所至矣。」先人敝廬，廳後無門，由旁舍委曲以出。先人既没，伯温鑿壁爲門。侍講先生見之曰：「先生規畫必有理，不可改作。」伯温亟塞之。伯温初入仕，侍講曰：「凡所部公吏雖有罪，亦當立案而後決，或出於私怒，比具案，怒亦散，不至倉卒傷人。每決，人未經杖責者宜慎之，恐其或有立也。」

右七事見邵氏聞見録。邵伯温，字子文，康節先生之子。

孔子曰：「天之將喪斯文也，後死者不得與於斯文也。天之未喪斯文也，匡人其如予何？」於「天之將喪斯文」下，便言「後死者不得與於斯文」，則是文之興喪，在孔子與天爲一矣。蓋聖人德盛，與天爲一，出此等語，自不覺耳。孟子地位未能到此，故曰：「天未欲平治天下也，如欲平治天下，當今之世，舍我其誰？」聽天所命，未能合一。明道云。

或問明道先生：如何斯可謂之恕？先生曰：充擴得去則爲恕。心如何是充擴得去底氣象？曰：天地變化草木蕃。充擴不去時如何？曰：天地閉，賢人隱。

敢問何謂浩然之氣？孟子曰難言也。明道先生云：只他道箇難言也，便知這漢肚裏有爾許大事。若是不理會得底，便撑拄胡説將去。

横渠嘗言：吾十五年學箇「恭而安」不成。明道曰：可知是學不成有多少病在。

明道嘗曰：吾學雖有所受，「天理」二字却是自家貼體出來。

陝西曾有議欲罷鑄銅錢者，以謂官中費一貫鑄得一貫爲無利。伊川曰：「此便是公家之利。利多費省，私鑄者衆，費多利薄，盜鑄者息。盜鑄者息，權歸公上，非利而何？」又曾有議解鹽鈔欲高其價者，增六千爲八千。伊川曰：「若增鈔價，賣數須減，鹽出既衆，低價易之，人人食鹽，鹽不停積，歲入必敷。」已而增鈔價，歲額果虧，減之而歲入溢。温公初起時，欲用伊川。伊川曰：「帶累人去裏，使韓、富在時，吾猶可以成事。」後來温公欲變法，伊川使人語之曰：「切未可動著役法，動著即三五年不能得定疊去。」未幾變之，果紛紛不能定。

温公作中庸解，不曉處闕之。或語明道，明道曰：「闕甚處？」曰：「如『強哉矯』之類。」明道笑曰：「由自得裏，將謂從『天命之謂性』處便闕却。」

明道嘗論呂微仲曰：「宰相呂微仲須做，只是這漢俗。」明道先生善言詩，他又渾不曾章解句釋，但優游玩味，吟哦上下，便使人有得處。「瞻彼日月，悠悠我思，道之云遠，曷云能來」，思之切矣。終曰「百爾君子，不知德行，不忮不求，何用不臧」，歸于正也。

孟子曰「養心莫善於寡欲」，此一句如何？謝子曰：吾昔亦曾問伊川先生，曰：「此一句淺近，不如『理義之悦我心，猶芻豢之悦我口』，最親切有滋味。然須是體察得『理義之悦我心』真箇『猶芻豢』始得。」明道先生曰：「『操則存，舍則亡，出入無時』，非聖人之言也，心安得有出入乎？」

問：莊周與佛如何？伊川曰：周安得比他佛？佛說直有高妙處，莊周氣象大，故淺近。如人睡初覺時，乍見上下東西，指天說地，怎消得恁地只是家常茶飯，誇逞箇甚底。吾曾歷舉佛說與吾儒同處，問伊川先生，曰：恁地同處雖多，只是本領不是，一齊差却。

謝子與伊川別一年，往見之。伊川曰：相別又一年，做得甚工夫？謝曰：也只去箇矜字。曰：何故？曰：子細檢點得來，病痛盡在這裏。若按伏得這箇罪過，方有向進處。伊川點頭，因語在坐同志者曰：此人爲學，切問近思者也。

問：有鬼神否？明道先生曰：待向你道無來，你怎生信得，及待向你道有來，你且去尋討看。

謝子曰：吾嘗習忘以養生。明道曰：施之養生則可，於道則有害。習忘可以養生者，以其不留情也，學道則異於是。「必有事焉而勿正」，何謂乎？且出入起居寧無事者，正心待之則先事而迎，忘則涉乎去念，助則近於留情。故聖人心如鑑。孟子所以異於釋氏，此也。

苗履見伊川，語及一武帥。苗曰：此人舊日宣力至多，今官高而自愛，不肯向前。伊川曰：何自待之輕乎！位愈高則當愈思所以報國者，飢則爲用，飽則揚去，是以鷹犬自期也。

二十年前往見伊川，一本作「伯淳」。伊川曰：近日事如何？某對曰：天下何思何慮？伊川曰：是則是有此理，賢却發得太早在。伊川直是會鍛鍊得人，説了又道恰好著工夫也。〔七〕

明道初見謝，語人曰：此秀才展托得開，將來可望。

每進語相契，伯淳必曰「更須勉力」。

昔伯淳教誨只管著他言語。伯淳曰：與賢説話却似扶醉漢，救得一邊，倒了一邊，只怕人執著一邊。

明道先生坐如泥塑人，接人則渾是一團和氣。

正叔視伯淳墳，嘗侍行，問佛儒之辨。正叔指墳圍曰：吾儒從裏面做，豈有不見？佛氏只從墻外見了，却不肯入來做。不可謂佛氏無見處。

學者先學文，鮮有能至道，至如博觀泛覽，亦自爲害。故明道先生教余，嘗曰：賢讀書慎不要尋行數墨。

謝子見河南夫子，辭而歸。尹子送焉，問曰：何以教我？謝子曰：吾從朝夕從先生，見行則學，聞言則識。譬如有人服烏頭者，方其服也，顏色悦澤，筋力強盛，一旦烏頭力去，將如之何？尹子反，以告夫子。夫子曰：可謂益友矣。

昔録五經語作一册，伯淳見，謂曰：玩物喪志。

明道見謝子記問甚博，曰：賢却記得許多。謝子不覺身汗面赤。先生曰：只此便是惻隱之心。惻然有隱於心。

伯淳謂正叔曰：異日能尊師道，是二哥。若接引後學，隨人才成就之，則不敢讓。

伯淳常談詩，並不下一字訓詁，有時只轉却一兩字，點平聲。掇地念過，便教人省悟。石曰：古人所以貴親炙之也。

邢七云：一日三點檢。伯淳曰：可哀也哉！其餘時多會甚事？蓋倣「三省」之説錯了，可見不曾用功，又多逐人面上説一般話。伯淳責之，邢曰：無可説。伯淳曰：無可説便不得不説。

張横渠著正蒙時，處處置筆硯，得意即書。伯淳云：子厚却如此不熟。

或舉伯淳語云：人有四百四病，皆不由自家，則是心須教由自家。

伊川與君實語，終日無一句相合。明道與語，直是道得下。

堯夫易數甚精。自來推長曆者至久必差，惟堯夫不然，指一二近事，當面可驗。明道云：「待要傳與某兄弟，某兄弟那得功夫要學，須是二十年功夫。」明道聞説甚熟，一日因監試無事，以其説推筭之皆合。出謂堯夫曰：「堯夫之數，只是加一倍法，以此知大玄都不濟事。」堯夫驚撫其背曰：「大哥你恁聰明！」伊川謂堯夫：「知易數爲知天，知易理爲知天？」堯夫云：「須還知易理爲知天。」因説今年雷起甚處，伊川云：「堯夫怎知某便知。」又問甚處起，伊川云：「起處起。」堯夫愕然。他日，伊川問明道曰：「加倍之數如何？」曰：「都忘之矣。」因歎其心無偏繫如此。

舉明道云：忠恕兩字，要除一箇除不得。

明道語云：病臥於床，委之庸醫，比於不慈不孝。事親者亦不可不知醫。

伯淳先生云：别人喫飯從脊皮上過，我喫飯從肚裏去。

范夷叟欲同二程去看斸地黄。明道率先生，先生以前輩爲辭。明道云：又何妨？一般是人。

右三十七條見上蔡語録。謝良佐，字顯道，二先生門人。

明道云：必有關雎、麟趾之意，然後可行周公法度。

先生曰：明道嘗言學者不可以不看詩，看詩便使人長一格價。

明道在潁昌，先生尋醫調官京師，因往潁昌從學。明道甚喜，每言曰：「楊君最會得容易。」及歸，送之出門，謂坐客曰：「吾道南矣。」先是建安林志寧出入潞公門下求教，潞公云：「某此中無相益，有二程先生者，可往從之。」因使人送明道處。志寧乃語定夫及先生，先生謂不可不一見也，於是同行。時謝顯道亦在。謝爲人誠實，但聰悟不及先生。故明道每言楊君聰明，謝君如水投石，然亦未嘗不稱其善。伊川自涪歸，見學者彫落，多從佛學，獨先生與謝丈不變。因嘆曰：「學者皆流於夷狄矣，唯有楊、謝二君長進。」

明道先生作縣，凡坐處皆書「視民如傷」四字，常曰：顥常愧此四字。

伊川二十四五時，吕原明首師事之。

右四條見龜山語録。楊時，字中立，二先生門人也。

扶溝地卑，歲有水旱。明道先生經畫溝洫之法以治之，未及興工而先生去官。先生曰：以扶溝之地盡爲溝洫，必數年乃成。吾爲經畫十里之間，以開其端，後之人知其利，必有繼之者矣。夫爲令之職，必使境内之民凶年飢歲免於死亡，飽食逸居，有禮義之訓，然後爲盡。故吾於扶溝興設學校，聚邑人子弟教之，亦幾成而廢。夫百里之施至狹也，而道之興廢繫焉。是數事者皆未及成，豈不有命與！然知而不爲，而責命之興廢，則非矣。此吾所以不敢不盡心也。

右一事見庭聞藁録。楊公之子适所記。

朱公掞來見明道于汝，歸謂人曰：「光庭在春風中坐了一箇月。」游、楊初見伊川，伊川瞑目而坐，二子佇立。〔八〕既覺，顧謂曰：「賢輩尚在此乎？日既晚，且休矣。」及出門，門外之雪深一尺。

伊川先生在經筵，每進講必博引廣喻以曉悟人主。講退，范堯夫曰：「先生怎生記得許多？」先生曰：「只爲不記，故有許多，若還記，却無許多也。」

明道先生謂謝子雖少魯，直是誠篤，理會事有不透。「其顙有泚」，其憤悱如此。

右三事見侯子雅言。侯仲良，字師聖，二先生之内弟。

和靜嘗以易傳序請問曰：「至微者理也，至著者象也，體用一原，顯微無間」，莫太洩露天機否？伊川曰：如此分明説破，猶自人不解悟。祁寛録云：伊川曰：「汝看得如此甚善。」吕堅中録云：伊川曰：「亦不得已言之耳。」

和靜嘗請曰：某今日解得「心廣體胖」之義。伊川正色曰：如何？和靜曰：莫只是樂否？伊川曰：樂亦没處著。

和静偶學虞書，伊川曰：賢那得許多工夫。

思叔詬詈僕夫，伊川曰：何不動心忍性？思叔慙謝。

暇日静坐，和静、孟敦夫、名厚，潁川人。張思叔侍。伊川指面前水盆，語曰：清静中一物不可着，纔著物便摇動。一日置酒，伊川曰：飲酒不妨，但不可過。惟酒無量不及亂。聖人豈有作亂者事？但恐亂其氣血致疾，或語言錯顛，容貌傾側，皆亂也。

伊川歸自涪州，氣貌容色髭髪皆勝平昔。門人問何以得此，先生曰：學之力也。大凡學者，學處患難貧賤，若富貴榮達即不須學也。

鮑若雨、劉安世、〔九〕劉安節數人自太學謁告來洛，見伊川，問：「『堯、舜之道，孝弟而已矣』，堯、舜之道何故止於孝弟？」伊川曰：「曾見尹焞否？」曰：「未也。」「請往問之。」諸公遂來見和静，以此爲問。和静曰：「堯、舜之道止於孝弟，孝弟非堯、舜不能盡。自『冬温夏凊，昏定晨省』，以至『聽於無聲，視於無形』，又如『事父孝，故事天明，事母孝，故事地察』，『天地明察，神明彰矣』，道至『通於神明，〔一〇〕光於四海』，非堯、舜大聖人不能盡此。」復以此語白伊川，伊川曰：「極是，縱使某説，亦不過此。」

右八事涪陵記善録。馮忠恕所記尹公語。尹名焞，字彦明，伊川先生門人。

游定夫酢問伊川曰：「『戒慎乎其所不睹，恐懼乎其所不聞』，便可『馴致』於『無聲無臭』否？」伊川曰：「固是。」後謝顯道良佐問伊川如定夫之問，伊川曰：「雖即有此理，然其間有多少般數。」謝曰：「既云可『馴致』，更有何般數？」伊川曰：「如荀子謂『始乎爲士，終乎爲聖人』，此語有何不可？亦是『馴致』之道，然他却以性爲惡，桀、紂性也，堯、舜僞也。以此『馴致』，〔一一〕便不錯了？」

楊子安侍郎學禪，不信伊川，每力攻其徒。又使其親戚王元致問難於和靜先生，曰：「六經蓋藥也，無病安所用乎？」先生曰：「固是，只爲開眼即是病。」王屈服以歸。伊川自涪陵歸，過襄陽，子安在焉。子安問易從甚處起。時方揮扇，伊川以扇柄畫地一下，曰：「從這裏起。」子安無語。後至洛中，子安舉以告和靜先生，且曰：「某當時悔不更問此畫從甚處起。」和靜以告伊川，伊川曰：「待他問時，只與嘿然得似箇，子安更喜懽也。」先生舉示子安，子安由此遂服。

伊川與和靜論義命。和靜曰：「命爲中人以下説，若聖人只有箇義。」伊川曰：「何謂也？」和靜曰：「『行一不義，殺一不辜，而得天下，皆不爲也』，奚以命爲？」伊川大賞之。又論動静之際，問寺僧撞鐘。〔一二〕和靜曰：「説着静便多一箇静字，説動亦然。」伊川頷之。〔一三〕和靜每曰：動靜只是一理，陰陽死生亦然。

謝顯道習舉業已知名，往扶溝見明道先生受學，志甚篤。明道一日謂之曰：「爾輩在此相從，只是學某言語，故其學心口不相應，盍若行之？」請問焉，曰：「且靜坐。」伊川每見人靜坐，便嘆其善學。

先生曰：伊川常愛衣皂，或䌷褐紬襖，其袖亦如常人。所戴紗巾，背後望之如鍾形，其製乃似今道士，謂之「仙桃巾」者，然不曾傳得樣。不知今人謂之習伊川學者「大袖方頂」何謂？先生在洛中，常裹昌黎巾。

先生嘗問伊川：「鳶飛戾天，魚躍于淵」，莫是上下一理否？伊川曰：至這裏只得點頭。

郭忠孝每見伊川，問論語，伊川皆不答。一日，伊川語之曰：子從事於此多少時？所問皆大，且須切問而近思。

先生曰：張思叔一日於伊川坐上理會盡心、知性、知天、事天。伊川曰：「釋氏只令人到知天處休了，更無存心、養性、事天也。」思叔曰：「知天便了，莫更省事否？」伊川曰：「子何似顏子。顏子猶視聽言動不敢非禮，乃所以事天也。子何似顏子。」

先生嘗問於伊川如何是道，伊川曰：「行處是。」

先生曰：有人問明道先生如何是道，明道先生曰：「於君臣父子兄弟朋友夫婦上求。」昔劉質夫作春秋傳未成，每有人問，伊川必對曰：「已令劉絢作之，自不須某費工夫也。」劉傳既成，來呈伊川，門人請觀，伊川曰：「却須着某親作竟。」不以劉傳示人。伊川没後方得見。今世傳解至閔公者。昔又有蜀人謝湜提學，字持正，解春秋成，來呈伊川。伊川曰：「更二十年後，子方可作。」謝久從伊川學，其傳竟不曾敢出。

張思叔三十歲方見伊川，後伊川一年卒。初以文聞於鄉曲，自見伊川後，作文字甚少。伊川每云張繹朴茂。

先生曰：初見伊川時，教某看敬字。某請益，伊川曰：「主一則是敬。」當時雖領此語，然不若近時看得更親切。寬問：如何是主一，願先生善喻。先生曰：敬有甚形影，只收斂身心便是主一。且如人到神祠中致敬時，其心收斂，更着不得毫髮事，非主一而何？又曰：昔有趙承議從伊川學，其人性不甚利，伊川亦令看敬字。趙請益，伊川整衣冠齊容貌而已。趙舉示先生，先生於趙言：下有箇省覺處。

謝收問學於伊川，答曰：「學之大，無如仁，汝謂仁是如何？」謝久之無入處。一日再問曰：「愛人是仁否？」伊川曰：「愛人乃仁之端，非仁也。」謝收去。先生曰：「某謂仁者公而已。」伊川曰：「何謂也？」先生曰：「能好人，能惡人。」伊川曰：「善涵養。」

先生曰：司馬温公平生用心甚苦，每患無着心處，明道、伊川常嘆其未止。一日，温公謂明道：「某近日有箇着心處甚安。」明道曰：「何謂也？」温公曰：「只有一箇中字着心於中，甚覺安樂。」明道舉似伊川，伊川曰：「司馬端明却只是揀得一箇好字，却不如只教他常把一串念珠却似省力。試説與時，他必不受也。」又曰：「着心只那着底是何？」

謝顯道久住太學，告行於伊川，云將還蔡州取解，且欲改經禮記。伊川問其故，對曰：「太學多士所萃，未易得之，不若鄉中可必取也。」伊川曰：「不意子不受命如此。子貢不受命而貨殖，蓋如是也。」顯道復還，次年獲國學解。

韓持國與伊川善。韓在潁昌，欲屈致伊川、明道，預戒諸子姪使治一室，至於脩治窗户，皆使親爲之，其誠敬如此。二先生到，暇日與持國同游西湖，命諸子侍行。行次有言貌不莊敬者，伊川回視，厲聲叱之曰：「汝輩從長者行，敢笑語如此，韓氏孝謹之風衰矣。」持國遂皆逐去之。先生聞于持國之子彬叔，名宗質。

王介甫爲舍人時，有雜説行於時。其粹處有曰：「莫大之惡，成於斯須不忍。」又曰：「道義重，不輕王公；志意足，不驕富貴。有何不可？」伊川嘗曰：「若使介甫只做到給事中，誰看得破。」

伊川歸自涪陵，謝顯道自蔡州來洛中，再親炙焉。久之，伊川謂先生及張思叔繹曰：

「可去同見謝良佐，問之此回見吾有何所得。」尹、張如所戒，謝曰：「此來方會得先生説話也。」張以告伊川，伊川然之。

周恭叔行己。自太學早年登科，未三十，見伊川。持身嚴苦，塊坐一室，未嘗窺牖。幼議母黨之女，登科後，其女雙瞽，遂娶焉，愛過常人。伊川曰：「某未三十時亦做不得此事。」然其進鋭者，其退速，每歎惜之。周以官事求，來洛中，監水南糴場，以就伊川。會伊川有涪陵行。後數年，周以酒席有所屬意，既而密告人曰：「勿令尹彦明知。」又曰：「知又何妨？此不害義理。」伊川歸洛，先生以是告之。伊川曰：「此禽獸不若也。豈得不害義理！」又曰：「以父母遺體偶倡賤，其可乎！」

温州鮑若雨商霖，與鄉人十輩久從伊川。一日，伊川遣之見先生。鮑來見，且問：「『堯、舜之道，孝弟而已矣』，如何？」先生曰：「賢濾只爲將堯、舜做天道，孝弟做人道，便見得堯、舜道大，孝弟不能盡也。孟子下箇『而已』字，豈欺我哉？孝經『事父孝，故事天明，事母孝，故事地察』，只爲天地父母只一箇道理。」諸公尚疑焉，先生曰：「曲禮『視於無形，聽於無聲』，亦是此意也。」諸公釋然，歸以告伊川。伊川曰：「教某説不過如是。」次日，先生見伊川。伊川曰：「諸人謂子靳學，不以教渠，果否？」先生曰：「某以諸公遠來依先生之門受學，某豈敢輒爲他説？萬一有少差，便不誤他一生。」伊川頷之。

王介甫與曾子固鞏善，役法之變，皆曾參酌之，晚年亦相睽。伊川常言：「今日之禍亦是元祐做成。以子瞻定役法，凡曰元豐者皆用意更改。當時若使子固定，必無損益者。又是他黨中，自可杜絶後人議也。因其睽，必能變之，況又元經他手，當知所裁度也。此坐元祐術故也。」伊川每曰：「青苗決不可行，舊役法大弊，須量宜損易。」此段可疑。

伊川論國朝名相，必曰李文靖。

伊川與韓持國善，嘗約候韓年八十一往見之。□□間正月一日，〔一四〕因弟子賀正，乃曰：「某今年有一債未還，春中須當暫往潁昌見韓持國，蓋韓八十也。」春中往造焉，久留潁昌。韓早晚伴食，體貌加敬。一日，韓密謂子彬叔曰：「先生遠來，無以爲意，我有黃金藥楪一，重二十兩，似可爲先生壽，然未敢遽言。我當以他事使子侍食，因從容道吾意。」彬叔侍食，如所戒試啓之。先生曰：「某與乃翁道義交，故不遠而來，奚以是爲詰？」朝遂歸。韓謂彬叔曰：「我不敢面言，政謂此爾。」再三謝過而別。

王子真佺期來洛中，居於劉壽臣園亭中。一日，出謂園丁曰：「或人來尋，慎勿言我所向。」是日，富韓公來見焉，不遇而還，子真晚歸。又一日，忽戒灑掃，又於劉丐茶二盃，炷香以待。是日，伊川來，欵語終日，蓋初未嘗夙告也。劉詰之，子真曰：「正叔欲來，信息甚大。」又嵩山前有董五經，隱者也。伊川聞其名，謂其爲窮經之士，特往造焉。董平日未嘗出庵，是日不值，還至中途，遇一老人負茶果以歸，且曰：「君非程先生乎？」伊川異之。曰：「先生欲來，信息甚大。某特入城置少茶果，將以奉待也。」伊川以其誠意，復與之同至其舍，語甚款，亦無大過人者，但久不與物接，心靜而明也。先生問於伊川，伊川曰：「靜則自明也。」

先生嘗問伊川春秋解，伊川每曰：「已令劉絢去編集，俟其來。」一日，劉集成，呈於伊川。先生復請之，伊川曰：「當須自做也。」自涪陵歸，方下筆，竟不能成書。劉集終亦不出。

孟敦夫厚來伊川，又從王氏而舉業特精，獨處一室，糞穢不治。嘗獻書於伊川，伊川曰：「孟厚初時說得也似，其後須没事生事。」一日，語之曰：「子胡不見尹焞、張繹，朋友間最好講學。然三公皆同齒也。」敦夫來見先生，曰：「先生令某來見二公。若彥明則某所願見，如思叔莫不消見否？」先生曰：「只不消見思叔之心，便是不消見某之心也。」伊川嘗謂學者曰：「孟厚不治一室，竟亦何益？學不在此，假使灑掃得潔凈，莫更快人意否。」

寬因問：伊川謂永叔如何？先生曰：前輩不言人短。每見人論前輩，則曰：汝輩且取他長處。

橫渠昔在京師，坐虎皮，説周易，聽從甚衆。一夕，二程先生至，論易。次日，橫渠撤去虎皮，曰：「吾平日爲諸公説者皆亂道。有二程近到，深明易道，吾所弗及，汝輩可師之。」逐日虎皮出，是日更不出虎皮也。横渠乃歸陜西。

先生曰：昔與范元長同見伊川，偶有幹，先起下階。伊川謂范曰：「君看尹彦明，他時必有用於世。」

明道説仁宗一日問折米折幾分，曰折六分，怪其太甚也，有旨只令折五分，次供進，偶覺藏府，曰習使然也，却令如舊。又禁中進膳，飯中有砂石，含以密示嬪御曰：「切勿語人，朕曾食之，此死罪也。」又一日，思生荔枝，有司言已供盡，近侍曰市有鬻者，請買之。上曰：「不可令買之，來歲必增上供之數，流禍百姓無窮。」又一日，夜中甚飢，思燒羊頭。近侍乞宣取，上曰：「不可，今次取之，後必常備，日殺三羊，暴殄無窮。」竟久不食。

先生曰：楊中立答伊川論西銘書云云，尾説渠判然無疑。伊川曰：「楊時也未判然。」

先生曰：某纔十七八歲，見蘇季明教授，時某亦習舉業。蘇曰：「子脩舉業，得狀元及第便是了也。」先生曰：「不敢望此。」蘇曰：「子謂狀元及第便是了否？唯復這學更有裏。」先生疑之，日去見蘇。乃指先生見伊川。後半年方得大學、西銘看。

先生與思叔共學之久。一日，伊川問：「二子尋常見處同否？爲我言之。」先生曰：「某不逮思叔，如凡有請問，未達必三四，請益尚有未得處，久之乃得。如思叔則先生才説便點頭，會意往往造妙。只是某雖愚鈍，自保守得。若思叔則某未敢保他。」伊川笑曰：「也是，也是。」自後每同請益退，伊川必謂諸郎曰：「張秀才如此不待，尹秀才肯得。」

南方學者從伊川既久，有歸者。或問曰：學者久從學于門，誰最是有得者？伊川曰：豈便敢道他有得處？且只是指與得箇歧徑，令他尋將去，不錯了，已是忒大𠱁。若夫自得，尤難其人。謂之得者，便是已有也，豈不難哉！若論隨力量而有見處，則不無其人也。

司馬温公脩通鑑。伊川一日問：「脩至何代？」温公曰：「唐初也。」伊川曰：「太宗、肅宗端明如何？」温公曰：「皆簒也。」伊川曰：「此復何疑。」伊川曰：「魏徵如何？」温公曰：「管仲，孔子與之。某於魏徵亦然。」伊川曰：「管仲知非而反正，忍死以成功業，此聖人所取其反正也。魏徵只是事讎，何所取耶？」然温公竟如舊說。管仲雖初有過，善補者也。魏徵初實無過者也，功業雖多，何足法乎？

與叔問伊川曰：某見孟子亦有疑處。舜爲法於後世，我猶未免爲鄉人憂之，如何？如舜而已。伊川曰：聖人憂則有之，疑則無。夫何故？人所當憂，不得不憂。如孔子「是吾憂也」，若疑則無之矣。

先生曰：近有人說伊川自比孔、孟。先生曰：某不識明道，每見伊川說，學問某豈敢比先兄？由是推之，決無此語也。

先生曰：悟則句句皆是這箇道理，道理已明後，無不是此事也。如孔子謂「六十而耳順」，聞無不通，然後可至「不踰矩」也。明道作洛河竹木務時，過一寺門，牆上有人題「要不悶，守本分」。時田明之隨行，明道每過，必曰好語。一日，明之問之。明道曰：「只被人不守本分也。」後先生聞此語，復問伊川。伊川曰：「只爲人不能盡分。」先生謂寬曰：看伊川此語，豈不是悟則句句是？凡一言一句便推到極處看，盡分字是大小氣像。又謂寬曰：才説盡分，便不消説悶也。

先生曰：伊川易序既成，其中有曰「體用一源，顯微無間」。先生告伊川曰：「似太泄漏天機。」伊川曰：「汝看得如此甚善。」伊川作詩序一篇，昔人傳之不真。先生一日請問曾作否，伊川曰：「有之，但不欲示人。」再三請，乃得之。曰：「爲子出此一篇。」今傳之者是也。

先生一日看大學，有所得，欲舉似伊川。伊川問之，先生曰：「『心廣體胖』只是自樂。」伊川曰：「到這裏和樂字也著不得。」

右四十一條見祁寬所記尹和靖語。寬字居之。

先生云：初見伊川先生，一日，有江南人鮑某守官西京，見伊川，問仁曰：「『仁者愛人』便是仁乎？」伊川曰：「愛人，仁之事耳。」先生時侍坐，歸，因取論語中說仁事致思久之，忽有所得。遂見伊川，請益曰：「某以仁惟公可盡之。」伊川沈思久之，曰：「思而至此，學者所難及也。天心所以至仁者，惟公爾。人能至公便是仁。」

伊川使人抄范純夫唐鑑。先生問曰：「此書如何？」伊川曰：「足以垂世。」唐鑑議論多與伊川同。如中宗在房陵事之類。

伊川自涪陵歸，易傳已成，未嘗示人。門弟子請益有及易書者，方命小奴取書篋以出，身自發之，以示門弟子，非所請不敢多閱。一日，出易傳序示門弟子。先生受之，歸，伏讀數日。後見伊川，伊川問所見。先生曰：「某固欲有所問，然不敢發。」伊川曰：「何事也？」先生曰：「『至微者理也，至著者象也』，『體用一源，顯微無間』，似太露天機也。」伊川歎美曰：「近日學者何嘗及此，某亦不得已而言焉耳。」

明道嘗謂人曰：「天下事只是感與應耳。」先生初聞之，以問伊川。曰：「此事甚大，人當自識之。」先生曰：「『綏之斯來，動之斯和』，是亦感與應乎？」曰：「然。」

門弟子請問易傳事，雖有一字之疑，伊川必再三喻之。蓋其潛心甚久，未嘗容易下一字也。

先生又云：見王信伯云，昔時問「鼓萬物而不與聖人同憂」之意於張思叔，思叔對曰：

「堯、舜其猶病諸。」後因侍伊川，伊川問「鼓萬物而不與聖人同憂」如何説，則對以思叔之語。伊川曰：「不然，天地以無心故不憂，聖人致有爲之事故憂。」

游定夫問伊川：「『戒慎乎其所不睹，恐懼乎其所不聞』，及其至也，至於『無聲無臭』乎？」伊川曰：「馴此可以至矣。」後先生與周恭叔以此語問伊川，伊川曰：「然其間亦豈無事。」恭叔請問，伊川曰：「如荀子云『學者始乎爲士，終乎爲聖人』，可以明之。」

昔嘗請益于伊川曰：某謂動静一理。伊川曰：試諭之。適聞寺鐘聲，某曰：譬如此寺鐘，方其未撞時，聲固在也。伊川喜曰：且更涵養。

有人説無心，伊川曰：無心便不是，只當云無私心。

游定夫忽自太學歸蔡，過扶溝，見伊川。伊川問：「試有期，何以歸也？」定夫曰：「某讀禮，太學以是應試者多，〔一五〕而鄉舉者實少。」伊川笑之。定夫請問，伊川曰：「是未知學也，豈無義無命乎！」定夫即復歸太學，是歲登第。「定夫」字誤，當作「顯道」。

昔見伊川，問：易、乾、坤二卦，斯可矣。伊川曰：聖人設六十四卦三百八十四爻，後世尚不能了，乾、坤二卦豈能盡也。既坐，伊川復曰：子以爲何人分上事？對曰：聖人分上事。曰：若聖人分上事，則乾、坤二卦亦不須，况六十四乎？

伊川所戴帽桶八寸，簷七分，四直。

鮑若雨與同志數人見伊川，問：「『堯、舜之道，孝弟而已矣』，恐孝弟不足以盡堯、舜之道。」伊川令與和静商量。諸人見和静，和静對曰：「此何所疑？孝以事親，弟以事長，能盡孝弟之道者，惟堯、舜能之。」諸人未喻。和静曰：「且如孝子，視於無形，聽於無聲，孝弟之至，通於神明。且道此箇道理如何？」鮑復見伊川。伊川曰：「某亦不過如此說。」鮑又曰：「尹秀才直是秘此道，不肯容易說。」伊川後問之，和静曰：「此道衆所公共，某何敢秘其說？但恐一語有差，則有累學者。」伊川曰：「某思慮不及。」

張思叔與和静侍伊川，伊川問曰：「賢輩尋常商量事有疑處否？」對曰：「張某所說某不疑，某所說張某不疑。張某聰明，道頭知尾，某必待再三問然後曉。然但恐張某守不定如某。」伊川喜。

右十四條見呂堅中所記尹和静語。堅中，字景實。

問：將孔、孟之言切要處思索，如何？曰：須是熟看語、孟。玩味咀嚼，伊川云「若熟看語録亦自得」者，此也。當時門人有問：「且將語、孟緊要處看，如何？」伊川曰：「固是好，若有得，終不浹洽。」蓋吾道非如釋氏一見了便從空寂去。

問：伊川說人之生也，直是天命之謂性。謝顯道云順理之謂直，竊謂順理是率性之事，天命之性無待於順理也。二説異同？曰：伊川説上一截，顥道説下一截。

先生曰：明道猶有謔語，若伊川則全無。問：如何謔語？曰：明道聞司馬温公解中庸，至「人莫不飲食，鮮能知味」，有疑遂止，笑曰：「我將謂從『天命之謂性』便疑了。」伊川直是謹嚴，坐間無問尊卑長幼，莫不肅然。

一日偶見秦少游，問：「『天若知也和天瘦』，是公詞否？」少游意伊川稱賞之，拱手遜謝。伊川云：「上穹尊嚴，安得易而侮之！」少游面色騂然。

先生曰：伊川年四十以後記性愈進。今人年長則健忘，豈可不知其故哉！

伊川涪陵之行，過灩澦，波濤洶湧。舟中之人皆驚愕失措，獨伊川凝然不動。岸上有樵者厲聲問曰：「舍去如斯，達去如斯。」欲答之，而舟已行。

右五條見震澤語録。王蘋信伯門人信州周憲所記。

説之見伊川先生，論曾子易簀事。先生曰：是禮也，君子所以貴乎禮者，爲其以之而生，以之而死，如此其明也。説之曰：是禮古人孰不然，蓋曾子獨有傳焉爾。後世之士，自賤其身而絶於禮，此事始廢。或者似有得於此，而蔽於浮屠、老子虚誕之説，乃不謂之禮，而謂之達。安知吾道之所以貴哉！先生曰：然。

右一事見晁詹事文集。說之以道。

神宗問明道以張載、邢恕之學。奏云：張載臣所畏，邢恕從臣游。

伊川謂明道曰：吾兄弟近日説話太多。明道曰：使見呂晦叔，則不得不少；見司馬君實，則不得不多。

張子正蒙云「冰之融釋海，不得而與焉」，伊川改「與」爲「有」。

游定夫問伊川「陰陽不測之謂神」，伊川曰：賢是疑了問？是揀難底問？

元祐中，客有見伊川者，几案間無他書，惟印行唐鑑一部。先生曰：近方見此書，三代以後無此議論。

右五條見晁氏客語。不知何人所録。

正獻公既薦常秩，後差改節，嘗對伯淳有悔薦之意。伯淳曰：「願侍郎寧百受人欺，不可使好賢之心少替。」公敬納焉。

伊川嘗言：今僧家讀一卷經，便要一卷經中道理受用。儒者讀書却只閑了，都無用處。

伊川先生言：人有三不幸，少年登高科一不幸，席父兄之勢爲美官二不幸，有高才能文章三不幸也。

明道先生嘗至禪寺，方飯，見趨進揖遜之盛，嘆曰：三代威儀盡在是矣。

右四事見呂氏童蒙訓。呂本中，字居仁，原明侍講之孫。

有言鬼物於伊川先生者，先生云：君曾親見邪？伊川以爲若是人傳，必不足信，若是親見，容是眼病。

尹彦明與思叔同時師事伊川先生，思叔以高識，彦明以篤行，俱爲先生所稱。先生没，思叔亦病死。彦明窮居教學，未嘗少自貶屈，常以先生教人專以「敬以直内」爲本。彦明獨能力行之。

彦明嘗言先生教人只是專令用「敬以直内」，若用此理，則百事不敢輕爲，不敢妄作，不媿屋漏矣，習之既久，自然有所得也。因説往年先生歸自涪陵，日日見之，一日因讀易至「敬以直内」處，因問先生：「不習無不利時則更無睹，當更無計較也邪？」先生深以爲然，且曰：「不易見得如此，且更涵養，不要輕説。」

晁以道嘗説，頃嘗以書問伊川先生云：「某平生所願學者，康節先生也，康節先生没，不可見，康節之友，惟先生在，願因先生問康節之學。」伊川答書云：「某與堯夫同里巷居三十年餘，世間事無所不論，惟未嘗一字及數耳。」

崇寧初，家叔舜從以黨人子弟補外官，知河南府鞏縣，請見伊川先生，問：「當今新法初行，當如何做？」先生云：「只有義命兩字，當行不當行者義也，得失禍福命也。君子所處，只說義如何耳。」

以道見伊川先生，論難反復。以道曰：「如此是先生亦欲人同己也。」先生不答。門人云：「先生所欲同者，非同己也，正欲道之同耳。」

崇寧元年，叔父舜從至洛中，請見伊川先生。先生召食，食五品，亦甚豐潔。坐間問事甚衆，先生一一酬答。臨行又請教，語甚詳。既而微笑云：「只被公家學佛。」

伊川先生甚愛表記中說「君子莊敬日強，安肆日偷」。蓋常人之情，放肆則日就曠蕩，自檢束則日就規矩。

右八事呂氏雜志。同上。

伊川先生自涪州順流而歸，峽江峻急，風作浪湧，舟人皆失色，而先生端坐不動。岸傍有問者云：「達後如此，舍後如此。」先生意其非凡人也，欲起揖之，而舟去遠矣。親見呂舍人十一丈説。按此段已見邵氏見聞録及震澤語録，恐當以邵氏所記爲正。

伊川先生自涪州歸，過襄州。楊畏爲守，待之甚厚。先生曰：「某罪戾之餘，安敢當此？」畏曰：「今時事已變。」先生曰：「時事雖變，某安敢變？」此乃劉子駒處見其祖所録，今省記此。

右二事汪端明記。

左諫議大夫孔文仲言：謹按通直郎、崇政殿説書程頤，人物纖污，天資憸巧。貪黷請求，元無鄉曲之行；奔走交結，常在公卿之門。不獨交口褒美，又至連章論奏。一見而除朝籍，再見而升經筵。臣頃任起居舍人，屢侍講席，〔一六〕觀頤陳説，凡經義所在，全無發明，必因藉一事，泛濫援引。借無根之語，以揺撼聖聽；推難攷之迹，以眩惑淵慮。上德未有嗜好，而常啓以無近酒色；上意未有信向，而常開以勿用小人。豈惟勸導以所不爲，實亦矯欺以所無有。每至講罷，必曲爲卑佞附合之語。借如曰：「雖使孔子復生，爲陛下陳説不過如此。」又如曰：「伏望陛下燕閑之餘，深思臣之説，無忘臣之論。」又如曰：「臣不敢子細敷奏，慮煩聖聽。恐有所疑，伏乞非時特賜宣問，容臣一一開陳。當陛下三年不言之際，頤無日無此語以感切上聽，陛下亦必黽勉爲之應答。」又如陛下因咳嗽罷講，及御邇英，學士以下侍講讀者六七人，頤官最小，乃越次獨候問聖體，橫僭過甚，並無職分，如唐之王伾、王叔文、李訓、鄭注是也。

右孔文仲章。按文仲所言雖極其誣詆，然所載經筵進説，尤見先生所以愛君之心，有門弟子所不及聞者，故今特附于此。呂申公家傳云：文仲本以伉直稱，〔一七〕然惷不曉事，爲浮薄輩所使，以害善良。晚乃自知爲小人所紿，憤鬱嘔血而死。然則此疏不掩防微納忠之善言，乃其伉直所發，而凡醜詆無根之語，則爲浮薄輩所使，而晚乃悔之者也。

校勘記

〔一〕右二事見麈史　「麈史」，弘治本同，康熙本上有「王氏」二字。

〔二〕同上　二小字原無，據弘治本、康熙本補。

〔三〕資善吏報馮宗道云　「報」原訛「部」，據弘治本、康熙本改。又「馮」，弘治本、康熙本作「馬」。

〔四〕曾取動藥　「動」，弘治本闕字，康熙本作「勤」。

〔五〕二十八日移講讀就延和　原爲小字，據弘治本、康熙本改作大字正文。

〔六〕二公果作相　弘治本、康熙本句前有「兵部曰」三字。

〔七〕説了又道恰好著工夫也　弘治本、康熙本「道」上有「恰」字。

〔八〕二子佇立 「佇」，弘治本、康熙本作「侍」。

〔九〕劉安世 「世」原訛「上」，據弘治本、康熙本改。

〔一〇〕道至通於神明 「道」，弘治本、康熙本作「直」。

〔一一〕以此馴致 「以」，弘治本、康熙本作「似」。

〔一二〕問寺僧撞鐘 「問」，弘治本、康熙本作「聞」。

〔一三〕伊川頷之 「頷」原訛「領」，據弘治本、康熙本改。

〔一四〕□□間正月一日 二字原空闕，弘治本、康熙本同。

〔一五〕太學以是應試者多 「試」原訛「賦」，據弘治本、康熙本改。

〔一六〕屢侍講席 「屢」原訛「婁」，據弘治本、康熙本改。

〔一七〕文仲本以伉直稱 「伉」原訛「使」，據弘治本、康熙本改。

附録　書目著録序跋題記

郡齋讀書志卷五下附志語録類

〔宋〕趙希弁

河南程氏遺書二十五卷附録一卷外書十二卷

右李籲、吕大臨、謝良佐、游酢、蘇昞諸人記二先生語十卷，劉絢録明道語四卷，劉元承、楊遵道、周孚、張繹、唐棣、鮑若雨、鄒炳、暢大隱諸人録伊川語十三卷，附録則明道行狀，劉立之、朱光庭、邢恕、范祖禹叙述，游酢書行狀後，吕大臨哀詞，明道墓表，伊川年譜，張繹祭文，胡安國奏狀。外書則拾遺也，朱光庭録二卷，陳淵本、程氏學、馮氏本、羅氏本、胡氏本、游氏本，春秋録、大全集、時氏本、傳聞雜記各一卷，朱文公記其後。

直齋書録解題卷九儒家類

〔宋〕陳振孫

程氏遺書二十五卷附録一卷外書十三卷

朱熹集録二程門人李籲端伯而下諸家所聞見問答之語，附録行狀、哀詞、祭文之屬八篇，其年譜朱公所撰述也。外書則又二十五篇之所遺者。

文獻通考卷二百十經籍考三十七子部儒家

〔元〕馬端臨

程氏遺書二十五卷附録一卷外書十三卷

陳氏曰：朱熹集録二程門人李籲端伯而下諸家所聞見問答之語，附録行狀、哀詞、祭文之屬八篇，其年譜朱公所撰述也。外書則又二十五篇之所遺者。朱子答張敬夫書曰：明道之言，發明極致，通透灑落，善開發人。伊川之言，即事明理，質慤精深，尤耐咀嚼。然明道之言一見便好，久看愈好，所以賢愚皆獲其益。伊川之書乍看未好，久看方好，故非久於玩索者不能知其味。又答吕伯恭書曰：遺書節本已寫出，愚意所删去者亦須用草紙抄出，逐段略注删去之意，方見不草草處，若只暗地删却，久遠却惑人。記論語者只爲不曾如此，留下家語至今作病痛也。

宋史卷二百五藝文志四

〔元〕脱　脱等

程頤遺書二十五卷語録二卷程頤與弟子問答

欽定天禄琳琅書目卷六元版子部

〔清〕于敏中等

河南程氏遺書一函八册

宋朱子輯，二十五卷附録一卷外書十三卷，後附文集十二卷。又元譚善心輯遺文一卷，目録後有善心識語，并朱子辯誤書，末載宋趙師耕麻沙本後序、李襲之舂陵本後序，又元鄒次陳、虞槃序二篇。譚善心字元之，臨川人，元史無傳，其事蹟不可考。所作識語稱程子遺文遺事一卷，善心始慮世傳胡氏本猶未盡善，而朱子改本惜不可見，貞白虞叔近示以所得吴内翰家藏别本，乃與意見脗合，用鋟諸梓，以與學者共之。其朱子與劉共父、張南軒辯論所及者，悉附注于目録之下。且爲竊考程氏世系譜于十二卷之首云云。世系譜此本已闕。鄒次陳序稱遺書、外書俱出程門弟子手記，朱子家藏世所刊本無不同者，獨二先生文集出胡文定公家，頗有改削。朱子定其所當改者數紙，屢以書致劉、張二公。然承舛習訛，卒莫之從。譚元之因與蜀郡虞槃往復討論，以復乎朱子所改之舊焉。今觀李襲之春陵本後序，祇言遺書、外書而不及文集。其趙師耕麻沙本後序則稱二程先生文集，憲使楊公已鋟版三山學宫，遺書、外書則庾司舊有之，後俱燬于乙未之火。師耕承乏來此，亟將故本易以大字，與文集爲一體，刻之後圃明教堂云云。按陳振孫書録解題載河南程氏文集十二卷，謂爲建寧所刻本，載在集部，不與遺書合録子部之中，是振孫所指建寧本似爲楊公所刊，而以一體合刻，則自師耕始也。考浙江通志，師耕黄巖人，登宋寧宗嘉定七年進士第。其序猶自署古汴者，蓋不忘故土之意。李襲之無考。元史虞槃字仲常，隆州仁壽人，集之弟，登延祐進士，授吉安永豐丞，後終嘉魚縣尹。西江志鄒次陳字周弼，一字悦道，宜黄人，中博學宏詞科，所著有遺安集十八卷、史鈔十卷。此書校正文集，雖足訂別本之訛，然槧印草草，紙墨皆不求精，在元刻中又其次者。書中有「趙氏子昂」、「龍門子圖書記」、「進士郡李縣令」三印。考元史孟頫以英宗至治二年六月卒，而鄒次陳序作于至治二年七月，譚善心識語作於至治三年九月，是孟頫殁時書尚未經刊行，安得其收藏印記。「進士郡李縣令」一印，文義亦不可解。觀三印篆法俱極麤劣，其爲書賈僞造無疑，故不採録。

〔清〕紀　昀

二程遺書二十五卷附録一卷江西巡撫採進本

宋二程子門人所記，而朱子復次録之者也。自程子既殁以後，所傳語録有李籲、吕大臨、謝良佐、游酢、蘇昞、劉絢、劉安節、楊廸、周孚先、張繹、唐棣、鮑若雨、鄒柄、暢大隱諸家，頗多散亂失次，且各隨學者之意，其記録往往不同。觀尹焞以朱光庭所鈔伊川語質諸伊川，伊川有「若不得某之心，所記者徒彼意耳」之語，則程子在時，所傳已頗失其真。案此事見朱子後序中。故朱子語録謂「游録語慢，上蔡語險，劉質夫語簡，李端伯語宏肆，永嘉諸公語絮」也。是編成於乾道四年戊子，乃因家藏舊本，復以類訪求附益，略據所聞歲月先後，編第成爲二十五卷。又以行狀之屬八篇爲附録一卷。語録載陳淳問第九卷「介甫言律一條何意？曰：伯恭以凡事皆具，惟律不説，偶有此條，遂漫載之。」又鄭可學問「遺書有古言乾坤不用六子一段，如何？曰：此一段却主張是自然之理，又有一段却不取。」又晦庵文集内有答吕伯恭書曰：遺書節本已寫出，愚意所删去者亦須用草紙抄出，逐條略注删去之意，方見不草草處，若暗地删却，久遠却惑人云云。今觀書内如劉安節所録「謹禮者不透，須看莊子」一條，語涉偏矯，則註云「別本所增」。又暢大隱所記「道豈有可離而不可離」一條，純入於禪，則註云「多非先生語」。其去取亦深爲不苟矣。故文獻通考載遺書卷目與此本同，而黄震日抄所載則至十七卷而止，與此互異。又震所載遺書卷目吕與叔東見録及附東見録，均次爲第二卷，而此本則次附東見録爲第三卷。殆傳本有異同歟。至附録中年譜一篇，朱子自謂實録所書，文集内外書所載，與凡他書之可證者。震則謂朱子訪其事於張繹、范域、孟厚、尹焞而成。蓋朱子舉其引證之書，震則舉其參考之人，各述一端，似矛盾而非矛盾也。

二程外書十二卷 江西巡撫採進本

亦二程子門人所記，而朱子編次之。成於乾道癸巳六月，在遺書之後五年。後序稱遺書二十五篇，皆諸門人當時記録之全書，足以正俗本紛更之謬，而於二先生之語則不能無所遺。於是取諸人集録，參伍相除，得此十二篇，以爲外書。凡採朱光庭、陳淵、李參、馮忠恕、羅從彦、王蘋、時紫芝七家所録，又胡安國、游酢家本及建陽大全集印本三家，又傳聞雜記自王氏塵史至孔文仲疏，凡一百五十二條，均採附焉。其語皆遺書所未録，故每卷悉以「拾遺」標目。其稱外書者，則朱子自題，所謂「取之之雜，或不能審所自來，其視前書，學者尤當精擇審取者是也」。中間傳聞異詞，頗不免於叢脞。如程氏學拾遺卷内，以「望道未見」爲「望治道太平」一條，黄震日抄謂恐於本文有增。又時氏本拾遺卷内，以老子「天地不仁，萬物芻狗」之説爲是一條，震亦謂其説殊有可疑。蓋皆記録既繁，自不免或失其本旨。要其生平精語，亦多散見於其中，故但分别存之，而不能盡廢。如吕氏童蒙訓記伊川言「僧家讀一卷經，要一卷經道理受用，儒者讀書都無用處」一條。又「明道至禪寺，見趨進揖遜之盛，歎曰三代威儀盡在是」一條。朱子語録嘗謂其「記録未精，語意不圓」，而終以其言足以警切學者，故並收入傳聞雜記中，無所刊削。其編録之意，亦大略可見矣。

欽定四庫全書簡明目録卷九子部一儒家類

〔清〕于敏中等

二程遺書二十五卷附録一卷

程子門人所記，而朱子編次之。其附録一卷則行狀之類也。書成於乾道四年戊子。文獻通考所載卷數與此本同，黄震日鈔所載卷數次第皆不合，殆傳寫非一本歟。

二程外書十二卷

亦程子門人所記，朱子又取他書所載程子語一百五十二條益之，以補遺書所未備。成於乾道九年癸巳。以真僞錯雜，故目曰外書。

嘉業堂藏書志卷三子部儒家類

〔民國〕繆荃孫等

二程遺書二十五卷附録一卷外書十二卷遺文一卷明刻本

宋二程子門人所記，朱子復次録之，成於乾道戊子，並輯附録一卷。外書亦門人所記，朱子亦次之，成於乾道己丑。又文集十三卷，遺事文在内，與提要所言文集十三卷遺事二卷之語不同。明人刻本，刊印均佳。止存至治譚善心、虞槃兩序，明人序跋全去之，以充元刻，劣賈所爲。今人不能得其本之所由來，不勝憤憤。（繆稿）

藏園群書經眼録卷七子部一儒家類

〔民國〕傅增湘

二程遺書二十五卷附録一卷宋朱熹輯

明成化刊本，九行二十字，黑口，左右雙欄。（余藏）

二程遺書二十五卷附録一卷宋朱熹輯

明嘉靖三年李中、余祐刊本，十行二十字，黑口，左右雙欄。（余藏）

河南程氏遺書附録一卷

宋刻殘本，半葉十一行，每行二十字，白口，左右雙欄，版心上記字數，下記刻工姓名，刊工有：江僧、蔡申、劉石、劉彦、虞仁、丘文、蕭韶、龔全、葉青、吴青、黄仁諸人。宋諱缺筆至慎字止，敦字不缺。鈐有「延陵季子」朱、「吴廷偉書畫印」朱，又有「萊陽張氏桐生藏書之印」「朱文大印」。按：程氏遺書宋時有麻沙、春陵二本。麻沙本有趙師耕後序，言憲使楊公已鋟版於三山學宫，遺書、外書則庾司舊有之，俱燬于乙未之火，師耕承乏來此，亟將故本易以大字，與文集爲一體，刻之後圃明教堂云云。今北京圖書館藏内閣宋刊八行殘本，疑即趙師耕所刊也。春陵本刊於淳祐六年秋，東川李襲之題云：程氏遺書長沙本最善而字小，歲久漫漶。教授王湜出示五羊本，參校既精，大字亦便觀覽，襲之乃模鋟於春陵郡庠，又取長沙所刊外書附焉。以是證之，則五羊本及春陵本均大字矣。此本不見著録，然其字體小而精整，其非麻沙、春陵、五羊本明甚，且板刻氣息樸厚，決非閩中刻手所能爲。全書惜不得見，然即此附録，次第與明刊本已有異處。首明道行狀，次門人朋友敘述，次游酢書行狀後，次吕大臨哀詞，次墓表即伊川記，次年譜，次張繹祭文，次胡安國奏狀。余以明刊本校閲，得異字凡數十事。卷尾附考異六行，明刊本所無，録之左方：

按此卷内所載張繹祭文：「斯世」一作「於道」、「道合」一作「道會」、「不可得而名也」一作

「某等不得而名也」、「惟泰山」「惟」一作「維」、「趣之」一作「趍之」、「自某之見」一作「某等受教」、「先生有言」一本上有「昔」字、「畢吾此生」一無「吾」字、「固不可得而問也」一本上有「某等」字、「惟與二三子」一本無此五字，有「益當」字、「二三子之志」一作「某等之志」。版本已定，不可增益，今見於此，有別鋟木者，當逐處注入。

讀本朝諸儒理學書

〔宋〕黄　震

程氏遺書卷一，蓋李籲字端伯所録，而伊川嘗謂得其意者。二，初吕與叔從張横渠，張死而入洛，所謂東見録也，附東見録亦與叔所記。三，謝顯道記憶平日語。四，游定夫所録。五、六、七、八、九，皆不知姓氏。十，洛陽議論，蘇昞録。十一，劉絢質夫録明道語。十二，劉質夫録明道語。十三、十四，皆劉質夫録明道語。十五，關中學者録伊川語。十六，己巳冬所聞，不知何人所記。十七，亦不知何人所記，或云周行己，或劉安節，皆永嘉人。

程氏發明孔孟正學於千四百年無傳之後，微言奥□，特散見於門人之集録。賴朱子起，而搜逸訪遺，始克成編，其尤切於日用者，已類而爲近思録矣。然朱子之録近思，必丁寧學者更求之全書。及考其所編全書，乃稱伊川自謂惟李籲得其意，故以爲首篇，且反覆詳論，謂失之毫釐，則其繆將有不可勝言者。然則學者之讀遺書全編，其又可不謹乎。自今觀之，「孔子夢周公」一也，張繹所録，則謂「晚年不遇，不復夢見」，鮑若雨所録，則謂「若曾夢見，大段害事」。夢周公何害事之有？殆惑於異端真人無夢之説耳，是鮑之録不若張之近人情。「賜不受命」一也。□定夫所録，則謂「不受天命」，不知姓氏所録，則謂「不受爵命」。子貢蓋嘗結駟鄰國矣，何嘗不受人之爵命？是或者之録不如游之得事實。乾坤六子之説，一以爲乾坤退處而用六子，一以爲六子之用即乾坤，是甲之録不若乙之通。養生延年之説，一以爲人力可勝造化，一以爲天命不可損益，是前之録不若後之確。善惡之判曉然也，録者謂惡亦不可不謂性，又謂天下善惡皆天理，此雖窮極底蘊之辭，然恐不若直言擇善之爲經。鬼神之事難明也，録者謂風肅然起於人心之怖畏，又謂雷擊人起於惡氣之相觸，此雖曉諭世俗之辭，然恐不若泯於忘言之爲得。謂以心知天爲未然，而謂心即是天，固於知天之上加通徹矣。若夫謂道不可離爲未然，而謂道豈有可離不可離，何其蕩無繩墨也。此暢潛夫之録，朱子注其多非先生語歟。以至誠贊天地爲未足，而云同此一誠，何助之有，固於天地聖人之誠加混合矣。若夫謂「謹禮者不透，可讀莊子」，何其矯枉過正也。此劉元承之録，朱子又注其爲别本所增歟。洒掃應對與佛家默然處合，此殆言工夫之始耳。程子平日之言，本斥佛學之無用，而謂吾儒自洒掃以上，便是聖人事也。敬其心不接視聽，此殆指收斂之極耳。程子平日之言，本主視聽之以禮，而斥禪學之絶耳聞目見爲喪天真也。大抵孔孟之學，大中至正之極，而二程之學，正以發明孔孟之言。不幸世之點者，借佛氏之名，售莊、列之説，蕩以高虚。舉世生長習熟於其間而不自知，聞程子之説，稍不加審，則動必□入於彼。今欲辨程録之真僞無他，亦觀其於孔孟之説相合，或於莊、列之言相似與否耳。程門高弟，才莫過於謝顯道，何其所録程説之可疑，亦莫多於謝顯道耶？第一條所録，以「鳶飛魚躍」爲活潑潑。活潑潑何等語，求之孔門，惟見其云「君子之道，造端夫婦」耳。第二條言切脉，第三條言觀雞雛，而皆指以爲仁。切脉觀雞，殆於機觸神悟，求之孔子，惟曰「居處恭，執事敬」，而孟子亦以惻隱爲仁之端耳。謂堯舜之事如太虚中一□浮雲過目，何其與「四海困窮，天禄永終」之戒異也。謂與善人處壞了人，何其與「毋友不如己者」之意殊也。謂莊生形容道體之語爲儘好，謂老氏谷神不死一章爲最佳，此殆其本心之形見，而記憶其師平日之言，亦粉澤於其所學，自成一家之後矣。楊子雲有言，適堯、舜、文王爲正道，非堯、舜、文王爲他道。愚亦謂合於孔孟者，程録之真，異於孔孟者，程録之誤。（録自黄氏日抄卷三十三）

宋淳祐閩刊程氏遺書外書後序

〔宋〕趙師耕

河南二程先生文集，憲使楊公已鋟板三山學官，遺書、外書則庾司舊有之，乙未之火，與他書俱燬不存。諸書雖未能復，是書胡可緩。師耕承乏此來，亟將故本易以大字，與文集爲一體，刻之後圃明教堂。賴吾同志相與校訂，視舊加密，二先生之書於是乎全。時淳祐丙午古汴趙師耕書。（録自明嘉靖李中刊本河南二程先生全書卷首）

宋淳祐春陵刊程氏遺書外書後序

〔宋〕李襲之

程氏遺書長沙本最善，而字頗小，閱歲之久，板已漫漶。教授王君湜，出示五羊本，參校既精，大字亦便觀覽，然無外書。襲之乃模鋟於春陵郡庫，又取長沙所刊外書附刻焉，願與同志者共學。淳祐六年立秋日東川李襲之謹題。（録自明嘉靖李中刊本河南二程先生全書卷首）

宋淳祐刊程氏全書後序

〔宋〕張玘

右程氏先生經説合遺書、外書、文集總若干卷。玘竊惟聖人之道，自孔孟既没，浸失其傳。至我宋而二程先生出，五三載籍，幾墜之文，千四百年不傳之學，始大昌明於世。格言大訓，見於河南門人之所記録，考亭先儒之所纂輯者，有是書存。譬之菽粟布帛，不容以一日無也。然稽之諸郡，或缺略而無有，或鋟梓而未全，均有負學者之望。玘領教兹邦，積廩稍之餘，益以己俸，嘗補官書之未備者，唯是四書猶缺。余心恧焉，廼求善本，俾二三同志重加考訂，刻諸學宫。庶幾學者家傳而人頌之。由二先生之書，以繹二先生之心，以印孔孟之心云。淳祐戊申四月戊寅天台張玘謹書。（録自明嘉靖李中刊本河南二程先生全書卷首）

元至治譚善心刊河南程氏全書序

〔元〕譚善心

右程子遺文遺事一卷，善心所蒐輯，可繕寫。始慮世傳胡氏本猶未盡善，而朱子改本惜不可見也。貞白虞叔，世聯葭莩，尺牘往還，商略考訂，推本朱子之意，以復于舊。然如定性書，富、謝二公書所删字，終不可考，則固未敢自信，而亦未能自慊也。一日以書來，蓋從今内翰吴先生得家藏别本，乃與臆見吻合，而凡删字皆在，且又益以數篇焉。遂與一二同志，三復校正，用鋟諸梓，以與學者共之。其朱子與劉、張二公辯論所及者，悉附注于目録之下。其餘脱誤錯簡，文字同異，不復具列。且爲竊考程氏世系譜于十二卷之首，以便觀覽。此外有經説七卷，而當嗣刻，以傳永久。至治三年秋九月丙午臨川後學譚善心謹書。（録自明嘉靖李中刊本河南二程先生全書卷首）

元至治譚善心刊河南程氏全書序

〔元〕鄒次陳

右河南程氏遺書、外書，俱出程門弟子手記，考亭朱夫子家藏類訪旁搜，先後次第爲此，世所刊本無不同者，獨二先生文集出，胡文定公家頗有改削，如定性書及明道行述，上富公與謝帥書中删却數十字，辭官表之顛倒次第，易傳麻沙本後序，春陵本後序，序之改「沿」爲「泝」，祭文之改「姪」爲「猶子」。劉、張二公以是本刻之長沙，考亭定其所當改者數紙，與共父劉帥書，及與南軒張子屢書，凛然承舛習訛，末流波蕩之爲懼，而卒亦莫之從也。今所傳文集大率渾本，是固不能無餘論矣。臨川譚善心元之，蚤讀二書，慮其傳本寖少，悉爲刻棗，而於文集復加詳審，與蜀郡虞槃叔常往復討論，以復乎考亭所改之舊，且註劉、張本異同於其下，其餘遺文凡集所未録者，各以類附焉。至若伊川經説，其目見近思録，其書見時氏本，特易傳止繫辭上篇，春秋傳止魯桓九年，書解止「舜格於文祖」，詩解止「四方以無拂」，論語解止「吾從下恨多誤字，不敢臆决」，惟易繫取呂氏精義所編，春秋傳取尹氏纂集所補，以舊板本審校先刊，而他書則俟求善本讎校續刻。此其爲意，固將以集程氏書文之全，明程、朱授受之正，稽之往哲而不悖，傳之來裔而無窮，觀此書者，如挹座春而立門雪，俱非苟然爲之也。嗚呼，元之之用心亦可謂勤也。已裝褫成帙，家學人誦，謹緝大意，書於左方。至治二年壬戌之秋七月既望臨川後學鄒次陳謹書。（録自明嘉靖李中刊本河南二程先生全書卷首）

元至治譚善心刊河南程氏遺書外書序

〔元〕虞　槃

周、二程、張、邵書，予以晁昭德讀書志校之，周子通書一卷、明道中庸解一卷、程氏易一卷、書説一卷、詩説兩卷、論語説十卷、孟子解十四卷、伊川集二十卷、程氏雜説十卷、張子正蒙書十卷、漁樵問對一卷、信聞紀一卷、孟子解十四卷、易説十卷、春秋説一卷、横渠崇文集十卷、邵子皇極經世十二卷、觀物篇六卷、擊壤集二十卷，凡十九部一百五十四卷。所謂程氏雜説十卷者，疑即朱子所謂「諸公各自爲書散出并行」之一者也。而遺書所録，不見其目，朱子因其先人舊藏益以類訪爲遺書二十五卷，又爲外書十二卷，益多雜説數倍，而雜説固不傳。合晁氏所記與今所傳續，蓋可見矣。然今所傳本皆家藏故書，數十年前所刻就，令刻板具在，意且漫漶廢棄不少矣。清廟雅樂，姑以備數，而鄭衛之聲，人争愛之，則此日少而彼日多者，亦其勢然也。近年始有新刻邵子書聞風而起者，或誚爲迂濶且笑之。宜黄譚善心，同邑傅君友諒之同人也，奮然不顧，取二程遺書、文集刻之，且將考訂程氏經説，以次鋟木。槃託中表之好，乃得預聞其説，喜其事之有成，而學者得以傳讀先儒之遺文而不倦。其卓然之見，良有可取。故題其後，以勉同志之士云。蜀郡後學虞槃。（録自明嘉靖李中刊本河南二程先生全書卷首）

明弘治重刊二程全書後序

〔明〕陳　宣

吾郡永康，故有儒者之風，日駸駸然起。若宋王公景山，抱道作先，雖其全書有不可得而盡見，而儒志一編，亦足以見其略矣。既没四十餘年，而二程夫子出，以道學大鳴于河洛，蓋真有以得夫千載不傳之緒，而學者稱宗師必稽焉。吾鄉若周公行己，鮑公若雨，劉公兄弟安節、安止，陳公兄弟經正、經邦，與夫謝公天申、許公景衡、潘公旻、戴公述、薛公季宣十數輩，皆不遠數千里來拜二夫子之門，身爲其弟子而親授受。且以其所有得者，私淑於其鄉，與其後人，若蔣氏元中、宋氏之才、王氏十朋、陳氏傅良、陳氏埴、朱氏景元、葉氏適、湯氏建、戴氏溪、史氏伯璿、陳氏子上，與宣先師楊氏克明，皆得其緒餘，以發其精萃，至今傳頌不衰。吾鄉故號爲小鄒魯，豈無自而然邪？宣自少初學無聞見，嘗侍父兄與鄉長者論，每每遡爲淵源自重，以吾□學道者，固當知有所自也。宣時默識於心，遲遲至於老大，徒自怍已焉耳。去歲來知河南府事，自幸得以入夫子之境，拜夫子之祠墓，而平生之所願慕者，不愈親切有所感動也乎！既而蜀參喬君廷儀，致政還洛，日相與講明二程之學。上而聖人之道賴之以不墜，下而儒先皆不能及之。但其全書雖刻于南陽，洛人亦少得而覩之，況其偏鄉下邑，吾徒不能以無負也。適巡按河南監察御史沁水李公，突然以斯文爲己任，尋以二程全書屬宣鋟梓，以傳不朽，正先得吾心之所同然者，而其言且諄諄也。於乎！吾鄉先進游于是，吾鄉道學原於是，吾平生之所願慕者，亦在是，敢不敬承，謹書於末簡。弘治戊午秋八月上丁日賜進士出身中順大夫河南府知府東嘉陳宣書。（録自明嘉靖李中刊本河南二程先生全書卷首）

明弘治重刊二程全書序

〔明〕李　瀚

先正有言，文、武之後，不得不生仲尼，仲尼之後，不得不生孟軻。瀚於是亦云，孟軻之後，不得不生二程子。於乎！軻死，天下無傳，貿貿百千載而二夫子出，毅然以道自任，續不傳於遺經而盡發明之。上極堯舜禹湯文武，以至孔孟之精微，下若陰陽實物神仙怪誕，無一而不歸諸正，有以破千載之惑，微二夫子，則道卒喪而言卒湮矣。千鈞一髮之際，天豈無意耶？故曰：孟軻之後，不得不生二程子。當時一言一行，門人争相記録，各自爲書，傳之於人人。若遺書、外書、經説、文集，在宋時固已板行，號「程氏四書」。自時迄今，幾四百年，書在人間，各相珍襲，好事者往往刻其所藏本。天順間，國子監丞洛陽閻君子與，求得「四書」，及臨川譚元之所蒐輯遺文遺事，合爲一書。大師南陽李文達公題曰二程全書，而爲之序。今學士泌陽焦君爲編修時，嘗爲校正。南陽知府陽曲段君可久，實刊行之。二先生之書，至是亦昌矣。然板留偏郡，字多漫漶，行亦不廣，學者憾焉。瀚自志學，即好觀二先生之書，竊以爲是書與六經相古今。六經薄海内外無處無之，而是書之全者既不可盡見，其僅存者又不得偏海宇而人觀之。嘗欲取南陽本與家藏舊本參訂梓之，而力有所不逮。頃者奉命來按河南，親歷先生故址，謀酬初志，訪得各本，遂屬參議康君孝隆重爲編輯，僉事彭君性仁復從而校正焉。又採程氏家譜像贊揭於前，俾學者開卷起敬。并取宋史程珦傳，及謚議制詞諸文係於後，以見二先生之道，前有所啟，生雖見擯斥而其後卒大行也。凡六十五卷，繕寫既完，河南知府東嘉陳君文德，樂承繡木之任。河南二先生鄉郡，居四方之中，素稱多士。書得梓於是，其不與六經相悠久，徧於人人□哉！是業也，陳君其永之。時弘治戊午冬十月朔。（録自明嘉靖李中刊本河南二程先生全書卷首）

明弘治重刻二程全書後

〔明〕彭　綱

監察御史沁水李公重刊二程全書，屬少參武定康君孝隆編輯，俾綱校正。按程氏遺書、外書、經説、文集，在宋淳祐間教授張玘已刊行，號「程氏四書」，其目録各冠本部，蓋各自爲書也。今既爲全書，則當總列於前，卷次序説悉仍其舊，而於各卷端，類題二程全書以統之。伊川文集目録後，元有程端中自序，舊本削去，今增入。遺文并續記，係譚善心所蒐輯，舊本没其主名，而抑爲附録，今復之。并考他本，增其所未備，爲文集拾遺。朱子辨胡本書以下十篇，舊本既題後序，今增入譚善心自序一篇，并太中傳以下八篇爲續，附録詳見各目録下。噫！二先生書與六經相表裏，綱何人而敢墨於其間哉？顧其書元經朱子更定者，固無容議，若後來所輯，則猶有不能不致疑者。朱子去程子纔數十年，而於遺書，猶謂傳誦道説，玉石不分，不足以盡得其精微嚴密之旨，而況去此益遠而言益湮乎！姑舉一二言之。仲尼不語怪，程子學仲尼者也，文集中如文簡公及寺丞事，似非不語怪之訓，竊以爲非伊川手筆。六經經漢儒，不能無訛，二先生書又豈免好事者之竄易增添哉？綱職司獄憲，庭日如市，不能章爲之辨，姑於魯魚豕亥之間，聊一二真之，以酬李公美意，用書以俟云。弘治戊午冬十月後學清江彭綱識。（録自明嘉靖李中刊本河南二程先生全書卷首）

明嘉靖刊二程子全書序

〔明〕余　祐

孔孟之道既不行於當時，而其學乃傳於後世。學之傳者，道之窮也。聖賢豈得已哉！孔子不得已而揮删述六經之筆，孟子不得已而撰仁義七篇之書。然實用是垂教萬世，與天地相爲無窮，而教又政之所從出焉。後世之人獲聞孔孟之教，隨其所得，淺深小大，施及於民，則固孔孟之道行矣。嗚呼！晦之近者，未始不爲明之遠也。天意蓋有攸在，而孔孟之功，賢於堯舜湯武，豈不信乎！自是能繼其學與道者，漢唐迄宋，惟二程夫子足以當之，而亦不獲行道於時，推其所學以爲教者，即孔孟家法也。伯子年逾五十而卒，未及大有述作。叔子則有易、春秋三傳通行於世，學者誦習，而伯叔子各有門人傳録遺言、文集之類。先儒編集，舊名全書，六經、四書之後，同爲市帛菽粟，以資民生日用，在二夫子者，猶其在孔孟也。今讀其書而私淑以修其身。窮固未嘗不可爲教，達則兼政與教行之，斯世斯民，實亦蒙被二夫子之澤，而豈徒曰書云乎哉！夫不讀其書而欲得其道者鮮矣，然徒讀焉，弗克驗之於心，體之於身，措之於事，則亦古人糟粕，而果何貴於書，何裨於治也耶？廣右督學李憲副中，因念地在僻遠，庠序士子罕見二夫子全書，爰命學宫刊梓，未完乃以憂去。祐爲僚友兼督學政，書成而教諭林文炳等請序卷首。顧予何人，能言二夫子之學與道耶！雖嘗細續其書，庶幾有見而功力不逮，歲月云徂，思更求進而未能爾。是書梓行，嘉惠廣右士子溥矣。但未知讀者果能深求其學與道乎，否則恐非二夫子立言垂訓，冀望後學之盛心也。凡爲吾徒，尚共勉哉！嘉靖三年甲申歲九月朔日後學鄱陽余祐謹序。（録自明嘉靖李中刊本河南二程先生全書卷首）

河南二程先生全書敘

〔清〕賀瑞麟

右遺書、外書、文集，是皆朱子手定。遺書、附録、外書三序具見朱子文集。二程文集雖無朱子序，然朱子辨胡本書載於文集，今本俱從朱子改正，則猶或朱子當日所見之本也。至於易傳，朱子文集亦有書伊川易傳板本後一篇，今所傳者不知即朱子所書原文與否。後人以易傳、經説、粹言均附遺書、外書、文集之後，是爲二程全書。全書有二：一明徐氏本，一國朝吕氏本。又有中州本、祠堂本，無易傳、經説、粹言。然諸本各有異同舛誤，兹依吕氏本重刻，而以諸本詳加校正，庶幾便於讀矣。夫二程之學，朱子發明至矣盡矣。今即朱子所以讀程書者讀之，則必有以得程學之深，是書之刻，非其厚幸者歟。雖然張宣公當時於程書之出則曰：傳之之廣，得之之易，則又懼夫有玩習之患，或以備聞見，或以資談論，或以助文辭，或以立標榜，則亦反趨於薄，失先生所以望於後人之意爲逾甚矣。要當以篤信爲本，謂聖賢之道由是可以學而至，味而求之，存而體之，涵泳敦篤，斯須勿舍，以終其身而後已。嗚呼！斯言也，豈非今日學者所當知者哉！仍用敬書册首，願與同志者共警焉。光緒壬辰五月朔三原賀瑞麟謹識。（録自清光緒傳經堂刊本河南二程先生全書目録後）